Manfred Vogel, Thomas Ebel

Creo Parametric und Creo Simulate

Bleiben Sie einfach auf dem Laufenden:
www.hanser.de/newsletter
Sofort anmelden und Monat für Monat
die neuesten Infos und Updates erhalten.

Manfred Vogel
Thomas Ebel

Creo Parametric und Creo Simulate

Einstieg in die Konstruktion und Simulation mit Creo 1.0

HANSER

Die Autoren:

Manfred Vogel, Emden

Thomas Ebel, Emden

Alle in diesem Buch enthaltenen Informationen wurden nach bestem Wissen zusammengestellt und mit Sorgfalt getestet. Dennoch sind Fehler nicht ganz auszuschließen. Aus diesem Grund sind die im vorliegenden Buch enthaltenen Informationen mit keiner Verpflichtung oder Garantie irgendeiner Art verbunden. Autor und Verlag übernehmen infolgedessen keine Verantwortung und werden keine daraus folgende oder sonstige Haftung übernehmen, die auf irgendeine Weise aus der Benutzung dieser Informationen – oder Teilen davon – entsteht, auch nicht für die Verletzung von Patentrechten, die daraus resultieren können.

Ebenso wenig übernehmen Autor und Verlag die Gewähr dafür, dass die beschriebenen Verfahren usw. frei von Schutzrechten Dritter sind. Die Wiedergabe von Gebrauchsnamen, Handelsnamen, Warenbezeichnungen usw. in diesem Werk berechtigt also auch ohne besondere Kennzeichnung nicht zu der Annahme, dass solche Namen im Sinne der Warenzeichen- und Markenschutz- Gesetzgebung als frei zu betrachten wären und daher von jedermann benützt werden dürften.

Bibliografische Information der deutschen Nationalbibliothek:

Die Deutsche Nationalbibliothek verzeichnet diese Publikation in der Deutschen Nationalbibliografie; detaillierte bibliografische Daten sind im Internet unter http://dnb.d-nb.de abrufbar.

Dieses Werk ist urheberrechtlich geschützt.

Alle Rechte, auch die der Übersetzung, des Nachdruckes und der Vervielfältigung des Buches, oder Teilen daraus, vorbehalten. Kein Teil des Werkes darf ohne schriftliche Genehmigung des Verlages in irgendeiner Form (Fotokopie, Mikrofilm oder ein anderes Verfahren), auch nicht für Zwecke der Unterrichtsgestaltung, reproduziert oder unter Verwendung elektronischer Systeme verarbeitet, vervielfältigt oder verbreitet werden.

© 2012 Carl Hanser Verlag München
Gesamtlektorat: Julia Stepp
Herstellung: Stefanie König
Umschlagkonzept: Marc Müller-Bremer, www.rebranding.de, München
Umschlagrealisation: Stephan Rönigk
Satz: Kösel, Krugzell
Druck und Bindung: Kösel, Krugzell
Printed in Germany
ISBN 978-3-446-43060-0
E-Book-ISBN 978-3-446-43145-4
www.hanser.de

Inhalt

	Vorwort	XI
1	Einleitung	1
2	Grundlagen	3
2.1	Creo-Hauptfenster	3
2.2	Dateisystem	5
2.3	Die Menüs in Creo	5
	2.3.1 Schnellzugriffsleiste	6
	2.3.2 Dateimenü	6
	2.3.3 Multifunktionsleiste	8
	2.3.4 Grafiksymbolleiste	9
2.4	Mausfunktionen	9
2.5	Tastaturkürzel	10
2.6	Programmoptionen	10
	2.6.1 Systemfarben einstellen	11
	2.6.2 Die config.pro-Datei	12
2.7	Dateiwiederherstellung	13
2.8	Zusammenfassung	14
3	Einführung in die Arbeit mit Creo Parametric	15
3.1	Ein neues Teil erzeugen	16
	3.1.1 Extrusionskörper	17
	3.1.2 Rotationskörper	29
3.2	Details zum Skizzierer	36
	3.2.1 Funktionen im Skizziermodus	36
	3.2.2 Implizite Annahmen	40

		3.2.3	Tipps zum Skizzierer	41
		3.2.4	Editieren von Skizzen	41
3.3	Bezugselemente erzeugen			42
		3.3.1	Bezugsebenen	42
		3.3.2	Bezugsachsen	45
		3.3.3	Bezugspunkte	45
3.4	Messfunktionen			46
3.5	Übungen			47
		3.5.1	Basisübungen	47
		3.5.2	Übung: Anschlag	56
		3.5.3	Übung: Deckel	57
		3.5.4	Übung: Kolben	60
		3.5.5	Übung: Hülse	61

4 Pick- and Place-Elemente — 63

4.1	Bohrungen			63
		4.1.1	Gerade Bohrungen	63
		4.1.2	Standardbohrungen	67
		4.1.3	Skizzierte Bohrungen	70
4.2	Muster			72
		4.2.1	Lineares Mustern	73
		4.2.2	Lineares Mustern mit alternativer Richtungsangabe	76
		4.2.3	Radiales Mustern	77
		4.2.4	Referenzmuster	78
4.3	Rundungen			80
		4.3.1	Automatisches Runden	81
4.4	Fase			82
4.5	Schale			83
4.6	Rippe			85
4.7	Schräge			88
4.8	Kosmetikelemente (Außengewinde)			89
4.9	Übungen			91
		4.9.1	Übung 1: Vervollständigung des Gehäuses	91
		4.9.2	Übung 2: Gussteilschrägen	101
		4.9.3	Übung 3: Vervollständigung des Kolbens	103
		4.9.4	Übung 4: Vervollständigung des Anschlages	106

5 Fortgeschrittene Funktionen — 109

5.1	Zug-KE			109
		5.1.1	Ziehen	109
		5.1.2	Spiralförmiges Zug-KE	114

5.2	Zug-Verbund-KE	118
5.3	Bemaßungseigenschaften	123
5.4	Beziehungen	126
5.5	Familientabellen	127
	5.5.1 Beispiel Ölschauglas	128
5.6	Bauteileigenschaften	131
	5.6.1 Einheiten	131
	5.6.2 Materialzuweisung	132
	5.6.3 Toleranzen	135
5.7	Farbe	136
5.8	Anmerkungen	138
	5.8.1 Notizen	138
	5.8.2 Oberflächengüte	139
5.9	Rendern	141
5.10	Übungen	143
	5.10.1 Übung 1: Vervollständigung des Ritzels	143
	5.10.2 Übung 2: Toleranzen	146
	5.10.3 Übung 3: Modellierungsübung Ölwanne	149

6 Baugruppen 157

6.1	Grundlagen	157
6.2	Modellparameter	158
6.3	Verwendung von Kauf- und Normteilen	159
6.4	Einbaubedingungen	161
	6.4.1 Gelenkdefinition	163
	6.4.2 Parameteranzeige im Modellbaum	165
6.5	Zusammenbau der Schwenkeinheit	166
	6.5.1 Unterbaugruppe Gehäuse	166
	6.5.2 Unterbaugruppe Kolben	172
	6.5.3 Unterbaugruppe Anbauteile/Skelettmodell	173
	6.5.4 Anlegen der Gesamtbaugruppe	177
	6.5.5 Unterbaugruppe Ritzel	178
	6.5.6 Vervollständigung der Schwenkeinheit	179
6.6	Explosionsdarstellung	183
6.7	Stücklisten	186

7 Zeichnungserstellung 189

7.1	Beispielbauteil	189
	7.1.1 Ansichtsmanager/Schnittdefinition	191
7.2	Erste Schritte	192
	7.2.1 Zeichnungsrahmen	193
	7.2.2 Zeichnungsmaßstab	194

7.3	Ansichten	194
	7.3.1 Basisansicht erstellen	195
	7.3.2 Projektionsansicht erstellen	196
	7.3.3 Schnittansichten	197
7.4	Details ein-/ausblenden	198
7.5	Manuelles Bemaßen	201
7.6	Anordnen von Bemaßungen	202
7.7	Ausgabe von Zeichnungen	203

8 Schnittstellen 205

8.1	Allgemeines	205
8.2	Schnittstellen in Creo Parametric	207
8.3	Die STL-Schnittstelle	209

9 Überblick über Creo Simulate 211

10 Einführung in das Modul Creo Mechanism Dynamics Extension 217

10.1	Modellierung eines Mechanismus in Creo Parametric	218
10.2	Ziehen	222
10.3	Gelenkachs-Einstellungen	223
10.4	Erste Schritte im Modul Mechanismus	224
10.5	Antriebe definieren	225
	10.5.1 Servomotoren	225
	10.5.2 Linearmotoren	227
10.6	Anfangsbedingungen festlegen	227
10.7	Informationen zu Mechanismus-Elementen anzeigen	228
10.8	Masseneigenschaften definieren	229
10.9	Gravitation definieren	231
10.10	Definition und Ausführung einer Analyse	231
10.11	Messergebnisse der Analysen generieren	233
10.12	Ergebnisse an das Simulationsmodul übertragen	236
10.13	Vollständiger Bewegungsablauf mit Linearmotoren	237
10.14	Speichern und Abspielen einer Animation	238
10.15	Übung: Zentrische Schubkurbel	240

11 Grundlagen von Creo Simulate Structure 247
11.1 Geometric Element Analysis und FEM 247
11.2 Bestandteile eines FEM- bzw. GEA-Modells 250
- 11.2.1 Geometrisches Modell 250
- 11.2.2 Einheitensystem 253
- 11.2.3 Materialeigenschaften 256
- 11.2.4 Lagerung 259
- 11.2.5 Koordinatensysteme 262
- 11.2.6 Belastungen 262
- 11.2.7 Bereiche 271
11.3 Der Modus Creo Simulate Lite 273

12 Fortgeschrittene Modellierungsmöglichkeiten in Creo Simulate Structure 275
12.1 Bauteile mit geometrischen Elementen modellieren 275
12.2 Steuerung der Vernetzung 281
12.3 Balkenelemente verwenden 285
12.4 Feder- und Massenelement 292
- 12.4.1 Federelement 292
- 12.4.2 Massenelement 293
- 12.4.3 Verbindungen 294

13 Durchführen von Analysen in Creo Simulate Structure 297
13.1 Definieren einer Analyse 297
- 13.1.1 Statische Analyse 298
- 13.1.2 Modalanalyse 300
- 13.1.3 Kontaktanalyse 301
13.2 Ausführen der Berechnung 302

14 Ergebnisse auswerten 305
14.1 Statusfenster 305
14.2 Grafische Ergebnisdarstellung 309
14.3 Ergebnisdateien von Creo Simulate Structure 313

15 Optimierung von Bauteilen 317
15.1 Grundlagen 317
15.2 Definition von Optimierungsstudien 319
15.3 Sensitivitätsstudien 323
15.4 Anzeigen der Ergebnisse von Optimierungsstudien 325

16 Berechnungsbeispiele 329
16.1 Allgemeine Hinweise 329
16.2 Beispiel 1: Winkelhebel 330
16.3 Beispiel 2: T-Stück 335
16.4 Beispiel 3: Druckbehälter 337
16.5 Beispiel 4: Modalanalyse 339
16.6 Beispiel 5: Modell mit Balkenelementen 342
16.7 Beispiel 6: Schlitten einer Werkzeugmaschine (Ausnutzung von Struktursymmetrie) 347
16.8 Beispiel 7: Helix 350
16.9 Berechnung von Baugruppen – Kontaktanalyse 353
    16.9.1 Beispiel 8: Baugruppe Gelenk 353
    16.9.2 Beispiel 9: Elastomerkupplung 356
16.10 Beispiel 10: Übernahme von Daten aus dem Mechanismus-Modul 359
16.11 Beispiel 11: Optimierungsrechnung 361

Index 367

Vorwort

Mit dem Wechsel von Pro/ENGINEER zu Creo wurde weit mehr als nur der Name geändert. Der erfolgreichen und weitverbreiteten Produktentwicklungsumgebung wurde unter anderem eine modernere Benutzeroberfläche gegeben, die noch effektiveres Arbeiten ermöglicht. Darüber hinaus ist eine Vielzahl von Funktionen hinzugekommen bzw. optimiert worden. Auch ist jetzt ein Austausch mit dem ebenfalls von PTC angebotenen Direktmodellierer Creo Elements/Direct (ehemals CoCreate OneSpaceModeling) möglich.

Wie bereits beim Vorgängerwerk, das in insgesamt fünf Auflagen erschienen ist, wünschen wir uns, dass dieses Buch sowohl in der Praxis stehenden Ingenieuren als auch Studierenden eine Hilfe sein möge, sich Creo Parametric und Creo Simulate als wertvolle Hilfe für die Lösung ihrer Arbeitsaufgaben zu erschließen.

Emden, Februar 2012

Manfred Vogel
Thomas Ebel

1 Einleitung

Der Einsatz von leistungsfähigen 3D-CAD-Systemen beschränkt sich nicht mehr auf die reine Konstruktion oder gar Zeichnungserstellung. Längst hat sich die Erkenntnis durchgesetzt, dass die einmal im System vorhandenen Geometriedaten auch für andere Aufgaben im gesamten Prozess der Produktentwicklung und -realisierung zu nutzen sind. Doppelarbeit und Fehler können so vermieden werden.

Moderne Systeme zeichnen sich deshalb durch einen modularen Aufbau aus. Um einen geometrischen Modellierer gruppieren sich Applikationen, mit deren Hilfe die verschiedensten Aufgaben von der Konstruktion über Berechnung und Simulation, Prototypenbau, Werkzeugkonstruktion, NC-Programmierung bis zur technischen Dokumentation erledigt werden können.

Das im Buch behandelte System Creo der Firma PTC ist ein solches System. Es tritt die Nachfolge des erfolgreichen Programms Pro/ENGINEER Wildfire an. Die Philosophie der Entwickler sieht vor, durch sogenannte »RoleApps« jedem Nutzer genau die Konfiguration an Softwaremodulen zur Verfügung zu stellen, die er für seine speziellen Arbeitsaufgaben benötigt.

Selbstverständlich setzt der Einsatz eines derart leistungsfähigen Softwaresystems neben Kenntnissen des jeweiligen Fachgebietes auch Kenntnisse der Software selbst voraus. Es existiert ein gestiegener Qualifizierungsbedarf in den Unternehmen, auch die Hochschulen müssen diese Entwicklung in ihren Ausbildungsplänen berücksichtigen.

An der Hochschule Emden-Leer wird Creo, bzw. das Vorgängersystem Pro/ENGINEER, seit mehr als einem Jahrzehnt erfolgreich in der Ausbildung von Maschinenbau-Ingenieuren eingesetzt. Die dabei in Zusammenarbeit mit unseren Studierenden gewonnenen Erfahrungen möchten wir weitergeben.

Nicht jede oder jeder Interessierte, ob Studierender, Lehrkraft an einer Hochschule oder Mitarbeiter/in eines Unternehmens, kann aus zeitlichen und/oder finanziellen Gründen an einem professionellen Lehrgang teilnehmen. Unser Ziel ist es, Ihnen eine leicht verständliche Einführung anhand zahlreicher Beispiele zu geben. Sie sollten die Beispiele selbst nachvollziehen und dabei beliebige Modifikationen oder andere Modellierungsmöglichkeiten ausprobieren. Der Zugang zur Software ist dafür selbstverständlich notwendig.

Das Buch erhebt nicht den Anspruch, die Handbücher oder einen Lehrgang beim Systemlieferanten zu ersetzen. Diese sind nach wie vor notwendig, schon allein deshalb, weil in diesem Buch nur ein Bruchteil der Möglichkeiten beschrieben werden kann, die das Programmsystem bietet.

Im Wesentlichen wird im ersten Teil des Buches auf die 3D-Modellierung von mechanischen Bauteilen und Baugruppen, einschließlich der Ableitung von technischen Zeichnungen und Stücklisten, eingegangen. Dabei kommt das Kernsystem Creo Parametric zum Einsatz, das benötigt wird, um die Geometrie der Konstruktionsobjekte zu erfassen. Ein Kapitel zu den Möglichkeiten des Datenaustauschs mit anderen CAE-Systemen rundet diesen Teil ab.

Der zweite Teil des Buches befasst sich damit, wie der Konstrukteur die konstruierten Bauteile und Baugruppen berechnen kann, also mit Simulations-Applikationen. Mit ihrer Hilfe kann der Konstrukteur z. B. schon im Entwurfsstadium überprüfen, ob das Bauteil/die Baugruppe den Betriebsbelastungen standhalten wird oder welche Antriebskräfte erforderlich sind, um eine Maschine in den geforderten Bewegungszustand zu versetzen.

Bei der für die Erarbeitung des Buches genutzten Software handelt es sich um die Ausbildungsversion von Creo 1.0 (Creo Parametric Education Edition). Die Ausführungen sind aber auch für die kommerzielle Softwareversion von Creo nutzbar.

Mit den beschriebenen Grundkenntnissen lassen sich viele der im Maschinenbau und angrenzenden Industriezweigen vorkommenden Aufgaben bearbeiten. Hat man die in diesem Buch beschriebenen Möglichkeiten einmal verstanden, kann man sich Schritt für Schritt auch an neue, anspruchsvollere Probleme heranwagen.

Alle im Buch aufgeführten Beispiele sowie hilfreiche Leitfäden sind auf der Download-Seite zum Buch zu finden:

 139.13.86.53/creobuch

Der Leser hat so die Möglichkeit, seine eigene Lösung mit der der Autoren zu vergleichen. Das Buch ist deshalb besonders gut für das Selbststudium geeignet.

Die Beispiele wurden mit der Ausbildungsversion von Creo Parametric erarbeitet, sind aber auch in den Formaten der kommerziellen Version gespeichert. Dadurch ist es möglich, alle Beispieldateien sowohl mit der Ausbildungs- als auch mit der kommerziellen sowie der Studenten-Version zu öffnen.

2 Grundlagen

Bevor man in die Konstruktion mit Creo Parametric (im weiteren Verlauf kurz Creo genannt) einsteigt, ist es unabdingbar, sich mit einigen grundsätzlichen Dingen vertraut zu machen. Auf den folgenden Seiten werden diese Grundlagen vermittelt. Es handelt sich hierbei um eine Einführung in die Oberfläche des Programms einschließlich der Menübefehle und Icons, in die Bedienung von Maus und Tastatur und in die grundlegende Terminologie von Creo.

Darüber hinaus werden einige Einstellungen vorgenommen und es wird allgemein erläutert, wie sich solche Anpassungen vornehmen und sichern lassen. Es werden aber bewusst nur wenige Änderungen an der Standardkonfiguration vorgenommen und auch keine Zusatztools verwendet, damit Sie alle Übungen mit einer Standardinstallation von Creo umsetzen können. Einige Einstellungen können Sie später dem persönlichen Geschmack anpassen, aber zunächst sollten Sie sich auf das Wesentliche konzentrieren.

Besondere Hinweise und Tipps werden durch einen Kasten hervorgehoben.

Auf der Download-Seite zum Buch finden Sie eine PDF-Datei mit zusammengefassten Hinweisen zur grundlegenden Bedienung des Programmes. Es empfiehlt sich, diese auszudrucken, und in der Anfangszeit neben den PC zu legen, um bei Bedarf schnell nachsehen zu können.

2.1 Creo-Hauptfenster

Nach dem Start von Creo öffnet sich das Hauptfenster. Einige wenige empfehlenswerte Anpassungen der Oberfläche werden im Folgenden noch erläutert.

Wie in Bild 2.1 zu sehen, besteht das Hauptfenster aus verschiedenen Bereichen. Im oberen Bereich befinden sich die aus anderen Programmen bekannte Schnellzugriffs- und Multifunktionsleiste sowie das Dateimenü. Viele Termini und Icons sollten demnach bekannt erscheinen. Im Abschnitt 2.3 werden die Menüpunkte näher erläutert.

Zentrum des Hauptfensters ist das Grafikfenster bzw. nach dem Programmstart der Webbrowser, der zugleich auch Informationen beinhalten kann, die über Info-Befehle aufgerufen wurden. Näheres hierzu folgt in späteren Abschnitten des Buches.

 Durch Mausklick auf das nebenstehend abgebildete Symbol, welches unten links auf dem Bildschirm zu finden ist, kann der Webbrowser minimiert werden, und der Blick wird frei auf das Grafikfenster. Umgekehrt kann der Browser so auch wieder ins Blickfeld gerückt werden.

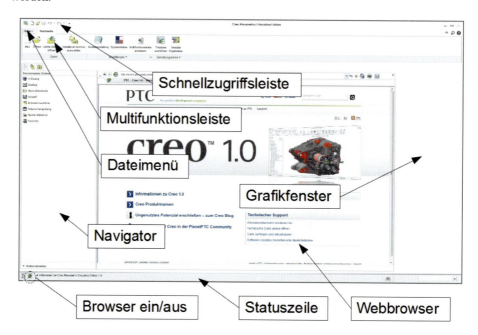

Bild 2.1 Das Creo Hauptfenster

Im Mitteilungsbereich werden Systemmitteilungen und Eingabeaufforderungen angezeigt. Im rechten unteren Bereich kann der Fangmodus gesetzt werden.

Im Navigator befindet sich nach dem Programmstart zunächst ein Ordner-Browser. Während der Arbeit mit Creo ist dort der Modellbaum zu sehen. Er kann, wie auch der Webbrowser, ein- und ausgeblendet werden. Hierzu dient das Icon ganz unten links. Man sollte den Modellbaum aber sinnvollerweise während der Arbeit mit Creo dauerhaft eingeschaltet lassen, da er wichtige Informationen liefert und ständig benötigt wird.

Der Modellbaum zeigt die Historie eines Modells an. Creo ist ein historienbasiertes CAD-System. D. h., alle durchgeführten Konstruktionsschritte werden sequenziell aufgelistet und können einzeln editiert und unter Umständen auch verschoben werden. Dadurch entstehen auch so genannte Eltern-Kind-Beziehungen, wie an folgendem einfachen Beispiel erläutert werden soll: An einem Teil wird zunächst eine Bohrung erzeugt. Anschließend werden weitere Bohrungen konzentrisch um die erste herum angelegt. Wird nun die zentrale Bohrung verschoben, so werden die umliegenden mit verschoben. Würde man ein Eltern-Element löschen, in unserem Beispiel also die zentrale Bohrung, so werden die Kind-Elemente, die ja auf die zentrale Bohrung referenziert sind, automatisch mitgelöscht, ohne dass es sich verhindern ließe!

HINWEIS: Die Reihenfolge, in der Konstruktionselemente erzeugt werden, und die Referenzen, auf die sie sich beziehen, sind bei Creo von großer Bedeutung.

2.2 Dateisystem

Die wichtigsten Dateitypen in Creo sind an den Dateiendungen erkennbar:
- `.sec` Skizze (Section)
- `.prt` Einzelteil (3D, Part)
- `.asm` Baugruppe (Assembly)
- `.drw` Zeichnung (2D, Drawing)

Einige weitere Dateitypen werden im zweiten Teil des Buches, der in Creo Simulate einführt, erläutert. Creo legt bei jedem Sichern eine neue Datei an! Zusätzlich zur Standarderweiterung wird noch eine fortlaufende Versionsnummer angehängt. So wird z. B. aus `teil.prt.1` beim zweiten Sichern `teil.prt.2`, dann `teil.prt.3` usw.

Das bedeutet, dass das Arbeitsverzeichnis nach einiger Zeit sehr voll werden kann. Man sollte alte Versionen hin und wieder entweder manuell sichern oder einfach löschen. Das kann außerhalb von Creo über den normalen Windows-Explorer erfolgen, oder über eine hierfür vorgesehene Funktion innerhalb von Creo, die im Abschnitt 2.3.2 erläutert wird.

2.3 Die Menüs in Creo

Die Menüs in Creo können in drei Bereiche unterteilt werden: die Schnellzugriffsleiste, das Dateimenü und die Multifunktionsleiste. Letztere hat unterschiedliche Inhalte, abhängig vom Modus, in dem man gerade arbeitet. Es wird an dieser Stelle nicht auf alle möglichen Befehle und Icons eingegangen, sondern nur auf die zu Beginn wichtigsten. Alles Weitere wird bei Bedarf in den folgenden Kapiteln erläutert. Auch um die gebräuchlichsten Befehle in der Einstiegsphase schnell finden zu können, empfiehlt es sich, den PDF-Leitfaden zum Buch auszudrucken und neben die Tastatur zu legen.

2.3.1 Schnellzugriffsleiste

Ganz oben links befindet sich die Schnellzugriffsleiste, die unabhängig vom Programmteil, in dem man gerade arbeitet, immer sichtbar ist. Sie beinhaltet einige grundlegende Befehle wie **DATEI NEU**, **DATEI ÖFFNEN**, **DATEI SPEICHERN**, **RÜCKGÄNGIG MACHEN**. Wenn Sie später z. B. an einem Bauteil arbeiten, werden hier zusätzliche Befehle zu finden sein.

Bild 2.2 Schnellzugriffsleiste

Über das Symbol ganz rechts erreicht man das Menü, in dem bei Bedarf Anpassungen an der Leiste vorgenommen werden können.

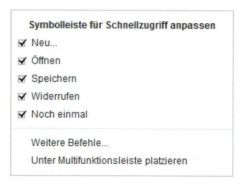

Bild 2.3 Schnellzugriff anpassen

2.3.2 Dateimenü

Über die Registerkarte (*engl.* tab) ganz links wird das Dateimenü aufgerufen. Es ist ebenfalls permanent verfügbar und optisch durch einen Spalt von der Multifunktionsleiste getrennt.

Nachfolgend werden die Unterpunkte des Dateimenüs (Bild 2.4) weitgehend detailliert dargestellt, da sich die Begrifflichkeiten von anderen Programmen z. T. unterscheiden. Nicht alles ist derzeit für Sie von Belang, aber mit einigen Unterpunkten sollten Sie schon jetzt vertraut sein. Am Ende des Abschnittes werden die wesentlichen Aspekte zum Thema Benutzeroberfläche noch gesondert zusammengefasst, um Ihnen einen überschaubaren Überblick zu geben.

- **NEU** erzeugt ein neues Objekt (Teil, Baugruppe ...). Die Objektarten werden später in Abschnitt 3.1 beschrieben.
- **ÖFFNEN** lädt ein vorhandenes Objekt (Zeichnung, Baugruppe,...).
- **SPEICHERN** speichert das aktuelle Objekt im Arbeitsverzeichnis bzw. in dem Verzeichnis, aus dem es geladen wurde.

Bild 2.4 Das Dateimenü

- **SPEICHERN UNTER** bietet drei Optionen: **KOPIE SPEICHERN**, um eine Kopie des aktuellen Objekts unter neuem Namen zu speichern, wobei das aktuelle Objekt allerdings aktiv bleibt. Möchte man das neu erzeugte Objekt bearbeiten, muss es mit **ÖFFNEN** geladen werden. **SICHERUNG SPEICHERN** ist bei der Arbeit mit Baugruppen eine sehr gute Möglichkeit zum »Aufräumen«. Wenn man diese Funktion nutzt und ein neues, leeres Verzeichnis als Ziel angibt, dann werden alle für die Baugruppe benötigten Komponenten in der aktuellsten Version gesichert. So hat man ganz schnell alle alten Versionen und Elemente, die in der Baugruppe nicht benötigt werden, ausgefiltert. Mit **SPIEGELTEIL** erzeugt man ein gespiegeltes Bauteil mit wenig Aufwand.

- Der Druckbefehl ist nur sichtbar, wenn ein Objekt geladen ist. Auf das Drucken wird in Kapitel 7 näher eingegangen.

- Mit **SCHLIEßEN** wird das aktuelle Fenster geschlossen. Die Objekte bleiben allerdings im Arbeitsspeicher!

- Unter **DATEI VERWALTEN** befinden sich folgende Optionen: **UMBENENNEN** wird benutzt, um das aktuelle Objekt wahlweise nur in der aktuellen Sitzung oder zusätzlich auch im Arbeitsverzeichnis umzubenennen. **ALTE VERSIONEN LÖSCHEN** ist eine Möglichkeit, im Arbeitsverzeichnis aufzuräumen. Hierbei wird lediglich die aktuellste Version beibehalten und alle übrigen gelöscht. Das betrifft aber nur das aktuelle Objekt. Wenn von mehreren Objekten alte Versionen gelöscht werden sollen, empfiehlt sich das manuelle Löschen mit dem Windows-Explorer. **ALLE VERSIONEN LÖSCHEN** löscht wirklich unwiderruflich alle Versionen! Die beiden übrigen Optionen sind für die Einführung in Creo ohne Belang.

- Für die Arbeit mit dem Buch ist nur der erste Punkt unter **VORBEREITEN** relevant: **MODELLEIGENSCHAFTEN**. Hier können z. B. die Materialdaten angegeben und Toleranztabellen geladen werden. Die detaillierte Erklärung erfolgt erst in Abschnitt 5.6.3, da sie in der Anfangsphase noch nicht benötigt wird.

- Mit **SENDEN** können Sie ein Objekt als E-Mail-Anhang versenden.

- Die Option **AKTUELLES OBJEKT LÖSCHEN** entspricht einer Kombination der Funktionen **SCHLIESSEN** und **NICHT ANGEZEIGTE OBJEKTE LÖSCHEN**. Eine Besonderheit bei Creo ist, dass nach dem Schließen eines Objekts dieses immer noch im Hauptspeicher ist. Um diesen ebenfalls frei zu bekommen, ist entweder **SITZUNG VERWALTEN** zu verwenden oder die Einzelfunktionen. Auf die Funktion **TRAILDATEI AUSFÜHREN** wird in Abschnitt 2.7 noch eingegangen.

Sehr wichtig ist der Punkt **ARBEITSVERZEICHNIS AUSWÄHLEN**. Sie sollten sich angewöhnen, grundsätzlich nach dem Start von Creo das Arbeitsverzeichnis festzulegen! Auch wenn Sie während der Arbeit mit Creo auf ein anderes Verzeichnis zugreifen, z. B. um ein Bauteil in eine Baugruppe zu laden, sollten Sie anschließend nochmal diese Funktion ausführen, um sicherzustellen, dass das Objekt beim Speichern auch wirklich dort landet.

Alle weiteren Punkte sind im Rahmen der Einführung in Creo ohne Belang.

- Unter **HILFE** finden Sie mehrere Unterpunkte, die Ihnen bei der Arbeit mit Creo helfen sollen.

- Unter **OPTIONEN** können umfangreiche Anpassungen des Programms vorgenommen werden. In Abschnitt 2.6 wird genauer darauf eingegangen.

- **BEENDEN** beendet die aktuelle Sitzung. Zuvor wird gefragt, ob noch gesichert werden soll.

2.3.3 Multifunktionsleiste

Die Multifunktionsleiste (*engl.* ribbon) ist an aktuelle Versionen bekannter Officepakete angelehnt. Es handelt um in Gruppen und Registerkarten zusammengefasste Befehle, deren jeweilige Sichtbarkeit abhängig vom gerade aktiven Programmmodul ist. Es kommen temporär auch zusätzliche Registerkarten zum Vorschein, wenn nur bestimmte Funktionen aufgerufen werden, z. B. Bohrungserstellung.

Bild 2.5 Multifunktionsleiste

Nach dem Start von Creo enthält die Leiste nur die Registerkarte *Startseite*, die in Bild 2.6 zu sehen ist. Sie enthält auch einen Button, über den direkt das Arbeitsverzeichnis festgelegt werden kann. Dies sollte, wie bereits erwähnt, immer zu Beginn einer Creo-Sitzung geschehen. Auch können darüber Objekte erzeugt oder geladen werden. In der Gruppe Einstellungen ist rechts neben dem Gruppennamen noch ein Button mit einem nach unten rechts zeigenden Pfeil zu erkennen. Über diesen Button gelangt man direkt in die Creo Parametric-Optionen, auf die in Kapitel 2.6 genauer eingegangen wird.

Bild 2.6 Startseiten-Registerkarte

Am rechten Bildschirmrand befinden sich noch drei Buttons.

Mit dem linken Symbol kann die Multifunktionsleiste ein- und ausgeblendet werden, das mittlere dient zur Befehlssuche und das rechte startet das Creo Help Center.

 HINWEIS: Für die Nutzung des Creo Help Centers ist eventuell ein Zugang bei PTC.com erforderlich!

2.3.4 Grafiksymbolleiste

Während der Arbeit an einem Objekt ist zudem die Grafiksymbolleiste eingeblendet. Sie enthält im Standardfall folgende Ansichtsfunktionen: Neu einpassen, Vergrößern, Verkleinern, Bildneuaufbau, Darstellungsmodus (z. B. schattiert, Drahtgitter usw.), gespeicherte Ansichten, Ansichtsmanager (wird z. B. für die Definition von Schnittansichten benötigt), Ein- und Ausblenden von Bezugselementen, Anmerkungsanzeige sowie die Drehmittensteuerung. Auf Befehle, die Sie bei der Arbeit mit Creo benötigen, wird an gegebener Stelle eingegangen.

Der linke Button, mit dem Sie das Objekt auf dem Bildschirm zentrieren und einpassen, dürfte in der Regel am häufigsten benutzt werden.

Bild 2.7 Grafiksymbolleiste

2.4 Mausfunktionen

Mit den Mausfunktionen, insbesondere zur Ansichtssteuerung, sollten Sie sich gleich zu Beginn vertraut machen. Sobald Sie das erste Modell erstellt haben, sollten Sie die Funktionen einüben.

TIPP: Um die Arbeit mit Creo zu erleichtern, empfiehlt sich die Benutzung eines 3D-Zeigegeräts. Dies gilt insbesondere für den Fall, dass wechselweise mit mehreren Programmen gearbeitet wird, die unterschiedliche Ansichtssteuerungen haben, z. B. FE-Programme, Flächenmodellierer oder andere CAD-Systeme.

Tabelle 2.1 Ansichtsfunktionen

Mittlere Taste (= Scrollrad)	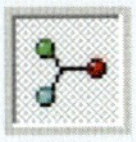	*Drehen* bei eingeschalteter Drehmitte um diese und bei ausgeschalteter Drehmitte um die aktuelle Mausposition
[Strg] + mittlere Taste *oder* Scrollrad		*Zoomen*
[Umschalt] + mittlere Taste		*Verschieben*

Tabelle 2.2 Auswahlfunktionen

Mauszeiger über Objekte bewegen	Das jeweilige Objekt unter dem Mauszeiger wird cyanfarben hervorgehoben.
Rechte Taste	Sind mehrere Möglichkeiten für die Vorauswahl vorhanden (z. B. hintereinanderliegende Flächen), so wird das nächste Objekt gewählt.
Linke Taste	Das zuvor cyanfarben hervorgehobene Objekt wird gewählt. Es ist dann rot.
[Strg] + linke Taste	Mehrfachauswahl hinzufügen/entfernen
[Umschalt] + linke Taste	Eine ganze Kantenkette wird ausgewählt.
Linke Taste (Doppelklick)	Wenn ein vorausgewähltes, cyanfarbenes Element, z. B. ein Teil, doppelt angeklickt wird, so lassen sich die Definitionen des Objektes editieren. Diese Funktion wird in den folgenden Abschnitten noch an praktischen Beispielen erläutert.
Rechte Taste (länger drücken)	Wird über einem ausgewählten Objekt (rot) die rechte Maustaste ca. 1 Sekunde lang gedrückt, so erscheint ein Kontextmenü, das abhängig von der Art des Objektes ist. Bei einer Kante kann diese z. B. verrundet werden.

2.5 Tastaturkürzel

Durch die Verwendung von Tastaturkürzeln kann einige Arbeitszeit eingespart werden. Hier eine Liste der wichtigen Kürzel:

[Strg] + A	Fenster aktivieren	[Strg] + Z	Rückgängig
[Strg] + N	Neue Datei	[Strg] + Y	Wiederholen
[Strg] + O	Datei öffnen	[Strg] + R	Bildneuaufbau
[Strg] + S	Datei speichern	[Strg] + D	Standardansicht
[Strg] + C	Kopieren	[Strg] + G	Regenerieren
[Strg] + X	Ausschneiden	[Strg] + [Alt] + A	Alles markieren
[Strg] + V	Einfügen	[Entf]	Löschen

2.6 Programmoptionen

Creo lässt sich in einer Vielzahl von Punkten den persönlichen Bedürfnissen und Wünschen anpassen. In Unternehmen und Hochschulen werden diese Einstellungen normalerweise zentral vorgenommen und verwaltet, aber bei Einzelinstallationen sollte der Benutzer in der Lage sein, zumindest einige Anpassungen selbst durchzuführen.

Die wohl wichtigste Konfigurationsdatei ist die `config.pro`, auf die in einem gesonderten Unterkapitel eingegangen wird. Darüber hinaus gibt es noch eine `config.sup`, bei der es sich um eine geschützte Systemdatei handelt, in der in einem Unternehmensumfeld übergreifende Einstellungen vorgenommen werden, die auch nicht durch andere, lokalere Dateien überschrieben werden können. Sie soll hier nicht Thema sein.

Wichtig für das Verständnis der Konfigurationsdateien ist noch die Reihenfolge, in der sie beim Programmstart gelesen werden. Es wird zunächst aus dem Unterverzeichnis `\text` des Creo-Installationsverzeichnisses geladen. Bei Installationen im Unternehmens- oder Hochschulumfeld hat der einzelne Nutzer in der Regel keinen Zugriff auf dieses Verzeichnis. Als nächstes wird beim Programmstart im Login-Verzeichnis des Benutzers nachgesehen, ob dort Konfigurationsdateien vorhanden sind. Ist dies der Fall, so werden auch Einstellungen, die aufgrund von Dateien im Installationsverzeichnis vorgenommen wurden, überschrieben. Dieses gilt, wie zuvor erwähnt, nicht für Einstellungen aus der `config.sup`. Als letztes wird noch im Startverzeichnis nachgesehen. Auch hier gilt: später gelesene Einstellungen überschreiben zuvor geladene.

Im Folgenden werden einige Konfigurationsmöglichkeiten kurz erklärt. Weitere Parameter sind der Programmhilfe bzw. der Dokumentation zu entnehmen. Für die Arbeit mit dem Buch sind nur wenige Punkte relevant. Alles Weitere hängt mehr mit persönlichen Vorlieben zusammen und bleibt Ihnen vorbehalten.

Sehr wichtig ist, wie bereits erwähnt, die Festlegung des Arbeitsverzeichnisses. Sollten Sie ein Standardverzeichnis haben, von dem aus Sie grundsätzlich starten möchten, so können Sie dieses, wenn nicht schon bei der Installation geschehen, ganz einfach dadurch festlegen, indem Sie auf dem Creo Parametric-Icon auf dem Windows-Desktop einen Klick mit der rechten Maustaste durchführen und dann auf **EIGENSCHAFTEN** klicken. In dem Feld *Ausführen in:* geben Sie nun das gewünschte Verzeichnis an. Bei jedem Neustart von Creo ist dieses Verzeichnis von nun an als Arbeitsverzeichnis voreingestellt.

So ganz reibungslos klappt das bei Creo leider nicht. Wenn Sie nach dem Programmstart zum Beispiel ein Objekt öffnen möchten, sind Sie in der Regel nicht in Ihrem gewünschten Arbeitsverzeichnis. Damit es doch klappt, reicht es, wenn Sie zuvor den Befehl **ARBEITSVERZEICHNIS AUSWÄHLEN** in der Multifunktionsleiste anklicken und dann den Dialog mit **OK** oder **ABBRECHEN** direkt wieder beenden. Diese Merkwürdigkeit war bereits bei Vorgängerversionen von Creo (ehemals Pro/ENGINEER) bekannt. Das Gleiche gilt, wie schon in Kapitel 2.3.2 erwähnt, wenn Sie zwischendurch auf irgendein anderes Verzeichnis zugegriffen haben.

2.6.1 Systemfarben einstellen

In den meisten Fällen werden Sie hier keine Änderungen vornehmen müssen. Sollte jedoch in Ihrem Fall der Hintergrund nicht weiß eingestellt sein, sollten Sie ihn zumindest temporär ändern, wenn z. B. Screenshots für Präsentationen oder Studien- bzw. Abschlussarbeiten erstellt werden sollen.

Systemfarben

Mit dem nebenstehenden Icon aus der Startseiten-Registerkarte gelangen Sie in das in Bild 2.8 zu sehende Fenster. Um einen weißen Hintergrund zu bekommen, reicht es, das Farbschema auf »Schwarz auf Weiß« zu setzen.

Um eine Konfiguration zu sichern, wählt man unten links den Befehl **KONFIGURATIONEN EXPORTIEREN…** und speichert sie unter dem vorgegebenen Namen `syscol.scl` ab. Grundsätzlich ist der Speicherort beliebig, aber es wird empfohlen, das Arbeitsverzeichnis zu wählen. Der Ort wird dann in der `config.pro`-Datei (wird im nächsten Kapitel erläutert) angegeben.

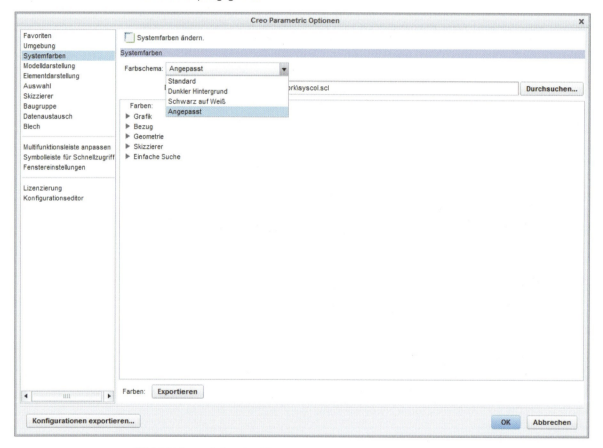

Bild 2.8 Systemfarben-Einstellungen

2.6.2 Die config.pro-Datei

Optionen

Das Fenster in Bild 2.8 zeigt die Unterseite *Systemfarben* innerhalb des Optionen-Fensters von Creo Parametric, das sich auch über den nebenstehenden Button im Dateimenü erreichen lässt.

Über dieses Fenster sind alle weiteren Einstellungen des Programms möglich und können dort auch mit dem Befehl **KONFIGURATIONEN SICHERN...** gespeichert werden.

Mit dem Konfigurationseditor, der in der Liste auf der linken Seite ganz unten positioniert ist, gelangt man zu einer Übersicht über alle eingestellten Optionen. In Unternehmen und Hochschulen werden Einstellungen im Normalfall zentral definiert, aber falls das bei Ihnen nicht der Fall ist, hier eine kurze Übersicht über empfehlenswerte Einstellungen:

- `pro_unit_sys` — `mmns`
- `system_colors_file` — `[Pfad]\syscol.scl`
- `tolerance_standard` — `iso`
- `template_solidpart` — `[CreoPfad]\templates\mmns_part_solid.prt`
- `template_designasm` — `[CreoPfad]\templates\mmns_asm_design.asm`
- `default_dec_places` — `2`
- `drawing_setup_file` — `[Pfad]\buch_std.dtl`
- `sketcher_starts_in_2d` — `yes`
- `sketcher_dim_of_revolve_axis` — `yes`
- `allow_move_view_with_move` — `yes`

Wenn in der Liste `[Pfad]` steht, ist Ihr Arbeitsverzeichnis gemeint. `[CreoPfad]` ist das Installationsverzeichnis von Creo Parametric. Die Datei `buch_std.dtl` finden Sie, ebenso wie eine Vorlage der `config.pro`, auf der Download-Seite des Buches. In dieser Vorlage müssen noch die Pfade angepasst werden. Sie können die Datei mit einem einfachen Texteditor öffnen und bearbeiten. Sichern Sie sie nach der Bearbeitung und vor dem Start von Creo – wenn möglich nicht nur in Ihrem Arbeitsverzeichnis, sondern auch noch im Unterverzeichnis `\text` des Creo-Installationsverzeichnisses. Wenn Sie den Dialog mit **OK** beenden, weist das Programm Sie gegebenenfalls darauf hin, dass die Einstellungen noch gesichert werden müssen.

Wichtig sind insbesondere die Einstellungen, die das Einheitensystem betreffen. Dies gilt ganz besonders, wenn mit Creo Simulate gearbeitet wird (siehe Kapitel 11.2.2)!

2.7 Dateiwiederherstellung

Alle Eingaben in einer Creo-Sitzung werden in einer sogenannten Trail-Datei (`trail.txt.xx`) im Arbeitsverzeichnis gesichert. Wie bereits erwähnt, ist dem Dateinamen eine Versionsnummer angehängt, da bei jedem Start von Creo eine neue Trail-Datei angelegt wird. Im Fall eines Systemabsturzes können Daten mit Hilfe der Trail-Datei wiederhergestellt werden.

Dieser Wiederherstellungsvorgang ist wie folgt durchzuführen:

- Suchen Sie im Arbeitsverzeichnis die aktuellste Trail-Datei oder gegebenenfalls die mit dem gesuchten Datum.
- Benennen Sie die Datei um, und verwenden Sie die Endung `.txt`. Wählen Sie einen aussagekräftigen Namen, aber bitte nicht `trail`!
- Öffnen Sie die Datei mit einem Editor, und kommentieren Sie am Ende den Bereich, in dem das Programm beendet wurde, durch Vorsetzen eines Ausrufezeichens aus, z. B. wie folgt:

```
!~ Close `main_dlg_cur` `main_dlg_cur`
!Command ProCmdOSExit was pushed from the software.
! Message Dialog: Warning
!                : Sitzung wirklich beenden?
! ~ FocusIn `UI Message Dialog` `no`
! ~ Activate `UI Message Dialog` `UI Message Dialog`
! ~ FocusIn `UI Message Dialog` `yes`
! ~ Activate `UI Message Dialog` `yes`
```

- Starten Sie Creo Parametric.
- Klicken Sie den Befehl **TRAILDATEI AUSFÜHREN** an.
- Wählen Sie die zuvor bearbeitete Datei aus.
- Die Eingaben werden nun abgespielt.
- Gegebenenfalls sind am Ende der Datei noch weitere Zeilen auszukommentieren, falls diese den Absturz weiterhin herbeiführen.

Traildatei ausführen

2.8 Zusammenfassung

In der folgenden Box werden die wichtigsten Punkte des Abschnitts *Grundlagen* noch einmal kurz und bündig zusammengefasst, damit Sie gut in die praktische Arbeit mit Creo Parametric einsteigen können.

TIPP:
- Drucken Sie sich den Creo-Leitfaden aus dem Download-Verzeichnis aus und halten Sie ihn griffbereit.
- Stellen Sie nach dem Start von Creo Parametric grundsätzlich erst das Arbeitsverzeichnis ein.
- Stellen Sie sicher, dass grundlegende Einstellungen, insbesondere das Einheitensystem (mmNs), vorgenommen worden sind.

3 Einführung in die Arbeit mit Creo Parametric

Nun beginnt die praktische Arbeit mit Creo Parametric! Damit bereits die ersten Anfänge »Spaß« machen und man das Gefühl hat, etwas Sinnvolles und Praxisgerechtes zu modellieren, wurde ein reales Beispiel aus der Praxis gewählt: eine pneumatische Schwenkeinheit der Firma Schunk GmbH & Co. KG Spann- und Greiftechnik aus Lauffen am Neckar. Die Firma Schunk hat uns freundlicherweise für die Verwendung einer Schwenkeinheit als Schulungsbeispiel die Freigabe gegeben, wofür wir uns an dieser Stelle nochmals sehr herzlich bedanken.

Selbstverständlich wurde die Schwenkeinheit nicht eins zu eins übernommen, sondern in sehr vielen Punkten vereinfacht. Auch sind alle Angaben zu Werkstoffen, Oberflächen sowie Maß-, Form- und Lagetoleranzen frei erfunden. Ein realer Nachbau ist somit selbstverständlich nicht möglich.

Trotzdem bietet sich so dem Leser die Möglichkeit, ein reales Beispiel aus der Praxis eines Maschinenbaukonstrukteurs von der Modellierung der Einzelteile über die Erstellung von Baugruppen bis zur Generierung der Fertigungszeichnungen als Prozesskette kennenzulernen.

Zwischendurch werden auch weitere Beispiele eingeflochten, anhand derer einige Vorgehensweisen und Programmfeatures erklärt werden, die sich nicht oder nicht ausreichend am Schulungsbeispiel vermitteln lassen.

Im weiteren Verlauf des Buches werden geforderte Mausklicks durch folgende einfache Symbole gekennzeichnet:

- ▦ Linke Maustaste
- ▦ Mittlere Maustaste
- ▦ Rechte Maustaste

Wenn von einem Mausklick ohne nähere Spezifizierung die Rede ist, dann ist die linke Maustaste gemeint!

Darüber hinaus sind viele Buttons in der Randspalte abgebildet, die an der jeweiligen Stelle betätigt werden müssen.

3.1 Ein neues Teil erzeugen

Wir beginnen mit dem Gehäuse der Schwenkeinheit. In den folgenden Abschnitten wird die grundsätzliche Vorgehensweise beim Modellieren detailliert erklärt. Im weiteren Verlauf werden die Beschreibungen dann weniger ausführlich sein. Außerdem wird die Multifunktionsleiste von nun an nur noch als »Menü« bezeichnet und die Registerkarten als »Karte«.

Im Anschluss an die Modellierung der ersten Teile werden einige Details näher erläutert, und der Leser hat die Gelegenheit, zusätzliche Übungen zum Skizzierer und zum Modellieren durchzuführen, um routinierter im Umgang mit Creo Parametric zu werden.

Neu

Nun wird ein neues Objekt erzeugt. Dies geschieht entweder per Button im Menü oder in der Schnellstartleiste oder den Befehl → DATEI → NEU im Dateimenü.

> **HINWEIS:** Es gibt eine Reihe unterschiedlicher Objekttypen. Für die Arbeit mit dem Buch sind nur die Typen *Teil*, *Baugruppe* und *Zeichnung* relevant.

Der Typ *Teil* ist bereits vorgegeben, so dass nur der Name ergänzt werden muss. Wir nennen das Gehäuse `001_gehaeuse`.

Bild 3.1
Neues Objekt erzeugen

Generell sollte bei der Namensgebung darauf geachtet werden, dass keine Umlaute und keine Leerzeichen verwendet werden.

In dem sich öffnenden Fenster sind die Startbezüge, d. h. drei senkrecht zueinander stehende Ebenen *Front*, *Top* und *Right*, sowie ein Koordinatensystem zu sehen.

Diese dienen dazu, das neu entstehende Teil im Raum zu orientieren. Die Namen der Ebenen werden sichtbar, wenn Sie den Mauscursor über die Ebenen bewegen. Diese werden dann cyanfarben hervorgehoben und der Name wird nach kurzer Zeit eingeblendet. Außerdem sind sie im Modellbaum an der linken Seite aufgeführt.

Im Bereich des Grafikfensters erscheint nun zudem die Grafiksymbolleiste. Es empfiehlt sich, diese in die Statusleiste zu verschieben, um den Arbeitsbereich frei zu haben. Wenn Sie sie verschieben möchten, dann bewegen Sie den Cursor über die Leiste und betätigen Sie die rechte Maustaste. Unter dem Punkt *Position* stellen Sie dann *In Statusleiste anzeigen* ein.

Die auffälligste Änderung ist im Menü erkennbar: es sind mehrere Karten neu hinzugekommen und die Karte *Startseite* ist verschwunden. Erläuterungen zu den Karten, Gruppen und Befehlen erscheinen im Buch an der Stelle, an der sie benötigt werden. Auf eine umfassende Erklärung aller Befehle wird an dieser Stelle verzichtet, um den Einstieg in Creo Parametric nicht unnötig verwirrend zu machen.

Zunächst werden wir Befehle aus der Karte *Modell* benötigen, welche in Bild 3.2 zu sehen ist. Die Gruppe Formen beinhaltet grundlegende Elemente, die zu Beginn der Modellierung eines Bauteils verwendet werden, wie Extrusion, Drehen oder Zug-KE.

Bild 3.2
Karte *Modell*

 HINWEIS: KE bedeutet bei Creo Konstruktionselement und kann z. B. ein Extrusionskörper, eine Bohrung, eine Rundung und vieles mehr sein.

3.1.1 Extrusionskörper

Das Gehäuse ist ein typisches Beispiel für ein durch Extrusion zu erzeugendes Bauteil. Durch Erstellen einer 2D-Skizze und anschließendes Extrudieren senkrecht zur Skizzierebene lässt sich die Grundform des Modells erzeugen.

Aufruf des Extrusionswerkzeugs:

Das Werkzeug wird mit dem nebenstehenden Button aktiviert. Es erscheint eine neue Karte im Menü, über die alle Eingaben und Definitionen bezüglich des KE eingegeben werden.

Profil

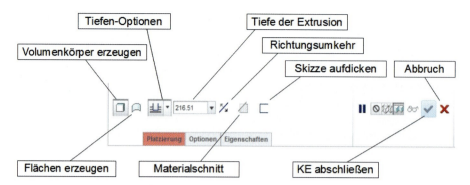

Bild 3.3 Karte *Extrudieren*

Wir werden Profilkörper ausschließlich als Volumen und nicht als Flächen erzeugen, so dass in dem Bereich keine Änderung der Einstellung nötig sein wird. In der Regel wird die Tiefe der Extrusion als Zahlenwert, gemäß dem eingestellten Einheitensystem, über das entsprechende Eingabefeld eingegeben. Alternativ dazu gibt es auch noch zwei weitere Optionen:

 Auf beiden Seiten der Skizzierebene um die Hälfte des angegebenen Wertes in jeder Richtung extrudieren.

 Bis gewählt. Punkt, Kurve, Ebene oder Fläche extrudieren.

Mit der Richtungsumkehr kann die Richtung, in die die Skizze extrudiert wird, umgeschaltet werden. Die Option *Skizze aufdicken* wird z. B. bei Blechteilen eingesetzt, ist aber an dieser Stelle nicht von Bedeutung. Wenn man bereits einen Volumenkörper erzeugt hat, kann man mit der Option *Materialschnitt* auch virtuell Material entfernen.

Für unser erstes Beispiel reicht es, die gewünschte Extrusionstiefe von 117 (mm) in das entsprechende Fenster einzutragen und die Eingabe mit der Eingabetaste zu bestätigen.

Als nächstes wird die Ebene gewählt, auf der das zu extrudierende Profil skizziert werden soll. Es kann eigentlich jede der zu Beginn drei Ebenen sein, aber wir fangen bei neuen Objekten immer auf der Ebene *Front* an. Durch auf den Eintrag *Front* im Modellbaum geht es am schnellsten. Man kann die Ebene auch per Anklicken im Grafikfenster wählen. Wenn Sie den Cursor über eine Ebene bewegen und dort verharren, wird sie cyanfarben hervorgehoben und der Name erscheint. Die Ebene, die als nach links geneigtes Parallelogramm erscheint, ist die Ebene *Front*.

Nun erscheint eine weitere Karte mit der Bezeichnung *Skizze*, wie in Bild 3.4 zu sehen. Zudem sollte die Sicht jetzt frontal auf die Skizzierebene sein. Wenn sich die Orientierung nicht, wie in Bild 3.5 zu sehen, geändert hat, wurde die entsprechende Option (`sketcher_starts_in_2d = yes`) offensichtlich noch nicht gesetzt (siehe Abschnitt 2.5.2).

Bild 3.4 Karte *Skizze*

Es wird empfohlen, diese Einstellung zu verwenden, um eine eindeutige und klare Sicht auf die Skizze zu haben. Sollte das jetzt noch nicht der Fall sein, oder Sie später versehentlich während der Arbeit die Ansicht verdreht haben, können Sie die Skizze jederzeit mit dem nebenstehenden Button, der sich in der Gruppe *Einrichten* ganz links im Menü befindet, neu ausrichten.

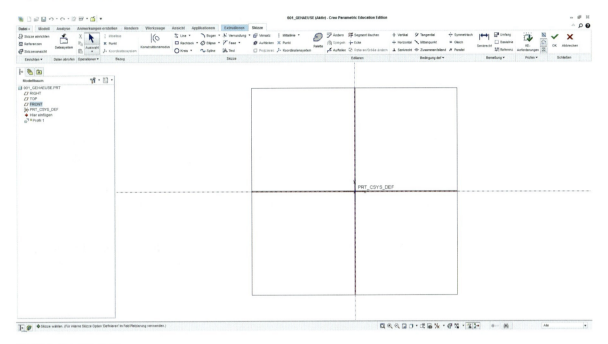

Bild 3.5 Der Skizzierer

In der Anfangsphase kann es auch leicht passieren, dass man die Skizze ungewollt aus dem Grafikfenster herausschiebt. Dann kann man sie mit dem Button 🔍 aus der Grafiksymbolleiste wieder neu einpassen.

Zu Beginn wird die wesentliche Kontur skizziert. Dazu wird zunächst ein Rechteck gezeichnet, wie in Bild 3.6 zu sehen.

Aktivieren Sie hierzu das Rechteck-Tool aus der Gruppe *Skizze*, klicken Sie dann einmal den oberen linken Eckpunkt des gewünschten Rechtecks an (im oberen linken Viertel des Bildschirms) und dann den unteren rechten (im unteren rechten Viertel). Achten Sie nur darauf, dass die Form wie gewünscht ist, und ignorieren Sie die Maße.

Klicken Sie nun auf das Elementwahl-Symbol oder einfach nur ▦, um das Rechteck-Tool zu verlassen. Sie können erkennen, ob Sie ein Tool verlassen haben, wenn nun Maße sichtbar werden.

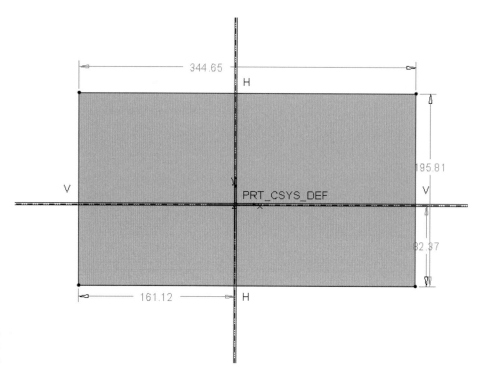

Bild 3.6
Erster Schritt beim
Skizzieren des Gehäuses

Die Linien sind mit einem V bzw. einem H gekennzeichnet. Das bedeutet einfach, dass die jeweiligen Linien vertikal bzw. horizontal ausgerichtet sind. Näheres hierzu wird im weiteren Verlauf erklärt.

Die Skizze muss immer vollständig referenziert sein. In unserem Fall legen die (zufälligen) Maße 161,12 und 82,37 die Lage des Rechtecks relativ zu den Referenzebenen fest.

Anschließend sollen die Maße auf die exakten Werte gesetzt werden. Hierzu gibt es zwei Möglichkeiten:

- Doppelklick auf die Maßzahl und Eingabe des gewünschten Wertes
- Anklicken des Symbols zum Editieren von Bemaßungswerten in der Gruppe *Editieren* und Wahl eines oder mehrerer zu ändernder Maße (vor oder nach Klicken des Symbols)

 Wenn Sie z. B. das horizontale Maß doppelklicken, ein neues Maß eingeben und die Eingabe mit der Eingabetaste abschließen, werden Sie feststellen, dass das Programm die Skizze sofort regeneriert. Wenn Sie nun ein Maß eingeben, das weit von dem ursprünglichen entfernt ist, wird Ihre Skizze nicht mehr die ursprünglich gewünschte Form haben.

Um diesen Effekt zu verhindern, sollten Sie sich folgende Vorgehensweise angewöhnen:

- Zunächst wird die gewünschte Kontur ohne Berücksichtigung der Maße wie beschrieben skizziert, und das jeweils verwendete Tool wird mit dem Auswahlpfeil oder noch schneller mit ▭ beendet.
- Dann markiert man alle Elemente, einschließlich der Bemaßungen, durch die Tastenkombination [Strg]+[Alt]+A oder durch Ziehen eines Markierungsrahmens um die

gesamte Skizze. Dieses geschieht folgendermaßen: Klicken Sie 🖱, z. B. links oberhalb der Skizze, und halten Sie die Taste gedrückt. Ziehen Sie den nun entstehenden Rahmen bis rechts unterhalb der Skizze und lassen Sie die Maustaste dann los. Alle Elemente sind jetzt rot markiert.

- Aktivieren Sie das Editieren-Tool. Es öffnet sich das in Bild 3.7 zu sehende Fenster. Durch Setzen der Option *Maßstab sperren* wird dafür gesorgt, dass sich nicht nur das anschließend editierte Maß ändert, sondern zudem alle anderen, und zwar maßstäblich! In unserem Beispiel setzen Sie danach bitte das Maß für die Breite im entsprechenden Feld innerhalb des *Bemaßungen ändern*-Fensters auf 76 mm, und schließen dann das Fenster mit dem grünen Haken. Das richtige Zahlenfeld finden Sie, indem Sie in eines hineinklicken. Das dazugehörige Maß in der Skizze wird dann hervorgehoben.

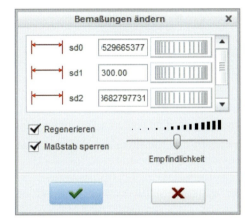

Bild 3.7
Bemaßungen ändern

- Ändern Sie jetzt das Höhenmaß auf 44 mm durch Doppelklick auf die Maßzahl direkt in der Skizze und Eingabe des gewünschten Maßes.

Um die Skizze übersichtlicher zu machen, können Sie die Bemaßungen durch Drag-and-Drop verschieben. Klicken Sie 🖱 auf das zu verschiebende Maß, halten Sie die Taste gedrückt, und ziehen Sie das Maß an die gewünschte Position. Wenn Sie nun die Maustaste wieder loslassen, wird das Maß an der neuen Position abgelegt.

Auffällig ist sicherlich, dass einige Maße grau und andere schwarz sind. Bei den grauen handelt es sich um so genannte schwache Bemaßungen. Es handelt sich dabei um von Creo automatisch erzeugte Bemaßungen, die auch automatisch wieder gelöscht werden, wenn sie z. B. durch manuelles Hinzufügen einer Bemaßung überflüssig werden. Die für uns wichtigen Maße, wie im Fall des Gehäuses die Breite und die Höhe, sollten »stark gemacht« werden, erkennbar durch die schwarze Farbe. Das bedeutet, dass diese Maße nicht automatisch von Creo geändert oder gelöscht werden. Manuell hinzugefügte oder editierte Maße sind von vornherein stark. Ein Maß kann aber auch bei Bedarf wie folgt »gestärkt« werden:

Die Maßzahl durch 🖱 markieren (die Farbe ändert sich zu Rot), dann 🖱 klicken und gedrückt halten.

Es öffnet sich ein Kontextmenü wie in Bild 3.8 zu sehen, und durch  auf den Menüpunkt **STARK** wird das Maß gestärkt.

Bild 3.8 Maß-Kontextmenü

Näheres zum Thema Bemaßung wird im weiteren Verlauf noch folgen.

Nach der Änderung des Breiten- und Höhenmaßes sollte die Skizze ungefähr so aussehen:

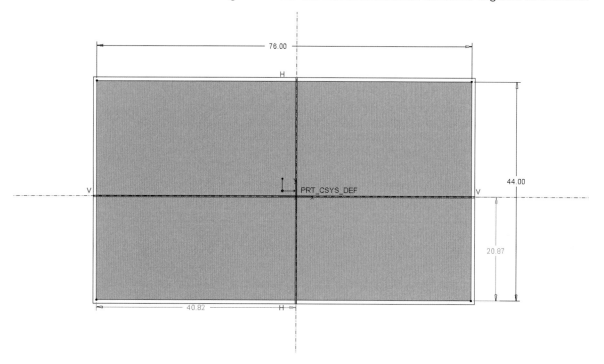

Bild 3.9 Skizze mit geänderten Maßen

Sehr sinnvoll und empfehlenswert ist beim Skizzieren die Verwendung von Konstruktionsbedingungen.

 TIPP: Man kann insbesondere bei komplexeren Skizzen viele Maße überflüssig, und die Skizze somit besser lesbar machen, indem man mit Bedingungen, wie z. B. Symmetrie, gleiche Längen, Parallelität usw. arbeitet.

Einige Bedingungen werden durch implizite Annahmen des Programms bereits automatisch eingefügt. Annähernd vertikal oder horizontal gezeichnete Linien werden so z. B. automatisch horizontal bzw. vertikal gezeichnet und entsprechend mit V oder H markiert. Das Kapitel 3.2.2 befasst sich näher mit dieser Thematik.

Wir können aber auch manuell Bedingungen definieren. So soll nun z. B. das Rechteck symmetrisch zur horizontal im Schnitt zu sehenden Bezugsebene *Top* angeordnet werden.

Hierzu wird zunächst eine Mittellinie benötigt, die mit dem gleichnamigen Befehl aus der Gruppe *Skizze* durch Angabe zweier Punkte erzeugt werden kann.

⁞ Mittellinie ▼

Klicken Sie nach Aktivierung des Tools nun zwei Punkte auf der horizontalen Bezugslinie an.

Der Cursor fängt auf den Bezügen. Schließen Sie nach Angabe der beiden Punkte die Mittellinienerzeugung mit ▥ ab.

 HINWEIS: Sollten Sie versehentlich Elemente erzeugt haben, die unerwünscht sind, können Sie sie durch Anklicken und anschließendes Betätigen der [Entf]-Taste löschen, oder Sie verwenden die ↺ *Rückgängig*-Funktion aus der Schnellstartleiste.

Anschließend wird die Symmetriebedingung definiert. Hierzu wird der Befehl **SYMMETRIE** aus der Gruppe Bedingungen ausgeführt. Die Eingabe sollte wie folgt durchgeführt werden:

- Symmetriefunktion aufrufen
- ▥ auf den oberen linken Eckpunkt des Rechtecks
- ▥ auf den unteren linken Eckpunkt
- ▥ auf die zuvor erzeugte Mittellinie

→⁞← Symmetrisch

Man sollte nun zwei aufeinander zeigende Pfeile sehen, ausgehend von den gewählten Eckpunkten. Sie signalisieren eine Symmetriebedingung. Das vertikale Lagemaß sollte außerdem verschwunden sein, da es nun ja überflüssig ist.

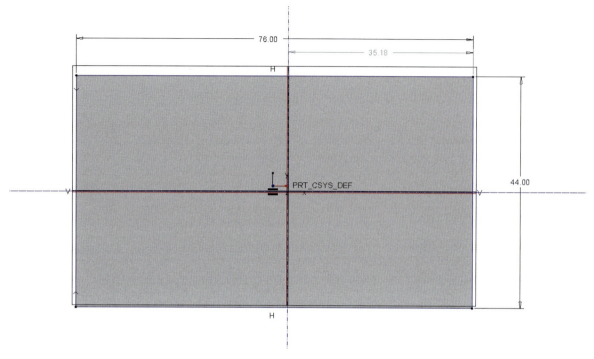

Bild 3.10 Skizze mit Symmetriebedingung

Die Skizzen enthalten immer nur genau so viele Bemaßungen und Bedingungen, wie notwendig sind, um sie eindeutig zu beschreiben.

> **HINWEIS:** Wenn Maße überflüssig werden, erfolgt ein automatisches Löschen, falls es sich um schwache Maße handelt, oder Sie werden auf eine Widersprüchlichkeit durch Einblenden eines Fensters (*Skizze lösen*) hingewiesen und aufgefordert, ein Maß oder eine Bedingung zu löschen. Auf diese Abfrage wird im kommenden Abschnitt näher eingegangen.

Nun fügen wir manuell eine Bemaßung des Abstandes von der linken Seite des Rechtecks bis zum vertikalen Bezug ein. Hierzu wird der Bemaßungs-Befehl aus der Menügruppe *Bemaßung* gewählt. Lassen Sie sich nicht durch die Bezeichnung *Senkrecht* irritieren. Der Befehl dient für alle Arten von Bemaßungen.

Senkrecht

- Bemaßungsfunktion aufrufen
- auf linke vertikale Linie des Rechtecks
- auf vertikale Bezugslinie
- dort, wo die Maßzahl abgelegt werden soll, und nochmals , um das Bemaßungstool zu beenden
- Doppelklick auf die Maßzahl und Ändern des Wertes auf 38 mm

Anschließend wird ein Kreis hinzugefügt:

- Kreisfunktion aufrufen
- 🖰 auf Mittelpunkt des Kreises auf der horizontalen Bezugslinie (rechts vom Zentrum)
- 🖰 auf einen Punkt am Umfang des Kreises (siehe Bild 3.11). Achten Sie hierbei darauf, dass der Kreis nicht ungewollt eine Bedingung bekommt, wie z. B. Tangentialität zur rechten Linie oder ein Zusammenfallen eines Eckpunktes mit dem Kreis.
- Doppelklick auf den Durchmesser und Ändern des Wertes auf 60 mm

○ Kreis ▼

Sollte in Ihrem Fall automatisch eine Radius- anstelle einer Durchmesserbemaßung erzeugt worden sein, so können Sie sie einfach konvertieren, indem Sie das Maß mit 🖰 markieren und dann durch Drücken und Halten von 🖰 das Kontextmenü aufrufen. Wählen Sie dann den Befehl **IN DURCHMESSER KONVERTIEREN**. Durchmesserbemaßungen erkennt man an zwei Pfeilen, wie in Bild 3.11 zu sehen. Radiusbemaßungen werden durch einen Pfeil gekennzeichnet, der von außen auf den Kreis bzw. Bogen zeigt.

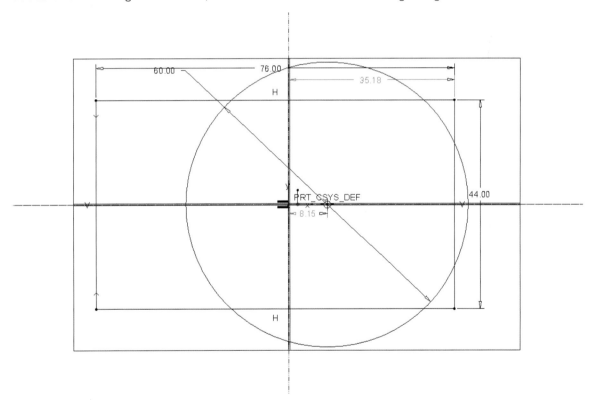

Bild 3.11 Skizze mit Kreis

Der Kreis sollte wie in Bild 3.11 rechts vom Rechteck enden. Falls das bei Ihnen noch nicht so sein sollte, können Sie den Kreis einfach per Drag-and-Drop verschieben: 🖰 auf den Mittelpunkt und die Taste gedrückt halten. Dann schieben Sie den Kreis horizontal an die gewünschte Position und lassen die Taste los.

Nun werden mit dem Werkzeug **SEGMENT LÖSCHEN** aus der Menügruppe *Editieren* einige Elemente entfernt:

Segment löschen

- Funktion **SEGMENT LÖSCHEN** aufrufen
- Starten Sie gemäß Bild 3.12 oben rechts, drücken Sie dort die linke Maustaste und halten sie diese gedrückt.
- Nun ziehen Sie eine Freihandlinie, wie im gleichen Bild zu sehen, nach unten. Die zu entfernenden Elemente werden rot markiert, und sobald Sie die Maustaste loslassen, werden sie gelöscht.
- Beenden Sie im Anschluss den Befehl mit .

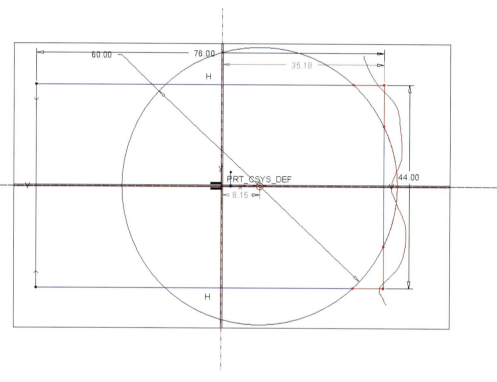

Bild 3.12 Segment löschen

Falls Sie versehentlich Elemente gelöscht haben, die nicht gelöscht werden sollten, machen Sie den Vorgang per Button rückgängig, und wiederholen Sie ihn. Alternativ kann man mit der gleichen Funktion auch einzelne Elemente löschen, indem man sie einzeln direkt anklickt. Wenn Sie den Cursor über Elemente der Skizze bewegen, so werden sie cyanfarben hervorgehoben. Anklicken bei aktiviertem Befehl **SEGMENT LÖSCHEN** führt dann zum direkten Löschen des Elements.

Ob man die Einzelselektion oder die Selektion per Freihandlinie bevorzugt, ist abermals eine Frage des persönlichen Geschmacks.

HINWEIS: Es ist Ihnen eventuell aufgefallen, dass die Skizze nicht mehr grau unterlegt ist. Die graue Farbe signalisiert eine geschlossene Fläche. Um Skizzen extrudieren oder rotieren zu können, müssen zwingend geschlossene Flächen vorliegen! Momentan könnten wir den Extrusionsvorgang also noch nicht abschließen.

Wenn Sie den Mauszeiger über den Kreis bewegen, sehen Sie, dass er als ein Element dargestellt wird. Elemente lassen sich mit dem Aufteilungs-Werkzeug trennen. In unserem Beispiel soll der Kreis rechts oben und unten an den Schnittpunkten mit den waagerechten Linien getrennt werden.

- Funktion **AUFTEILEN** aufrufen
- ▥ auf rechten oberen Schnittpunkt Kreis/waagerechte Linie
- ▥ auf rechten unteren Schnittpunkt Kreis/waagerechte Linie
- Tool beenden mit ▥

Nun kann der linke Bereich des Kreises ganz einfach entfernt werden. Markieren Sie das Element mit ▥, und drücken Sie dann die [Entf]-Taste.

Wenn Sie nun noch das Maß für die rechte senkrechte Linie auf 13 mm ändern, sollte die Skizze wie folgt aussehen:

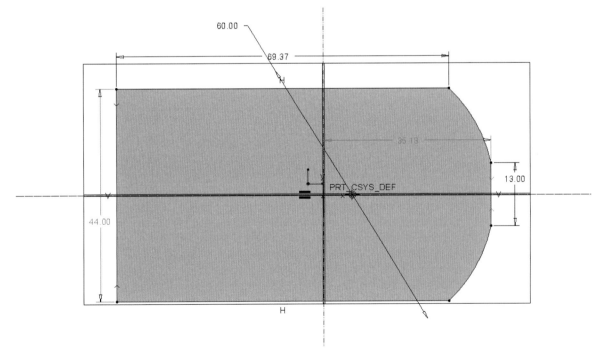

Bild 3.13 Zwischenstand der Gehäuseskizze

OK

Beenden Sie nun den Skizzierer mit dem nebenstehenden Button und anschließend das Extrudieren-Werkzeug mit oder dem grünen Haken.

Sollte ein Fenster mit dem Hinweis erscheinen, dass der Schnitt unvollständig ist, klicken Sie grundsätzlich auf **NEIN**, nachdem Sie den Hinweis im Mitteilungsbereich gelesen haben. Entweder ist der Schnitt wirklich unvollständig (Kontur nicht geschlossen oder doppelte Elemente) oder man hat versehentlich Referenzen gelöscht. Im zweiten Fall springt das Programm in den Referenzendialog zurück, und man klickt die fehlende(n) Referenz(en) links im Modellbaum an, also z. B. *Top* oder *Right*, wenn *Front* als Skizzierebene gewählt ist.

Einen offenen Schnitt erkennt man, wie bereits erwähnt, an der fehlenden grauen Hinterlegung und zudem an roten Kreisen an den offenen Enden.

Doppelte Elemente können Sie leichter entdecken, wenn Sie die Option *Überlappende Geometrie* aus der Gruppe *Prüfen* einschalten.

Wenn die Lage eines doppelten Elementes trotzdem unklar ist, können Sie auch schrittweise Elemente anklicken und mit [Entf] löschen. Wenn es doch kein doppeltes Element war, holen Sie es einfach mit dem *Rückgängig*-Button zurück und probieren es mit dem nächsten.

Ein weiteres Indiz für offene Enden oder doppelte Elemente können Bemaßungen sein, die unsinnig und überflüssig erscheinen.

Damit ist die Modellierung des ersten Konstruktionselementes abgeschlossen.

TO DO: An dieser Stelle sollten Sie die Ansichtssteuerung per Maus (siehe Abschnitt 2.4) üben: rotieren , skalieren (Scrollrad) und verschieben [Umschalt] + .

Anschließend wird nun einer von mehreren möglichen Wegen aufgezeigt, wie Maße editiert werden können:

Wenn man den Mauszeiger über das Bauteil bewegt, so wird es, wie Sie bereits wissen, cyanfarben vormarkiert. Wenn man nun einen Doppelklick durchführt, wird das Teil zum einen rot markiert, und zum anderen erscheinen die aus dem Skizziervorgang bekannten Maße, die dann ganz einfach über Doppelklick editiert werden können. Das Markieren und Aufrufen kann in der Anfangsphase mitunter etwas schwerfallen. Heben Sie dann einfach eventuelle Markierungen auf, indem Sie mit auf den Hintergrund klicken. Anschließend versuchen Sie es nochmal. Mit etwas Übung wird es reibungsloser klappen. Ändern Sie nun z. B. auf die beschriebene Weise die Breite von 117 mm auf 50 mm und bestätigen Sie die Änderung mit der Eingabe-Taste. Sollte die Änderung nicht unmittelbar sichtbar sein, dann ist das automatische Regenerieren deaktiviert. Diese Option ist standardmäßig aktiviert. Sie können Sie ein- und ausschalten, indem Sie auf das kleine Dreieck unter dem Befehl **REGENERIEREN** klicken, und dann die Option **AUTOM REGENERIEREN** einschalten, wie in Bild 3.14 zu sehen. Bei einer Standardkonfiguration sollte das aber schon von Beginn an so sein.

In jedem Fall muss die Änderung mit dem *Regenerieren*-Button abgeschlossen werden.

Machen Sie die Änderung der Breite anschließend auf die bekannte Art rückgängig.

Speichern Sie nun das Bauteil (achten Sie hierbei auf das Arbeitsverzeichnis!), schließen Sie es anschließend mit dem unteren Button, und entfernen Sie es mit **DATEI → SITZUNG VERWALTEN → NICHT ANGEZEIGTE OBJEKTE LÖSCHEN → OK** aus dem Hauptspeicher.

Bild 3.14
Regenerieren

3.1.2 Rotationskörper

Im Anschluss soll nun ein Ritzel als Rotationskörper modelliert werden. Erzeugen Sie zunächst ein neues Teil mit der Bezeichnung `002_ritzel`.

Aufruf des Rotationswerkzeugs:

Das Werkzeug wird mit dem nebenstehenden Button aktiviert. Es erscheint eine neue Karte im Menü, über die alle Eingaben und Definitionen bezüglich des KE eingegeben werden.

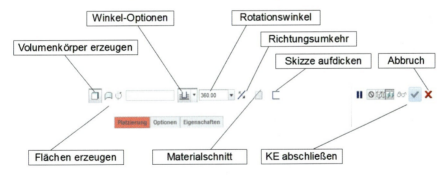

Bild 3.15
Karte *Drehen*

Beim Skizzieren eines Rotationskörpers ist ein geschlossener Halbschnitt zu zeichnen. Wählen Sie die Ebene *Front* als Skizzierebene durch ⊞ auf den entsprechenden Eintrag im Modellbaum. Das Programm wechselt in den Skizziermodus. Wir wählen den horizontalen Bezug als Drehachse, indem wir dort eine 2-Punkt-Mittellinie zeichnen:

- ⋮ (in der Gruppe *Bezug*)
- ⊞ auf die horizontale Bezugslinie
- ⊞ auf den zweiten Punkt auf der horizontalen Bezugslinie

Wenn Sie die in der Gruppe *Bezug* aufgeführte Funktion **MITTELINIE** verwendet haben, so ist diese automatisch auch als Drehachse definiert. Anders verhält es sich mit der in der Gruppe *Skizze* vorhandenen Konstruktionsmittellinie. Die ist auch als Drehachse verwendbar, muss aber noch explizit als solche definiert werden. Hierzu markiert man sie mit ⬚, betätigt, ohne den Cursor zu verschieben, die rechte Maustaste und hält sie gedrückt. Es erscheint das Kontextmenü (Bild 3.16), in dem der Eintrag **DREHACHSE** zu wählen ist.

Diese Festlegung der Drehachse im Kontextmenü ist in den Fällen interessant, in denen in der Skizze mehr als eine Mittellinie vorhanden ist.

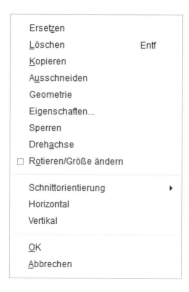

Bild 3.16 Kontextmenü der Mittellinie

Uns interessiert zunächst nur wieder die grobe Form des Bauteils. Es sollte in etwa wie folgt aussehen:

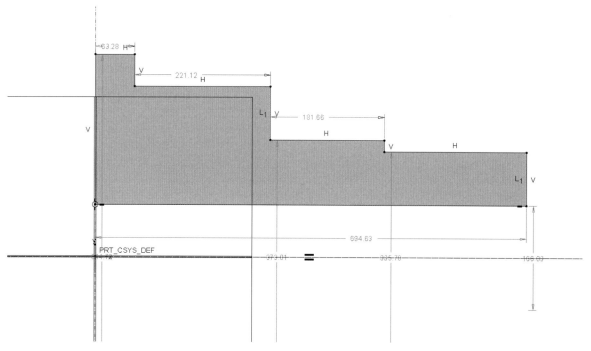

Bild 3.17 Erste Skizze des Ritzels

Zeichnen Sie die Kontur als Linienkette:

- Linienfunktion aufrufen
- 🖱 nacheinander an den Eckpunkten der Kontur
- Abschluss des Linientools mit 🖱

↗ Line ▼

Achten Sie möglichst darauf, dass nicht automatisch Bedingungen vergeben werden, die nicht zutreffend sind. Wenn man z. B. Linien annähernd gleich lang zeichnet, nimmt der Skizzierer implizit an, die Linien sollen eine identische Länge haben. Dies ist erkennbar daran, dass an den Linien L_x steht. Sollten doch Linien fälschlicherweise als gleich markiert sein, löschen Sie die Bedingung, indem Sie sie anklicken und dann die [Entf]-Taste betätigen. In Bild 3.17 sind zwei vertikale Linien fälschlicherweise noch als identisch gekennzeichnet.

Ebenso kann es insbesondere in der Anfangsphase der Arbeit mit dem Creo-Skizzierer passieren, dass Linien nicht senkrecht oder waagerecht skizziert werden, obwohl sie es eigentlich sein sollten. Diese Bedingungen sollte man dann ebenfalls zu diesem Zeitpunkt hinzufügen. Markieren Sie hierzu die betreffende Linie mit 🖱, und rufen Sie dann mit gedrückter 🖱 das Kontextmenü auf. Abhängig von der Art des Objektes können Sie Bedingungen über das Kontextmenü definieren. Im vorliegenden Fall wären dies die Bedingungen **HORIZONTAL** oder **VERTIKAL**.

Anschließend werden Maße der gewünschten Art angelegt. Die automatisch angelegten Maße entsprechen selten dem, was man gerne hätte, zum Beispiel um darauf basierend später eine Zeichnung mit fertigungsgerechter Bemaßung generieren zu können. In unserem Beispiel sollten Bemaßungen, wie in Bild 3.18 erkennbar, vorhanden sein. Die Werte sind zu diesem Zeitpunkt aber noch nicht relevant. Dazu an dieser Stelle ein paar Informationen zur Erstellung von Bemaßungen:

Bemaßungen erstellen

Die Bemaßungsfunktion ist bei Creo Parametric sehr intuitiv einsetzbar. Wenn man zum Beispiel die Länge einer Linie bemaßen möchte, klickt man sie an, bewegt den Cursor an die Stelle, an der die Maßzahl stehen soll, und erzeugt diese dann durch 🖱. Den Abstand zwischen zwei Punkten erzeugt man durch Anklicken der Punkte und dann wieder durch Ablegen der Maßzahl an der gewünschten Position. Auch die Bemaßung von Winkeln ist intuitiver Natur: man klickt zwei Linien an, bewegt den Cursor dorthin, wo sinnvollerweise die Maßzahl stehen müsste, und legt sie dort ab.

Senkrecht

Wenn ein kreis- oder bogenförmiges Element bemaßt werden soll, so gibt es zwei Möglichkeiten: Radius- oder Durchmesserbemaßung. Die Vorgehensweise ist wie folgt:

- Wenn man ein kreis- oder bogenförmiges Element einmal anklickt und dann das Maß mit 🖱 ablegt, dann wird der Radius angezeigt.
- Wenn man es hingegen zweimal anklickt (nicht als schnellen Doppelklick!) und dann mit 🖱 die Maßzahl ablegt, so wird der Durchmesser angezeigt.

Zurück zum aktuellen Bauteil: Im nächsten Schritt werden die Maße nun auf die bekannte Weise angepasst. Zur Erinnerung hier noch einmal die Vorgehensweise:

- Mit der Tastenkombination [Strg] + [Alt] + A alle Elemente markieren
- den Befehl **BEMASSUNGEN ÄNDERN** aufrufen
- Option *Massstab sperren* aktivieren
- eine Bemaßung innerhalb des *Bemaßungen ändern*-Fensters auf das richtige Maß ändern, z. B. die Gesamtlänge
- Dialog schließen
- alle weiteren Maße durch Doppelklick auf die Maßzahl und Eingabe eines neuen Wertes ändern

Die Maße können Sie der folgenden Skizze entnehmen:

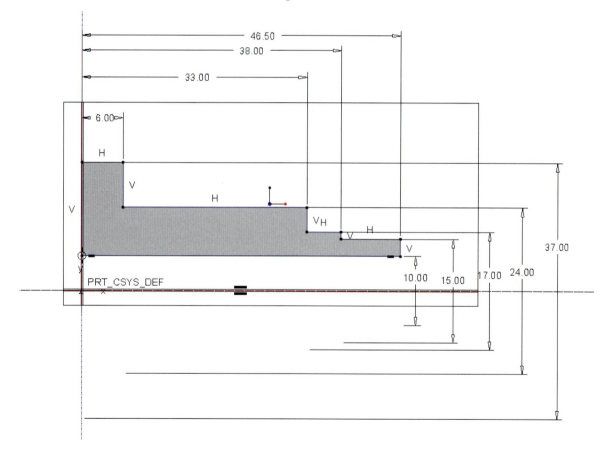

Bild 3.18 Skizze Ritzel

OK

Der Skizzierer kann nun mit dem **OK**-Button beendet werden. Anschließend wird das Drehen-Werkzeug mit dem grünen Haken oder beendet.

Wenn Sie nach dem Beenden des Skizzieres in der Voransicht nichts sehen, dann war die Drehachse nicht zugewiesen. Sie können durch die Befehlsfolge **PLATZIERUNG → EDITIEREN…** wieder in den Skizzierer zurückspringen und die Zuweisung nachholen.

Vor dem Beenden des Skizzierers ist es hilfreich, mit der Funktion **KE-ANFORDERUNGEN** zu prüfen, ob die Skizze allen Anforderungen an eine Skizze für das aktuelle KE genügt. Auf eine noch nicht definierte Drehachse würde dann u. a. auch hingewiesen werden.

KE-Anforderungen

Das Ritzel sollte wie folgt aussehen:

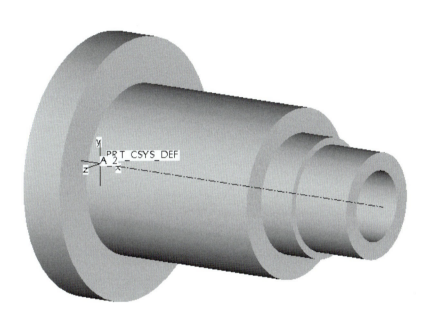

Bild 3.19
Ritzel

An dieser Stelle sollten Sie das Bauteil sichern. Achten Sie wie immer auf das Arbeitsverzeichnis.

Anschließend soll ein Absatz eingefügt werden. Wir hätten ihn natürlich gleich mitskizzieren können, aber zu Übungszwecken fügen wir ihn nachträglich hinzu. Starten Sie hierzu noch einmal das *Rotieren*-Werkzeug, und wählen Sie wiederum die Ebene *Front* als Skizzierebene.

Fügen Sie zunächst eine horizontale Mittellinie ein (die aus der Menügruppe *Bezug*!) und definieren Sie sie als Drehachse. Das ist erforderlich, da die im ersten KE angelegte Drehachse auch nur dort gilt.

Wenn Sie jetzt das Werkzeug *Linienkette* aufrufen, und den Cursor über das Bauteil führen, dann werden Sie feststellen, dass er nicht auf Bauteilkanten »fängt«. Um exakt zusammenfallende Elemente zu zeichnen, drücken Sie die [Alt]-Taste und klicken dann die beiden Konturen des Ritzels an, die in Bild 3.20 markiert sind. Es erscheinen strichpunktierte Linien wie bei den Bezügen. Auf diesen fängt das Linienketten-Werkzeug jetzt! Die Skizze kann nun gemäß dem Bild und den nachfolgenden Hinweisen gezeichnet werden. Achten

Sie darauf, dass eine geschlossene Fläche entsteht und keine doppelten Elemente oder offenen Enden vorhanden sind.

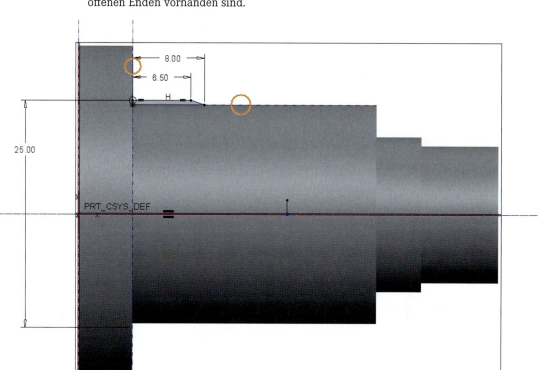

Bild 3.20 Zusätzlicher Absatz

Wie immer interessiert beim Skizzieren zu Beginn nur die Form, und nicht die genauen Maße. Wenn man aber, wie im vorliegenden Fall, aufbauend auf einem bestehenden Teil skizziert, sind die Maße schon nahe an den gewünschten, so dass nicht der Weg über die Funktion **MASS ÄNDERN** ⤴ gegangen werden muss. Die Maße können direkt per Doppelklick und Eingabe angepasst werden.

Es kann passieren, dass das Durchmessermaß des Absatzes zunächst nicht wie in Bild 3.20 erscheint, sondern stattdessen die Länge der kleinen vertikalen Linie links bemaßt ist. Das wird insbesondere dann passieren, wenn man zuvor noch keine Mittellinie gezeichnet hat, oder diese nicht als Drehachse definiert ist.

Man kann auch manuell ein Durchmessermaß erzeugen. Die Vorgehensweise hierzu ist folgende:

Senkrecht

- Bemaßungsfunktion aufrufen
- ⊞ auf den zu bemaßenden Absatz (in unserem Fall also die obere horizontale Linie)
- ⊞ auf die Mittellinie. Gewöhnen Sie sich bitte an, sie neben dem Bauteil anzuklicken. In vielen Fällen liegen Volllinien auf der Mittellinie, und ungewollt markiert man dann

oft diese. Wenn man die Mittellinie neben dem Bauteil bzw. der Skizze anklickt, umgeht man dieses Problem.

- nochmals auf den zu bemaßenden Absatz
- dort, wo die Maßzahl stehen soll

Das funktioniert natürlich nur dann, wenn auch eine Mittellinie vorhanden ist. Die Bezüge sehen auf den ersten Blick wie Mittellinien aus, so dass man das Anlegen schon mal vergessen kann. Das Vorhandensein einer Mittellinie erkennt man an den zwei kurzen »Balken«, wie in Bild 3.20 zu sehen.

Wie bereits erwähnt, sind immer nur exakt so viele Bemaßungen und Bedingungen vorhanden, wie nötig sind, um eine Skizze eindeutig zu beschreiben. Wenn man ein darüber hinausgehendes Maß erzeugt, erscheint ein Fenster mit der Bezeichnung *Skizze lösen* (Bild 3.21).

Bild 3.21
Skizze lösen

Sollte die Länge der kleinen vertikalen Linie zum Beispiel »stark« sein, weil sie zuvor editiert wurde, dann gäbe es diesen Konflikt. Man wählt in diesem Falle das unerwünschte Maß oder die Bedingung und dann den Befehl LÖSCHEN.

Wenn die Skizze nun wie in Bild 3.20 aussieht, kann der Skizzierer mit dem grünen Haken und dann das Drehen-Werkzeug mit beendet werden.

> **HINWEIS:** Man sieht auch an der Farbe eines Bauteils, ob ein Werkzeug beendet ist, oder nicht. Wenn man den Skizzierer beendet, ist das Bauteil in der Geometrievorschau zu sehen. Es ist dann orange-gelb. Wenn man nun das Werkzeug mit abschließt, wird es grau dargestellt.

Speichern Sie nun das Bauteil.

3.2 Details zum Skizzierer

Nachdem wir uns bislang nur mit den Punkten befasst haben, die unmittelbar zur Modellierung der ersten Bauteile erforderlich waren, so soll auf den folgenden Seiten ein Überblick über die Funktionen des Skizzierers gegeben werden. Die jeweilige Handhabung wird dann bei Bedarf im weiteren Verlauf des Buches vermittelt.

> **HINWEIS:** Neben einigen Befehlen ist ein kleines Dreieck zu sehen. Durch auf dieses Symbol können die Befehle um weitere Optionen erweitert werden.

Hier zur Übersicht noch einmal die gesamte Karte *Skizze*:

3.2.1 Funktionen im Skizziermodus

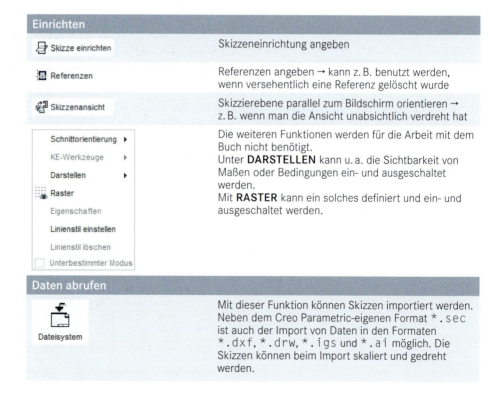

Einrichten	
Skizze einrichten	Skizzeneinrichtung angeben
Referenzen	Referenzen angeben → kann z. B. benutzt werden, wenn versehentlich eine Referenz gelöscht wurde
Skizzenansicht	Skizzierebene parallel zum Bildschirm orientieren → z. B. wenn man die Ansicht unabsichtlich verdreht hat
Schnittorientierung ▶ KE-Werkzeuge ▶ Darstellen ▶ Raster Eigenschaften Linienstil einstellen Linienstil löschen Unterbestimmter Modus	Die weiteren Funktionen werden für die Arbeit mit dem Buch nicht benötigt. Unter **DARSTELLEN** kann u. a. die Sichtbarkeit von Maßen oder Bedingungen ein- und ausgeschaltet werden. Mit **RASTER** kann ein solches definiert und ein- und ausgeschaltet werden.

Daten abrufen	
Dateisystem	Mit dieser Funktion können Skizzen importiert werden. Neben dem Creo Parametric-eigenen Format *.sec ist auch der Import von Daten in den Formaten *.dxf, *.drw, *.igs und *.ai möglich. Die Skizzen können beim Import skaliert und gedreht werden.

Operationen

▶ (Pfeil)	Auswahl-Werkzeug (einzeln, als Kette, alle geometrischen Elemente, oder alle Elemente) In die Einzelauswahl springt man auch automatisch, wenn ein Werkzeug, z. B. Rechteck oder Linie, mit ▥ beendet wird. Für die Auswahl aller Elemente (wird beim Skizzieren oft benötigt) gilt die Tastenkombination [Strg] + [Alt] + A.
✂	Ausschneiden [Strg] + X
🗐	Kopieren [Strg] + C
📋	Einfügen [Strg] + V
Löschen / Ersetzen / Konstruktion umschalten / Sperre umschalten / Konvertieren zu ▶	Die weiteren Funktionen werden entweder nicht verwendet oder sinnvollerweise durch Tastenbefehle ausgeführt, z. B. **LÖSCHEN** durch die [Entf]-Taste.

Bezug

┆	Mittellinie erzeugen → beim Drehen-Werkzeug wichtig!
✕	Geometriepunkt erzeugen
⚗	Geometriekoordinatensystem erzeugen

Skizze

Konstruktionsmodus	Bei aktiviertem Konstruktionsmodus werden alle Elemente (Linien, Kreise...) als Hilfsgeometrie erzeugt. Das bedeutet, sie werden nicht mitextrudiert oder -gedreht.
∑ Linienkette / ✕ Linientangentiale	Zeichnen einer Linienkette oder tangential zu zwei Bögen oder Kreisen
☐ Ecken-Rechteck / ◇ Geneigtes Rechteck / ⊠ Mittleres Rechteck / ▱ Parallelogramm	Erzeugung eines geraden Rechtecks über zwei diagonale Eckpunkte **oder** eines geneigten Rechtecks über das Zeichnen der Grundlinie und Ziehen der Höhe **oder** eines geraden Rechtecks über den Mittelpunkt und einen Eckpunkt **oder** eines Parallelogramms über das Zeichnen der Grundlinie und Angabe eines Eckpunktes
○ Mitte und Punkt / ◉ Konzentrisch / ○ 3 Punkte / ○ 3 Tangential	Generieren eines Kreises über den Mittelpunkt und einen Punkt am Umfang, als konzentrischer Kreis, durch Angabe von drei Punkten oder tangential zu drei Elementen

Skizze	
3 Punkte/Tang zu Ende Mitte und Endpkte 3 Tangential Konzentrisch Kegel	Zeichnen eines Kreisbogens durch Angabe von drei Punkten, durch Angabe von Mittelpunkt und Endpunkten, tangential zu drei Elementen oder konzentrisch Zeichnen eines konischen Bogens
Achsenenden Ellipse Mittelpunkt und Achse der Ellipse	Erzeugung einer Ellipse durch Angabe der Endpunkte einer Hauptachse und Ziehen der Höhe oder durch Angabe des Mittel- und eines Endpunktes einer Hauptachse und Ziehen der Höhe
Spline	Spline-Kurve durch Angabe von Stützpunkten erzeugen
Kreisförmig Rund trimmen Elliptisch Elliptisch trimmen	Erzeugen einer kreisförmigen oder elliptischen Verrundung, jeweils entweder getrimmt oder mit Fortführung der Linien als Konstruktionslinien durch Angabe der Übergangspunkte von Linie zu Bogen
Fase Fasentrimmung	Erzeugen einer Fase, entweder getrimmt oder mit Fortführung der Linien als Konstruktionslinien durch Angabe der Übergangspunkte von Linie zu Fase
Text	Zeichnen eines Textes, der als Geometrie extrudierbar ist
Versatz	Element durch Versetzen einer Kante oder eines skizzierten Elements erzeugen
Aufdicken	Element durch Versetzen einer Kante oder eines skizzierten Elements an zwei Seiten erzeugen
Projizieren	Elemente durch Projizieren von Kurven oder Kanten auf die Skizzierebene erzeugen
Mittellinie Mittellinientangentiale	Erzeugen einer Konstruktions-Mittellinie durch Angabe zweier Punkte oder tangential zu zwei Kreisen oder Bögen
Punkt	Konstruktionspunkt erzeugen
Koordinatensystem	Konstruktions-Koordinatensystem erzeugen
Palette	Aufruf von Standardformen wie Polygonen, Profilen, Formen und Sternen sowie gespeicherten Skizzen
Editieren	
Ändern	Bemaßungswerte, Spline-Geometrie oder Textelemente editieren
Spiegeln	Gewählte Geometrie an einer Mittellinie spiegeln

Editieren

Aufteilen	Aufteilen von Elementen an einem angegebenen Punkt
Segment löschen	Schnittelemente dynamisch trimmen
Ecke	Elemente an anderen Elementen oder an Geometrie trimmen (verkürzen/verlängern)
Rotieren/Größe ändern	Gewählte Geometrie verschieben, rotieren und skalieren

Bedingungen definieren

Vertikal	Linie vertikal anordnen
Horizontal	Linie horizontal anordnen
Senkrecht	Zwei Linien lotrecht anordnen
Tangential	Zwei Elemente tangential anordnen
Mittenpunkt	Punkt auf der Mitte der Linie oder des Bogens platzieren
Zusammenfallend	Gleiche Punkte, Punkt auf Element oder kollineare Bedingung erzeugen
Symmetrisch	Zwei Punkte oder Eckpunkte symmetrisch um eine Mittelachse anordnen
Gleich	Bedingung des Typs *Gleiche Länge, Gleicher Radius, Gleiche Bemaßung* oder *Gleiche Krümmung* erzeugen
Parallel	Linien parallel anordnen

Bemaßung

Senkrecht	Erzeugen einer definierenden (starken) Bemaßung
Umfang	Umfangsbemaßung erzeugen
Basislinie	Basislinie für Ordinatenbemaßung erzeugen
Referenz	Referenzbemaßung erzeugen

Prüfen

KE-Anforderungen	Mit dieser Funktion kann überprüft werden, ob die Skizze allen Anforderungen für das KE genügt, das durch sie erstellt werden soll.
	Darstellung überlappender Elemente hervorheben
	Darstellung offener Enden hervorheben

Prüfen	
⌷	Geschlossene Schleifen schattieren
✕ Schnittpunkt ⊙ Tangentialpunkt ⌒ Element	Anzeige von Informationen zu Schnittpunkten, Tangentialpunkten und Elementen (z. B. Elementtyp, Länge, Winkel)
Schließen	
✓ OK	Arbeit im Skizzierer beenden → nur möglich, wenn ein geschlossener Schnitt erzeugt wurde und genügend Referenzen zur Lagedefinition der Skizze vorhanden sind
✗ Abbrechen	Aktuellen Schnitt abbrechen/Verwerfen der Skizze

3.2.2 Implizite Annahmen

Beim Skizzieren der ersten Bauteile ist Ihnen sicherlich aufgefallen, dass das System implizite Annahmen trifft. Wenn eine der nachfolgend gelisteten Bedingungen annähernd erfüllt ist, »rastet« das System automatisch darauf ein.

Diese impliziten Annahmen können Sie wahlweise auch einzeln unter **DATEI** → **OPTIONEN** → **SKIZZIERER** deaktivieren bzw. aktivieren. Als Standardeinstellung sind alle Annahmen aktiv.

Auch können dem Schnitt, wie in einem vorhergehenden Abschnitt beschrieben, manuell Bedingungen auferlegt werden. Einige hiervon sind auch über das Kontextmenü aktivierbar.

Hier eine Liste der möglichen impliziten Annahmen und deren grafische Kennzeichnung im Skizzierer:

- Horizontale oder vertikale Linien (H und V)
- Gleicher Durchmesser/Radius (R)
- Gleiche Länge (L_x)
- Mittelpunkt (M)
- Tangentialität (T)
- Symmetrie (→←)
- Parallel/lotrecht (//, ⊥)
- Fangen in 90°-Schritten
- Kollinearität (⟺)
- Punkt auf Element (⊗)

3.2.3 Tipps zum Skizzierer

Beim Skizzieren hat es sich als hilfreich erwiesen, sich einige Dinge anzugewöhnen. Das hilft, Probleme zu vermeiden, und beschleunigt das Arbeiten. Am Ende dieses Kapitels haben Sie Gelegenheit, anhand von Übungen routinierter im Umgang mit dem Skizzierer zu werden, denn gerade diese Routine ist sehr wichtig.

Folgende Punkte sollten bei der Arbeit mit dem Skizzierer beachtet werden:

- Skizze zunächst ohne Rücksicht auf die Maße erstellen. Nur die Kontur ist interessant.
- Bemaßungen der gewünschten bzw. geforderten Art erzeugen
- Alles markieren mit [Strg] + [Alt] + A, die Funktion *Maß ändern* aufrufen, dort die Option *Maßstab sperren* setzen, und dann den Schnitt durch die Eingabe **eines** richtigen Maßes auf die richtige Größe skalieren.
- Nun die übrigen Maße einzeln doppelklicken und korrigieren
- Machen Sie, wenn es die Geometrie des Teiles erlaubt, reichlich Gebrauch von Bedingungen (Symmetrie, Parallelität, gleiche Radien, gleiche Maße etc.). So haben Sie weniger Maße zu verwalten, und bei Änderungen, z. B. eines Maßes, werden die Bedingungen auf jeden Fall beibehalten.
- Richten Sie die Skizzen an den Bezügen aus.
- Erstellen Sie keine zu komplizierten Skizzen; viele Elemente (Fasen, Rundungen, Bohrungen) sollten besser als eigene KEs angelegt werden (folgt in Kapitel 4).
- Erzeugen Sie ausreichend starke Maße; Maße, die Sie später in der 2D-Zeichnung haben wollen, sollten als starke Maße angelegt werden.
- Bemaßen Sie Wellenabsätze oder Bohrungen als Durchmesser, um später Maße bei 2D-Fertigungszeichnungen ableiten und Toleranzangaben vornehmen zu können.

3.2.4 Editieren von Skizzen

Wenn Sie nach Abschluss eines KEs Änderungen vornehmen möchten, gibt es mehrere Möglichkeiten.

Es sollen vorhandene Maße geändert werden:

- ⊞ auf den Hintergrund des Grafikfensters, um eventuelle Markierungen aufzuheben
- Cursor über das Bauteil an eine Stelle bewegen, unter der nicht gerade eine Körperkante liegt. Das darunterliegende KE wird cyanfarben hervorgehoben.
- Doppelklick
- Jetzt sollten die in dem KE vorhandenen Maße sichtbar werden.
- Doppelklick auf ein zu änderndes Maß
- Maß ändern und mit der Eingabe-Taste bestätigen

Nach Abschluss des KEs Rückkehr in den Skizzierer, um grundsätzliche Änderungen vorzunehmen:

- Im Modellbaum auf das + vor dem zu editierenden KE klicken
- über der dann sichtbaren Skizze (*Schnitt1*)
- Im Kontextmenü DEFINITION EDITIEREN wählen
- Gewünschte Änderungen vornehmen und mit dem OK-Button bestätigen

Nach Beenden des Skizzierers, aber vor Abschluss der KE-Erzeugung, zurück in den Skizzierer:

- Im Menü PLATZIERUNG → EDITIEREN… auswählen
- Gewünschte Änderungen vornehmen und mit dem OK-Button bestätigen

3.3 Bezugselemente erzeugen

Beim Skizzieren ist es häufig notwendig, zusätzliche Bezüge zu definieren. Nachfolgend wird die Erzeugung von Ebenen, Achsen und Punkten beschrieben.

Die Befehle zur Erzeugung von Bezugselementen findet man in der Karte *Modell* und dort in der Gruppe *Bezug*.

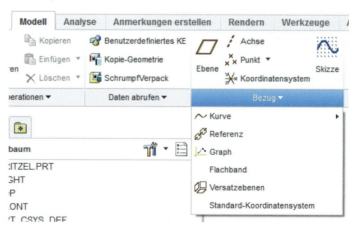

Bild 3.22 Erzeugung von Bezugselementen

3.3.1 Bezugsebenen

Ebene

→ Angabe von Referenzen (Ebenen, Flächen, Kanten, Punkten)

Eine Ebene kann auf verschiedene Arten eindeutig definiert werden. Je nachdem, welche Referenzen gewählt werden, steht eine Reihe von Platzierungsarten zur Verfügung.

> **HINWEIS:** Bitte beachten Sie, dass bei Creo zur Auswahl mehrerer Elemente die [Strg]-Taste während der Anwahl durch zu halten ist!
>
> Die Eingaben können einzeln oder komplett gelöscht werden, durch im Eingabefenster (hier also das Fenster *Bezugsebene*) über dem zu löschenden Wert, und Auswahl von **ENTFERNEN** oder **ALLE ENTFERNEN**.

Hier eine Auflistung der Möglichkeiten:

Angabe einer Ebene und eines Versatzes:
Zur Angabe des Versatzes kann man sich auch des so genannten »Griffes« bedienen. Dabei handelt es sich um das im Bild zu sehende Quadrat im Zentrum der Ebene. Wenn man dieses anklickt, kann man bei gedrückter Maustaste die Ebene ziehen. Diese Möglichkeit gibt es auch bei anderen Funktionen.

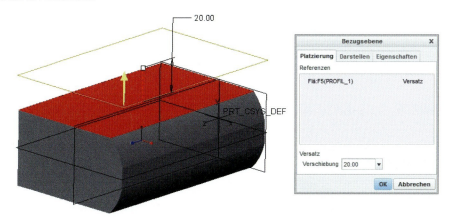

ANGABE einer Kante und eines Winkels von einer vorhandenen Ebene oder Fläche:

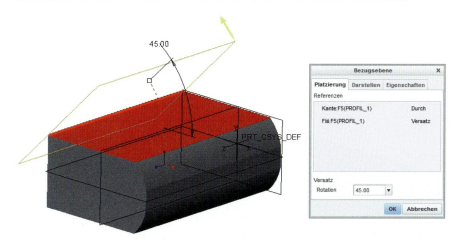

Zur Erinnerung: Anwahl mehrerer Elemente bei Creo immer mit gedrückter [Strg]-Taste!

Angabe einer zylindrischen Fläche und einer lotrecht oder parallel verlaufenden Ebene:

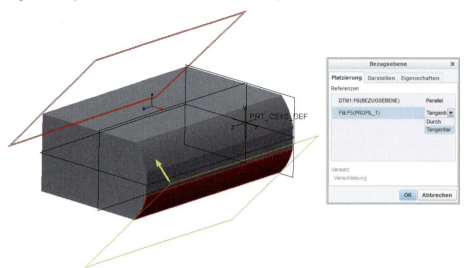

Definition durch Angabe von drei Punkten:

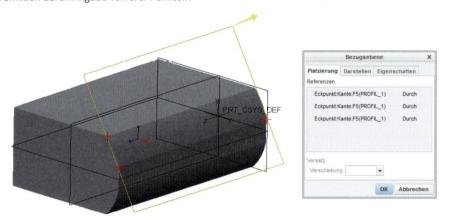

Definition durch Angabe einer Kante und eines Punktes:

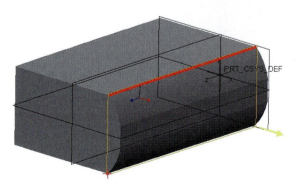

3.3.2 Bezugsachsen

→ Angabe von Referenzen (zyl. Flächen, Punkte, Ebenen)

Auch bei den Achsen gibt es verschiedene Möglichkeiten der Referenzierung:

2 Ebenen	Definition als Schnittlinie zweier Ebenen
Ebene und Punkt	Durch Angabe einer Ebene, zu der die Achse lotrecht erzeugt werden soll, und eines Punktes wird die Achse definiert.
Ebene und Versatz	Ähnlich *Ebene und Punkt*, aber die Position wird hier durch zwei Versatzreferenzen festgelegt. Das können zwei Kanten oder Flächen sein. Diese können auch wieder über die »Griffe« definiert werden.
Zylindrische Fläche	Bei Angabe einer zylindrischen Fläche wird eine Achse als Mittelachse des Zylinders erzeugt. So lassen sich übrigens auch Achsen bei Geometrien erzeugen, die importiert wurden (z. B. als STEP- oder IGES-Dateien).

3.3.3 Bezugspunkte

Bei der Definition von Bezugspunkten gibt es folgende Möglichkeiten:

Punkt	Angabe eines Punktes, z. B. Eckpunkt oder Mittelpunkt einer Kante
Punkt auf einer Fläche	Angabe einer Fläche bzw. Ebene und von zwei Versatzreferenzen, wie bei der Bezugsachsendefinition
Ebene und Versatz	Hierbei gibt es zusätzlich noch die Möglichkeit, den Punkt nicht auf die Fläche zu legen, sondern im Versatz dazu (siehe Bild 3.23).

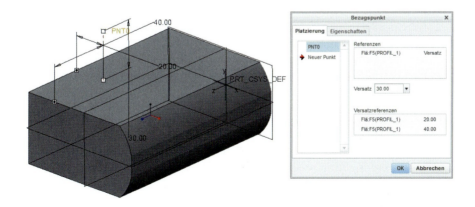

Bild 3.23
Bezugspunkt auf oder über Fläche

3.4 Messfunktionen

In vielen Fällen ist es notwendig, z. B. Abstände und Durchmesser zu ermitteln. Insbesondere in Kapitel 6, in dem die Baugruppen behandelt werden, wird man eine entsprechende Funktionalität benötigen.

Creo Parametric bietet hierzu eine komfortabel und einfach einzusetzende Messfunktion.

Der Aufruf erfolgt über die Gruppe *Messen* in der Karte *Analyse*:

Bild 3.24
Messfunktionen

Es stehen die in Bild 3.24 zu sehenden Messfunktionen bereit. Diese Funktionen werden nun am Beispiel der Abstandsmessung erläutert.

Nach Aufruf der Funktion können direkt zwei Elemente, z. B. zwei Flächen, gewählt werden. Man kann die Option *Als Ebene verwenden* nutzen, um bei der Abstandsermittlung zwischen einem Punkt und einer Fläche lotrecht zur Fläche zu messen.

Außerdem kann z. B. eine Kante oder Achse als Projektionsrichtung angegeben werden.

 TIPP: *Etwas Grundsätzliches bei Creo Parametric:*

Das Anwählen von Elementen, wie z. B. Flächen, mit setzt nicht voraus, dass das Element direkt anwählbar ist! Wenn Sie das Gehäuse in Bild 3.25 so wie abgebildet ausrichten, und den Abstand zwischen den beiden Seiten ermitteln möchten, können Sie die linke Seite direkt anklicken. Die rechte, abgewandte Seite lässt sich wie folgt auswählen, ohne das Bauteil dafür drehen zu müssen:

Bewegen Sie den Cursor über die Seitenfläche, z. B. an die im Bild durch den Kreis markierte Position. Die direkt unter dem Cursor liegende Oberseite des Gehäuses wird nun cyanfarben hervorgehoben. Durch wählt man das nächste, darunterliegende Element an. Nochmaliges Betätigen der Taste wählt weitere, darunterliegende Elemente bzw., wenn alle durch sind, wieder das erste an. Sobald das gewünschte Element cyanfarben erscheint, kann es mit ausgewählt werden.

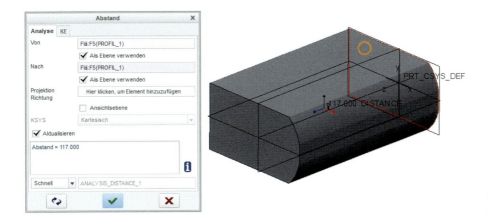

Bild 3.25
Abstandsmessung

3.5 Übungen

Auf den folgenden Seiten werden die Skizzierung und Modellierung weiterer Komponenten für die Schwenkeinheit beschrieben. Davor werden wir noch einige einfache Bauteile erstellen, um etwas Routine im Umgang mit den Basis-KEs und dem Skizzierer zu bekommen. Es ist sicher auch hilfreich, sich ohne konkrete Aufgabenstellung weitere Konturen zu überlegen, und darauf basierend Extrusions- und Drehteile zu modellieren. Wie üblich gilt auch hier: je mehr man übt, umso leichter geht es einem später von der Hand!

Die Beschreibungen der Vorgehensweisen sind detailliert, aber es werden mit Ausnahme des Deckels keine neuen Hintergrundinformationen eingeflochten.

Wenn Skizzen erzeugt werden, dann sehen sie immer etwas unterschiedlich aus, und es werden auch immer unterschiedliche automatische Bedingungen vergeben. Wenn Sie also die Übungen bearbeiten, kann Ihr Zwischenergebnis durchaus von den Abbildungen hier abweichen. Auch gibt es immer mehrere Wege, das Ziel zu erreichen. Bei den späteren Übungen wird der Weg dann auch nicht mehr im Detail vorgegeben, sondern bleibt Ihnen überlassen.

3.5.1 Basisübungen

Hier soll es zunächst um einfache Bauteile gehen, mit denen nochmal die grundsätzliche Arbeitsweise mit Creo Parametric geübt und verinnerlicht werden kann. Es wird anfangs noch sehr detailliert auf die Arbeitsschritte eingegangen.

Basisübung 1

Profil

- Erzeugen Sie ein neues Objekt mit dem Namen `Basisuebung1`.
- Starten Sie das Extrudieren-Werkzeug.
- Geben Sie als Extrusionstiefe 50 ein und bestätigen Sie mit der Eingabe-Taste.
- ⊞ im Modellbaum auf die Ebene *Front* → der Skizzierer startet

↘ Line ▾

Skizzieren Sie nun die folgende Kontur als Linienkette. Entscheidend ist zunächst nur die Form!

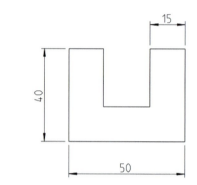

Bild 3.26
Basisübung 1

Die erste Skizze könnte wie in dieser Abbildung aussehen. Richten Sie Skizzen an den Bezügen aus, indem Sie z. B. zwei Linien direkt darauf legen. So sparen Sie Lagemaße, die die Skizze unübersichtlicher machen.
Nun sollten Sie Ihre Skizze daraufhin untersuchen, ob alle automatisch vergebenen Bedingungen richtig sind. Unzutreffende werden gelöscht.

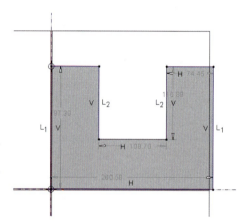

Es folgt das Skalieren der Skizze:
- Alles markieren mit [Strg]+[Alt]+A
- ⇗ Ändern
- *Maßstab sperren* setzen
- Suchen eines Maßes links im Dialogfenster (hier die Breite)
- Ersetzen durch das gewünschte Maß (hier 50)
- ✓

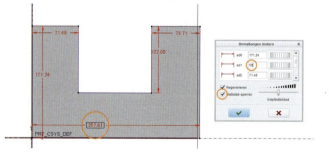

Anpassen der übrigen Maße durch Doppelklick und Eingabe der gewünschten Werte

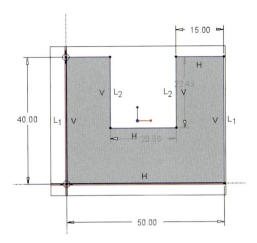

Hinzufügen von fehlenden, aber gewünschten Bemaßungen. Hier fehlte der Abstand der beiden markierten Linien. Das Bauteil soll ja gemäß Bild 3.26 eine gleichbleibende Wandstärke haben.

-

  Senkrecht

- beide Linien nacheinander mit ⛶ anklicken
- Maßzahl mit ⛶ ablegen

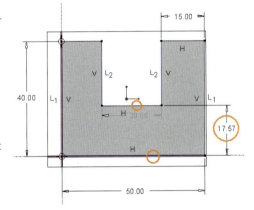

Um die Wandstärke nur über ein Maß angeben zu können, fehlen hier zwei Bedingungen: gleiche Längen der beiden Linien oben, und gleiches Maß für die Linienlänge oben und den Abstand zwischen den beiden unteren horizontalen Linien unten:

- = Gleich
- ⛶ nacheinander auf die Linien (1)
- Abschluss mit ▸
- = Gleich
- ⛶ nacheinander auf die Maßzahl oben und die Maßzahl unten (2)

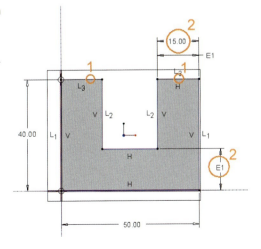

Jetzt ist alles wie gewünscht und die Erstellung des Bauteils kann mit dem **OK**-Button und dem grünen Haken abgeschlossen werden. Speichern Sie das Teil, wenn gewünscht, mit . Jetzt können Sie die Datei mit schließen.

Basisübung 2

So soll es am Ende aussehen:

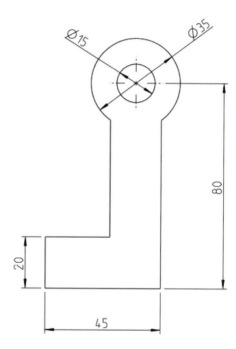

Bild 3.27
Basisübung 2

Legen Sie eine Datei mit entsprechendem Namen an, starten Sie das Profil-Werkzeug, legen Sie die Extrusionstiefe fest (50) und starten Sie den Skizzierer auf der Ebene *Front*.

Beginnen Sie mit zwei konzentrischen Kreisen, ausgehend vom Schnittpunkt der Bezüge.

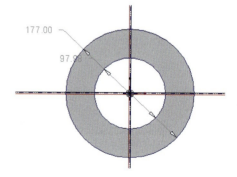

Es folgt der Linienzug. Beginnen Sie z. B. am linken Berührungspunkt mit dem Kreis und enden Sie dementsprechend rechts.

⌒ Line ▼

Legen Sie dann eine vertikale Mittellinie auf dem Bezug an.

⋮ Mittellinie ▼

An zwei Punkten ⊞ auf dem vertikalen Bezug

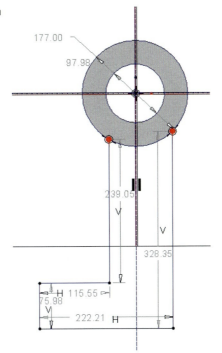

Entfernen Sie jetzt das störende Kreissegment zwischen den vertikalen Linien.

✂ Segment löschen

Freihandlinie mit gedrückter ⊞

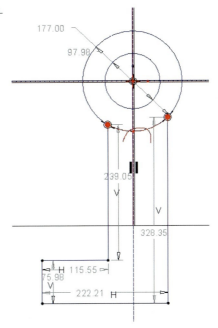

Die beiden Übergangspunkte vom Kreis zu den vertikalen Linien sollen symmetrisch zur Mittellinie sein.

✢ Symmetrisch

🎛 Punkt 1
🎛 Punkt 2
🎛 Mittellinie

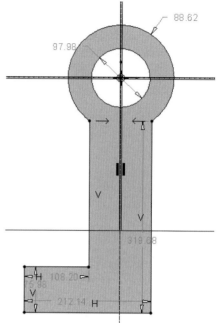

Nun werden die gewünschten Bemaßungen angelegt.

Senkrecht

- Abstand der beiden vertikalen Linien (hier 103.93)
- Abstand der unteren Linie zum horizontalen Bezug (hier 391.46)
- Durchmesserbemaßung des äußeren Kreises

Zur Erinnerung: ein Durchmessermaß erzeugt man durch zweimal 🎛 auf den Kreis und dann Ablegen der Maßzahl mit 🎛.

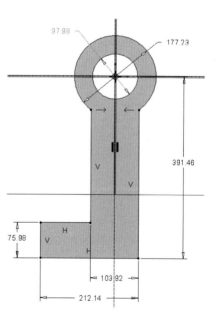

Abschließend fehlt noch das Anpassen der Maße auf die nunmehr bekannte Art: alles markieren, den Befehl **MASS ÄNDERN** aufrufen, die Option *Maßstab sperren* setzen, ein Maß ändern, Befehl beenden und anschließend alle übrigen Maße direkt anpassen.

Basisübung 3

Zuletzt soll noch ein Drehteil erstellt werden, von dem in einem zweiten KE mit der Option *Materialschnitt* virtuell Material entfernt wird.

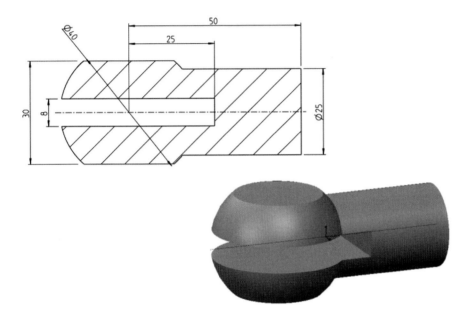

Bild 3.28
Basisübung 3

Legen Sie eine Datei mit entsprechendem Namen an, starten Sie das Drehen-Werkzeug und dann den Skizzierer auf der Ebene *Front*. Legen Sie zu Beginn eine Mittellinie (aus der Gruppe *Bezug*!) auf der horizontalen Bezugslinie an.

> **HINWEIS:** Wenn Sie beim Skizzieren Bezüge und Maße anlegen, wird häufiger die Abfrage *Skizze lösen* erscheinen, und Sie werden aufgefordert, überschüssige Maße oder Bedingungen zu löschen. Im Zweifelsfall widerrufen Sie die zuletzt erfolgte Erzeugung oder wählen ein Element aus, welches Ihnen überflüssig erscheint. Es kann passieren, dass nicht alle aktiven Bedingungen in der Liste sichtbar sind. Manchmal ist es dann ratsam, die Generierung in einer anderen Reihenfolge zu probieren, um das gewünschte Ergebnis zu erzielen.

Beginnen Sie mit einem Kreis, ausgehend vom Schnittpunkt der Bezüge. Anschließend erzeugen Sie eine Linienkette. Achten Sie darauf, dass auch eine Linie auf der Drehachse (zwischen den Markierungen im Bild) angelegt wird.

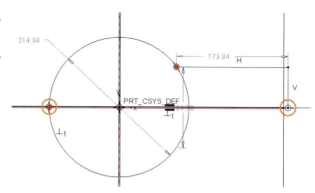

Entfernen Sie auf die bekannte Art den unteren Halbkreis.
Wichtig: Skizzen von Drehteilen sind immer Halbschnitte, d. h. sie sind immer nur auf **einer** Seite der Drehachse!

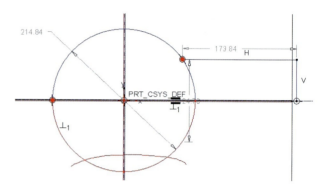

Nun entfernen Sie das Kreissegment, das noch die Fläche schneidet.

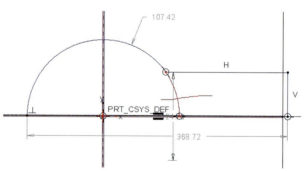

Legen Sie eine Durchmesserbemaßung des Kreises und ein Abstandsmaß vom senkrechten Bezug zur rechten vertikalen Linie an.
Anschließend ändern Sie die Maße auf die gewünschten Werte. Wie immer: erst skalieren, dann den Rest ändern!

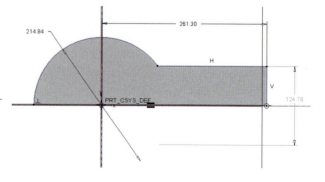

3.5 Übungen **55**

Schließen Sie nun die Erzeugung des ersten KE ab.

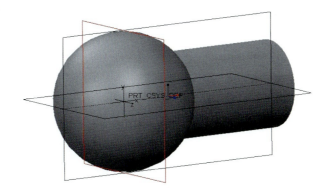

Starten Sie das Extrudieren-Werkzeug und dann den Skizzierer auf der Ebene **Front**. Legen Sie eine Mittellinie auf dem horizontalen Bezug an. Zeichnen Sie nun drei Rechtecke ▭ wie im Bild.

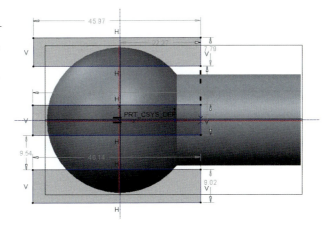

Die Skizze lässt sich durch Bedingungen deutlich übersichtlicher machen. Zunächst durch gleiche Längen:

= Gleich

Klicken Sie hierzu rechts oben (1), dann darunter (1), auf der gleichen Linie ein zweites Mal (2) und dann unten (2). Schließen Sie den Befehl mit ▭ ab. Gehen Sie ebenso bei den horizontalen Linien vor. Anschließend ordnen Sie die links markierten Punkte symmetrisch zur Mittellinie an.

↔ Symmetrisch

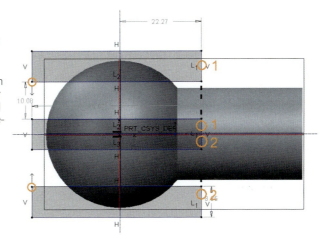

Jetzt legen Sie die gewünschten Bemaßungen an und tragen die richtigen Werte ein. Da die Skizze bereits ungefähr die richtige Größe hat, muss nicht mehr skaliert werden. Die Werte können alle direkt per Doppelklick und Eingabe editiert werden.

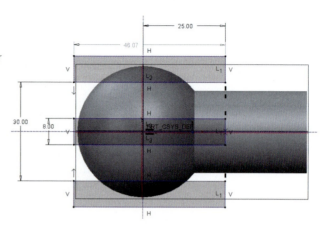

Beenden Sie den Skizzierer und tragen 40 als Extrusionstiefe ein. Nun muss noch die Tiefenoption *Auf beiden Seiten um die Hälfte...* und die Option *Materialschnitt* gesetzt werden.
Mit dem Beenden des Extrudieren-Werkzeugs ist das Bauteil fertig.

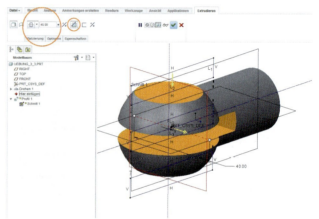

Bei den ersten Übungen ist Ihnen eventuell aufgefallen, dass die Reihenfolge der Arbeitsschritte Skalieren, Maße anlegen und Bedingungen definieren variiert. Die Reihenfolge können Sie entsprechend Ihrer persönlichen Arbeitsweise festlegen. Wichtig ist nur die Einhaltung der generellen Vorgehensweise, wie sie im Kapitel 3.2.3 beschrieben wurde.

3.5.2 Übung: Anschlag

Nach Überprüfung des Arbeitsverzeichnisses erstellen Sie ein neues Teil mit dem Namen `003_anschlag`. Starten Sie das Drehen-Werkzeug, und gehen Sie in den Skizzierer. Legen Sie zu Beginn eine Mittellinie auf dem horizontalen Bezug an (die aus der Gruppe *Bezug*).
Erstellen Sie eine Skizze gemäß Bild 3.29.

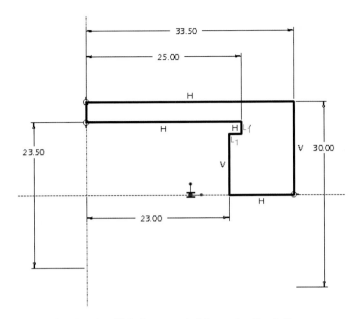

Bild 3.29
Skizze Anschlag

Anschließend beenden Sie den Skizzierer und sichern das Bauteil.

3.5.3 Übung: Deckel

Beginnen Sie wie beim vorangegangenen Beispiel und vergeben Sie diesmal den Namen `004_deckel`. Erstellen Sie nun das Bauteil mit dem Drehen-Werkzeug gemäß folgender Abbildung:

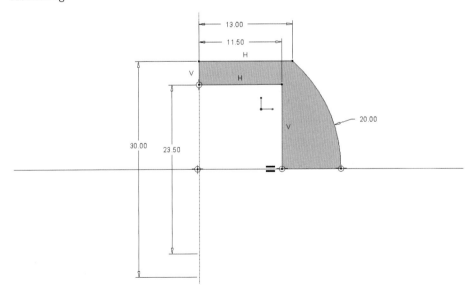

Bild 3.30
Skizze Deckel

Hinweise zum Skizzieren:

- Beginnen Sie mit dem Linienzug, aber ohne die Linie auf der Drehachse.
- Zum Zeichnen des Bogens verwenden Sie das Bogen-Werkzeug in der Standard-Option.
- Klicken Sie nun den rechten Endpunkt der oberen waagerechten Linie an.
- Anschließend wählen Sie den ungefähren Endpunkt auf der Drehachse.
- Klicken Sie nun einen Zwischenpunkt aus dem Bogen an, wobei der Mittelpunkt auf der Drehachse fangen muss! Achten Sie hierbei darauf, dass nicht ausgerechnet der Schnittpunkt der Bezüge gefangen wird.
- Jetzt schließen Sie die Kontur durch eine Linie auf der Drehachse, die die bisherigen Endpunkte verbindet.
- Nun können Sie auf die bekannte Art die Maße anpassen.

Sollte beim Skizzieren der Mittelpunkt doch auf dem Schnittpunkt der Referenzen gezeichnet worden sein, so werden Sie beim Ändern des Radius auf das Maß 20 die Meldung *Skizze lösen* sehen. Die Angabe des Radius 20 mm widerspricht der Bedingung, dass der Mittelpunkt des Bogens im Schnittpunkt der Bezüge liegen soll.

Sie müssen an dieser Stelle den Widerspruch beseitigen. Wenn Sie die Platzierungsbedingungen anklicken, so werden diese auch im Skizzierer rot markiert. Suchen Sie nun die Bedingung *Punkt auf Elem.* (Mittelpunkt im Schnittpunkt der Referenzen), und löschen Sie sie.

Anschließend kann der Radius ohne Probleme auf das Maß 20 mm gesetzt werden.

Jetzt soll noch ein Innensechskant in die Kalotte eingefügt werden. Hierzu wird zunächst eine Bezugsebene erzeugt, auf der der Sechskant skizziert werden soll. Diese soll parallel zur Ebene *Front* mit 20 mm Versatz sein.

Ebene

- Bezugsebenenfunktion aufrufen
- Die Ebene *Front* wählen
- Verschiebung 20 eingeben

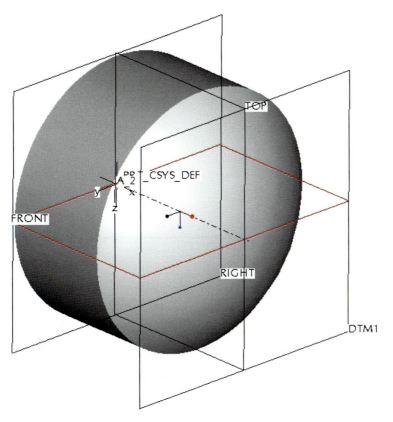

Bild 3.31
Zwischenstand Deckel

Auf dieser Bezugsebene wird nun in gewohnter Weise das Extrusions-Werkzeug gestartet.

Da in diesem Fall »Material« entfernt werden soll, ist in der Extrusions-Karte die Option *Materialschnitt* zu aktivieren. Die Extrusionstiefe beträgt 6 mm.

Starten Sie nun den Skizzierer mit der Bezugsebene als Referenz.

Zum Erstellen der Skizze verwenden wir die Funktion **PALETTE**. Wählen Sie unter *Polygone* das Sechseck durch Doppelklick aus. Dann legen Sie es mit ▦ in der Skizze ungefähr dort ab, wo die Skizze platziert werden soll. Lassen Sie bewusst noch etwas Abstand vom Mittelpunkt zu den Bezügen. Jetzt kann das Fenster *Palette* geschlossen und der *Rotieren/Größe ändern*-Dialog mit dem grünen Haken beendet werden.

Für die genaue Platzierung verwenden wir die Bedingung *Zusammenfallend*. Wählen Sie nach Start der Funktion mit ▦ den Mittelpunkt des Sechsecks, dann z. B. den horizontalen Bezug. Anschließend wählen Sie nochmals den Mittelpunkt und dann den vertikalen Bezug. Beenden Sie die Funktion mit ▦. Das Sechseck sollte nun exakt im Zentrum sein. Jetzt ist nur noch die Kantenlänge anzupassen: 6.1

◈ Zusammenfallend

Beenden Sie das Werkzeug und sichern Sie dann das Bauteil.

3.5.4 Übung: Kolben

Beginnen Sie wie beim vorangegangenen Beispiel und vergeben Sie diesmal den Namen `006_kolben`. Erstellen Sie nun das Bauteil mit dem Drehen-Werkzeug gemäß folgender Abbildung. Denken Sie an die Mittellinie (= Drehachse) zu Beginn!

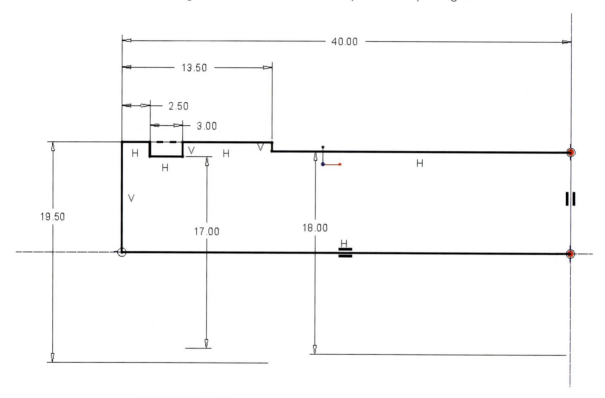

Bild 3.32 Skizze Kolben

Erstellen Sie nun eine Skizze wie in Bild 3.32 zu sehen. Es wird zunächst nur die linke Hälfte skizziert und anschließend gespiegelt. Legen Sie hierzu gleich auch eine vertikale Symmetrielinie auf dem am rechten Rand zu erkennenden Bezug an.

 Markieren Sie nun alles und wählen Sie die Spiegel-Funktion. Durch ⬒ auf die vertikale Symmetrielinie wird die Geometrie gespiegelt.

Schließen Sie die KE-Erstellung ab.

Im nächsten Schritt wird nun eine Bohrung durch Extrudieren mit der Option *Material entfernen* hinzugefügt. Starten Sie also das Extrusions-Werkzeug und aktivieren die eben genannte Option. Die Extrusionstiefe soll 75 betragen. Wir wählen eine Stirnseite des Kolbens als Skizzierebene (die Skizzierebene muss keine Ebene sein, Flächen gehen ebenso) und zeichnen einfach einen Kreis mit einem Versatz zum senkrechten Bezug.

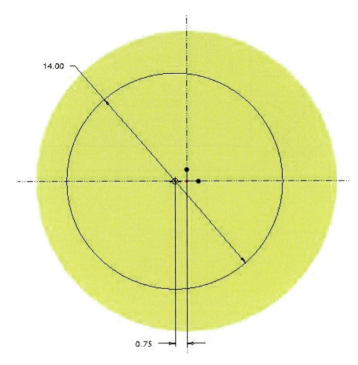

Bild 3.33
Skizze der Bohrung

Nach Beenden des Skizzierers und des Werkzeugs ist das Bauteil zunächst fertig und kann gesichert werden.

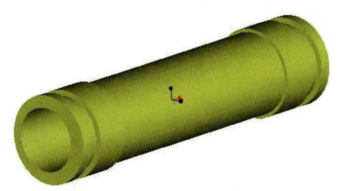

Bild 3.34
Zwischenstand Kolben

3.5.5 Übung: Hülse

Es folgt ein weiteres Rotationsteil. Die Vorgehensweise ist nun ja bereits geläufig. Der Name soll `009_huelse` lauten.

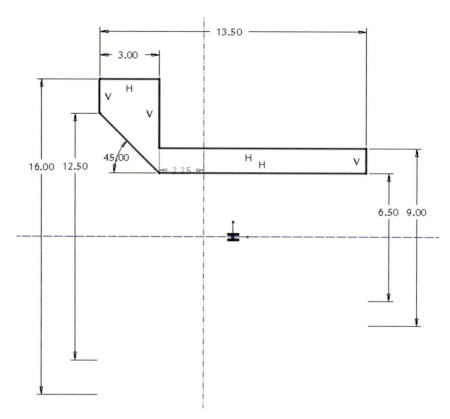

Bild 3.35
Skizze Hülse

Wenn Sie das Drehen-Werkzeug abgeschlossen haben, werden wir einen kleinen Vorgriff auf das nächste Kapitel machen, und ein erstes platzierbares Grundelement anwenden.

Rundung ▼

Rufen Sie hierzu den Rundungsbefehl auf und geben oben links den Radius 1 ein. Wählen Sie nun mit ⊞ die vordere, äußere Kante, wie in Bild 3.36 zu sehen. Schließen Sie den Befehl ab und rufen ihn gleich nochmal auf. Diesmal soll der Radius 0.5 betragen und sich auf die Kante am Absatz beziehen.

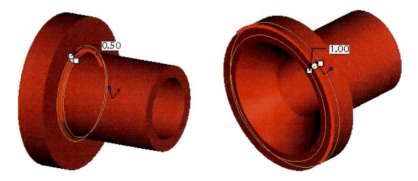

Bild 3.36
Rundungen an der Hülse

 Damit ist das Bauteil fertig und kann gesichert werden. Wie man die Farben von Bauteilen ändert, wird zu einem späteren Zeitpunkt erläutert.

4 Pick- and Place-Elemente

Wie in der Einführung bereits erwähnt, gibt es neben den Basis-KEs (Extrudieren, Rotieren, Ziehen …) noch die platzierbaren Grundelemente, auch Pick- and Place-Elemente genannt.

■ 4.1 Bohrungen

4.1.1 Gerade Bohrungen

Laden Sie das Bauteil `001_gehaeuse`. Dieses Bauteil wird eine ganze Reihe von Bohrungen unterschiedlichster Art erhalten. Außerdem werden Sie die Möglichkeit des Musterns von Elementen kennen lernen.

Aufruf des Bohrungswerkzeugs:

Das Werkzeug wird mit dem nebenstehenden Button aktiviert. Es erscheint eine neue Karte im Menü, über die alle Eingaben und Definitionen bezüglich des KE eingegeben werden. Sie entspricht im Wesentlichen denen, die Sie bereits bei den Basis-KEs kennen gelernt haben.

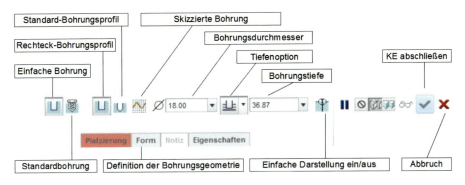

Bild 4.1
Karte *Bohrung*

Die Tiefenoptionen kennen Sie bereits vom Extrusionstool. Wichtig sind darüber hinaus zunächst die folgenden Punkte:

Gerade Bohrung: In diesem Abschnitt geht es nur um diese Art von Bohrung.

Standardbohrung: Diese Art von Bohrung wird im Abschnitt 4.1.2 behandelt.

Beim Bohrungstyp gibt es noch die Auswahlmöglichkeit *Skizziert*. Diese Art der Bohrungserzeugung wird im Abschnitt 4.1.3 behandelt.

Durch ▥ auf **PLATZIERUNG** öffnet sich ein Fenster, wie in Bild 4.2 zu sehen.

Die primäre Referenz, zu sehen unter *Platzierung*, ist die Fläche, in die »gebohrt« werden soll.

Die sekundären Referenzen (Versatzreferenzen) legen die Position der Bohrung auf der Fläche fest. Nach dem Kennzeichnen der primären Referenz durch Anklicken der gewünschten Fläche wählt man die Art der Positionsfestlegung:

Bild 4.2 Platzierungsfenster

Linear

Die Position wird durch Angabe des Abstandes von zwei Elementen (z. B. Kanten oder Flächen) definiert.

Radial

Die Position wird durch Angabe eines Teilkreisradius und eines Winkels festgelegt.

Durchmesser

Wie *Radial*, nur hier Angabe eines Teilkreisdurchmessers

Soll eine Bohrung koaxial zu einer zylindrischen Fläche oder einer Bohrung erzeugt werden, so kann man einfach bei der Platzierung erst die Fläche und dann zusätzlich bei gedrückter [Strg]-Taste die Achse anwählen, wie an einem einfachen Beispiel in Bild 4.3 verdeutlicht.

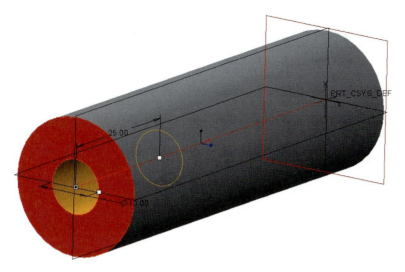

Bild 4.3
Koaxiale Bohrung

Im Falle des Gehäuses soll zunächst eine Durchgangsbohrung mit dem Durchmesser 24,5 mm erzeugt werden.

Geben Sie den Durchmesser in das entsprechende Eingabefeld ein (vergessen Sie hierbei nicht, dass Zahlenwerte bei Creo mit einem Dezimalpunkt einzugeben sind!), und wählen Sie die Tiefenoption *Bohren, um mit allen Flächen zu schneiden*.

→ **PLATZIERUNG** Die Art der Positionierung soll *Linear* sein.

→ Oberseite gemäß Bild 4.4

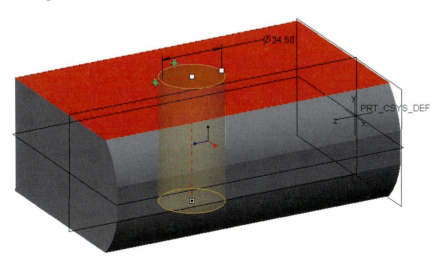

Bild 4.4
Platzierung der Bohrung

Nun müssen Versatzreferenzen angegeben werden. Es gibt zwei Möglichkeiten: Angabe von zwei Flächen bzw. Kanten oder Ziehen der sogenannten »Griffe«.

Um die Bohrung herum befinden sich vier Quadrate. Wenn Sie diese mit ▥ anklicken und die Maustaste gedrückt halten, so können Sie die Bohrungsposition angeben und den Durchmesser verändern. In Bild 4.5 sind die Griffe gekennzeichnet.

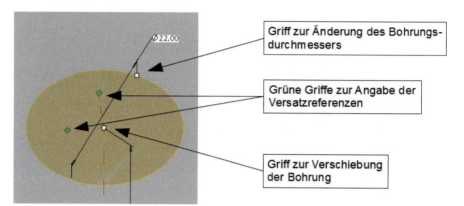

Bild 4.5
»Griffe«

Wenn Sie nun also die grünen Griffe anklicken und die Maustaste einmal über der rückseitigen Fläche gemäß Bild 4.6 (achten Sie auf die cyanfarbene Hervorhebung) und einmal über der rechten Seite des Gehäuses loslassen, so ist die Bohrung vollständig platziert.

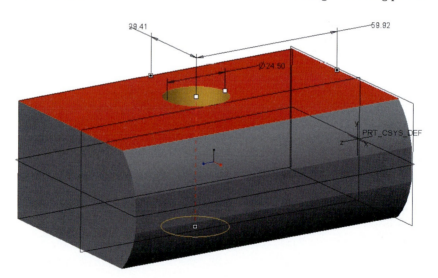

Bild 4.6
Bohrung mit
angegebenen
Versatzreferenzen

Achten Sie darauf, dass Sie Flächen und nicht Kanten wählen, weil die Bohrungsposition sonst z. B. bei nachträglicher Verrundung der Kante verschoben werden könnte. Sie erkennen dies im Platzierungsfenster:

Die Angaben sollten mit *Flä:* beginnen.

Die genauen Werte für die Abstände zu den Flächen können Sie wahlweise im Platzierungsfenster oder auch durch Doppelklick auf den jeweiligen Zahlenwert eingeben.

Die alternative und praktikablere Eingabeart für die Versatzreferenzen ist das direkte Anwählen: Klicken Sie hierzu zunächst in das Feld für die sekundären Referenzen (im Bild oben das Feld unter dem Schriftzug *Versatzreferenzen*), und wählen Sie dann mit ⊞ die Flächen an. Denken Sie hierbei daran, dass bei Mehrfachauswahl gleichzeitig die [Strg]-Taste zu drücken ist!

Wenn einzelne Referenzen entfernt werden sollen, so ist im jeweiligen Eingabefeld ⊞ zu betätigen und **ENTFERNEN** zu wählen.

Die richtigen Platzierungsabstände sind 58,5 mm von der Seite und 38 mm von der Rückseite. Nun kann die Bohrungserzeugung mit dem grünen Haken abgeschlossen werden.

Bild 4.7
Platzierungsfenster

Bild 4.8
Entfernen von Referenzen

4.1.2 Standardbohrungen

Bei Standardbohrungen handelt es sich um genormte Gewindebohrungen gemäß einer hinterlegten Tabelle, um Kernlochbohrungen für ebensolche oder um Durchgangsbohrungen für Schrauben, z. B. mit Zylindersenkungen gemäß DIN 74-K, passend für Zylinderschrauben mit Innensechskant nach DIN EN ISO 4762 (ehemals DIN 912).

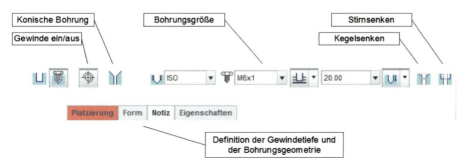

Bild 4.9
Karte *Bohrung* mit Option *Standardbohrung*

Es soll nun ein Sackloch mit einem M6-Gewinde erzeugt werden. Nach dem Aktivieren des Bohrungstools wählen Sie den Typ *Standardbohrung*, die Größe M6 x 0,75 sowie die Bohrungstiefe 20 mm. Platzieren Sie die Bohrung auf die bekannte Weise und mit Maßen gemäß Bild 4.10.

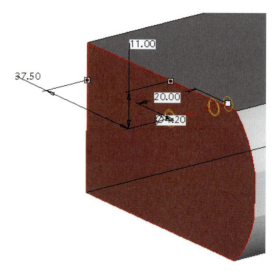

Bild 4.10
Platzierung

Nun wird die Gewindetiefe der Bohrung festgelegt. Der Aufruf des Befehls **FORM** öffnet das in Bild 4.11 gezeigte Eingabefeld.

Bild 4.11
Bohrungsform

Hier haben Sie die Möglichkeit, die Gewindetiefe und gegebenenfalls den Spitzenwinkel des Bohrloches einzugeben. Die Bohrtiefe im oberen Teil des Eingabefeldes bezieht sich also auf die Vorbohrung. Achten Sie bei der Eingabe darauf, erst das größere Maß einzugeben, um Fehlermeldungen zu vermeiden. Schließen Sie die Bohrungserzeugung nun ab.

Im Anschluss soll eine weitere identische Bohrung auf der anderen Seite des Gehäuses erzeugt werden. Gehen Sie hierzu genauso vor wie bei der ersten Bohrung.

Als Nächstes wird eine Durchgangsbohrung mit Senkung für Zylinderschrauben mit Innensechskant nach DIN EN ISO 4762 - M6 hinzugefügt.

Das Senkloch soll sich in der Oberseite (gemäß Bild 4.12) des Gehäuses befinden. Die Lagemaße sind dem Bild zu entnehmen.

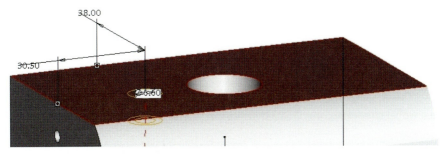

Bild 4.12
Platzierung der Durchgangsbohrung

- Rufen Sie erneut das Bohrungstool auf.
- Wählen Sie die Option *Standardbohrung*.
- Nun wählen Sie die Größe M6 x 0.75 und den Bohrtiefentyp *Bohren, um mit allen Flächen zu schneiden*.
- Deaktivieren Sie die Darstellung von Gewinden.

Aktivieren Sie die Optionen *Stirnsenken* und *Abstandsbohrung*.

Wenn Sie jetzt auf **FORM** klicken, sehen Sie eine Voransicht der Bohrung (Bild 4.13).

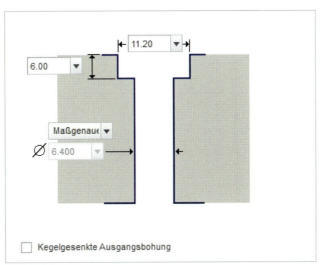

Bild 4.13
Bohrungsform

Durch das Abschalten der Gewindedarstellung wird der Durchmesser der Bohrung gemäß DIN 74 angepasst. Man hat die Wahl zwischen den Optionen *Massgenau* (Vorgabe), *Mittlere Einpassung* und *Lose Einpassung*. Die Aktivierung der Option *Stirnsenken* fügt eine Senkung mit Maßvorgaben, ebenfalls gemäß DIN 74, hinzu. Ändern Sie bitte in unserem Fall die Senktiefe von 6 auf 9 mm.

4.1.3 Skizzierte Bohrungen

Nun kommen wir zu den skizzierten Bohrungen. Mit dieser Funktion können Sie einen rotationssymmetrischen Schnitt skizzieren, z. B. eine mehrstufige Bohrung.

 Nach dem Aufruf des Bohrungstools wählen Sie bitte die Option *Skizziert*.

 Öffnen Sie den Skizzierer.

Beim Skizzieren der Bohrung sind folgende Punkte zu beachten:

- Es ist eine senkrechte Rotationsachse zu definieren.
- Ein geschlossenes Profil muss skizziert werden.
- Dieses Profil muss über alle Elemente der einen Seite der Drehachse (Mittellinie) verfügen, wobei mindestens ein Element senkrecht zur Drehachse stehen muss.

Die Skizze sollte in unserem Fall wie in folgender Abbildung aussehen.

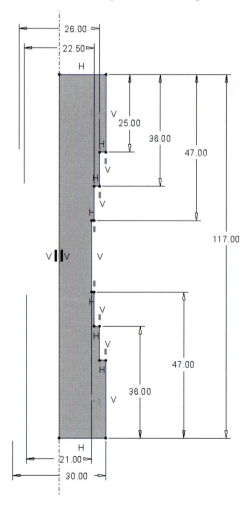

Bild 4.14 Bohrungsskizze

Wenn eine entsprechende Skizze zuvor erzeugt und gespeichert wurde, kann sie mit dem Button geladen werden. Hierbei ist nicht, wie zum Beispiel bei den Skizzen aus der Palette, eine Skalierung vorzunehmen. Die Skizze wird einfach direkt geladen.

Sie finden diese Skizze auch auf der Download-Seite (`skizzbohr.sec`).

Achten Sie darauf, dass die Mittellinie als Drehachse zugewiesen ist! Zur Sicherheit markieren Sie sie einfach mit, rufen dann mit das Kontextmenü auf und weisen sie als Drehachse zu.

Nach dem Beenden des Skizzierers folgt die Platzierung. Wählen Sie die Option *Linear*, und wählen Sie anschließend die Rückseite und die linke Seite als Sekundärreferenzen. Die Maße sollten gemäß Bild 4.15 gewählt werden.

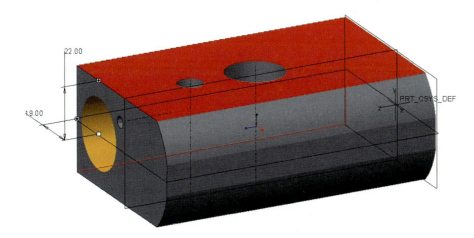

Bild 4.15
Platzierung der skizzierten Bohrung

Schließen Sie die Erzeugung der Bohrung nun ab.

Sichern Sie das Bauteil und schließen Sie das Fenster. Es ist empfehlenswert, auch den Hauptspeicher freizugeben. Da dieser Vorgang häufiger vorkommt, ist es sinnvoll, den Befehl nicht über das Dateimenü aufzurufen, sondern den Befehl zur Schnellzugriffsleiste hinzuzufügen.

Dazu betätigen Sie den Button an der rechten Seite der Schnellzugriffleiste und rufen dann **WEITERE BEFEHLE...** auf. Lassen Sie sich durch Anwahl der entsprechenden Option oben unter *Befehle wählen aus:* alle Befehle anzeigen. Sie können nun den Befehl **NICHT ANGEZEIGTE OBJEKTE LÖSCHEN...** suchen und mit **HINZUFÜGEN>>** in die Auswahl verschieben.

4.2 Muster

Es handelt sich bei der Mustererzeugung zwar nicht um eine Funktion aus dem Bereich der Pick-and-Place-Elemente, aber es ist sinnvoll, sie an dieser Stelle einzuführen.

Sie dient dazu, einzelne oder gruppierte Konstruktionselemente einfach oder mehrfach zu kopieren. Es gibt verschiedene Arten der Musterdefinition, die im Folgenden vorgestellt werden.

Wir werden hierzu zunächst ein temporäres Übungsteil verwenden und anschließend einige Elemente des Gehäuses mustern.

Erzeugen Sie ein neues Teil (Name z. B. `mustertmp`), und zeichnen Sie einen Extrusionskörper gemäß Bild 4.16.

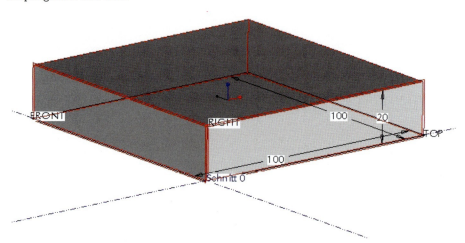

Bild 4.16
Demoteil

Fügen Sie nun in eine der großen Flächen eine einfache durchgehende Bohrung mit dem Durchmesser 10 mm hinzu, jeweils 10 mm von zwei Seiten entfernt.

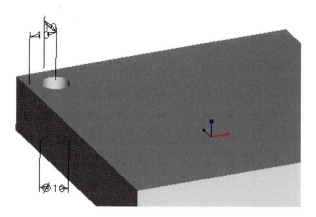

Bild 4.17
Demoteil mit einer Bohrung

Diese Bohrung wird anschließend auf verschiedene Arten gemustert.

4.2.1 Lineares Mustern

Zunächst soll eine Reihe mit fünf Bohrungen erzeugt werden. Rufen Sie hierzu die Muster-Funktion auf eine der drei folgenden Arten auf:

- Im Modellbaum *Bohrung1* mit ⊞ markieren, dann mit ⊞ das Kontextmenü aufrufen und darin den Befehl **MUSTER…** auswählen.
- Im Modellbaum *Bohrung1* mit ⊞ markieren und dann in der Gruppe *Editieren* auf den Button *Muster erzeugen* klicken.
- Im Grafikfenster die Bohrung mit ⊞ markieren, mit ⊞ das Kontextmenü aufrufen und darin den Befehl **MUSTER…** auswählen.

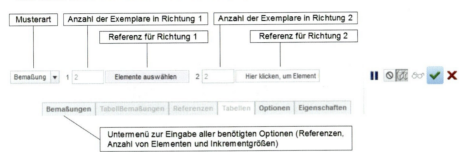

Bild 4.18
Karte Muster

Die Musterart belassen wir bei der Voreinstellung *Bemaßung*. Das bedeutet, dass als Referenzen für die Angabe der Vervielfältigungrichtung und der Abstände zwischen den Elementen bestehende Bemaßungen genutzt werden. Wir haben im vorliegenden Fall die Abstände zu zwei seitlichen Flächen bemaßt und diese Maße können wir nutzen (Bild 4.17).

Um einen besseren Überblick über die Eingabedaten zu haben, empfiehlt es sich, mit dem Befehl **BEMASSUNGEN** das Untermenü zur Eingabe aller Daten aufzurufen.

Klicken Sie eines der Abstands-Maße des Teils an. Das Inkrement kann jetzt direkt im Grafikfenster in einem Eingabefeld eingetragen und mit der Eingabe-Taste bestätigt werden. Alternativ dazu kann man auch die Maße im Untermenü (Bild 4.19) eintragen. Nun ändern wir noch die Anzahl der Exemplare auf 5 (der Vorgabewert ist 2). Dies geschieht im oberen Teil der Karte *Muster* (Bild 4.18 – *Anzahl der Exemplare in Richtung 1*). Das Teil sollte nach Abschluss des Musterns mit dem grünen Haken wie in Bild 4.20 aussehen.

Bild 4.19
Muster-Untermenü
Bemaßungen

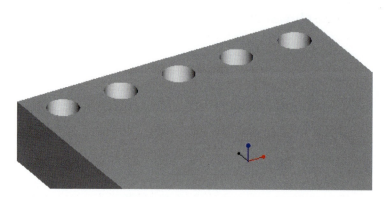

Bild 4.20
In eine Richtung
gemusterte Bohrung

Wenn man nun z. B. die zweite Bohrung doppelklickt, hat man die Möglichkeit, alle Maße direkt anzupassen. Durch Doppelklick auf das Maß 20 kann der Abstand der Bohrungen zueinander geändert werden. Geben Sie z. B. 15 mm ein:

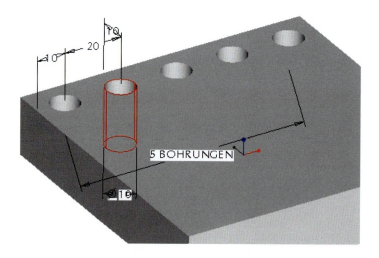

Bild 4.21
Direktes Editieren von
Maßen

Regenerieren

> **HINWEIS:**
> - Bei Vorgängerversionen von Creo (Pro/ENGINEER Wildfire) werden Änderungen nicht gleich angezeigt. Die Zeichnung muss zunächst mit dem Button regeneriert werden.
> - Auch die Platzierung und der Durchmesser der Ausgangsbohrung sowie die Anzahl der Elemente lassen sich so ändern. Änderungen des ursprünglichen KE wirken sich direkt auf die gemusterten Elemente aus!

Als Nächstes soll die Bohrung in zwei Richtungen gemustert werden. Wählen Sie hierzu im Modellbaum über dem KE *Muster 1 von Bohrung 1* per ▭ den Kontextmenüpunkt **DEFINITION EDITIEREN**. Im Eingabefeld *Bemaßungen* (Bild 4.19) können Sie auch eine zweite Richtung angeben. Klicken Sie zunächst in das Feld *Richtung 2*, wählen Sie dann das andere Abstandsmaß der Ursprungsbohrung von der Seite, und geben Sie ebenfalls als Inkrement 20 mm an. Als Anzahl der Elemente in Richtung 2 wählen Sie ebenfalls 5:

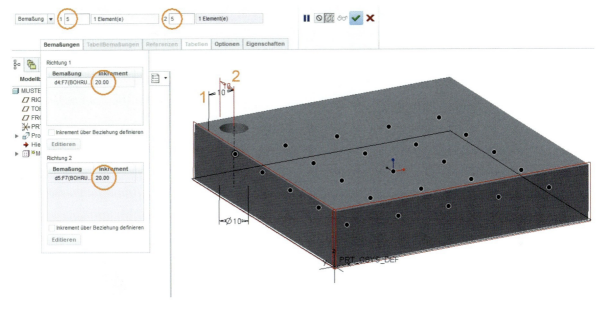

Bild 4.22 Mustern in zwei Richtungen

Die Vorschau sollte nun wie in Bild 4.22 aussehen. Man erkennt – durch schwarze Punkte gekennzeichnet – die Positionen, an denen Elemente durch das Mustern erzeugt werden. Sollen an bestimmten Stellen keine Elemente erzeugt werden, so können diese durch ⊞ auf die entsprechenden schwarzen Punkte in der Vorschau deaktiviert werden.

Möchten Sie das Mustern doch nur in eine Richtung durchführen, so können Sie die zweite Richtung wie folgt aus der Definition entfernen:

- ⊞ im Eingabefeld *Bemaßungen* über der Maßbezeichnung
- **ENTFERNEN** klicken

Löschen Sie nun das Muster durch ⊞ über dem Muster im Modellbaum und **MUSTER LÖSCHEN**.

Eine weitere Möglichkeit ist das Mustern in eine Richtung, aber definiert über zwei Maße. Wenn Sie die Funktion *Muster* aufrufen und im Eingabefeld *Bemaßungen* unter *Richtung 1* zwei Maße angeben (zur Erinnerung: Mehrfachauswahl durch ⊞ bei gleichzeitigem Drücken der [Strg]-Taste), dann können Sie auch Elemente, wie in Bild 4.23 zu sehen, anordnen.

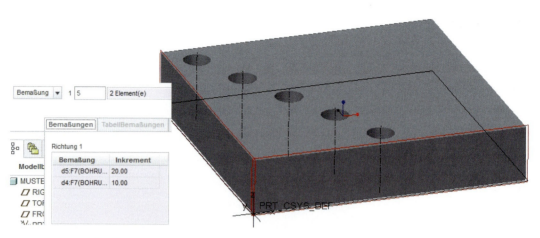

Bild 4.23 Eine Richtung, über zwei Maße definiert

4.2.2 Lineares Mustern mit alternativer Richtungsangabe

Außer über Bemaßungen kann man die Richtung(en) des Musters auch über die Angabe von z. B. Achsen, Ebenen oder Kurven definieren. Hierzu ist die Option *Richtung* anzuwählen.

Wenn das Mustern gemäß Voransicht nicht in die gewünschte Richtung geht, kann man entweder das Inkrement mit negativem Vorzeichen eingeben oder die Richtung mit dem in Bild 4.24 mit einem Kreis gekennzeichneten Button umschalten.

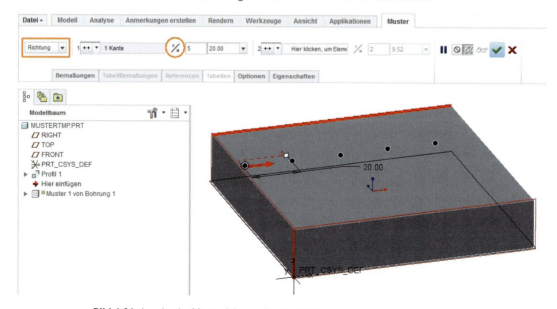

Bild 4.24 Angabe der Musterrichtung durch eine Kante

4.2.3 Radiales Mustern

Löschen Sie das Muster, ordnen Sie die ursprüngliche Bohrung in der Mitte der Platte an, d.h. mit 50 mm Abstand zu den Seiten, und ändern Sie den Durchmesser auf 30 mm. Erzeugen Sie anschließend eine weitere durchgehende Bohrung mit einem Durchmesser von 10 mm, die wie in Bild 4.25 angeordnet ist. Diese Bohrung soll nun erstmalig mit der Option *Durchmesser* platziert werden. D.h. als Versatzreferenzen werden die Achse der zentralen Bohrung und eine seitliche Fläche als Referenz für den Winkel angegeben. Der Lochkreisdurchmesser soll 50mm und der Versatzwinkel 0° betragen.

Beachten Sie wie immer, dass Mehrfachauswahlen bei Creo durch ⊞ bei gleichzeitigem Drücken der [Strg]-Taste) ausgeführt werden!

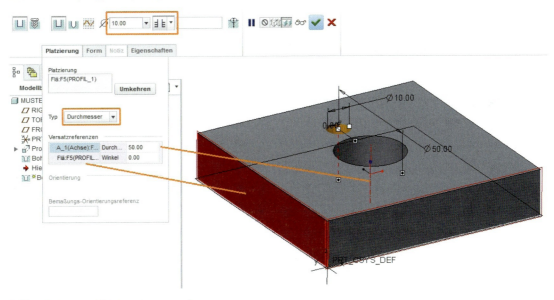

Bild 4.25 Radiales Mustern: Ausgangselement

Jetzt rufen Sie, bezogen auf die Bohrung 2, die Funktion *Muster* auf und wählen oben links anstelle der Vorgabe *Bemaßung* die Option *Achse*.

- Wählen Sie als Bezugsachse die Achse der zentralen Bohrung.

Als Vorgabeeinstellung werden nun insgesamt vier radial um die Ausgangsbohrung im Abstand von 90° angeordnete Bohrungen angezeigt.

- Ändern Sie die Anzahl der Elemente von 4 auf 8.

Wenn die Elemente gleichmäßig angeordnet sein sollen, können Sie als Inkrement 45° eingeben oder mit dem Button die Elemente von Creo gleichmäßig verteilen lassen. Insbesondere bei einer »krummen« Anzahl von Elementen erspart einem diese Funktion die Berechnung des Winkels. Die Verteilung bezieht sich, wie neben dem Button zu sehen, auf 360°. Dieser Wert ist editierbar.

Schließen Sie nun die Mustererzeugung ab. Das Ergebnis sollte wie in Bild 4.26 links aussehen. Wenn Sie jetzt das Muster noch einmal editieren (⌘ im Modellbaum und **DEFINITION EDITIEREN** im Kontextmenü auswählen), und bei der Richtung 2 die Anzahl auf 2 und das Inkrement auf 12,5 setzen, erhalten Sie nach Abschluss des KEs das in Bild 4.26 rechts zu sehende Ergebnis. Behalten Sie dieses Muster für die im kommenden Abschnitt beschriebene Funktion *Referenzmuster* bei.

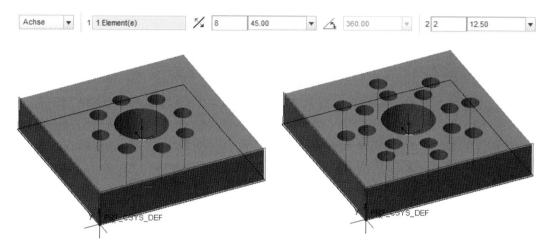

Bild 4.26 Testteil mit radialer Musterung in eine bzw. zwei Richtungen

4.2.4 Referenzmuster

Die Vervielfältigung von Konstruktionselementen, die auf einem bereits gemusterten aufgesetzt sind, kann einfach durch die Muster-Option *Referenz* stattfinden.

Wir demonstrieren dies am Beispiel einer speziellen Stirnsenkung.

- Erzeugen Sie eine Bohrung mit 12 mm Durchmesser und 3 mm Tiefe. Platzieren Sie diese koaxial durch Angabe der oberen Fläche des Testteils und (mit gedrückter [Strg]-Taste) der Achse der ursprünglichen (!) 10-mm-Bohrung.

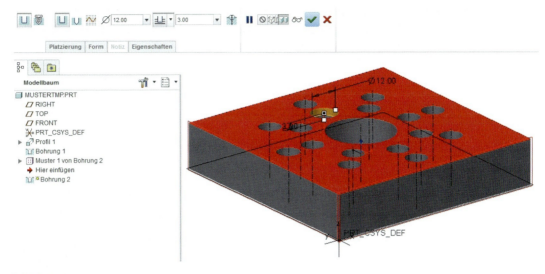

Bild 4.27 Senkung

- Schließen Sie die Bohrungserzeugung ab, und wählen Sie die Funktion *Muster*.

Es wird automatisch erkannt, dass das zu musternde Element bereits auf einem Muster aufsetzt. Die Option *Referenz* ist als Vorgabe gesetzt, und wir müssen die Erzeugung nur noch mit dem grünen Haken abschließen.

Bild 4.28 Referenzmuster

Mit dieser Funktion lassen sich später u.a. auch Teile wie z. B. Scheiben und Schrauben in Baugruppen, basierend auf vorhandenen Mustern, vervielfältigen.

Weitere Optionen werden, sofern benötigt, in späteren Abschnitten näher erläutert.

▪ 4.3 Rundungen

Zum Kennenlernen der Pick-and-Place-KEs *Rundung* und *Fase* können wir das Testteil weiterverwenden. Löschen Sie alle Bohrungen bis auf die zentrale 30-mm-Bohrung.

Rufen Sie das KE *Rundung* in der Gruppe *Konstruktion* auf.

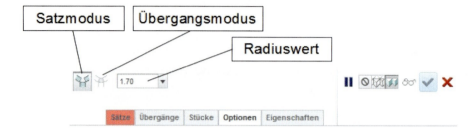

Bild 4.29
Karte *Rundung*

Sie können zu verrundende Kanten auf verschiedene Arten wählen:

- Anwahl einer einzelnen Kante durch
- Anwahl mehrerer Kanten (Mehrfachauswahl mit [Strg] +)
- Anwahl von zwei Flächen (Mehrfachauswahl mit [Strg] +)
- Kantenkette: Anwahl einer Kante und [Shift] + Fläche

Experimentieren Sie am besten ein wenig mit dem Testteil, um die verschiedenen Möglichkeiten kennenzulernen.

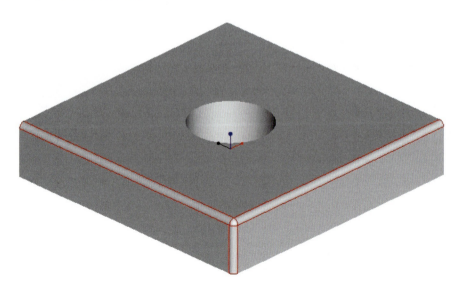

Bild 4.30
Rundung

HINWEIS: Man kann auch mehrere Kanten ohne gedrückte [Strg]-Taste auswählen, diese sind dann aber nicht zu einem Satz zusammengefasst, sondern stellen jeweils einen eigenen Satz dar. Somit sind sie auch nicht als Gesamtheit editierbar! Wenn also mehrere Kanten den gleichen Rundungsradius haben, sollten sie immer mit gedrückter [Strg]-Taste gewählt werden, um später einfacher editiert werden zu können.

Nachdem Sie Rundungen hinzugefügt haben, die eine Ecke einschließen, gibt es verschiedene Möglichkeiten, den Übergang zu definieren. Zur Demonstration verrunden Sie drei Kanten, wie in Bild 4.30 zu sehen.

Nun editieren Sie nochmals die Definition der Rundung:

- über *Rundung1* im Modellbaum
- **DEFINITION EDITIEREN** auswählen

Mit dem nebenstehenden Button wechseln Sie in den Übergangsmodus. Klicken Sie nun die vordere Ecke an, um den Übergangsmodus zu ändern. Vorgabe ist der Modus *Standard*.

Folgende Möglichkeiten stehen zur Verfügung:

Bild 4.31
Übergangsmodi

4.3.1 Automatisches Runden

Die Funktion *Automatisches Runden* ist hilfreich, wenn an einem Bauteil umfangreiche Verrundungen mit identischem Radius hinzugefügt werden sollen.

Das Tool wird mit nebenstehendem Button gestartet. Es öffnet sich die nachfolgend abgebildete Karte.

Bild 4.32
Karte *Automatische Rundung*

Es können wahlweise alle oder nur alle konkaven bzw. konvexen Kanten verrundet werden, wobei jeweils individuelle Radien möglich sind. Der Button **UMFANG** gibt außerdem die Möglichkeit, nur die Kanten auszuwählen, die verrundet werden sollen. Wenn es einfacher erscheint, nur die Kanten auszuwählen, die nicht verrundet werden sollen, so können diese mit dem Button **AUSSCHLIESSEN** selektiert werden.

In Bild 4.33 sehen Sie ein Beispiel für ein Bauteil, das weitgehend unter Verwendung der Funktion *Automatisches Runden* verrundet wurde. Das Werkzeug hat hierbei die Erstellung wesentlich beschleunigt.

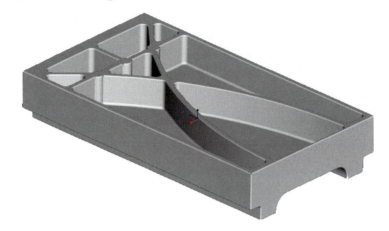

Bild 4.33
Beispiel für
automatisches Runden

4.4 Fase

Rufen Sie das KE *Fase* in der Gruppe *Konstruktion* auf.

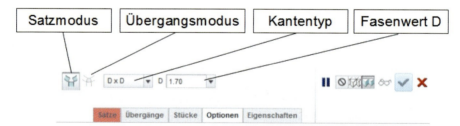

Bild 4.34 Karte
Kantenfase

Die Auswahl der zu fasenden Kanten erfolgt wie bei der Funktion *Rundungen*.

Es stehen folgende Möglichkeiten zur Definition der Fasen zur Verfügung:

D x D	Vorgabeeinstellung. Es wird eine Fase mit dem Fasenwert D (Abstand auf beiden beschreibenden Flächen) erzeugt.
45 x D	Es wird eine Fase mit dem Fasenwert D und 45° zu beiden beschreibenden Flächen erzeugt.
D1 x D2	Eine Fase mit den Abständen D1 auf der einen und D2 auf der anderen Fläche wird erzeugt. Wenn die Reihenfolge geändert werden soll, klicken Sie auf den Button.
Winkel x D	Wie 45 x D, aber mit frei wählbarem Winkel. Die Anordnung kann wiederum per Button getauscht werden.

Die Eckübergänge können wie bei den Rundungen aus dem Eingabefeld heraus über den nebenstehenden Button angepasst werden. Hierbei gibt es folgende Möglichkeiten:

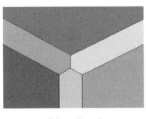
Standard

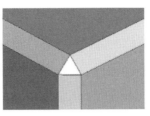
Eckebene oder Einzelfläche ohne Flächenoption

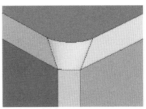
Einzelfläche mit Angabe der oberen Fläche und einem Radius von 4mm

Bild 4.35
Übergangsmodi

4.5 Schale

Löschen Sie nun beim Testteil alle Konstruktionselemente außer dem *Profil 1*. Fügen Sie dann ein weiteres Extrusions-KE hinzu, und zwar einen Zylinder mit 30 mm Durchmesser und 50 mm Länge, der mittig auf einer der größeren Flächen des Ursprungsteils angeordnet sein soll.

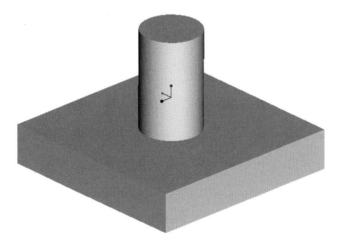

Bild 4.36
Testteil mit Zylinder

Rufen Sie das KE *Schale* mit dem Button aus der Gruppe *Konstruktion* auf.

 Schale

Bild 4.37 Karte *Schale*

In unserem Fall möchten wir das Testteil von unten heraus aushöhlen, wobei der zylindrische Teil ausgenommen sein soll. Darüber hinaus soll eine Wand dicker sein als die übrigen.

Wählen Sie gemäß Bild 4.38 als zu entfernende Fläche die Fläche 1 an, und klicken Sie dann unter dem Menüpunkt *Referenzen* in das Feld *Nicht-standardmäßige Dicke*. Wählen Sie anschließend die Fläche 2 und bei gleichzeitigem Drücken der [Strg]-Taste die Fläche 3 an. Setzen Sie nun die Werte gemäß Bild 4.38 ein.

Das Ergebnis sollte nach Abschluss der KE-Erzeugung wie in Bild 4.39 aussehen.

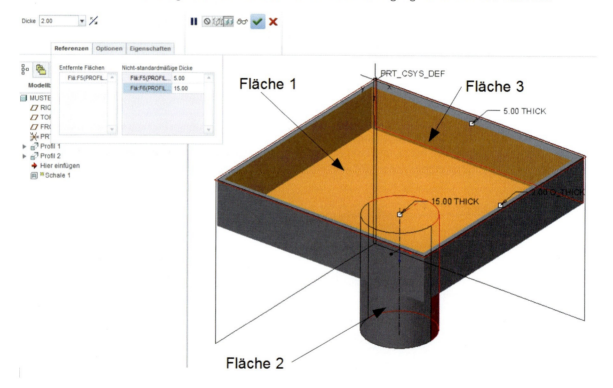

Bild 4.38 Testteil während des Schalens

Für den Ausschluss des Zylinders aus der Schalung gibt es noch einen weiteren Weg: Im Menüpunkt *Optionen* kann man die Fläche 2 auch als auszunehmende Fläche angeben.

Bild 4.39
Geschaltes Testteil

4.6 Rippe

Das KE *Rippe* ist ebenso wie das KE *Schale* insbesondere im Bereich der Gussteil-Konstruktion einsetzbar. Wir werden nun am Beispiel des Testteils die Vorgehensweise bei der Erstellung einer Profilrippe kennenlernen.

Beim KE *Profilrippe* ist eine nicht geschlossene Kontur zu zeichnen. Wir wollen Rippen zwischen dem zylindrischen Körper und dem Grundkörper erstellen und benötigen zum Skizzieren noch eine Bezugsebene, die, wie in Bild 4.40 zu sehen, mittig durch den Zylinder verläuft. Sollten Sie den Grundkörper so gezeichnet haben, dass eine der Standard-Ebenen bereits dort ist, brauchen Sie keine zusätzliche Ebene.

Rufen Sie das KE *Profilrippe* mit dem Button aus der Gruppe *Konstruktion* auf. Hierzu ist der Befehl *Rippe* durch Anklicken des Dreiecks zu erweitern.

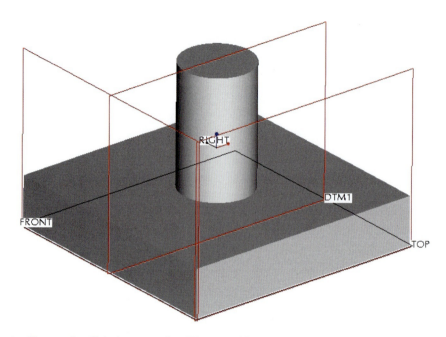

Bild 4.40
Testteil mit Bezugsebene durch den Zylinder

Starten Sie nun den Skizzierer aus dem Rippentool heraus durch Anwahl der Bezugsebene im Grafikfenster.

Skizzieren Sie die Rippe wie in Bild 4.41 zu sehen. Es sind nur drei Linien zu zeichnen. Der Schnitt muss zur ursprünglichen Geometrie hin ausnahmsweise offen sein!

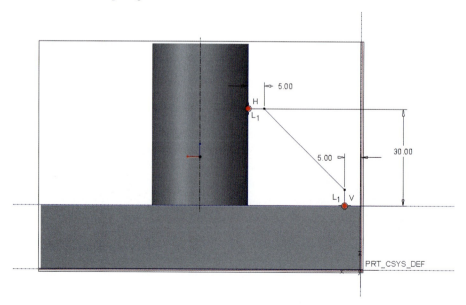

Bild 4.41
Skizze der Rippe

Beenden Sie den Skizzierer und sehen Sie sich die zu erzeugende Rippe in der Vorschau an. Die Breite soll 5 mm betragen.

Mit dem nebenstehenden Button können Sie die Richtung noch umschalten. Als Vorgabe wird die Breite der Rippe von der Skizzierebene aus in beide Richtungen gleichmäßig verteilt. Wahlweise kann sie aber auch um das Gesamtmaß, also in unserem Falle 5 mm, in die eine oder andere Richtung erzeugt werden. Schließen Sie nun die KE-Erzeugung ab.

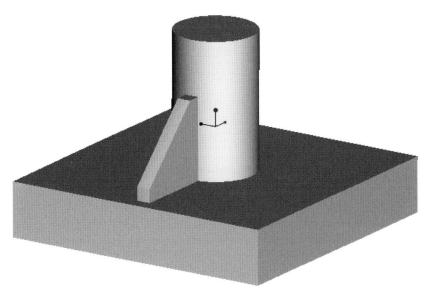

Bild 4.42
Testteil mit einer Rippe

Abschließend soll die Rippe noch gemustert werden. Starten Sie die Funktion *Muster*, und wählen Sie die Option *Achse*. Als Bezugsachse klicken Sie die Mittelachse des Zylinders an, und schließen dann die Mustererzeugung ab. Anzahl und Inkrement bleiben bei den Vorgabewerten 4 und 90°.

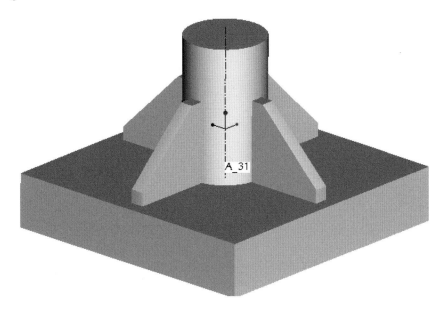

Bild 4.43
Testteil mit gemusterter Rippe

4.7 Schräge

Auch dieses KE hat seinen Ursprung im Bereich der Gussteil-Konstruktion (Ausformschrägen).

Wir werden dieses Tool ebenfalls am Beispiel unseres Testteils kennen lernen, da bei der Schwenkeinheit keine Teile vorhanden sind, für die man dieses Tool verwenden muss.

Rufen Sie das KE *Schräge* mit dem Button aus der Gruppe *Konstruktion* auf.

Bild 4.44
Karte *Schräge*

(*Anmerkung*: in der vorliegenden Programmversion steht als Name der Karte *2D-Element*.)

- Nach dem Aufruf des Tools klicken Sie zunächst die abzuschrägenden Flächen bei gedrückter [Strg]-Taste an.
- Anschließend klicken Sie in das mit **1** markierte Feld (siehe Bild 4.44) und wählen die innere Kantenkette als Scharnier aus. Dazu ist zunächst eine Kante mit ⊞ anzuklicken, und dann die übrigen drei bei gedrückter [Shift]-Taste (!).
- Jetzt ist noch die untere Fläche als Öffnungsrichtung anzugeben, nach ⊞ in das mit **2** markierte Feld.

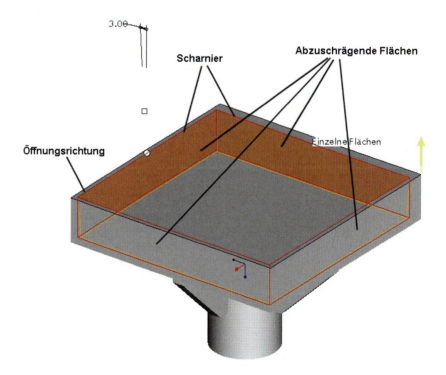

Bild 4.45
Schrägen

Der Winkel soll 3° betragen. Die Richtung kann wie gewohnt geändert werden.

In Abschnitt 4.9.2, »Übung 2: Gussteilschrägen«, werden Sie noch eine weitere Art der Schrägendefinition kennenlernen. Speichern Sie nun das Testteil (es wird allerdings später nicht mehr gebraucht), schließen Sie das Arbeitsfenster, und geben Sie den Arbeitsspeicher frei.

■ 4.8 Kosmetikelemente (Außengewinde)

Damit Gewinde in einer abgeleiteten 2D-Zeichnung richtig dargestellt werden können, müssen sie während der Modellierung bereits entsprechend angegeben werden. Bei Gewindebohrungen haben wir die Vorgehensweise bereits kennen gelernt.

Soll ein Bauteil über ein Außengewinde verfügen, so muss es bei der Modellierung nicht sichtbar sein. Eine detaillierte Darstellung eines Gewindes ist nicht sinnvoll und im 2D-Bereich nicht normgerecht.

Für solche Fälle sieht Creo Parametric sogenannte »Kosmetikelemente« vor.

Sichern und schließen Sie noch geöffnete Dateien, und geben Sie wie gewohnt den Arbeitsspeicher frei.

Nun beginnen wir mit einem weiteren Bauteil der Schwenkeinheit: der Laufbuchse (Name: `005_buchse`).

Zeichnen Sie zunächst den Grundkörper als Drehteil gemäß Bild 4.46.

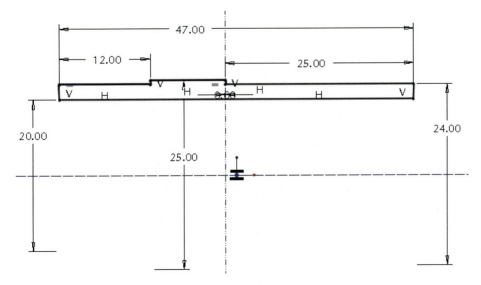

Bild 4.46
Skizze der Laufbuchse

Jetzt werden auf den beiden äußeren Absätzen Gewinde definiert:

- Unter den Erweiterungen der Gruppe *Konstruktion* in der Karte *Modell* befindet sich der Befehl **KOSMETISCHES GEWINDE**.

Es öffnet sich die nachfolgend abgebildete Karte.

Bild 4.47 Karte *Gewinde*

- Wählen Sie die Option *Standardgewinde*.
- Klicken auf die in Bild 4.48 mit **1** markierte Fläche, also die, die das Gewinde erhalten soll.
- Wählen Sie als passendes Gewinde M24 x 1,5 aus.
- Im nächsten Schritt klicken Sie die Startfläche des Gewindes an, also die Stirnfläche (**2** in Bild 4.48).
- Die Länge des Gewindes wird gegebenenfalls bereits korrekt, also bis zum nächsten Absatz, vorgeschlagen. Man kann sie aber auch mit der Option *Gewinde von der Startfläche bis zur gewählten Referenz erzeugen* und der Auswahl der mit **3** markierten Fläche manuell festlegen.

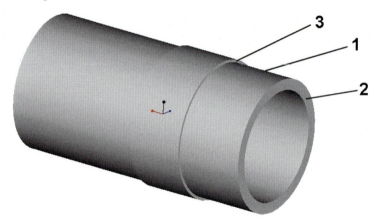

Bild 4.48 Erstellung des Kosmetik-KE

Erstellen Sie anschließend ein weiteres Gewinde auf dem längeren Absatz der Buchse. Versehen Sie die Enden mit 0,5-mm-Fasen. Die Buchse ist damit fertig.

4.9 Übungen

Die folgenden Übungen sollen die Vorgehensweise bei den soeben kennengelernten Funktionen vertiefen. Es werden hauptsächlich Teile der Schwenkeinheit modelliert, die im weiteren Verlauf benötigt werden.

4.9.1 Übung 1: Vervollständigung des Gehäuses

Öffnen Sie die Datei `001_gehaeuse`. Wir werden zunächst einige Bohrungen durch Neuerstellen und Mustern hinzufügen.

Die seitliche M6-Bohrung wird, um 19 mm nach unten versetzt, gemustert. Sie können nun zwei weitere identische Bohrungen an der anderen Seite des Gehäuses erstellen.

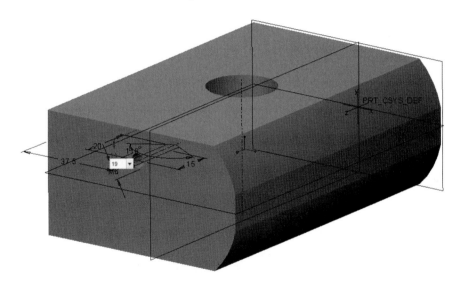

Bild 4.49
Gewindebohrung duplizieren

Jetzt werden in der großen, mehrstufigen Durchgangsbohrung zwei Abschnitte mit einem Gewinde M24 x 2 versehen. Die Gewindelänge soll 10 mm und die Gesamtlänge 12 mm betragen. Wählen Sie als Platzierungsreferenzen die Bohrungsachse und die Fläche, in die das Gewinde »geschnitten« wird, aus (also koaxiale Anordnung).

Fügen Sie dann eine identische Bohrung auf der Gegenseite hinzu.

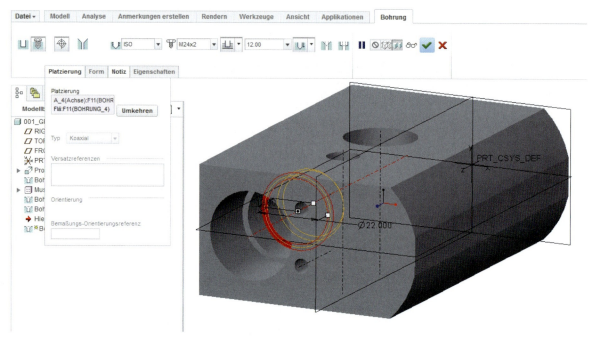

Bild 4.50 Gewindebohrung

Im nächsten Schritt fügen wir Fasen hinzu. Wählen Sie nach dem Aufruf des Fasentools die äußeren Kanten der großen Bohrungen aus ([Strg] + ▦), und setzen Sie das Maß D auf 1 mm.

Die große Bohrung soll nun mit allen Elementen gemustert werden. Dazu werden wir zunächst eine Gruppe von Elementen definieren. Markieren Sie hierzu die letzten vier KEs ([Strg] + ▦), und gruppieren Sie sie durch Aufruf des Kontextmenüpunktes **GRUPPE**.

Diese Gruppe sollten Sie umbenennen, um sie im Modellbaum eindeutig erkennen zu können. Geben Sie ihr den Namen Kolbenbohrung.

Nun können wir sie im Abstand von 38 mm einmal mustern, wie in Bild 4.52 zu sehen.

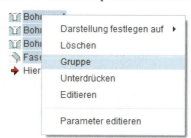

Bild 4.51 Gruppieren von KEs

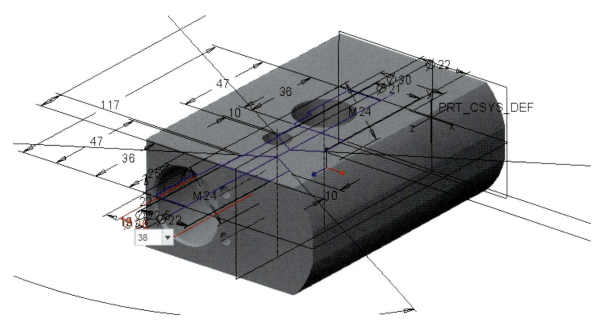

Bild 4.52 Mustern der Bohrungsgruppe

- Aufruf der Funktion **MUSTER** aus dem Kontextmenü der soeben gebildeten Gruppe
- Klick auf das Abstandsmaß 19 mm von der Seite
- Setzen des Inkrementes auf 38 mm
- Abschluss des Musters mit dem grünen Haken

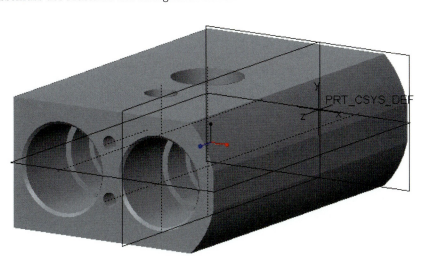

Bild 4.53
Gehäuse mit gemusterter Bohrungsgruppe

Im nächsten Schritt wird eine weitere Bohrung mit Teilgewinde hinzugefügt.
- Erzeugen Sie eine Durchgangsbohrung mit D = 3,2 mm gemäß Bild 4.54.

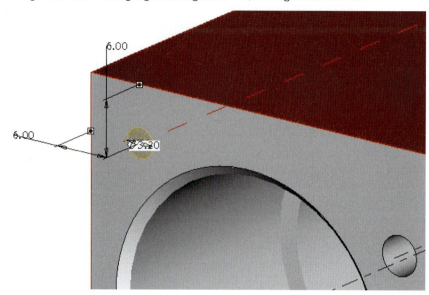

Bild 4.54
Anschlussbohrung

- Fügen Sie nun an beiden Enden der Bohrung Gewindebohrungen M5 x 0,8 hinzu, mit einer Gesamtlänge von 12 mm und einer Gewindelänge von 10 mm.
- Fassen Sie diese drei Bohrungen wieder zu einer Gruppe zusammen, und nennen Sie sie Anschluss.
- Mustern Sie die Gruppe um 32 mm nach unten, so dass sie jeweils 6 mm von der linken und der unteren Seite entfernt ist.

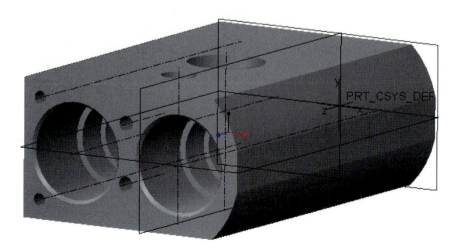

Bild 4.55
Gemusterte Gruppe
Anschluss

Nun sollen noch Nuten zur Befestigung von Magnetschaltern hinzugefügt werden:
- Erzeugen Sie eine Bezugsachse koaxial zur runden Fläche des Gehäuses:

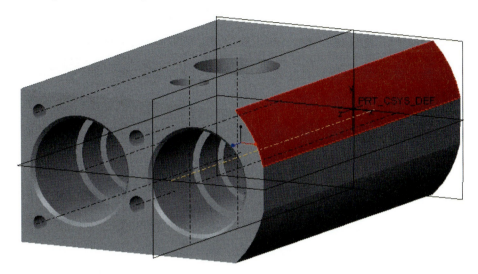

Bild 4.56
Bezugsachse

Fügen Sie eine Durchgangsbohrung mit D = 4 mm gemäß Bild 4.57 hinzu.

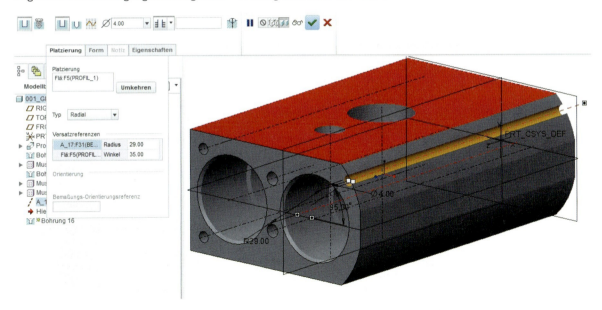

Bild 4.57 Sensornut

Die Platzierungsart ist *Radial*. Als Primärreferenz wählen Sie wie gehabt die Fläche, in die gebohrt wird, und als Sekundärreferenzen die Oberseite und die zuvor erzeugte Bezugsachse.

4 Pick- and Place-Elemente

Jetzt werden wir noch eine weitere Form der Mustererstellung kennenlernen: über eine Tabelle.

- Starten Sie für die soeben erzeugte Bohrung die Funktion *Muster*, und geben Sie als Basis *Tabelle* an.
- Wählen Sie das Winkelmaß (in erster Bohrung 35°) als Tabellenbemaßung.
- Mit dem Button **EDITIEREN** öffnen Sie die Tabelle. Dort hinterlegen Sie die in Bild 4.58 zu erkennenden Werte.

Die ursprüngliche Bohrung hat den Winkel 35°. Hinzugefügt werden gemäß der Tabelle drei weitere Bohrungen mit den Winkeln 20°, −20° und −35°. Schließen Sie die Tabelle mit dem X oben rechts.

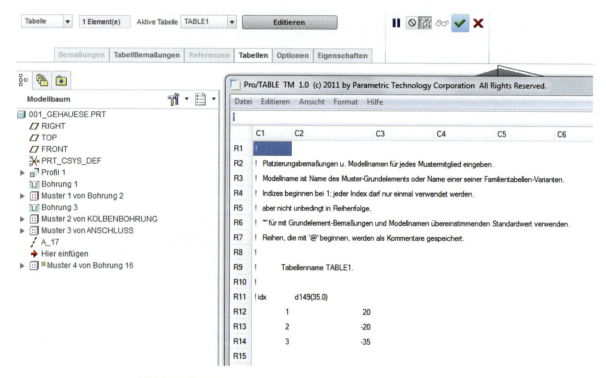

Bild 4.58 Maßtabelle

Das Gehäuse sollte nun wie in Bild 4.59 aussehen.

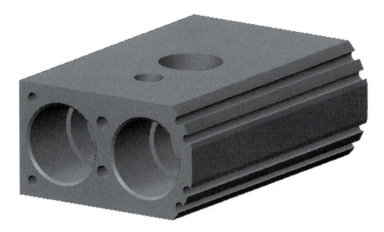

Bild 4.59
Zwischenstand Gehäuse

Nun sollen die Seiten mit 0,5-mm-Fasen versehen werden. Starten Sie das Fasen-Werkzeug, und wählen Sie die Seiten als Kantenzüge:

Bild 4.60
Fasen hinzufügen

Anschließend bringen Sie 0,3-mm-Fasen an den Kanten der Sensornuten an.

Jetzt werden wir noch die Bohrungen in der Ober- bzw. Unterseite überarbeiten, und dann ist das erste Bauteil der Schwenkeinheit fertig.

Wie bereits in Kapitel 3 erwähnt, ist die gesamte Schwenkeinheit, speziell auch das Gehäuse, stark vereinfacht. Viele Details wurden vereinfacht bzw. weggelassen.

Folgende Elemente müssen aber noch hinzugefügt werden:

- von der Oberseite in der zentralen Bohrung eine Senkung D = 37 mm mit einer Tiefe von 10 mm
- von der Unterseite in der Durchgangsbohrung für M6 eine Senkung D = 12 mm und t = 4 mm
- in diese Durchgangsbohrung ebenfalls von der Unterseite eine M8-Bohrung t = 12 mm (Gesamttiefe 14 mm)

- von der Unterseite in der zentralen Bohrung eine Senkung mit D = 38 mm und t = 6,5 mm
- darin wiederum eine Senkung D = 26 mm und t = 6 mm

Beginnen wir mit dem Hinzufügen der Senkung an der Durchgangsbohrung für M6, ausgehend von der Unterseite des Gehäuses.

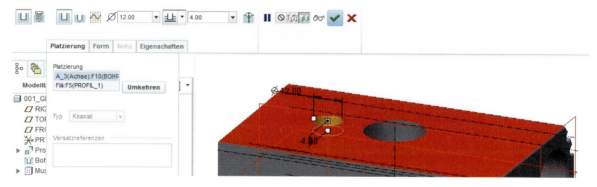

Bild 4.61 Senkbohrung

Es folgt das Gewindesackloch M8. Bei beiden Bohrungen sind die vorhandene Bohrungsachse und die Fläche, in die »gebohrt« wird, als Platzierungsreferenzen gewählt worden.

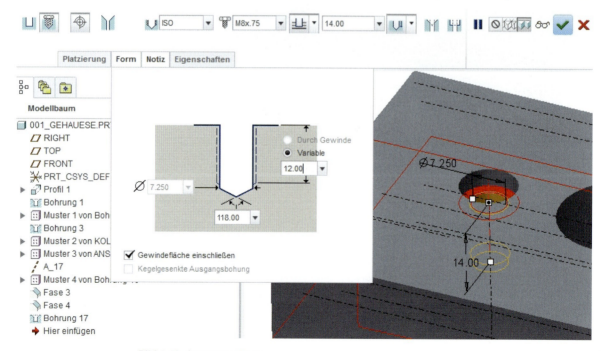

Bild 4.62 Gewindesackloch

Nun kann diese Bohrung symmetrisch zur Mittelbohrung einmal gemustert werden. Dazu sollen zunächst die entsprechenden KEs zu einer Gruppe zusammengefasst werden. Die erste Bohrung muss vor die beiden soeben erstellten verschoben werden. Sie können sie per Drag-and-Drop an die gewünschte Position ziehen.

Nun können die drei Bohrungen zu einer Gruppe zusammengefasst werden. Nennen Sie diese befestigung.

Diese Gruppe mustern Sie mit der Option *Achse* und dem Inkrement 180° um die Achse der zentralen Bohrung. Das Gehäuse sollte nun wie in Bild 4.64 aussehen.

Bild 4.63
Verschieben von KEs im Modellbaum

Bild 4.64
Zwischenstand Gehäuse

Es folgen die Ergänzungen zur mittleren Bohrung. Zunächst wird die Senkung von der Oberseite hinzugefügt:

- Einfache Bohrung D = 37 mm, t = 10 mm; primäre Referenz: Achse der zentralen Bohrung; sekundäre Referenz: Fläche oben

Es folgt eine ähnliche Bohrung von der Unterseite:

- Einfache Bohrung D = 38 mm, t = 6,5 mm; primäre Referenz: Achse der zentralen Bohrung; sekundäre Referenz: Fläche unten

Abschließend erfolgt noch eine weitere einfache Bohrung in der soeben erstellten Bohrung von der Unterseite. Der Durchmesser beträgt 26 mm und die Tiefe 6 mm.

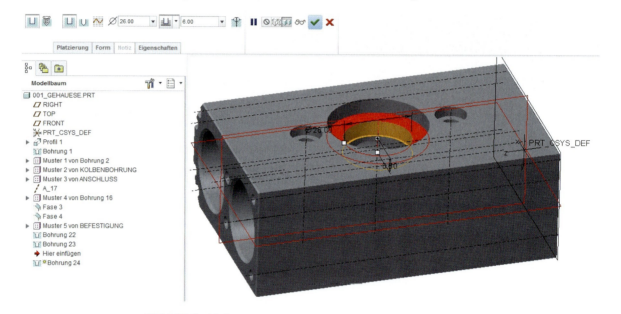

Bild 4.65 Senkbohrung

Jetzt können noch Fasen (0,3 mm) an den Bohrungen hinzugefügt werden.

 TIPP: Wenn 2D-Fertigungszeichnungen abgeleitet werden, sind die vielen gezeichneten Fasen eher ungünstig. Man sollte sie dann besser ausblenden und der Fertigungszeichnung z. B. als Text hinzufügen: »Alle Kanten gebrochen«.

Damit ist das erste Bauteil der Baugruppe *Schwenkeinheit* fertiggestellt.

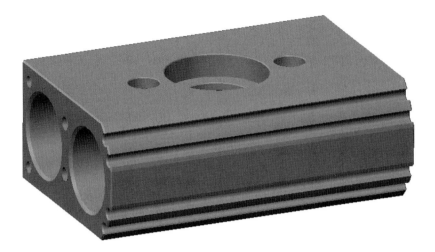

Bild 4.66
Gehäuse

4.9.2 Übung 2: Gussteilschrägen

Mit diesem einfachen Beispiel soll eine weitere Vorgehensweise bei der Erstellung von Schrägen, insbesondere für Gussteile, demonstriert werden.

- Starten Sie ein neues Teil mit dem Namen `pleuel`.
- Erstellen Sie einen Extrusionskörper (t = 10 mm gemäß Bild 4.67 und den nachfolgenden Informationen).

 HINWEIS: Sie finden den Pleuel ohne Schrägen-KE auch auf der Download-Seite.

Gleichmäßig von der Mittelebene des Pleuels (= Trennebene des Werkzeugs) ausgehend sollen Ausformschrägen zu beiden Seiten erzeugt werden.

Wenn ein Bauteil, wie im vorliegenden Fall, zu zwei Seiten Ausformschrägen haben soll, empfiehlt es sich, beim Erstellen des Extrusionsteils mit der Option *Auf beiden Seiten der Skizzierebene um Hälfte des angegebenen Wertes in jeder Richtung extrudieren* zu arbeiten.

Man benötigt in der Mitte des Bauteils eine Ebene als Scharnier für die Schrägen. Wenn man es mit der angesprochenen Option erstellt, ist dort die Skizzierebene, die dann auch für das Abschrägen benutzt werden kann. Andernfalls müsste man parallel zur Ober- oder Unterseite des Pleuels im Abstand von 5 mm zusätzlich eine Bezugsebene erstellen.

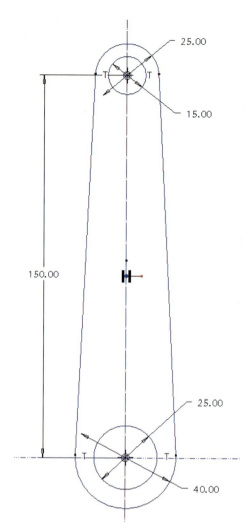

Bild 4.67
Skizze Pleuel

- Starten Sie nach Abschluss der Erstellung des Extrusionteils das Schrägen-Werkzeug.
- Wählen Sie alle seitlichen Flächen.

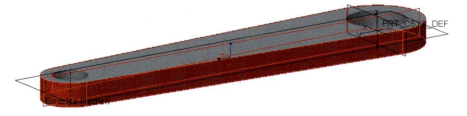

Bild 4.68
Zwischenstand: Pleuel mit markierten Seitenflächen

- Klicken Sie in das Feld *Schrägenscharniere* (siehe Bild 4.69 oben links).
- Wählen Sie die durch das Bauteil verlaufende Ebene als Scharnier.

- Wählen Sie nach Aufruf des Menübefehls **TRENNEN** die Trennoption *An Schrägenscharnier trennen* und die Seitenoption *Seiten abhängig abschrägen*.
- Ändern Sie den Winkel auf 5° und kontrollieren Sie die Öffnungsrichtung (im nachfolgenden Bild ist sie noch falsch). Ändern Sie sie gegebenenfalls mit dem bekannten Button ⅄.

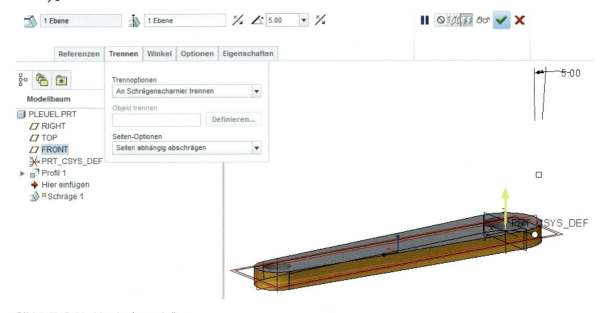

Bild 4.69 Beidseitige Ausformschräge

Anschließend können Sie die Schrägenerstellung abschließen. Der Pleuel sollte wie in Bild 4.70 aussehen.

Bild 4.70
Pleuel mit Ausformschrägen

4.9.3 Übung 3: Vervollständigung des Kolbens

Öffnen Sie die Datei `006_kolben`. Nun möchten wir noch die Verzahnung und Fasen hinzufügen. Bei der Verzahnung gilt, wie auch später beim Ritzel, dass es sich nur um eine zahnprofilähnliche Kontur handelt.

Die Verzahnung wird mit einem Extrusionsprofil und der Option *Material entfernen* erzeugt und dann gemustert.

Als Skizzierebene wird eine Ebene gewählt, die längs durch den Kolben verläuft, zum Beispiel also *TOP* (wenn Sie beim Modellieren wie im vorliegenden Fall vorgegangen sind). Entscheidend ist, dass die Verzahnung an der dickwandigen Seite des Kolbens ist! Achten Sie also auf die Lage in Ihrem Bauteil. Im Extrusionsmenü ist die Option *Auf beiden Seiten der Skizzierebene…* zu wählen.

Bild 4.71 Extrusionsmenü bei Übung 3

Nachfolgend ist die Skizze abgebildet. Erstellen Sie zunächst die Symmetrielinie im Versatz zur waagerechten Referenzebene.

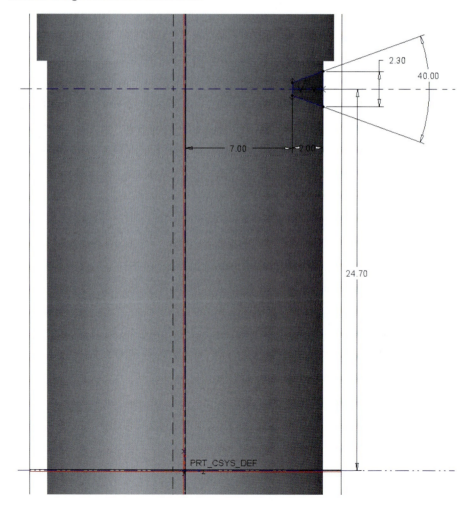

Bild 4.72 Skizze Verzahnung

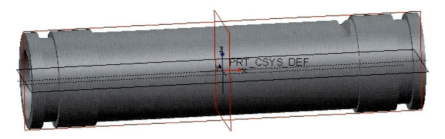

Bild 4.73 Zwischenstand Kolben

Nun wird das Zahnprofil 17-fach im Abstand −3,1 mm, basierend auf dem Maß 24,7 mm, gemustert.

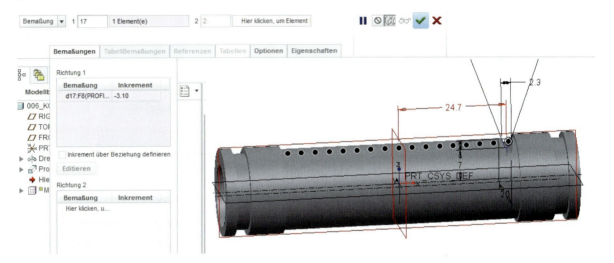

Bild 4.74 Muster erstellen

Abschließend können noch 0,3-mm-Fasen erstellt werden, um das Erscheinungsbild zu verbessern. Da man solche Elemente in Fertigungszeichnungen üblicherweise nicht abbildet, sollten sie bei der Detaillierung ausgeblendet oder entfernt werden.

> **HINWEIS:** Einzelne KEs können ein- und ausgeblendet werden.
>
> **Ausblenden:** im Modellbaum auf dem KE das Kontextmenü mit ⌗ aufrufen und den Befehl **UNTERDRÜCKEN** auswählen.
>
> **Einblenden:** In der Gruppe *Operationen* der Karte *Modell* über den Befehl **ZURÜCKHOLEN** entweder die letzte Auswahl oder alle unterdrückten KEs einblenden.

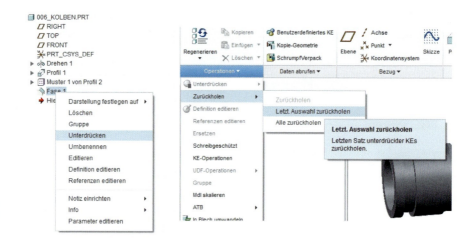

Bild 4.75
Unterdrücken und Zurückholen von KEs

Der fertige Kolben sollte wie folgt aussehen.

Bild 4.76
Kolben

4.9.4 Übung 4: Vervollständigung des Anschlages

Schließen Sie das Fenster, geben Sie den Arbeitsspeicher frei und laden Sie dann das Bauteil `003_anschlag`. Zunächst soll ein Sechskant mit den gleichen Abmessungen wie bereits bei Bauteil `004_deckel` hinzugefügt werden. Die Vorgehensweise sollte bekannt sein.

> **HINWEIS:** Beim Aufruf des Skizzierers kann es vorkommen, dass Sie nicht alle Referenzen haben, die wünschenswert wären, um die Skizze sinnvoll zu bemaßen. Man kann aber ganz einfach Referenzen hinzufügen. Einen Weg haben Sie bereits kennengelernt: das Anklicken von bereits vorhandenen Körperkanten mit gedrückter [Alt]-Taste fügt diese zur Referenzenliste hinzu. Das funktioniert auch, wenn man sich zum Beispiel gerade beim Zeichnen einer Linienkette befindet.

 Referenzen

Ein weiterer Weg ist der Aufruf der Funktion **REFERENZEN** in der Gruppe *Einrichten* der Karte *Skizze*, wie in Bild 4.77 zu sehen. Im abgebildeten Beispiel soll die vertikale Bezugsebene als Referenz hinzugefügt werden. Skizzierebene ist die Ebene *Right* und in der Referenzenliste steht *Top*. Es fehlt also nur noch die Ebene *Front*. Einfaches Anklicken im Modellbaum fügt sie der Referenzenliste hinzu.

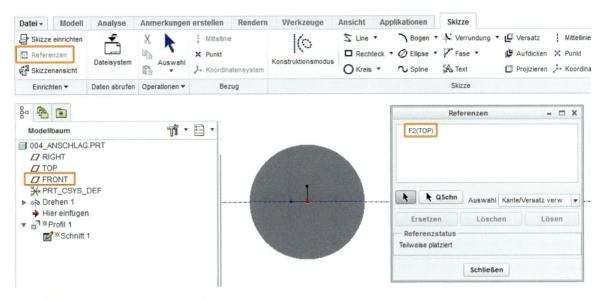

Bild 4.77 Nachträgliches Hinzufügen von Referenzen

Im Anschluss sollen vier Bohrungen mit dem Durchmesser 3 mm und der Tiefe 2 mm an der Außenfläche des Anschlages hinzugefügt werden. Die Platzierung erfolgt primär auf der Außenfläche und sekundär mit einem Versatzwinkel von einer Ebene durch das Bauteil (hier *Top*) und einem Abstand von der Stirnfläche (Bild 4.78).

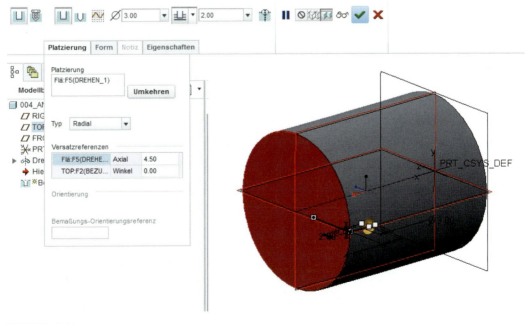

Bild 4.78 Bohrung

Nach dem Erstellen der ersten Bohrung kann diese nun im Versatz von 90° gemustert werden (Bild 4.79). Hierzu kann mit der Option *Achse* gearbeitet werden, oder, wie beim abgebildeten Teil, mit der Vorgabeoption *Bemaßung*. Man wählt den Versatzwinkel (0°) von der Ebene *Top* und gibt dann Inkrement und Anzahl ein.

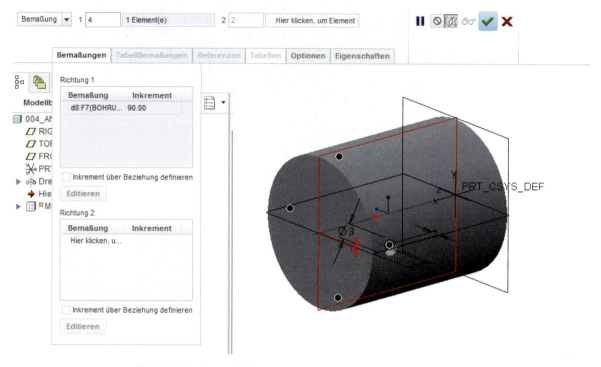

Bild 4.79 Mustern der Bohrung

Nun können abschließend noch die Kanten mit 0,3-mm-Fasen versehen werden.

Bild 4.80 Fertiges Bauteil

5 Fortgeschrittene Funktionen

5.1 Zug-KE

5.1.1 Ziehen

Neben den bereits erläuterten Funktionen zur Erzeugung von Bauteilen, wie Extrudieren und Rotieren, gibt es noch die Funktion Zug-KE. Im folgenden Abschnitt werden Sie einige Möglichkeiten kennen lernen, diese Funktion zu nutzen.

Im Wesentlichen ähnelt die Funktion dem Extrudieren, nur dass hier ein Profil nicht unbedingt linear extrudiert wird, sondern entlang einer nahezu beliebigen Leitkurve. Auch können mehrere Profile verwendet werden, die ineinander übergehen.

Öffnen Sie hierzu zunächst das Bauteil `002_ritzel`. Wir werden nun die Verzahnung des Ritzels zeichnen. Ein detailliertes Zeichnen von Gewinden, Verzahnungen, Rändelungen und Ähnlichem ist eigentlich nicht zu empfehlen, da sie in den später abzuleitenden 2D-Fertigungszeichnungen nur durch Texthinweise bzw. Gewinde-Hilfslinien angedeutet werden. Zu Demonstrationszwecken kann es trotzdem erforderlich sein, sie mit darzustellen.

Vor dem Aufruf des Tools wird zunächst die Leitkurve skizziert. Starten Sie hierzu direkt den Skizzierer.

Skizze

Wählen Sie die Ebene *Front* als Skizzierebene.

Anschließend erstellen Sie eine Skizze gemäß Bild 5.1 und beenden den Skizzierer.

HINWEIS: Leitkurven für Zug-KE müssen tangentiale Übergänge zwischen den Elementen haben. Zwei nichtfluchtende Linien können also z. B. nicht ohne Verrundung am Übergang miteinander verbunden werden! In unserem Beispiel erkennt man das Symbol **T** für den tangentialen Übergang.

Auch ist darauf zu achten, dass sich der Schnitt nicht entlang des Zugprofils selbst schneidet.

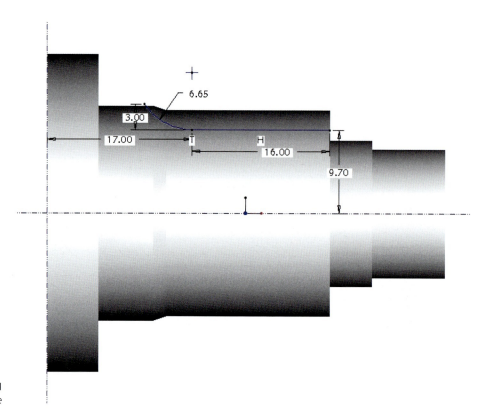

Bild 5.1
Skizze der Leitkurve

Aufruf des Zug-KE-Tools:

Starten Sie das Zug-KE-Werkzeug mit nebenstehendem Button aus der Gruppe *Formen*. Es öffnet sich die Zug-KE-Karte:

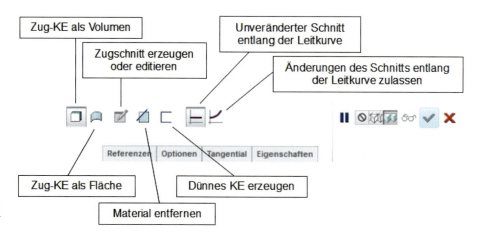

Bild 5.2
Karte *Zug-KE*

Aktivieren Sie zunächst die Option *Material entfernen*. Wählen Sie dann die zuvor skizzierte Leitkurve mit an. Es zeigt sich das nachfolgende Bild.

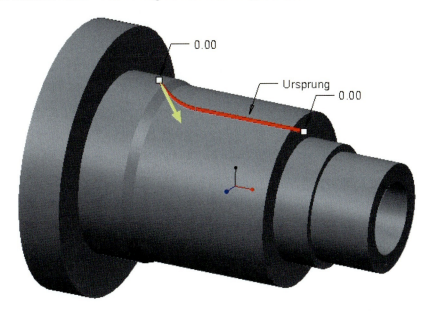

Bild 5.3
Wahl der Leitkurve

Sollte der gelbe Pfeil, wie in Bild 5.3 zu sehen, am Ende des Bogensegmentes sein, so klicken Sie ihn bitte mit an. Er wird dann an das andere Ende der Leitkurve gesetzt.

Im Anschluss wird nun das Profil skizziert, das entlang der Leitkurve »gezogen« werden soll. Starten Sie den Skizzierer mit nebenstehend abgebildetem Button in der Zug-KE-Toolbox.

Im sich nun öffnenden Skizzierer wird das Teil in die Standard-Skizzierposition gebracht. Wenn Sie hierbei die Orientierung verloren haben sollten, schwenken Sie das Teil ein wenig, so dass Sie die Orientierung wieder finden.

Anschließend können Sie zum Skizzieren mit dem entsprechenden Button aus der oberen Toolleiste wieder in die Standardposition wechseln.

 Skizzenansicht

Laden einer fertigen Skizze

Es gibt die Möglichkeit, fertige Skizzen in den Skizzierer zu laden. Auf der Download-Seite des Buches finden Sie eine Skizze mit der Bezeichnung `skizzzahn.sec`. Diese soll nun geladen werden.

Wählen Sie nach dem Anwählen des nebenstehenden Buttons die erwähnte Skizze aus.

Dateisystem

 HINWEIS: In diesem Zusammenhang sei darauf hingewiesen, dass es empfehlenswert ist, alle zur Verfügung gestellten Daten lokal auf Ihrem PC im jeweiligen Arbeitsverzeichnis zu hinterlegen.

Wenn man die Skizze geladen und mit ⊞ ungefähr in der Nähe des Startpunkts abgelegt hat, öffnet sich ein Fenster (Bild 5.4), in dem der Skalierfaktor und der Rotationswinkel eingegeben werden können. Außerdem sieht man die Skizze als Vorschau mit einem Griff (Kreuz in einem Kreis), wie Sie es von der Skizzierer-Palette kennen.

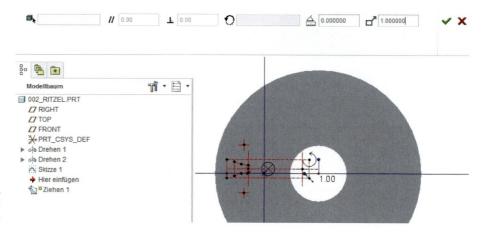

Bild 5.4
Einfügen einer fertigen Skizze

Setzen Sie nun den Skalierfaktor auf 1, den Rotationswinkel auf 0, und klicken Sie dann mit ⊞ den Griff an. Nun können Sie die Skizze auf dem horizontalen Bezug platzieren und durch einen weiteren Klick ablegen.

Die exakte Position wird über eine Bemaßung definiert. Fügen Sie hierzu ein horizontales Abstandsmaß zum senkrechten Bezug gemäß Bild 5.5 hinzu. Da dieser Bezug noch nicht in der Liste der Referenzen ist, muss er manuell hinzugefügt werden.

Betätigen Sie, wie schon in einem vorangegangenen Abschnitt beschrieben, den nebenstehend abgebildeten Button aus der Gruppe *Einrichten*, und wählen dann die Ebene *Top* im Modellbaum aus.

> **HINWEIS:** Der Startpunkt muss nicht auf einem Element des Schnitts liegen. Man kann auch neben dem Punkt beginnen, solange sich das Profil beim Ziehen parallel zum Zugprofil nicht selbst schneidet.

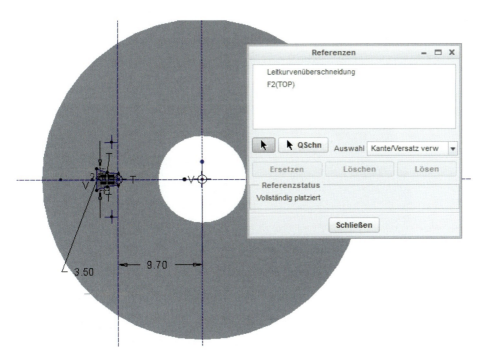

Bild 5.5
Platzieren der Skizze

Nun können Sie ein Maß wie abgebildet erzeugen und auf 9,7 mm setzen. Wenn dann der Skizzierer beendet wird, sollte es wie folgt aussehen.

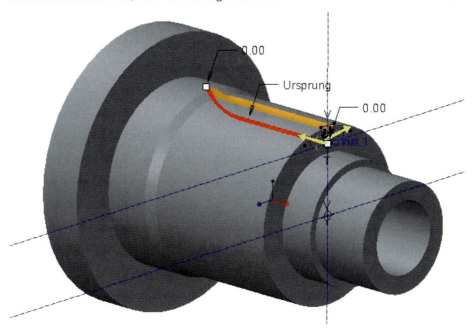

Bild 5.6
Zug-KE vor Abschluss

Kontrollieren Sie vor dem Abschluss der KE-Erzeugung nochmals, ob die Einstellungen *Zug-KE als Volumen* und *Material entfernen* aktiviert sind!

Bild 5.7
Fertiges Zugprofil

Jetzt kann das Profil gemustert werden: ⊞ im Modellbaum über dem letzten KE und Auswahl des Befehls **MUSTER**.

Bild 5.8
Mustern des Zugprofils

- Wählen Sie die Option *Achse*.
- Geben Sie die Anzahl 22 ein.
- Mit dem in Bild 5.8 gekennzeichneten Button wird eine gleichmäßige Aufteilung auf dem Umfang vorgenommen.
- Schließen Sie die Erzeugung ab.

5.1.2 Spiralförmiges Zug-KE

Am Beispiel einer einfachen Feder soll die Möglichkeit der Erstellung eines spiralförmigen Bauteils dargestellt werden. Dieses wird nicht für die Schwenkeinheit benötigt.

Erzeugen Sie ein neues Teil, z. B. mit dem Namen `feder`.

Nach dem Aufruf des Werkzeugs öffnet sich die Karte aus Bild 5.9.

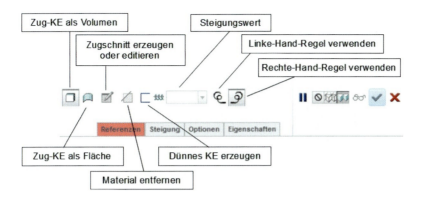

Bild 5.9
Karte *Spiralförmiges Zug-KE*

Es soll eine zylindrische Feder mit rechteckigem Drahtquerschnitt und variabler Steigung modelliert werden. Zu Beginn skizzieren wir, ähnlich dem zuvor kennen gelernten Zug-KE, eine Leitkurve bzw. ein Zugprofil.

- **REFERENZEN** auswählen
- **DEFINIEREN** auswählen
- im Modellbaum die Ebene *Front* anklicken
- **SKIZZE** auswählen

Nun zeichnen wir eine Mittellinie auf dem senkrechten Bezug.

Da es sich um eine einfache zylindrische Feder handeln soll, zeichnen wir einfach nur eine senkrechte Linie, wie in Bild 5.10 zu sehen.

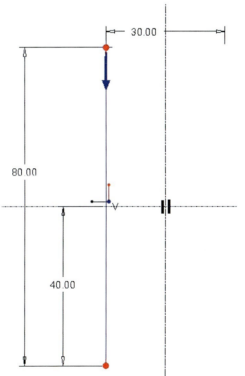

Bild 5.10
Skizze Zugprofil

Nach dem Beenden des Skizzierers müssen Angaben zur Steigung gemacht werden. Vorgabe ist ein konstanter Wert 8. Im Beispiel soll es allerdings etwas komplizierter sein: die Feder soll an den Enden eine Steigung von 2, und in der Mitte von 10 haben. Über den Befehl **STEIGUNG** öffnet sich ein Fenster, in dem die gewünschten Einstellungen vorzunehmen sind.

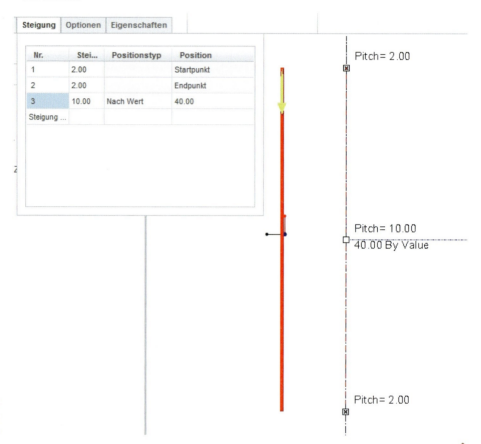

Bild 5.11
Eingabe der Steigungsparameter

Nun kann das Profil der Feder skizziert werden. Rufen Sie hierzu über den Button den Skizzierer auf. In unserem Beispiel soll es sich um eine Flachdrahtfeder gemäß Bild 5.12 handeln.

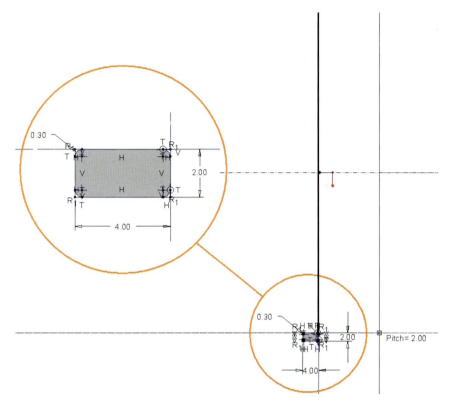

Bild 5.12
Skizze
Feder-Querschnitt

Auch bei dieser Skizze sollte man, wie schon in Kapitel 3 erwähnt, von Bedingungen Gebrauch machen, um sie übersichtlich zu halten. Die Rundungen sind alle identisch und sollten demnach die Bedingung *Gleiche Länge, Gleicher Radius* bekommen. Die Vorgehensweise bei der Definition sollte mittlerweile geläufig sein: man markiert bei gedrückter [Strg]-Taste alle vier Bögen, ruft dann mit das Kontextmenü auf und wählt den Befehl **GLEICH**.

Nun sind alle erforderlichen Einstellungen vorgenommen und das Werkzeug kann beendet werden. Die fertige Feder sollte wie in Bild 5.13 aussehen.

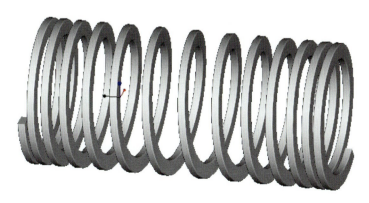

Bild 5.13
Fertige Feder

5.2 Zug-Verbund-KE

Nun wenden wir uns einem anderen Werkzeug zu, das es erlaubt, unterschiedliche Schnitte entlang einer Leitkurve miteinander zu verbinden. Bei den bisher kennengelernten ist nur die Änderung eines Schnittes über parametrische Referenzen oder Beziehungen entlang des Zugprofils möglich.

Im Falle der Schwenkeinheit ist kein Bauteil mit dem Zug-Verbund-KE zu modellieren. Das Werkzeug wird also an einem unabhängigen, einfachen Beispiel erklärt. Es werden hierbei auch ganz unterschiedliche Profile ineinander überführt.

Wie schon beim einfachen Zug-KE *Ziehen* zeichnen wir zunächst eine Leitkurve bzw. ein Zugprofil. Rufen Sie dazu nach dem Erstellen eines neuen Objekts den Skizzierer auf und wählen die Ebene *Front*.

Es soll ein aus vier unterschiedlichen Schnitten bestehendes Bauteil erstellt werden, das als Zugprofil eine Gerade hat. Man benötigt hierzu einen aus drei Elementen bestehenden Linienzug gemäß Bild 5.14. Es sind damit vier End- bzw. Übergangspunkte vorhanden.

Es sind selbstverständlich auch komplexere Kurven als Zugprofil möglich, mit den gleichen Regeln und Einschränkungen wie in Abschnitt 5.1.1 beschrieben.

Beenden Sie nun den Skizzierer und klicken Sie einmal in den freien Bereich des Grafikfensters, um die dann bestehende Markierung der Leitkurve aufzuheben. Sie soll im Werkzeug selbst markiert werden.

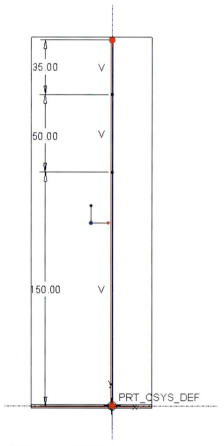

Bild 5.14 Zugprofilskizze

Nun kann die Funktion mit dem nebenstehenden Button aufgerufen werden. Es öffnet sich eine Karte, die auf den ersten Blick nur wenige Elemente hat.

Bild 5.15
Karte *Zug-Verbund-KE*

Die Buttons haben die gleiche Bedeutung wie bei den bereits bekannten KEs. Die eigentlichen Eingaben sind bei diesem KE über die Menübefehle **REFERENZEN** und **SCHNITTE** vorzunehmen.

Zu Beginn wählen Sie das Zugprofil mit aus. Der Befehl **REFERENZEN** wird hierzu nicht explizit ausgeführt, da er beim Start des Werkzeugs bereits automatisch aktiv ist. Der anschließend auszuführende Befehl **SCHNITTE** öffnet das Fenster aus Bild 5.16.

Bild 5.16
Fenster *Schnitte*

Im ersten Schritt wird nun die Position des ersten Schnittes angegeben. Es sollte bereits der äußere Endpunkt der 150 mm-Linie ausgewählt sein. Wenn man den Cursor entlang des Zugprofils bewegt, sieht man im Bereich der Übergänge der Segmente die entsprechenden Abschnitte cyanfarben hervorgehoben und die Bezeichnungen der Punkte werden angezeigt, wie in Bild 5.18 zu sehen. Damit kann man sich orientieren.

Wenn die Position richtig gewählt ist, wechselt man mit dem Befehl **SCHNITT** in den Skizzierer. Die erste Skizze sollte ein Rechteck wie in Bild 5.17 sein.

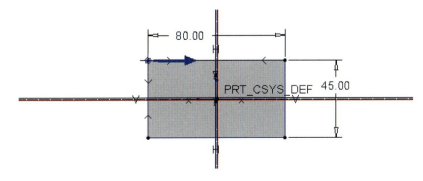

Bild 5.17
Erster Schnitt
Zug-Verbund-KE

Dort, wo man mit dem Schnitt (in diesem Fall unter Verwendung der *Rechteck*-Funktion) begonnen hat, ist der Startpunkt. Er ist am blauen Pfeil erkennbar. Es ist im Grunde egal, wo sich dieser befindet, aber in der Regel müssen alle Startpunkte der verschiedenen Schnitte an der gleichen Position sein. Die Endpunkte der Segmente werden später von Creo, ausgehend vom Startpunkt, miteinander verbunden. Wenn die Startpunkte in einem unterschiedlichen Bereich sind, führt das zu einem tordierten Bauteil! Dazu an dieser Stelle etwas Grundsätzliches zum Zug-Verbund-KE.

> **HINWEIS:** Beim Zug-Verbund-KE können unterschiedliche Schnitte miteinander verbunden werden. Voraussetzung ist, dass die Schnitte aus der gleichen Anzahl von Elementen bestehen. Wenn also zum Beispiel ein Rechteck (vier Elemente) in einen Kreis (1 Element) überführt werden soll, so ist der Kreis mit der Funktion *Aufteilen* in der Gruppe *Editieren* in vier Segmente aufzuteilen.

Genau das werden wir an unserem Beispiel durchführen. Nach Beenden des Skizzierers ist wieder das Fenster aus Bild 5.16 zu sehen. Nun fügen wir mit **EINFÜGEN** einen weiteren Schnitt hinzu und wählen als Schnittposition den Übergang zwischen dem 150 mm-Segment und dem 50 mm-Segment. Mit **SKIZZE** geht es erneut in den Skizzierer.

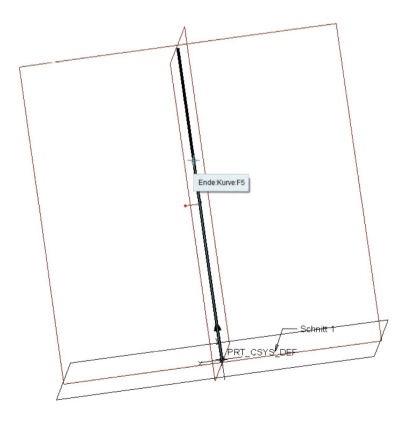

Bild 5.18
Position des zweiten Schnitts

Jetzt soll ein Kreis gezeichnet und gemäß Bild 5.19 in vier Segmente aufgeteilt werden.

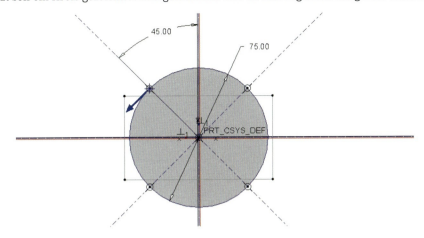

Bild 5.19
Zweiter Schnitt

Zum Aufteilen bietet es sich an, zwei Mittellinien zu zeichnen und die Schnittpunkte für die Funktion *Aufteilen* zu benutzen. Es ist darauf zu achten, dass der Startpunkt wieder im gleichen Quadranten ist wie bei der ersten Skizze. Die Richtung, in die der Pfeil zeigt, ist dabei nicht relevant.

Wenn die Position geändert werden muss, kann das einfach über das Kontextmenü durchgeführt werden: man klickt den gewünschten Punkt an, öffnet mit das Kontextmenü und wählt den Befehl **STARTPUNKT**.

Nach dem Beenden des Skizzierers sollte bereits eine Vorschau wie in Bild 5.20 zu sehen sein. Wenn das nach der zweiten oder einer späteren Skizze nicht der Fall sein sollte, dann deutet das auf einen ungültigen Schnitt hin. Häufig ist dann bei der Aufteilung, d. h. der Anzahl der Segmente, etwas nicht in Ordnung. In diesem Fall müssen Sie den entsprechenden Schnitt nochmal anwählen und in den Skizzierer wechseln.

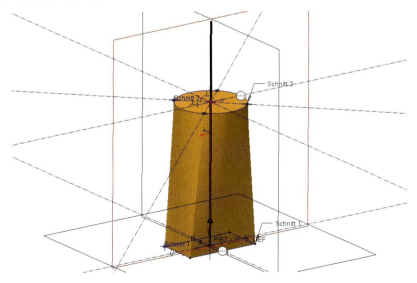

Bild 5.20
Zwischenstand
Zug-Verbund-KE

Nach der gleichen Vorgehensweise sollen an den beiden verbliebenen Positionen Kreise mit den Durchmessern 30 und 50 mm gezeichnet und in vier Segmente aufgeteilt werden. Das Ergebnis in der Voransicht sollte wie in Bild 5.21 aussehen.

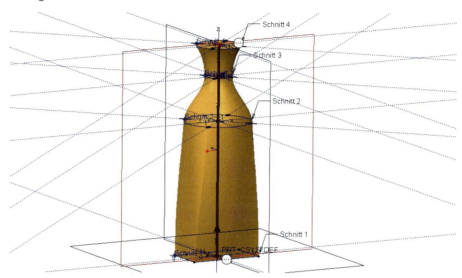

Bild 5.21 Voransicht mit allen Schnitten

Wenn Sie **OPTIONEN** anklicken, können Sie noch Einfluss auf die Art nehmen, wie die Schnitte ineinander überführt werden. Als Voreinstellung werden »harmonische« Übergänge wie bei Splinekurven vorgenommen. Mit der Option *Umfangsteuerung einstellen* können sie aber auch gerade überführt werden.

In unserem Fall behalten wir die Voreinstellung bei und ändern unter **TANGENTIAL** noch die Art, wie die Kontur in den letzten Schnitt überführt wird. Dazu wählen Sie gemäß Bild 5.22 die Option *Senkrecht*.

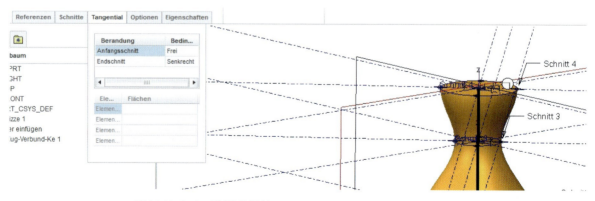

Bild 5.22 Option TANGENTIAL

Nach Abschluss des Zug-Verbund-KE-Werkzeugs können nun noch 10 mm-Rundungen hinzugefügt werden und das Bauteil kann mit einer Wandstärke von 3 mm und der oberen Fläche als Öffnungsfläche geschalt werden.

Bild 5.23
Fertiges Beispiel für das
Zug-Verbund-KE

5.3 Bemaßungseigenschaften

Im Abschnitt 3.1.1 ist bereits ein Weg aufgezeigt worden, wie Maße editiert werden können: nämlich durch Doppelklick auf ein KE, das durch eine Mausbewegung cyanfarben markiert ist.

Wenn man nun ein Maß anklickt, so dass es rot markiert erscheint, und dann darüber einen ⊞ durchführt und die Taste gedrückt hält, so öffnet sich das Kontextmenü.

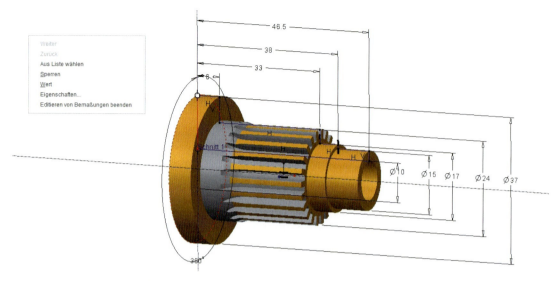

Bild 5.24 Maß editieren

Mit **EIGENSCHAFTEN…** erhält man Zugang zu den Bemaßungseigenschaften.

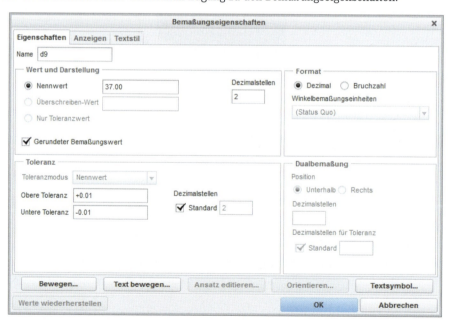

Bild 5.25 Bemaßungseigenschaften

Die Möglichkeiten zur Toleranzangabe werden im Abschnitt 5.6.3 eingehend behandelt. Im Feld *Name* kann die symbolische Bemaßung (hier d9) durch »sprechende« Namen ersetzt werden. Insbesondere bei Verwendung von Parametern und Beziehungen ist ein solches Vorgehen sehr sinnvoll. Im zweiten Buchteil zu Creo Simulate wird davon reichlich Gebrauch gemacht.

In der Karte *Anzeigen* kann man unter anderem ein Präfix und ein Suffix hinzufügen. Toleranzangaben als Suffix, wie zum Beispiel H9, sollten aber als Toleranztabelle geladen werden, da dann nicht nur die Angabe H9 mit dem Maß verknüpft ist, sondern auch die exakten Werte für das untere und obere Grenzmaß, wie z. B. 10,000 und 10,036 bei 10H9. Die Vorgehensweise wird in den folgenden Abschnitten noch geschildert.

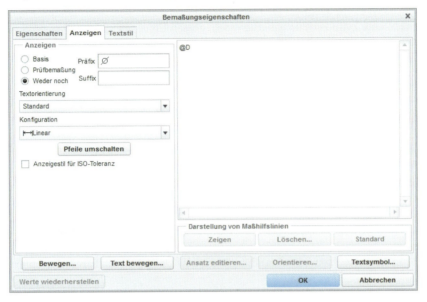

Bild 5.26
Bemaßungstext

Um zwischen der Darstellung von symbolischen Maßen und Zahlenwerten hin und her zu wechseln, ist wie folgt vorzugehen.

In der Gruppe *Modellabsicht* findet sich unter den erweiterten Befehlen **SYMBOLE UMSCHALTEN**. Damit wird zwischen den Zahlenwerten und den Maßsymbolen umgeschaltet. Man findet den Befehl auch in der gleichnamigen Gruppe der Karte *Werkzeuge*. Bild 5.27 zeigt die Darstellung symbolischer Bemaßungen.

 Symbole umschalten

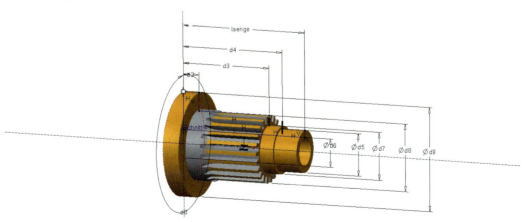

Bild 5.27 Darstellung symbolischer Maße

5.4 Beziehungen

Beziehungen stellen in Creo Parametric die Verbindung zwischen verschiedenen Bemaßungen bzw. anderen Parametern her. Sie können auf Teile oder Baugruppen angewendet werden. So ist es z. B. möglich, zwei Maße durch eine Bedingung zu verbinden. Angenommen, es soll ein Zylinder konstruiert werden, dessen Höhe genau doppelt so groß ist wie sein Durchmesser:

```
H=2*d
```

Wenn vom Benutzer der Durchmesser verändert wird, stellt die Beziehung sicher, dass sich die Zylinderhöhe ebenfalls automatisch, wie in der Beziehung definiert, verändert. Beziehungen sollten also angewendet werden, wenn aus konstruktiven Gründen bestimmte Relationen zwischen einzelnen Maßen oder Parametern einzuhalten sind. Dies spielt insbesondere bei der Arbeit mit den im folgenden Abschnitt beschriebenen Familientabellen eine Rolle.

Beziehungen sind außerdem bei der rechnergestützten Optimierung mit dem System Creo Simulate (vgl. hierzu Kapitel 15) wichtig. Dabei verändert das System selbstständig Maße des Konstruktionsobjektes, um ein vorgegebenes Optimierungsziel, z. B. geringstmögliche Masse, zu erreichen. Beziehungen stellen dabei sicher, dass bei der Veränderung eines Maßes auch andere Maße so mitverändert werden, dass das Konstruktionsobjekt ähnlich bleibt. Andererseits kann eine Beziehung auch bewirken, dass ein Parameter unter allen Umständen seinen Wert behält:

```
d2=10.5
```

lässt keine Veränderung von d2 mehr zu.

Die beiden beispielhaft genannten Beziehungen sind einfachster Natur. Es können in Beziehungen auch mathematische Funktionen, wie sin(), cos(), sqrt() (Quadratwurzel) oder atan() (Arcustangens) verwendet werden. Mit Hilfe bedingter Anweisungen (IF – ELSE – ENDIF) und von Vergleichsoperatoren (>, <. >= usw.) ist es möglich, Bedingungen zu formulieren, deren Erfüllung oder Nichterfüllung entsprechende Beziehungen aktiviert. Es können so programmähnliche Strukturen formuliert werden. Creo Parametric lehnt sich dabei an die Syntax bekannter Programmiersprachen wie C oder PASCAL an.

d= Beziehungen   Durch Aufruf des Befehls **BEZIEHUNGEN** erscheint das in Bild 5.28 zu sehende Fenster.

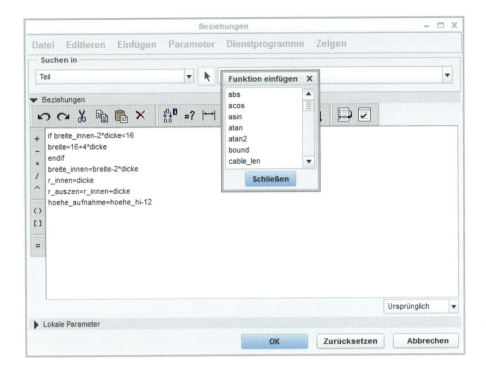

Bild 5.28
Eingabefenster für Funktionen

5.5 Familientabellen

Familientabellen bieten die Möglichkeit, ähnliche Bauteile in Creo Parametric nur einmal zu modellieren und dann in unterschiedlichen Ausführungen und Größen in Creo Parametric-Baugruppen zu verwenden. Schrauben einer DIN-Norm, z. B. Sechskantschrauben nach DIN ISO 4014, sehen alle gleich aus. Sie unterscheiden sich aber in ihren konkreten Abmessungen, die in der entsprechenden Norm festgelegt sind. Jede normgemäße Schraube wird also durch einen Satz von Maßen bestimmt, deren konkrete Werte einer in der Norm enthaltenen Tabelle entnommen werden können.

Der Grundgedanke der Arbeit mit Familientabellen in Creo Parametric besteht nun darin, ein exemplarisches Bauteil zu modellieren. Dieses nennt man das generische Teil (Generic Part). Das generische Teil ist das geometrische Vorbild für alle Teile der Familientabelle.

Die Maße jeder Instanz des Teils, die von der Norm bestimmt werden, werden in einer parallel anzulegenden Familientabelle gespeichert. Will man nun z. B. in eine Baugruppe ein konkretes Teil einer Teilefamilie einfügen, so entnimmt Creo Parametric die für dieses Teil zutreffenden Maße aus der Familientabelle und baut das generische Teil, aber mit den »richtigen« Maßen der gewünschten Baugröße, auf. Bauteile in Familientabellen werden deshalb auch tabellengesteuerte Teile genannt.

Modelle von Kauf- und Normteilen werden heute vorwiegend aus Herstellerkatalogen von CD-ROM oder aus dem Internet entnommen (siehe Kapitel 6.3). Daher entfällt für den Creo Parametric-Anwender die Notwendigkeit, solche Teile selbst zu modellieren. Familientabellen können aber dann vorteilhaft eingesetzt werden, wenn z. B. in einer Firma für eine Baureihe von Produkten ähnliche Fertigungsteile in verschiedenen Baugrößen verwendet werden.

Im Folgenden soll die Erzeugung eines tabellengesteuerten Teils exemplarisch gezeigt werden. Es handelt sich (in vereinfachter Form) um ein Ölschauglas, ein Teil aus transparentem Kunststoff, das in sechs verschiedenen Abmessungen hergestellt werden soll.

5.5.1 Beispiel Ölschauglas

Das Bild 5.29 zeigt die Zeichnung des Schauglases. Als erster Schritt zur Erstellung eines tabellengesteuerten Teils ist es notwendig, das generische Teil zu modellieren. Man wählt dafür zweckmäßigerweise eine bestimmte Baugröße aus, im vorliegenden Fall wurde das größte Teil der Baureihe gewählt.

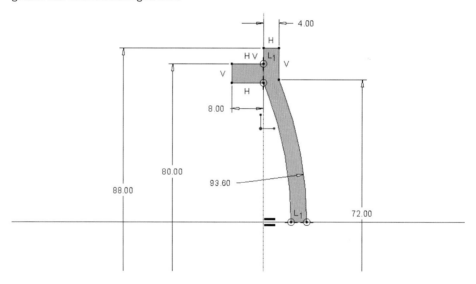

Bild 5.29
Skizze des generischen Teils

Damit ist die Erstellung der Geometrie des generischen Teils abgeschlossen. Um das generische Teil nun mit anderen Parametern nutzen zu können, muss den variablen Parametern eine Familientabelle unterlegt werden.

Den Befehl hierzu findet man in der Karte *Werkzeuge* und dort in der Gruppe *Modellabsicht*. Wie schon die Umschaltung zwischen symbolischer Bemaßung und Zahlenbemaßung befindet sich der Befehl zudem in der Karte *Modell* unter den erweiterten Befehlen der Gruppe *Modellabsicht*.

Wurde noch keine Familientabelle angelegt, erscheint das in Bild 5.30 gezeigte Dialogfenster.

Bild 5.30 Eingabefenster für Familientabellen

Wie im Fenster beschrieben, kann man nun eines der beiden Symbole wählen, um entweder eine Spalte oder eine neue Zeile in der Tabelle einzurichten. In den Spalten werden die unterschiedlichen Merkmale (Maße) des tabellengesteuerten Teils angegeben. Für jede neue Teilevariante wird eine Zeile benötigt. Es ist zu empfehlen, zunächst die Spalten anzulegen, d. h., die Parameter auszuwählen, die maßgebend für die unterschiedlichen Varianten des Teiles sind.

Nach Anwählen des Symbols zum Einfügen von Spalten wird das in Bild 5.31 eingeblendete Dialogfenster angezeigt. Man erkennt, dass die Vergabe und Anzeige von symbolischen Bezeichnungen die Arbeit deutlich erleichtert.

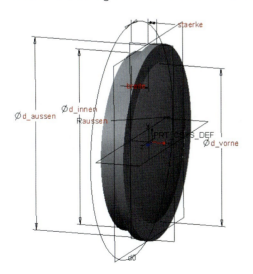

Bild 5.31 Definieren der Tabellenspalten

Durch Anklicken der entsprechenden Maße am Bauteil wird das jeweilige Maß (gezeigt werden der von Creo Parametric festgelegte, symbolische Name und ggf. das vom Nutzer gewählte Symbol) in die Tabelle aufgenommen.

Drückt man **OK**, erscheint die Familientabelle mit den angelegten Spalten. Das generische Teil ist bereits mit seinen Maßen eingetragen. Durch Auswahl des Symbols zum Zeileneinfügen (vgl. Bild 5.30) wird eine neue Zeile, d. h. Platz für eine weitere Variante des Teils, angelegt. Die Felder der Tabelle sind noch mit einem * gefüllt. Hier sind nun die zutreffenden Werte für die Variante einzutragen.

Der Prozess ist so oft zu wiederholen, bis alle benötigten Teile in die Tabelle eingetragen sind. Natürlich ist es auf diese Weise auch möglich, zu jedem beliebigen späteren Zeitpunkt die Tabelle um weitere benötigte Varianten zu erweitern. Beim Abspeichern des Teils wird die Familientabelle automatisch mitgespeichert.

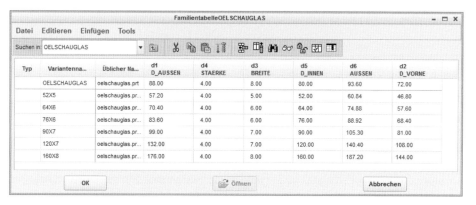

Bild 5.32 Familientabelle

Die fertige Tabelle wird in Bild 5.32 gezeigt. Sie enthält zunächst sechs verschiedene Ausführungen, kann aber, wie gezeigt, jederzeit leicht ergänzt werden.

In Bild 5.33 sind die sechs Schaugläser im Größenvergleich zu sehen.

Bild 5.33 Teile der Familientabelle im Vergleich

Man kann die Tabelle noch vereinfachen, indem man Beziehungen definiert, wie in Abschnitt 5.4 beschrieben. Es gibt nämlich im vorliegenden Fall folgende rechnerische Zusammenhänge:

```
D_aussen=D_innen*1.1
Aussen=D_innen*1.17
D_vorne=D_innen*0.9
```

Wenn man also diese Zusammenhänge als Beziehungen definiert, könnte man sich drei Spalten in der Familientabelle sparen.

■ 5.6 Bauteileigenschaften

5.6.1 Einheiten

In Abschnitt 2.6.2 wurde in der `config.pro`-Datei unter anderem auch das Einheitensystem gesetzt. Sollte jedoch für ein Modell oder eine Baugruppe ein anderes System verwendet werden, so kann es in den Modelleigenschaften (Bild 5.35) über **ÄNDERN** in der zweiten Reihe geändert werden.

Über den Button **INFO…** erhält man Angaben zu den jeweiligen Einheiten verschiedener Parameter.

Das zu verwendende System lässt sich durch Auswahl und den Button ➡ **EINSTELLEN…** setzen.

Bild 5.34
Einheiten-Manager

Wenn man mit dem Entwurf bereits begonnen oder ihn sogar abgeschlossen hat, müssen die Werte konvertiert werden. Hierbei hat man zwei Möglichkeiten:

Bemaßungen konvertieren

Aus einer Länge von 1" werden 25,4 mm.

Bemaßungen interpretieren

Aus einer Länge von 1" wird 1 mm.

Wenn man z. B. versehentlich ein Modell im Creo Parametric-Standardsystem erzeugt hat, und es eigentlich im System *mmNs* haben möchte, so ist die Variante *Bemaßungen interpretieren* zu wählen, um die Zahlenwerte beizubehalten.

5.6.2 Materialzuweisung

Den Modellen können Materialeigenschaften zugewiesen werden. Die Werkstoffdaten werden hierbei in einem speziellen Verzeichnis abgelegt, das in der `config.pro` definiert ist (siehe Abschnitt 2.6.2).

Je nach Art Ihrer Creo-Installation existieren bereits definierte Materialien oder sie müssen erst noch angelegt werden. Der Verweis auf das Verzeichnis in der `config.pro` geschieht über den Parameter `pro_material_dir`.

Um Materialdaten zuzuweisen, zu editieren, anzulegen usw., wird wie folgt vorgegangen:

DATEI → VORBEREITEN → MODELLEIGENSCHAFTEN auswählen

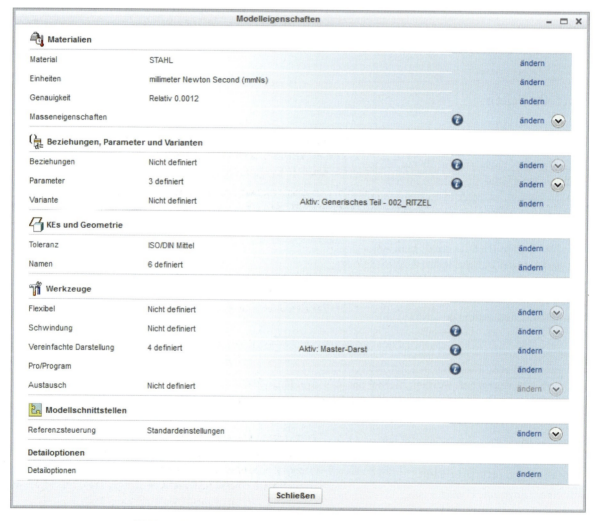

Bild 5.35 Modelleigenschaften

Um dem Modell ein Material zuzuweisen oder Materialien zu definieren und zu editieren, öffnet man mit dem Befehl **ÄNDERN** in der obersten Zeile das Materialdaten-Fenster.

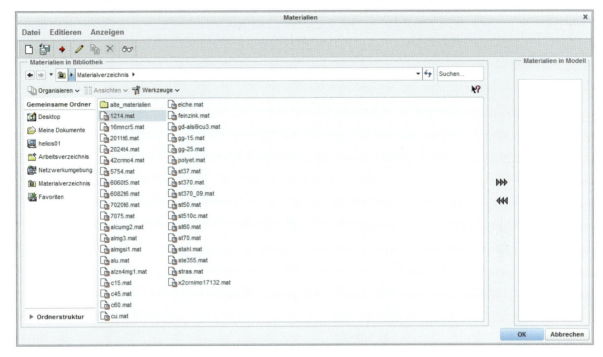

Bild 5.36 Materialverzeichnis

Über den Menüpunkt ➡ *Zuweisen* wird dem Modell ein Material zugewiesen, dessen Eigenschaften in einer Material-Definitionsdatei (*.mtl oder aus älteren Pro/ENGINEER-Versionen *.mat) abgelegt sind, die alternativ auch mit einem normalen Editor bearbeitet werden kann.

Wenn in Ihrer Creo Parametric-Installation keine Materialdaten hinterlegt sind, müssen Sie zunächst welche anlegen. Nachfolgend sind die in den Dateien zur Verfügung stehenden Parameter beschrieben. Weisen Sie dem Ritzel den Werkstoff *Stahl* zu, den Sie zuvor anlegen müssen.

YOUNG_MODULUS	E-Modul
POISSON_RATIO	Querkontraktionskoeffizient (Poisson-Zahl)
SHEAR_MODULUS	Schubmodul
MASS_DENSITY	Dichte
THERMAL_EXPANSION_COEFFICIENT	Linearer Ausdehnungskoeffizient
THERM_EXPANSION_REF_TEMPERATURE	Referenztemperatur für Ausdehnungskoeffizient
STRUCTURAL_DAMPING_COEFFICIENT	Dämpfungskoeffizient
STRESS_LIMIT_FOR_TENSION	Zul. Zugfestigkeit

STRESS_LIMIT_FOR_COMPRESSION	Zul. Druckspannung
STRESS_LIMIT_FOR_SHEAR	Zul. Schubspannung
THERMAL_CONDUCTIVITY	Wärmeleitfähigkeit
EMISSIVITY	Strahlungskoeffizient
SPECIFIC_HEAT	Spez. Wärmekapazität
HARDNESS	Härte
CONDITION	Behandlung
INITIAL_BEND_Y_FACTOR	Biegefaktor
BEND_TABLE	Biegetabelle
PRO_UNIT_MASS	Einheit der Masse
PRO_UNIT_LENGTH	Einheit der Länge
PRO_UNIT_SYS	Einheitensystem

Achten Sie bei der Eingabe der Werte auf das eingestellte Einheitensystem! Bei Verwendung des Systems *mmNs* ist die Dichte zum Beispiel in tonne/cm^3 einzugeben. Im Falle von Stahl wären das 7,85 × 10^{-9}. Man kann jedoch auch mit dem Auswahlknopf ▼ eine passendere Einheit, z. B. g/cm^3, wählen.

Bild 5.37
Materialdefinition

5.6.3 Toleranzen

Um Bauteile fertigungs- und funktionsgerecht zu bemaßen, ist die Angabe von Toleranzen erforderlich. Es werden bei Creo Parametric vielfältige Möglichkeiten zur Maßtolerierung angeboten.

Allgemeintoleranzen nach DIN ISO 2768

In der `config.pro` (Abschnitt 2.6.2) wurde über den Parameter `tolerance_standard` bereits festgelegt, dass als Standardtolerierungssystem DIN/ISO verwendet werden soll. Alternativ ist das Tolerierungssystem ANSI verfügbar.

Diese Einstellung kann auch nachträglich über die bereits bekannten *Modelleigenschaften* und den dortigen Eintrag *Toleranz* erfolgen.

Toleranzklassen

Zudem sind Toleranzklassen festlegbar. Im Regelfall wird die Toleranzklasse *mittel* verwendet, doch abhängig von der vorliegenden Konstruktionsaufgabe kann über den Befehl **MODELLKLASSE** auch eine andere gewählt werden.

Toleranztabellen

In Creo Parametric ist eine Vielzahl von Toleranztabellen für Allgemein-, Wellen- und Bohrungstoleranzen hinterlegt.

Soll nun z. B. eine Bohrung mit dem Toleranzgrad H7 bemaßt werden, so ist zuvor die entsprechende Toleranztabelle mit der Befehlsfolge **TOLER TABELLE → AUFRUFEN** zu laden.

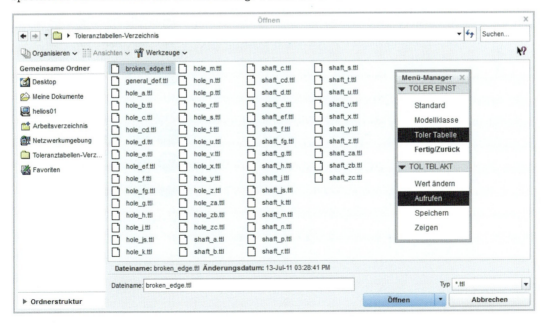

Bild 5.38 Toleranztabelle laden

Im beschriebenen Fall ist die Tabelle `hole_h.ttl` zu laden.

Es können bei Bedarf auch mehrere Tabellen geladen werden. Zu Beginn gleich eine Vielzahl von Tabellen zu laden, um sie bei Bedarf verfügbar zu haben, ist nicht zu empfehlen, da die Dateigröße des Modells dadurch ansteigt.

Die Vorgehensweise bei der Angabe von Toleranzen ist in Abschnitt 5.10.2, »Übung 2: Toleranzen«, beschrieben.

■ 5.7 Farbe

In Kapitel 6 werden Baugruppen behandelt. Wenn mehrere Modelle zu einer Baugruppe zusammengefügt werden, wäre es sehr unübersichtlich, alle im Standardgrau darzustellen. Es sollten also unterschiedliche Farben für die Modelle gewählt werden. Nachfolgend wird die Vorgehensweise geschildert. Öffnen Sie hierzu die Datei `001_gehaeuse`.

Farbeffekte-Galerie ▼

Die Farbeffekte-Galerie, zu finden in der Karte *Ansicht*, bietet eine Vielzahl an Möglichkeiten zur Beeinflussung der Darstellungsfarbe. Rufen Sie sie durch ▥ auf den unteren Teil des Buttons auf.

Im oberen Teil der Galerie (Bild 5.39) sind Farben direkt anwählbar. Im unteren Teil können Sie über den Farbeffekte-Manager Farbeffekte ändern und neu erstellen.

Legen Sie in unserem Fall ein neues Material mit der Bezeichnung `alu_eloxiert` an.

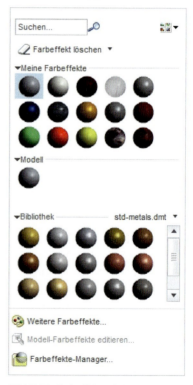

Bild 5.39 Farbeffekte-Galerie

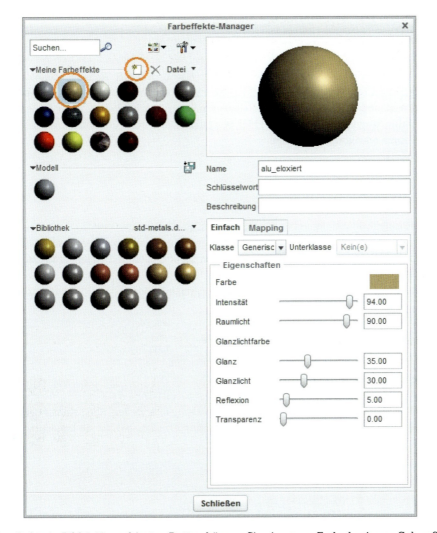

Bild 5.40
Farbeffekte-Manager

Durch den in Bild 5.40 markierten Button können Sie eine neue Farbe kreieren. Geben Sie die Werte 200, 170 und 110 ein. Für die Intensität wählen Sie 94 und für das Raumlicht 90. Dann können Sie den Manager wieder schließen.

Die Zuweisung von Farbeffekten zu ganzen Bauteilen geschieht dadurch, dass man im Modellbaum auf den Modellnamen klickt, dann den Manager aufruft und schließlich die gewünschte Farbe (in Bild 5.40 markiert) auswählt.

Wenn man ohne voriges Markieren des Teils im Modellbaum eine Farbe wählt, so erscheint ein Pinselsymbol als Cursor und man kann einzelne Flächen mit der Farbe versehen.

Bei den übrigen Teilen können Sie Ihrer Fantasie freien Lauf lassen. In der später erstellten Baugruppe sollten die Teile klar voneinander zu unterscheiden sein.

Man kann Teile auch transparent darstellen, was insbesondere bei Baugruppen interessant sein kann, um die »Innereien« sehen zu können.

5.8 Anmerkungen

Man kann Anmerkungen verschiedener Art erzeugen, wie z. B. Notizen, Symbole oder Angaben zur Oberflächengüte. In diesem Abschnitt werden als Beispiele Notizen und Oberflächensymbole erzeugt. Auf die Gesamtheit der Möglichkeiten kann im Rahmen einer Einführung in Creo Parametric hier, wie auch in anderen Funktionsbereichen, nicht im Einzelnen eingegangen werden.

5.8.1 Notizen

Einige Konstruktionselemente werden nicht detailliert gezeichnet oder zumindest bemaßt, sondern in der später abgeleiteten Fertigungszeichnung nur als Notiz erwähnt. Hierzu zählen z. B. Freistiche. Ein solcher Freistich nach DIN 509 soll im Beispiel des Ritzels eingefügt werden.

Öffnen Sie die Datei `002_ritzel`. Wir fügen zunächst eine Anmerkung in Form einer Notiz hinzu.

Bild 5.41 Karte *Anmerkungen erstellen*

Die Funktionen befinden sich in der Karte *Anmerkungen erstellen*. Nach Aufruf der Funktion erscheint ein Fenster, wie in Bild 5.42 zu sehen. Das Symbol für die Erzeugung einer Notiz ist im Bild markiert.

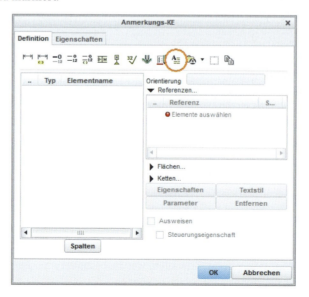

Bild 5.42 Anmerkungs-KE

Dann geht es wie folgt weiter:

- Im sich öffnenden Fenster *Notiz* geben Sie im Feld *Text* die gewünschte Notiz ein (Bild 5.43).
- Nach ⊞ auf **PLATZIEREN**... bestätigen Sie den Dialog mit *Fertig*. Im vorliegenden Fall soll eine Notiz mit den Standardeinstellungen erzeugt werden, d. h. mit Hinweislinie.
- Jetzt wählen Sie ein Element aus, auf das die Hinweislinie zeigt. Hierbei müssen Sie auf die aktive Anmerkungsebene achten. Im Normalfall ist das die Ebene *Front*. Mit dem nebenstehenden Button aus der Gruppe *Anmerkungsebenen* können Sie die Ansicht in die richtige Ebene schwenken. Klicken Sie den in Bild 5.44 markierten Absatz an.
- Der Cursor hat sich nun geändert und es fehlt nur noch das Ablegen der Notiz an der gewünschten Position mit ⊞. Über den Befehl **BEWEGEN**... kann die Position nachträglich noch geändert werden.
- Jetzt kann die Erzeugung des KEs mit zweimal **OK** abgeschlossen werden.

Bild 5.43 Notiz

Aktive Anmerkungsebene

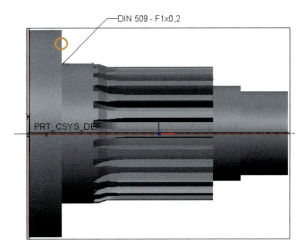

Bild 5.44
Bauteil mit Notiz

5.8.2 Oberflächengüte

Als weiteres Beispiel eines Anmerkungs-KEs wird nun noch ein Symbol für die Oberflächengüte hinzugefügt.

Man wählt hierzu nach dem Aufruf des KEs die Option *Oberflächengüte*. Es lassen sich nun die im Verzeichnis für Oberflächensymbole hinterlegten Elemente in das Modell einbinden.

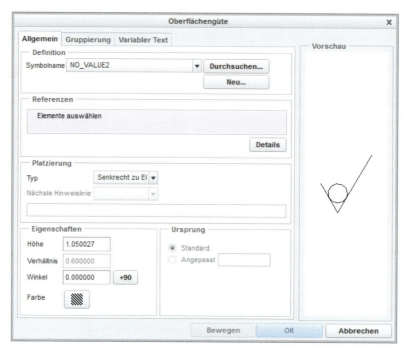

Bild 5.45
Fenster Oberflächengüte

Im vorliegenden Fall soll die äußere Fläche des Ritzels als unbearbeitet dargestellt werden. Wählen Sie hierzu den Unterordner `unmachined` und anschließend das Symbol `no_value2`.

 HINWEIS: Das gilt nur für den Fall, dass Sie mit einer Standardinstallation ohne spezielle Bibliotheken arbeiten. Im Unternehmens- oder Hochschulumfeld sind häufig individuelle Symbol- und Teilebibliotheken zu verwenden.

Mit dem Platzierungstyp *Frei* legen Sie das Symbol dann auf dem äußeren Absatz des Ritzels, wie in Bild 5.46 zu erkennen, ab.

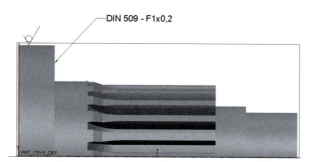

Bild 5.46
Ritzel mit Anmerkungen

Die Anmerkungen können später in abgeleiteten Fertigungszeichnungen eingeblendet werden.

5.9 Rendern

Zum Beispiel für Präsentationen oder Kataloge werden Darstellungen gewünscht, die nicht »nüchtern« technisch sind, sondern ansprechend und realitätsnah. Ein Aspekt ist hierbei die perspektivische Ansicht im Gegensatz zur parallelen Darstellung, mit der in CAD-Programmen normalerweise gearbeitet wird. Ein weiterer Aspekt ist die Verwendung von Licht und Schatten sowie Oberflächentexturen, die an reale Materialien angelehnt sind. Für diese Zwecke ist das Render-Modul von Creo Parametric vorgesehen.

Bild 5.47 Karte *Rendern*

Mit dem Button *Szene* hat man Zugriff auf einige vordefinierte Szenen mit verschiedenen Einstellungen. Mit den Optionen in den Karten *Raum*, *Lichtquellen* und *Effekte* sind diese beeinflussbar und können als neue Szenen, entweder mit dem Objekt oder davon losgelöst, gespeichert werden.

Es empfiehlt sich, mit den verschiedenen Optionen etwas zu experimentieren, um ein Gefühl für die Auswirkungen auf das Endergebnis zu bekommen.

Die bereits erwähnte perspektivische Ansicht ist über den gleichnamigen Button einstellbar. In Bild 5.49 sieht man das Gehäuse in dieser Ansicht, wobei der Wert für den Augenabstand gegenüber der Voreinstellung auf 140 erhöht wurde, um den Effekt etwas zu mildern.

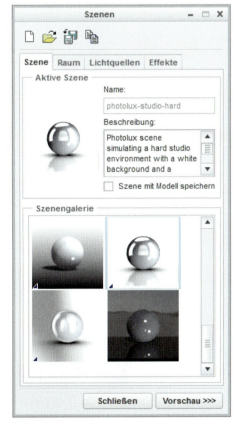

Bild 5.48 Szenen

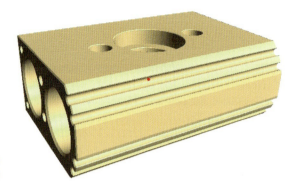

Bild 5.49
Perspektivische Ansicht

Auf die Qualität des Renderns kann über den Button *Render-Einstellung* Einfluss genommen werden. Hier lässt sich auch auswählen, das Ergebnis in eine Grafikdatei zu schreiben, wobei verschiedene Dateiformate möglich sind.

Bild 5.50 Render-Einstellung

Bild 5.51
Gerenderte Darstellung des Gehäuses

5.10 Übungen

5.10.1 Übung 1: Vervollständigung des Ritzels

Die Modellierung des Ritzels soll nun vervollständigt werden.

Zunächst wird im Grund der Verzahnung eine Verrundung mit dem Radius 0,3 mm eingefügt und gemustert.

Starten Sie hierzu das Rundungswerkzeug, geben den gewünschten Radius ein, wählen die beiden Kanten gemäß Bild 5.52 mit gedrückter [Strg]-Taste aus, und beenden dann das Werkzeug mit ▦.

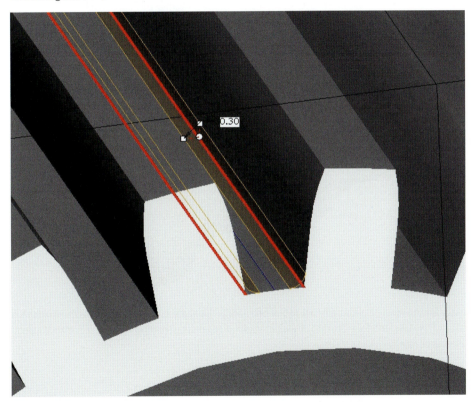

Bild 5.52 Verrundung

Im Anschluss rufen Sie die Funktion *Muster* auf. Die Musterung sollte dann automatisch als Referenzmuster erfolgen, da Creo ein darunterliegendes Muster, nämlich das des Zahnprofils, erkennt.

Anschließend werden Fasen hinzugefügt. Die Vorgehensweise sollte nun bekannt sein und wird nicht mehr detailliert geschildert.

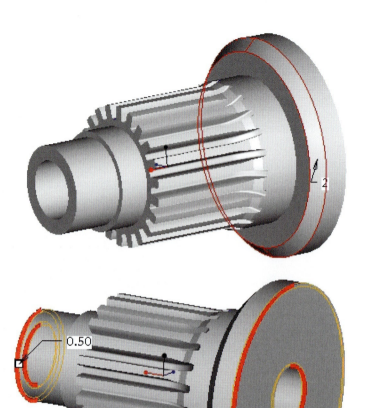

Bild 5.53
Fase 3 x 45°

Bild 5.54
Fasen 0,5 x 45°

Jetzt fehlen noch Bohrungen an einer Stirnseite. Es wird zunächst ein Gewindesackloch M5 x 0,8 (Gesamttiefe 10 mm, Gewindetiefe 6 mm) im Abstand von je 6,7 mm zu zwei Ebenen erstellt.

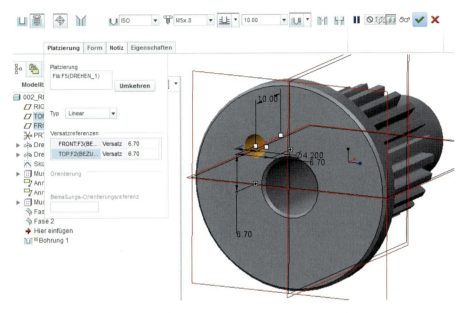

Bild 5.55
Bohrung erstellen

Diese Bohrung wird nun vierfach mit der Option *Achse* gemustert. Dann soll ein Sackloch mit dem Durchmesser 6mm und einer Tiefe von 5 mm hinzugefügt werden. Es soll sich im Versatz von 45° zu den vorhandenen Bohrungen auf einem Kreis mit einem Lochkreisdurchmesser von 19 mm befinden.

Wählen Sie hierzu die Platzierungsart *Durchmesser* und als Versatzreferenzen eine Ebene (im Versatz 0°) und die zentrale Achse (Durchmesser 19 mm). Bild 5.56 zeigt die Anordnung.

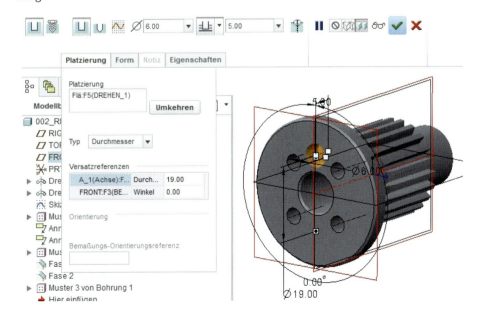

Bild 5.56
Bohrungsplatzierung

In diese Bohrung soll nun ein Gewindesackloch M5 x 0,8 (Gesamttiefe 8 mm, Gewindetiefe 5 mm) platziert werden. Die Platzierung erfolgt koaxial zur Achse der zuvor erstellten Bohrung (Bohrungsfläche und Achse der ersten Bohrung mit [Strg]-Taste wählen).

Fassen Sie nun im Modellbaum die beiden Bohrungen zu einer Gruppe zusammen, und mustern Sie diese ebenfalls vierfach mit der Option *Achse*. Das fertige Ritzel sollte wie in Bild 5.57 aussehen.

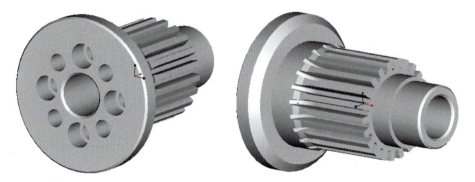

Bild 5.57 Ritzel

5.10.2 Übung 2: Toleranzen

In Abschnitt 5.6.3 wurde die Definition von Toleranzen erklärt. In dieser Übung wird sie nun praktisch am Beispiel des Ritzels demonstriert.

Es sind zwei Lagersitze vorhanden, die mit dem Toleranzfeld h6 gefertigt werden sollen. Es muss zunächst die entsprechende Tabelle geladen werden:

DATEI → VORBEREITEN → MODELLEIGENSCHAFTEN auswählen

In der Reihe *Toleranz* ist nun der Befehl **ÄNDERN** auszuführen. Nach dem Setzen des Standards ISO/DIN wird die Tabelle `shaft_h.ttl` aufgerufen. Nach der anschließenden Regenerierung der Zeichnung kann der Dialog beendet werden.

> **HINWEIS:** Die Optionen *Toleranzklassen und -tabellen* sind nur verfügbar, wenn der ISO/DIN-Standard gesetzt ist!

Zunächst wird dem Absatz mit dem Durchmesser 15 mm das Toleranzfeld h6 zugewiesen.

Um die Maße aus dem ersten KE editieren zu können, bewegen Sie die Maus über das Ritzel, so dass das gesamte Bauteil cyanfarben hervorgehoben ist. Durch Doppelklick erscheinen die editierbaren Maße aus der Skizze des entsprechenden KE.

Alternativ kann man im Modellbaum mit über dem ersten KE das Kontextmenü und dann den Eintrag **EDITIEREN** wählen.

- auf die zu editierende Maßzahl. Sie wird rot hervorgehoben.

- auf die zu editierende Maßzahl und Taste gedrückt lassen, um das Kontextmenü angezeigt zu bekommen

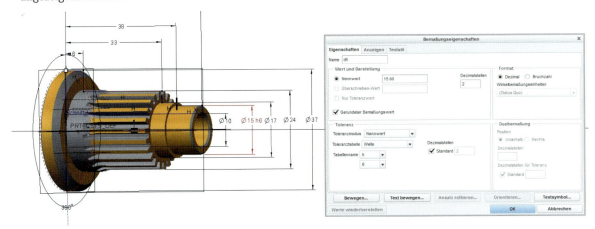

Bild 5.58 Definition der ersten Toleranz

In den Bemaßungseigenschaften (Bild 5.58) ist nun im Feld *Toleranztabelle* die Option *Welle* auszuwählen. Da nur eine Tabelle geladen wurde, ist diese automatisch sichtbar. Es ist nur noch der Wert einzutragen.

Im Anschluss wird dem Absatz mit dem Durchmesser 25 mm ebenfalls das Toleranzfeld h6 zugewiesen.

Als weiteres Beispiel soll beim ersten KE das Längenmaß 33 mm eine freie Toleranzzuweisung gemäß Bild 5.60 erhalten.

> **HINWEIS:** Um eine freie Toleranzangabe vornehmen und sehen zu können, muss unter den Programmoptionen in der Gruppe der Elementdarstellung ein Haken bei *Bemaßungstoleranzen anzeigen* gesetzt sein.

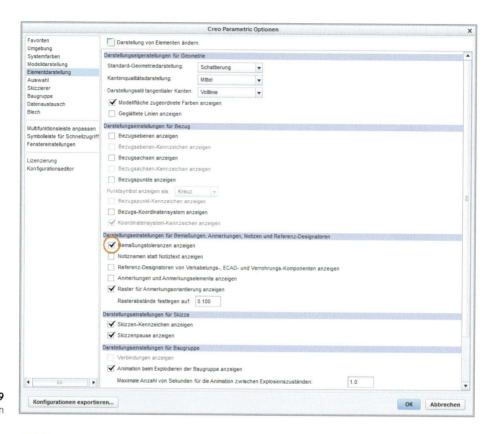

Bild 5.59
Programmoptionen

 HINWEIS: Das untere Abmaß wird immer als negativer Wert angesehen, im vorliegenden Fall also als −0,2 mm. Möchte man ein Maß mit einem positiven unteren Abmaß versehen, so ist ein negatives Vorzeichen voranzustellen.

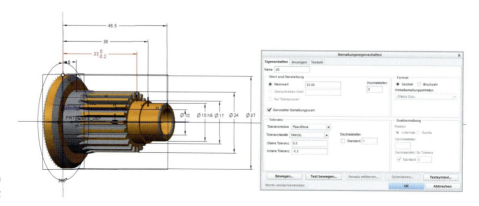

Bild 5.60
Freie Toleranz

5.10.3 Übung 3: Modellierungsübung Ölwanne

In dieser Übung soll nochmals die Vorgehensweise bei der Modellierung von Bauteilen mit Creo Parametric verinnerlicht werden. Es handelt sich um ein Bauteil, das für die Baugruppe Schwenkeinheit nicht benötigt wird.

Um zügig und effektiv mit Creo Parametric arbeiten zu können, sollten Sie in dieser Phase viele Bauteile als Übung erstellen. Suchen Sie zusätzlich zu den hier vorgestellten Übungen weitere Teile, z.B. Gegenstände des täglichen Gebrauchs, und versuchen Sie, diese nachzumodellieren.

Die in Bild 5.61 abgebildete einfache Ölwanne soll nun erstellt werden.

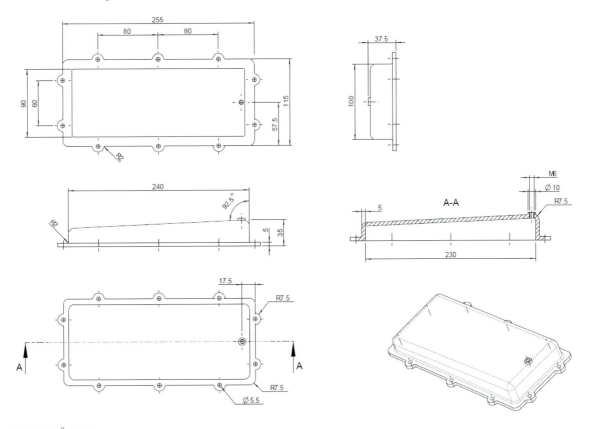

Bild 5.61 Ölwanne

Generell gilt für die Bauteilerstellung: »Viele Wege führen nach Rom«. Man kann sie im Allgemeinen auf verschiedene Weise modellieren. Die vorgestellte Art und Weise ist also auch nicht die einzig richtige.

Wir beginnen mit einem keilförmigen Grundkörper als Extrusionsteil. Als Extrusionstiefe werden 100 mm angegeben. Wählen Sie bitte die Tiefenoption *Auf beiden Seiten um die Hälfte*.

Profil

Erstellen Sie auf der Ebene *Front* die in Bild 5.62 abgebildete Skizze. Beachten Sie hierbei wie immer die Tipps zum Arbeiten im Skizzierer (siehe Kapitel 3.2.3).

Anschließend kann die KE-Erstellung abgeschlossen werden.

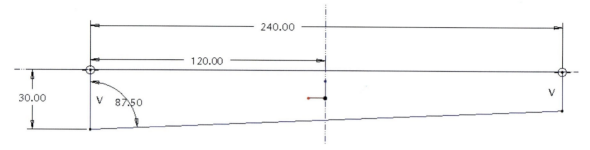

Bild 5.62 Skizze 1

Im nächsten Schritt werden die 7,5-mm-Rundungen (gemäß Bild 5.63) erstellt. Nach dem Aufruf des Rundungstools werden die zu verrundenden Kanten per Mehrfachauswahl (also mit gedrückter [Strg]-Taste und) ausgewählt, der gewünschte Radius angegeben und dann das Tool beendet.

Bild 5.63 Rundungen

> **TIPP**: Wenn man die [Strg]-Taste nicht betätigt, kann man zwar ebenfalls mehrere Kanten anwählen, aber für jede wird ein neuer Satz angelegt. Wann man nun nachträglich den Radius ändern möchte, wird immer nur einer geändert! Achten Sie also auf die Mehrfachauswahl mit gedrückter [Strg]-Taste.

Es folgt das »Ausschalen« der Wanne. Hierzu wird nach dem Aufruf des Schalentools die »offene« Seite der Wanne angewählt und die Dicke mit 5 mm angegeben. Dann kann das Tool beendet werden.

Bild 5.64 Schalen-KE

Jetzt soll der Flanschbereich hinzugefügt werden. Starten Sie hierzu erneut das Extrusionstool, wählen die Extrusionstiefe 5 mm und starten dann den Skizzierer. Wählen Sie die Unterseite der Wanne als Skizzierebene (Bild 5.65).

Profil

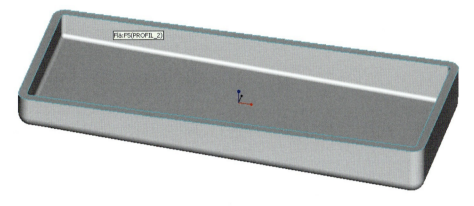

Bild 5.65
Skizzierebene

Wir werden nun aus einer bereits vorhandenen Kante Elemente erzeugen. Rufen Sie das entsprechende Tool auf. Um die Kanten des bereits vorhandenen Bauteils erkennen zu können, empfiehlt es sich, auf die Darstellungsart *Verdeckte Kanten* umzuschalten oder das Teil im Fenster etwas zu drehen.

Projizieren

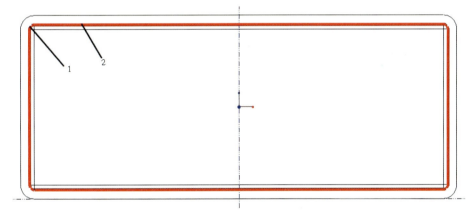

Bild 5.66
Element aus einer Kante erzeugen

Als Erstes ist die Option *Kette* zu wählen. Klicken Sie anschließend per ein Element der inneren Kante an und dann ein unmittelbar daneben liegendes, also z. B. erst den linken, oberen Bogen, und dann die obere waagerechte Kante, wie in Bild 5.66 markiert. Nun sollte der gesamte Konturzug rot markiert sein. Wenn das nicht der Fall ist, wählen Sie im sich öffnenden Fenster die Option *Nächst*. Sobald ein ganzer Konturzug markiert ist, wählen Sie **AKZEPTIEREN**, bestätigen die Umwandlung in eine Schleife und beenden die Elementerzeugung mit **SCHLIESSEN**.

Beim weiteren Skizzieren sollte man reichlich Gebrauch von Bedingungen machen und auch nur einen Teil zeichnen und den Rest spiegeln, um sich die Arbeit zu erleichtern.

Wir beginnen also mit dem Generieren einer horizontalen Symmetrielinie durch die Mitte der senkrechten Linien (Bild 5.67). Das Fangen der Mitte erkennt man daran, dass ein »M«, wie auf dem Bild sichtbar, erscheint. Anschließend wird durch Zeichnen, Spiegeln und die Nutzung von Symmetrien eine Skizze gemäß Bild 5.68 gezeichnet.

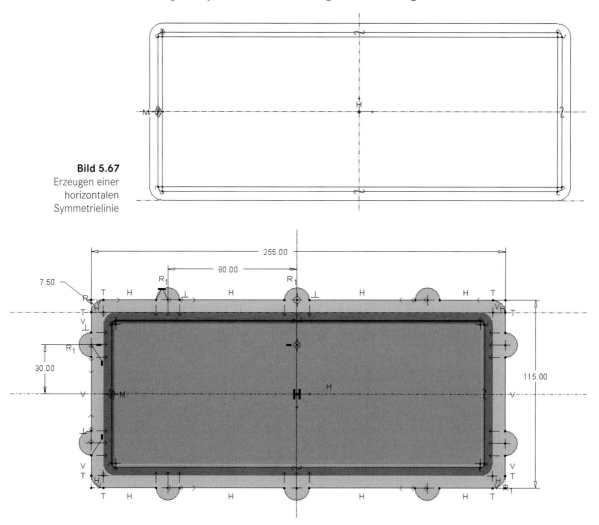

Bild 5.67 Erzeugen einer horizontalen Symmetrielinie

Bild 5.68 Skizze 2

Nach Abschluss des Skizzierens sollte die Ölwanne wie in Bild 5.69 aussehen. Achten Sie auf die Extrusionsrichtung. Sie sollte vom bestehenden Teil weg gehen.

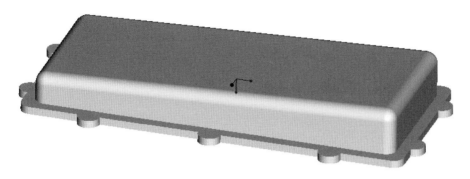

Bild 5.69
Zwischenstand Ölwanne

Jetzt können die 2,5 mm-Rundungen erstellt werden. Beachten Sie hierbei die Hinweise zu den 7,5 mm-Rundungen.

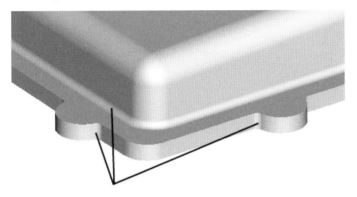

Bild 5.70
Rundungen

Um nun die 5,5 mm-Bohrungen generieren zu können, werden zwei Bezugsachsen koaxial zu den Rundungen der Flanschnasen erzeugt.

Nach dem Aufruf des Bezugsachsentools ist jeweils lediglich die runde Außenfläche einer solchen Nase anzuwählen.

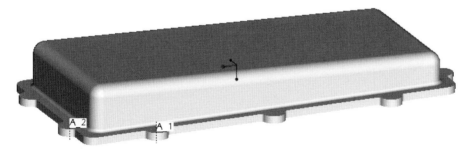

Bild 5.71
Bezugsachsen

Erzeugen und mustern Sie nun zwei Bohrungen mit dem Durchmesser 5,5 mm. Die Bohrung durch die Achse A_1 wird sechsfach, die durch die Achse A_2 vierfach gemustert. Arbeiten Sie hierbei mit der Option *Richtung* und der Angabe von Kanten in Vervielfältigungsrichtung.

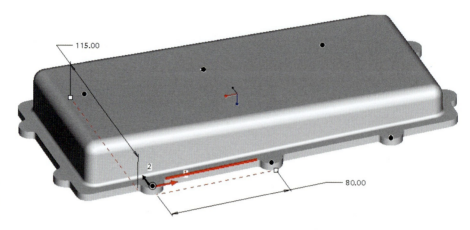

Bild 5.72
Mustern der ersten Bohrung

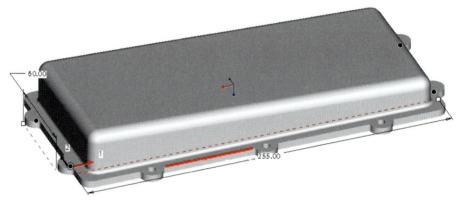

Bild 5.73
Mustern der zweiten Bohrung

Abschließend wird nun noch der Bereich der Ablassschraube erzeugt. Rufen Sie dazu das Rotationstool auf und wählen Sie die Ebene *Front* als Skizzierebene.

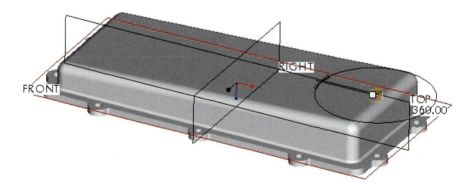

Die Skizze sollte wie in Bild 5.74 aussehen. Zeichnen Sie zunächst die Mittellinie (die in der Gruppe *Bezug*!).

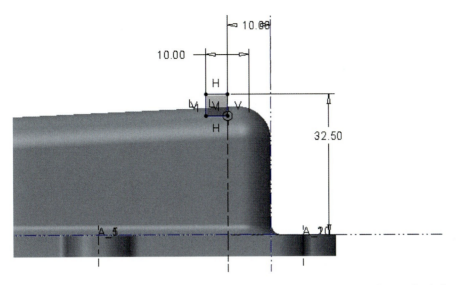

Bild 5.74
Skizze Ablassschrauben-Ansatz

Jetzt fehlt nur noch die Durchgangsbohrung M6 für die Ablassschraube. Sie wird mit der Platzierungsoption *Koaxial* erstellt. Achten Sie bei solchen Durchgangsbohrungen immer auf das Setzen der Option *Durch Gewinde* unter *Form*!

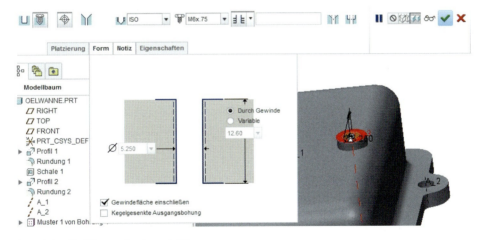

Bild 5.75
Gewindebohrung

Damit ist die Wanne fertiggestellt.

6 Baugruppen

6.1 Grundlagen

Wie im Beispiel der Schwenkeinheit bestehen technische Geräte, Maschinen usw. in den meisten Fällen aus einer ganzen Reihe von Bauteilen. Diese werden sinnvollerweise bei einer größeren Anzahl von Bauteilen in Baugruppen unterteilt, die wiederum aus Unterbaugruppen und/oder Bauteilen bestehen. So entsteht eine Baumstruktur wie die folgende für unsere (vereinfachte) Schwenkeinheit:

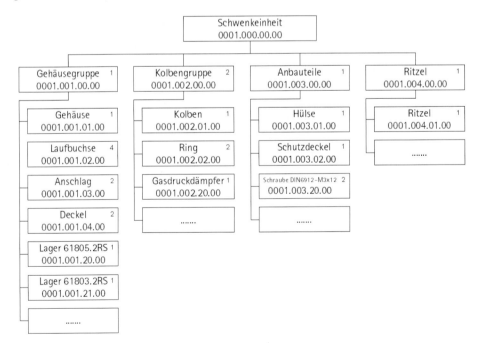

Bild 6.1
Mögliche Baugruppenstruktur

In der Zeichnungsnummerierung findet sich diese Struktur zumeist wieder. Die Art der Nummerierung kann auf verschiedenste Weise erfolgen und ist in vielen Unternehmen zudem von eventuell eingesetzten PDM-Systemen (Produktdaten-Management) beeinflusst. Dateinamen und Benennung oder Nummer sind hierbei selten identisch. Im folgenden Abschnitt wird der Umgang mit Parametern ohne ein PDM-System dargestellt.

■ 6.2 Modellparameter

Bei Installationen in Unternehmen sind das Umfeld und die Startparameter in der Regel bereits vorgegeben. In diesem Abschnitt wird aufgezeigt, wie ohne solche Vorgaben Parameter von Bauteilen und Baugruppen, wie z. B. Benennung, Zeichnungsnummer, Bearbeiter usw., angelegt werden können. Es handelt sich also um Daten, die bei der Erstellung von Stücklisten und dem Ausfüllen von Zeichnungsköpfen benötigt werden. In Ihrem Fall können je nach Umfeld bereits Parameter definiert sein.

[ ] Parameter

Öffnen Sie das Bauteil `001_gehaeuse`. Der Zugriff auf die Parameter erfolgt mit dem nebenstehenden Button aus der Gruppe *Modellabsicht* in der Karte *Werkzeuge*.

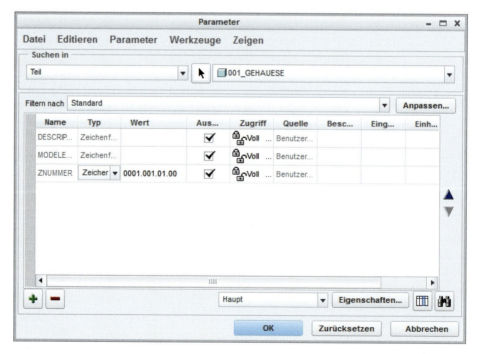

Bild 6.2 Parameter

In Bild 6.2 ist zu sehen, dass bereits ein zusätzlicher Parameter hinzugefügt wurde. Ergänzen Sie nun Ihre Parameterliste:

Per Button fügen Sie einen Parameter hinzu. Vergeben Sie den Namen ZNUMMER. Als mögliche Typen stehen zur Verfügung:

- Zeichenfolge (im vorliegenden Fall zu wählen)
- Ganzzahl
- Reelle Zahl
- Ja/Nein
- Notiz

Die Nummerierung soll im Fall der Schwenkeinheit nach folgendem Muster erfolgen:

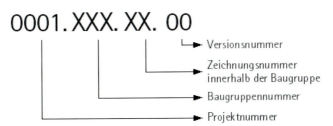

Bild 6.3
Aufbau der Zeichnungsnummern

Das Gehäuse soll gemäß Bild 6.1 die Nummer 0001.001.01.00 erhalten. Durch Aktivieren der Option *Ausweisen* machen Sie den Parameter für ein PDM-System sichtbar. Fügen Sie bei allen weiteren, bereits vorhandenen, Bauteilen den Parameter und die Zeichnungsnummer gemäß Bild 6.1 hinzu.

■ 6.3 Verwendung von Kauf- und Normteilen

Fast alle fertigen Produkte, z. B. des Maschinenbaus, beinhalten neben speziellen, eigens für dieses Erzeugnis konstruierten und gefertigten Bauteilen auch eine Vielzahl zugekaufter Bauteile oder Baugruppen. Dabei handelt es sich z. B. um einfache Normteile wie Schrauben, Wälzlager oder Federn, aber auch um ganze Baugruppen, wie Lineareinheiten, Getriebe, Motoren oder Hydraulikkomponenten.

Traditionell erfolgte die Auswahl der Zukaufteile aus Katalogen der Hersteller, die bis heute meist auch in gedruckter Form vorliegen und neben den angebotenen Erzeugnissen oft Vorschriften für die Dimensionierung oder deren Verwendung enthalten. Die Mehrzahl der Hersteller ist aber dazu übergegangen, die Kataloge in elektronischer Form (auf CD-ROM oder im Internet) zu verbreiten. Für die Anwendung in CAD-Systemen werden Zeichnungen oder 3D-Modelle der Bauteile bzw. Baugruppen bereitgestellt. So muss der Konstrukteur, der die Kaufteile in seine Konstruktion integriert, diese Teile nicht noch einmal selbst zeichnen oder dreidimensional modellieren. Um unabhängig vom speziell verwendeten CAD-System zu sein, werden diese Modelle in neutralen Datenformaten bereitgestellt. Vielfach sind sie aber auch in originären Datenformaten der gebräuchlichsten CAD-Systeme zu bekommen. Umfangreiche Sammlungen solcher Daten finden sich z. B. in den Internetportalen *http://portal-de.partcommunity.com* und *www.tracepartsonline.net*. Diese Portale werden mit dem Ziel betrieben, Konstrukteure und Maschinenbauingenieure einfach und schnell bei der Auswahl konstruktionsrelevanter Komponenten zu unterstützen.

Nachfolgend wird die Vorgehensweise am Beispiel von *www.tracepartsonline.net* (vormals *web2cad.de*) aufgezeigt.

Auf der Homepage des Unternehmens hat man Zugriff auf über 100 Millionen 2D-/3D-Modelle. Man kann zum einen direkt den Firmenkatalog anwählen, aus dem man ein Bauteil laden möchte, oder im linken Bereich (siehe Bild 6.4) auf verschiedenste Kategorien zugreifen.

Im oberen, rechten Bereich des Browser-Fensters gibt es einen Link *Anmeldung/Registrierung*. Beim Anlegen eines Accounts legt man auch seine Präferenzen bezüglich des verwendeten CAD-Systems, und damit des Dateiformates, fest. Beim Import von Neutralformaten ist das Format STEP am empfehlenswertesten.

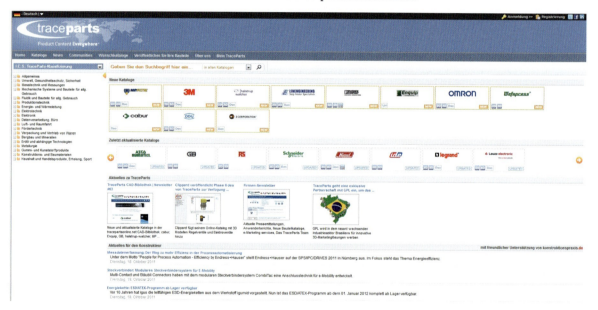

Bild 6.4 Zukaufteil-Recherche im Internet

Als Beispiel soll ein Radialrillenkugellager geladen werden. Es reicht hierbei, die gewünschte Baugröße, in unserem Beispiel soll es ein Lager des Typs 61803 sein, in die Suchmaske einzugeben. Es soll in unserem Fall die in Bild 6.5 als erstes gelistete Variante mit zwei Dichtungen sein. Durch Anwahl des Buttons **3D** im ersten Eintrag öffnet sich ein Fenster, in dem die Auswahl des genauen Typs, des Dateiformates und des Detaillierungsgrads vorgenommen wird.

Mit *Direkter Download* auf der rechten Seite und anschließend *Download* laden Sie die gewünschte Datei herunter.

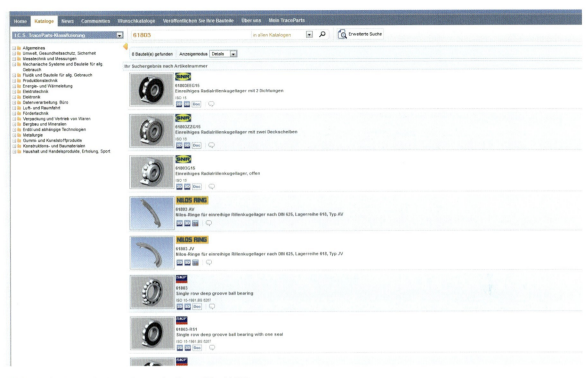

Bild 6.5 Suche nach einem Lager der Baugröße 61803

6.4 Einbaubedingungen

Schließen Sie alle noch geöffneten Teile, und geben Sie den Arbeitsspeicher frei. Erzeugen Sie ein neues Objekt, diesmal vom Typ *Baugruppe*, mit dem Namen `001_gehaeuse-gruppe`.

Neu

In der Karte *Modell* ist die Gruppe *Komponente* hinzugekommen.

Bild 6.6 Gruppe *Komponente*

Einbauen

Mit diesem Button wird der Baugruppe eine neue Komponente, d. h. ein Bauteil oder eine Unterbaugruppe, hinzugefügt.

Erzeugen

Es können auch Bauteile aus dem Baugruppenmodus heraus erzeugt werden.

Zu Beginn wird die Komponente 001_gehaeuse »eingebaut«. Es öffnet sich nun die Karte zur Komponentenplatzierung.

Bild 6.7
Karte *Komponentenplatzierung*

Zu Beginn wird die Komponente 001_gehaeuse geladen und positioniert. Einzusetzende Komponenten müssen mit einer ausreichenden Anzahl von Bedingungen positioniert werden.

Durch **PLATZIERUNG** gelangt man zu nachfolgend abgebildeten Eingabefenster.

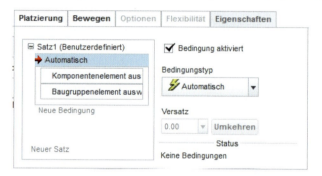

Bild 6.8
Platzierung

Die erste Komponente einer Baugruppe sollte an der Standardposition eingebaut werden. Hierzu wählt man unter *Bedingungstyp* die Option *Standard*.

Nachfolgend sind die im Pull-down-Menü stehenden Einbaubedingungen (in Bild 6.7 und Bild 6.8: *Automatisch*) gelistet. Sie werden bei den weiteren Komponenten zur Platzierung verwendet. Die praktische Anwendung der Platzierungsbedingungen wird in Abschnitt 6.5 verdeutlicht. Unter *Benutzerdefiniert* (Bild 6.7) finden sich Gelenkdefinitionen, die nachfolgend erläutert werden.

Automatisch	Creo Parametric wählt, basierend auf den gewählten Referenzen, automatisch eine Einbaubedingung.
Abstand	Zwei Flächen haben einen zu definierenden Abstand zueinander. Sie werden wahlweise so ausgerichtet, dass die Normalvektoren gleich- oder gegengerichtet sind.
Winkelversatz	Zwei Flächen oder Ebenen stehen in einem bestimmten Winkel zueinander.
Parallel	Zwei Flächen haben einen undefinierten Abstand zueinander. Sie werden wahlweise so ausgerichtet, dass die Normalvektoren gleich- oder gegengerichtet sind.
Zusammenfallend	Zwei Flächen werden zur Deckung gebracht. Sie werden wahlweise so ausgerichtet, dass die Normalvektoren gleich- oder gegengerichtet sind.
Normal	Komponentenreferenz senkrecht zu Baugruppenreferenz

Koplanar	Komponentenreferenz koplanar zu Baugruppenreferenz
Zentriert	Zwei Elemente werden koaxial angeordnet.
Tangential	Zwei Flächen werden tangential zueinander ausgerichtet.
Fest	Die Komponente wird an der aktuellen Position festgesetzt.
Standard	Die Komponente wird an der Standardposition eingebaut und dort festgesetzt.

Nach Eingabe einer Bedingung kann nach Anwahl des Befehls **NEUER SATZ** eine weitere Bedingung hinzugefügt werden. Die Position eines Teils ist erst dann ausreichend definiert, wenn der Platzierungsstatus *Vollständig platziert* angezeigt wird. Dann kann der Einbau mit dem grünen Haken abgeschlossen werden.

In der Regel werden bei statischer Platzierung drei Bedingungssätze benötigt.

HINWEIS: Die erste Komponente einer Baugruppe sollte grundsätzlich an der Standardposition festgesetzt werden, insbesondere wenn bewegliche Komponenten vorhanden sind. Dadurch ist sichergestellt, dass die Baugruppe insgesamt ortsfest ist.

6.4.1 Gelenkdefinition

Wenn später mit dem *Mechanismus*-Modul von Creo die Kinematik der Baugruppe untersucht werden soll, ist es zweckmäßig, gleich Gelenke anstatt starrer Verbindungen zu definieren. Nachfolgend sind die Verbindungsarten aufgelistet und erläutert.

In Kapitel 10, das sich speziell mit dem Modul *Mechanismus* beschäftigt, werden diese Verbindungen dann praktisch genutzt. Das Zusammenfügen von Elementen ist identisch mit der Vorgehensweise beim starren Zusammenbau (*Abstand*, *Zentriert* etc.). Generell handelt es sich lediglich um vordefinierte Bedingungssätze, welche die für das jeweilige »Lager« festzusetzenden Freiheitsgrade berücksichtigen.

Starr	Keine Bewegung ist erlaubt (X=Y=Z=A=B=C=0)
Drehgelenk	Auswahl einer Komponenten- und einer Referenzachse sowie des Versatzes in axialer Richtung (z. B. durch Gegenrichten zweier Flächen). Nur Drehbewegung ist möglich (z. B. X=Y=Z=A=B=0 → C frei).
Schubgelenk	Auswahl einer Komponenten- und einer Referenzachse sowie zweier Elemente zur Festlegung der axialen Ausrichtung der Komponenten zueinander. Nur Schubbewegung in axialer Richtung möglich (z. B. X=Y=A=B=C=0 → Z frei).
Zylinderlager	wie Schubgelenk, aber mit Rotation. Dreh- und Schubbewegung möglich (z. B. X=Y=A=B=0 → C und Z frei).
Planar	Zwei Flächen werden zueinander ausgerichtet. Rotation und Translation auf der Ebene sind möglich (z. B. Y=A=C=0 → B, X und Z frei).
Kugel	Zwei Punkte werden verbunden. Bewegungen um den Punkt sind möglich (z. B. X=Y=Z=0 → A, B und C frei).

Schweiss-verbindung	Zwei Koordinatensysteme werden zur Deckung gebracht.
Lager	Kombination aus Punkt- und Schubgelenk. Eine translatorische Bewegung entlang einer referenzierten Achse ist möglich (z. B. X=Y=0 → A, B, C und Z sind frei).
Allgemein	Es gibt die Platzierungsmöglichkeiten *Kante auf Ebene*, *Ebene – Ebene orientieren* und *Punkt auf Ebene*.
6 FG	Bewegungen um und entlang der Komponentenachsen sind uneingeschränkt möglich. Eine 6-FG-Verbindung kann später z. B. für die Zuweisung von Servomotoren verwendet werden.
Gimbal	Eine kardanische Verbindung um den Ursprung wird durch Angabe von Koordinatensystemen erstellt.
Führung	wie Lager, allerdings kann sich der Punkt entlang einer ungeraden Leitkurve bewegen

Praktische Beispiele:

Pneumatik-Zylinder, definiert als Schubgelenk

Die Achsen werden zueinander ausgerichtet, und die Definition der Ausrichtung in rotatorischer Richtung erfolgt über zwei identisch orientierte Flächen (siehe Bild 6.9).

Bild 6.9
Zylinder (Schubgelenk)

Drehgelenk

Bei einem Drehgelenk sind zwei Achsen auszurichten und zwei Flächen z. B. gegenzurichten, um die axiale Verschiebung festzulegen.

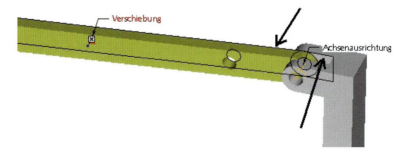

Bild 6.10
Drehgelenk

Wie bereits erwähnt, wird in Kapitel 10 die Anwendung solcher Verbindungen näher erläutert. Dort wird u.a. auch auf die Wegbegrenzung der Bewegungen und die Berücksichtigung von Reibung eingegangen.

6.4.2 Parameteranzeige im Modellbaum

Wie bei den Bauteilen sollte auch bei der Baugruppe der Parameter ZNUMMER als Beispiel eingefügt werden. Je nach Wunsch und Bedarf können Sie natürlich auch weitere hinzufügen.

Die Vorgehensweise ist wie in Abschnitt 6.2 beschrieben. Zur Anzeige der Zeichnungsnummern und/oder anderer Parameter im Modellbaum ist wie folgt vorzugehen:

- im Modellbaum mit nebenstehendem Button die Einstellungen aufrufen
- BAUMSPALTEN... auswählen

Bild 6.11
Modellbaumspalten

Hier ist nun gemäß Bild 6.11 der Typ *Modellparameter* zu wählen. Mit >> bewegen Sie nicht angezeigte Parameter in die Liste der angezeigten Parameter. Wenn man den Parameter ZNUMMER auswählt, sollte der Modellbaum wie in Bild 6.12 aussehen.

Bild 6.12
Modellbaum

Sichern Sie nun zunächst die Baugruppe. Bevor der weitere Zusammenbau der Schwenkeinheit durchgeführt wird, sollte sichergestellt werden, dass alle benötigten Komponenten im Arbeitsverzeichnis sind. Kopieren Sie alle Teile aus dem Download-Verzeichnis und alle aus dem Internet geladenen Teile in das Arbeitsverzeichnis.

Wenn Komponenten aus einem anderen als dem Arbeitsverzeichnis geladen werden, zu dem auch kein Suchpfad gesetzt wurde, dann wird Creo Parametric beim nächsten Aufruf der Baugruppe vergeblich danach suchen! Aus diesem Grund sollten alle Komponenten im Arbeitsverzeichnis sein.

Ein Weg, später auf jeden Fall alle benötigten Bauteile in einem Verzeichnis zu haben, ist das Sichern einer Baugruppe. Wenn Sie im Menü *Datei* **SPEICHERN ALS...** und dann *Sicherung speichern* wählen, wird die Baugruppe einschließlich aller enthaltenen Komponenten in einem festzulegenden Verzeichnis gespeichert. Auf diesem Wege erstellt man auch Kopien eines gesamten Projektes zum Zwecke der Übergabe oder eben der Datensicherung. Ein weiterer Vorteil ist, dass bei Wahl eines anderen als dem Arbeitsverzeichnis alle Komponenten mit der Versionsnummer .1 angelegt werden. Man hat also ein Verzeichnis ohne »Ballast«.

■ 6.5 Zusammenbau der Schwenkeinheit

6.5.1 Unterbaugruppe Gehäuse

Es wird mit der Unterbaugruppe `001_gehaeusegruppe` fortgefahren. Zunächst werden die Lager eingefügt.

Laden Sie das Lager *61803.2RS* und öffnen Sie mit dem Befehl **PLATZIERUNG** das entsprechende Eingabefenster. Nach Auswahl des Bedingungstyps *Zusammenfallend* wird eine seitliche Fläche des Lagers als Komponentenreferenz gewählt. Klicken Sie anschließend die in Bild 6.13 erkennbare Kontaktfläche im Gehäuse an.

Bild 6.13
Einbau des ersten
Lagers I

Um das Lager vollständig zu platzieren, wird nun mit **NEUE BEDINGUNG** eine weitere Bedingung hinzugefügt (gemäß Bild 6.14). Alternativ kann auch ein neuer Satz angelegt werden.

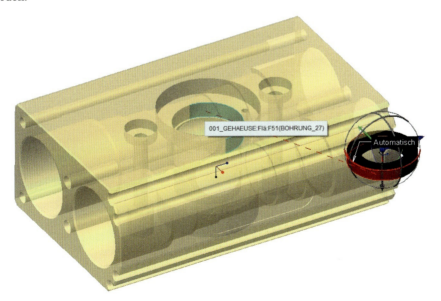

Bild 6.14
Einbau des ersten
Lagers II

Jetzt sollte der Hinweis *Status: Vollständig definiert*, wie in Bild 6.15 zu sehen, angezeigt werden. Damit kann die Platzierung abgeschlossen werden.

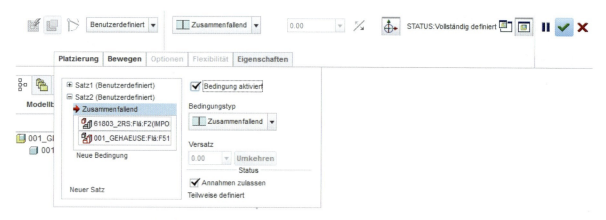

Bild 6.15 Platzierungsdialog beim Lagereinbau

In Bild 6.15 erkennt man auch den Hinweis auf den Status *Teilweise definiert* und die aktivierte Option *Annahmen zulassen*. Genau genommen werden immer drei Bedingungen benötigt, um ein Element eindeutig zu platzieren. Im Falle des Lagers ist noch eine Drehung um die Lagerachse möglich. Mit der genannten Option kann man auf solche oftmals irrelevanten Festlegungen verzichten.

 HINWEIS: Wenn beim Einbau von Elementen zwei Flächen oder Ebenen zueinander positioniert werden, können die Flächennormalen entweder gleich- oder gegengerichtet sein.

Im Falle, dass die jeweils andere Art gewünscht wird, kann man mit dem Befehl **UMKEHREN** zwischen den beiden Varianten umschalten.

Bild 6.16 Umkehren der Flächenorientierung

Mit der gleichen Vorgehensweise fügen Sie jetzt auf der Gegenseite in der passenden Bohrung ein Lager des Typs 61805 ein. Anschließend werden die Laufbuchsen (005_buchse) »eingebaut«.

Hierzu sind neben dem Zentrieren durch Angabe von zylindrischen Flächen noch die in Bild 6.17 markierten Flächen zusammenfallend gegenzurichten.

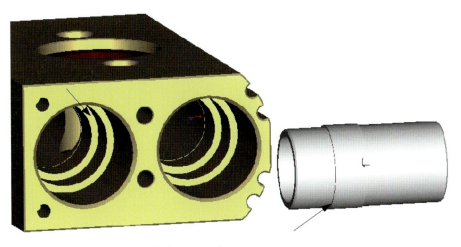

Bild 6.17
Einbau einer Laufbuchse

Das Ergebnis sollte wie in Bild 6.18 aussehen.

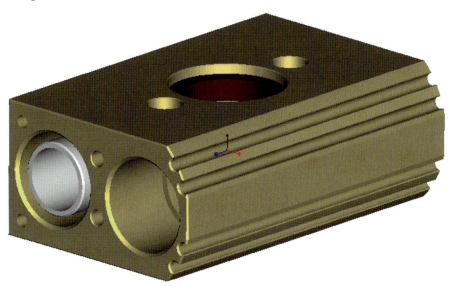

Bild 6.18
Zwischenstand
Gehäusegruppe

An dieser Stelle soll aufgezeigt werden, wie aus einer Baugruppe heraus Änderungen an Komponenten vorgenommen werden können. Die Laufbuchse soll um einen Schlitz ergänzt werden, der zum Ein- und Ausschrauben notwendig ist.

Komponenten werden durch Auswahl des Menüpunktes **ÖFFNEN** aus dem Kontextmenü des entsprechenden Elementes im Modellbaum zur Bearbeitung geöffnet.

Bild 6.19
Öffnen einer Komponente

Starten Sie das Extrusions-Werkzeug, wählen Sie als Extrusionstiefe 2,5 mm und die Option *Material entfernen*.

Platzieren Sie die Skizze auf der Stirnfläche des längeren Absatzes, und starten Sie so den Skizzierer.

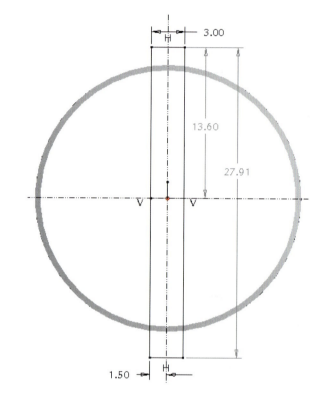

Bild 6.20
Skizze Schlitz

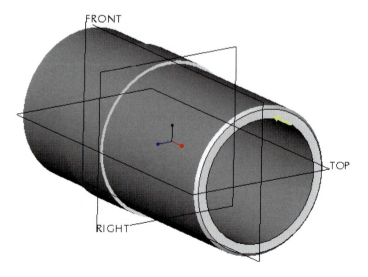

Bild 6.21
Skizzierfläche

Zeichnen Sie ein 3 mm breites Rechteck, das symmetrisch zur senkrechten Mittelachse ist. Die Höhe spielt keine Rolle, da das Rechteck lediglich »Werkzeug« für den Materialschnitt ist.

Beenden Sie nun den Skizzierer und sichern Sie das Bauteil. Das Fenster kann jetzt wieder geschlossen werden.

Die vorgenommenen Änderungen sind unmittelbar im Zusammenbau sichtbar.

HINWEIS: Wenn Sie in den Skizzierer wechseln, kann es sein, dass Ihnen Referenzen zur gewünschten Platzierung fehlen. Sie können weitere Referenzen nach Anwahl des *Referenzen*-Buttons in der Gruppe *Einrichten* hinzufügen. Oft reicht es, im Modellbaum die drei Ebenen anzuklicken, um zu sehen, ob eine von Ihnen geeignet ist. Es lassen sich aber zum Beispiel auch Körperkanten oder Punkte verwenden.

Bild 6.22
Stand nach Änderung der Laufbuchse

Fügen Sie nun eine weitere Laufbuchse auf der Gegenseite des Gehäuses hinzu (also auf der gleichen Achse). Nach dem Einfügen fassen Sie die beiden Buchsen zu einer Gruppe mit der Bezeichnung 02_Buchse zusammen, indem Sie mit gedrückter [Strg]-Taste beide im Modellbaum anklicken und anschließend den Befehl **GRUPPE** aus dem Kontextmenü wählen.

Aus dem Kontextmenü der Gruppe wiederum wird nun der Befehl **MUSTER** ausgeführt. Da die Bohrungen im Gehäuse bereits gemustert wurden und wir mit dem Einbau bei der zuerst erstellten Gehäusebohrung begonnen haben, steht die Option *Referenz* zur Verfügung. Das bedeutet, dass das Mustern einfach mit dem grünen Haken abzuschließen ist – ohne weitere Angaben. Die Baugruppe sollte jetzt vier Laufbuchsen beinhalten.

Bild 6.23
Gehäusebaugruppe mit Lagern und Laufbuchsen

Sichern Sie nun die Unterbaugruppe und schließen Sie das Arbeitsfenster.

Wenn Sie die Lager als STEP-Dateien importiert und ausgerichtet haben, öffnen Sie sie aus dem Modellbaum heraus und fügen den Parameter ZNUMMER mit den entsprechenden Nummern (0001.001.20.00 bzw. 0001.001.21.00) hinzu. Außerdem empfiehlt es sich, die Farbe so zu ändern, dass sich die Elemente der Baugruppe problemlos voneinander unterscheiden lassen. Das gilt im folgenden Abschnitt auch für den Dämpfer.

6.5.2 Unterbaugruppe Kolben

Beginnen Sie eine neue Baugruppe mit der Bezeichnung 002_kolbengruppe, und fügen Sie als erste Komponente an der Standardposition den Kolben ein.

Fügen Sie, sofern es in Ihrer Vorlage nicht definiert ist, den Parameter ZNUMMER hinzu, und lassen Sie ihn im Modellbaum anzeigen.

Nun sollen die beiden Gleitringe (007_ring) hinzugefügt werden. Sie sind im Downloadverzeichnis zu finden, können aber auch ganz leicht selbst erstellt werden. Sie haben einen Durchmesser von 17mm innen und 20mm außen. Die Breite beträgt 3,8 mm. Als Bedingungen kann man z. B. eine seitliche Fläche des Ringes zur Anlagefläche am Kolben zusammenfallend gegenrichten und danach in einem weiteren Satz jeweils eine zylindrische Fläche des Ringes und des Kolbens wählen und koaxial ausrichten. Beides wäre somit die Option *Zusammenfallend*. Beim zweiten Ring gehen Sie genauso vor. Die Unterbaugruppe sollte nun wie in Bild 6.24 aussehen.

Bild 6.24
Kolben-Baugruppe

Jetzt fehlt nur noch der Dämpfer, den Sie aus dem Internet oder alternativ aus dem Download-Verzeichnis geladen haben.

Als Platzierungsbedingungen können *Zusammenfallend* (Rückseite des Dämpfers und Stirnfläche der Bohrung im Kolben) und nochmals *Zusammenfallend* (Außenfläche des Dämpfers und Innenfläche der Kolbenbohrung) dienen. Damit ist die Unterbaugruppe fertiggestellt und kann gesichert werden.

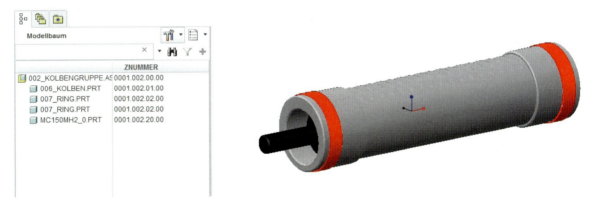

Bild 6.25 Vollständige Unterbaugruppe *Kolben*

6.5.3 Unterbaugruppe Anbauteile/Skelettmodell

Bei der Zusammenstellung der Unterbaugruppe 003_anbauteile werden wir sogenannte Skelettmodelle kennenlernen.

Bei größeren Baugruppen werden Komponenten nicht an anderen ausgerichtet, sondern es empfiehlt sich, auf ein Skelettmodell zurückzugreifen. Dies vereinfacht Änderungen, da so Abhängigkeiten zwischen Komponenten reduziert werden.

Bei Skelettmodellen handelt es sich im Allgemeinen um Bezugselemente wie Flächen oder Achsen, die zur Platzierungsfestlegung von Komponenten verwendet werden. Es lassen sich aber auch Volumenmodelle verwenden, die dann später selbstverständlich nicht berücksichtigt werden, wenn es um die Bestimmung der Masse oder die Generierung von Stücklisten geht.

In unserem Fall werden die Anbauteile am einfachsten am Gehäuse referenziert. Wir werden also kein Skelettmodell aus Bezugselementen erstellen, sondern das Gehäuse als Vorlage verwenden, um die Unterbaugruppe zusammenzustellen.

Schließen Sie zunächst alle Fenster und geben Sie den Arbeitsspeicher frei.

Erzeugen Legen Sie die Unterbaugruppe `003_anbauteile` an, und erzeugen Sie dann aus der Baugruppe heraus eine Komponente mit dem nebenstehenden Button.

Wählen Sie die Option *Skelettmodell*, und akzeptieren Sie den Namen, den Creo daraufhin vorschlägt.

Bild 6.26 Komponentenerzeugung

Nun folgt die Abfrage, wie die Komponente erzeugt werden soll. Wählen Sie *Aus vorhandenen kopieren*, und verweisen Sie als Vorlage auf das Gehäuse.

Jetzt können die Komponenten `008_schutzdeckel`, `009_huelse`, die beiden Schrauben DIN6912 - M3x12 und DIN7991 - M6x25 eingefügt werden.

Als Einbaubedingungen empfehlen sich bei den beiden Fertigungsteilen wieder zusammenfallendes Gegenrichten bei den ebenen Flächen bzw. Ausrichten bei den zylindrischen. Die Schraube DIN 7991 - M6 x 25 können Sie einfach nur durch Gegenrichten positionieren, wenn Sie als Referenzen die Kegelfläche der Schraube und die Kegelfläche der Hülse angeben.

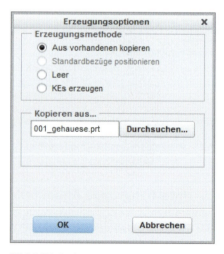

Bild 6.27 Optionen

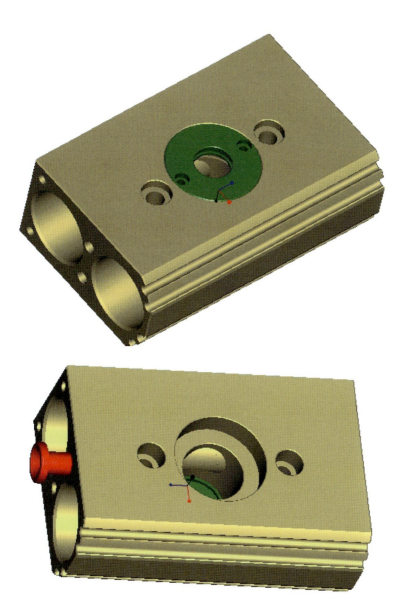

Bild 6.28
Einbau Schutzdeckel

Bild 6.29
Einbau Hülse

Jetzt fehlen nur noch die Schrauben, mit denen der Schutzdeckel am Gehäuse montiert wird. Die notwendigen Bohrungen im Gehäuse gibt es aber noch nicht. Öffnen Sie also die Datei 001_gehaeuse in einem neuen Fenster und starten Sie das Bohrungs-Werkzeug.

Die Gesamtbohrungstiefe soll 10 mm betragen und die Gewindetiefe 8 mm. Die weiteren Angaben können Bild 6.30 entnommen werden.

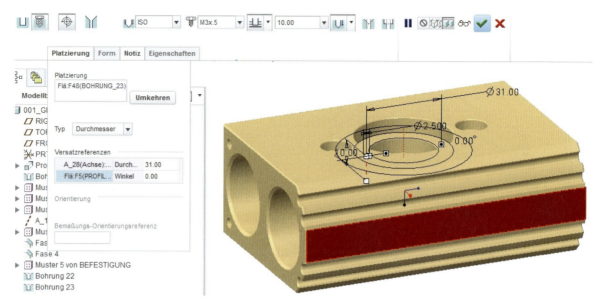

Bild 6.30 Bohrung hinzufügen

Die Vorgehensweise ist (noch einmal zur Wiederholung) wie folgt:

- Die Fläche anwählen, in die »gebohrt« werden soll
- Typ *Durchmesser* wählen
- In das Feld unter *Versatzreferenzen* klicken
- Die Bohrungsachse und bei gleichzeitigem Halten der [Strg]-Taste eine Fläche des Gehäuses wählen, die den Winkel festlegt (Bild 6.30)

Jetzt kann die Bohrung einmal im Winkel von 180° gemustert werden.

Sichern Sie nun das Gehäuse und schließen das Fenster. In der Unterbaugruppe 003_anbauteile werden Sie nun feststellen, dass die Änderung nicht in die Vorlage für das Skelettteil übernommen wurde. Dort sind nach wie vor keine Bohrungen im Gehäuse. Diesen Umstand muss man bedenken, wenn man Komponenten als Vorlage verwendet und nicht mit Bezugselementen arbeitet.

Beim Einbau der Schraube DIN 6912 – M3 x 12 verwendet man also die Bohrungen im Schutzdeckel als Platzierungsbezüge. Die zweite Schraube kann einfach durch Mustern mit der Option *Referenz* erfolgen. Die fertige Unterbaugruppe sieht nun wie in Bild 6.31 aus.

Bild 6.31
Unterbaugruppe
Anbauteile

6.5.4 Anlegen der Gesamtbaugruppe

Nun sollen die beiden Unterbaugruppen *Gehäuse* und *Anbauteile* zur Gesamtbaugruppe zusammengefügt werden. Legen Sie eine Baugruppe mit dem Namen `000_schwenkeinheit` an.

 HINWEIS: Legen Sie auch in dieser Baugruppe mit dem Befehl **PARAMETER** aus der Karte *Werkzeuge* den Parameter `ZNUMMER` an (siehe Abschnitt 6.2). Das muss bei allen Bauteilen und -gruppen durchgeführt werden, um am Ende eine komplette Stückliste mit den Zeichnungs- und Teilenummern zu erhalten.

Bauen Sie nun die Baugruppen `001_gehaeusegruppe` und `002_anbauteile` jeweils an der Standardposition ein. Das Ergebnis sollte dem Bild 6.32 entsprechen. Dort ist auch die zusätzliche Baumspalte für den Parameter `ZNUMMER` zu sehen. Das Skelettteil ist ausgeblendet, da es nur zu Platzierungszwecken dient. Wenn ein Bauteil beim Zusammenbau stört oder man einen Blick auf innenliegende Komponenten haben möchte, kann man es auch komplett ausblenden. Öffnen Sie hierzu im Modellbaum das Kontextmenü der jeweiligen Komponente, und wählen Sie den Menüpunkt **AUSBLENDEN**. Die Vorgehensweise beim Einblenden ist analog.

Um alle Untereinträge wie in Bild 6.32 sehen zu können, ist im Modellbaum **ZEIGEN** → **ALLE ERWEITERN** zu wählen.

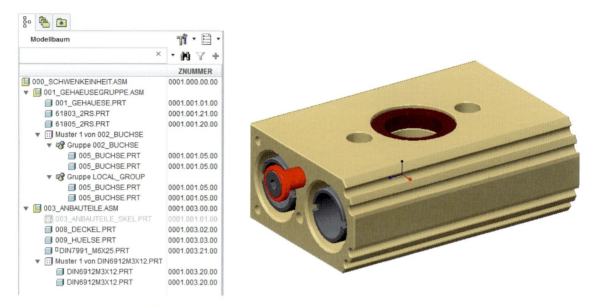

Bild 6.32 Zwischenstand Zusammenbau

6.5.5 Unterbaugruppe Ritzel

Das Ritzel soll als eigene Unterbaugruppe eingefügt werden. Erzeugen Sie also eine neue Baugruppe mit der Bezeichnung 004_ritzel.

Bauen Sie nun an der Standardposition das Teil 002_ritzel ein. Definieren Sie dann wieder den Parameter ZNUMMER, und sichern Sie die Baugruppe.

Schließen Sie abermals das Fenster und geben Sie den Arbeitsspeicher frei.

Einbau in die Schwenkeinheit

Laden Sie jetzt wieder die Gesamtbaugruppe 000_schwenkeinheit, und bauen Sie die Unterbaugruppe 004_ritzel ein. Zum Platzieren können wieder zusammenfallendes Gegenrichten (Kontaktfläche Lager/Ritzel) und Ausrichten (Zylinderflächen Lager/Ritzel) verwendet werden.

Nun fehlen noch die Kolben-Unterbaugruppen sowie die Anschläge. Bei der realen Schwenkeinheit fehlt selbstverständlich noch eine Vielzahl weiterer Komponenten, die aber aus didaktischen Gründen hier nicht erforderlich sind. Auch sind, wie bereits erwähnt, die Einzelteile zum Teil stark vereinfacht modelliert worden.

6.5.6 Vervollständigung der Schwenkeinheit

Wir bauen nun die Unterbaugruppe `002_kolbengruppe` ein. Da das Gehäuse die Sicht auf das Ritzel nimmt, sollte es zunächst transparent gemacht werden:

- Öffnen Sie die Datei `001_gehaeuse`.
- Klicken Sie im Modellbaum auf den Namen der Datei.
- Wählen Sie in der Farbeffektegalerie in der Karte *Ansicht* die Funktion **MODELL-FARB-EFFEKTE EDITIEREN**…

- Setzen Sie den Wert für Transparenz auf 75.

Anschließend können Sie das Einstellungsfenster schließen, die Datei sichern und das Arbeitsfenster schließen.

Bild 6.33
Modell-Farbeffekte

Wenn das Gehäuse im Komplett-Zusammenbau weiterhin nicht transparent ist, so liegt dies daran, dass das Gehäuse aus dem Skelettmodell sichtbar ist. Dieses sollte in jedem Fall ausgeblendet werden! Dann sollte sich das nachfolgende Bild ergeben.

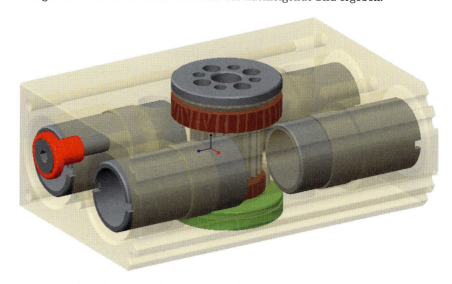

Bild 6.34
Zwischenstand mit transparentem Gehäuse und ausgeblendetem Skelettmodell

In Kapitel 10 werden Sie die Möglichkeit näher kennenlernen, Mechanismen zu definieren und zu bewegen. Als Vorbereitung dafür sollen die Dämpfer jetzt zunächst so modifiziert werden, dass sie den eingefahrenen Zustand darstellen.

Öffnen Sie hierzu die Datei mit dem Stoßdämpfer. Die einfachste Möglichkeit, die Kolbenstange des Dämpfers um den Hub von 11,6 mm zu kürzen, ist mittels eines Extrusionskörpers und der Option *Material entfernen*. Legen Sie die Skizzierebene hierbei an das Ende der Kolbenstange, und wählen Sie als erste Orientierungsreferenz eine der Innensechskantflächen an der Rückseite des Dämpfers. Nach dem Starten des Skizzierers fehlt eine weitere Referenz, um die Skizze vollständig zu orientieren. Hierzu kann ein seitlicher Rand des Dämpfers gewählt werden oder eine weitere Ebene, wie bereits zuvor beschrieben. Nun ist lediglich ein Kreis zu zeichnen, der einen beliebigen, größeren Durchmesser als die Kolbenstange hat, und dann kann die KE-Erstellung abgeschlossen werden.

Anschließend kann die Unterbaugruppe `002_kolbengruppe` eingebaut werden:

Platzierung (siehe auch Bild 6.35, Bild 6.36 und Bild 6.37):

- Zusammenfallendes Ausrichten 1: Frontfläche des Dämpfers und seitliche Fläche der Hülse
- Paralleles Ausrichten: Zahngrund des Kolbens und Frontfläche des Gehäuses
  Akzeptieren Sie zunächst die Abstandsvorgabe, und ändern Sie die Option *Versatz* dann in *Orientiert*.
- Zusammenfallendes Ausrichten 2: Zylindr. Flächen beim Kolben und der Hülse

6.5 Zusammenbau der Schwenkeinheit

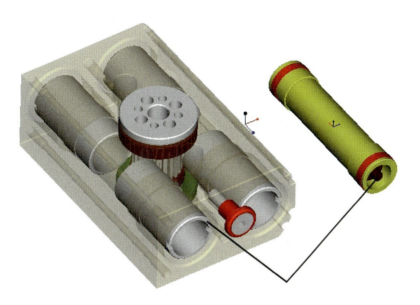

Bild 6.35
Einbau des Anschlags I

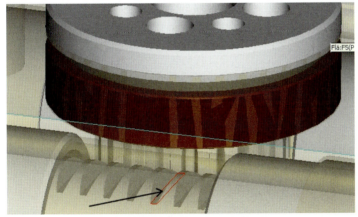

Bild 6.36
Einbau des Anschlags II

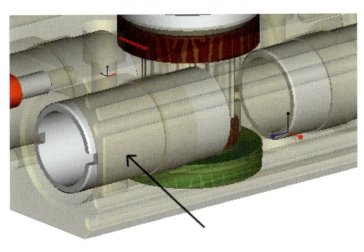

Bild 6.37
Einbau des Anschlags III

Im Anschluss muss die Baugruppe `002_kolbengruppe` ein zweites Mal eingefügt werden. Beim ersten Ausrichten ist ein Abstand von 33 mm vorzusehen. Die Verzahnungen müssen selbstverständlich zueinander ausgerichtet werden!

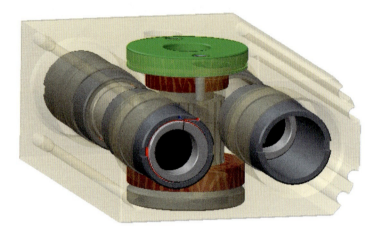

Bild 6.38
Schwenkeinheit mit Kolben

Abschließend werden nun die Deckel und die Anschläge zur Gehäusegruppe hinzugefügt. Öffnen Sie aus dem Modellbaum heraus die Unterbaugruppe `001_gehaeusegruppe`, und bauen Sie dann zunächst einen Anschlag (`003_anschlag`) ein.

Platzierung:

- Zusammenfallendes Gegenrichten: siehe Bild 6.39
- Ausrichten: Zyl. Außenflächen des Anschlages und der Hülse

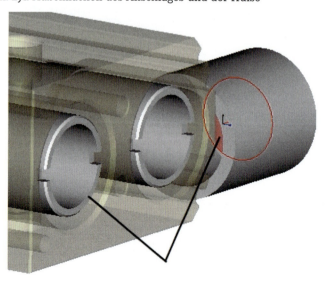

Bild 6.39
Einbau des Anschlags

Das Hinzufügen des zweiten Anschlages kann ganz einfach durch Mustern mit der Option *Referenz* erfolgen.

Die Deckel werden auf die gleiche Weise eingefügt wie die Anschläge.

Ändern Sie bei Bedarf die Farben einzelner Komponenten ab, so dass die unterschiedlichen Teile gut voneinander zu unterscheiden sind. Sichern Sie nun die Baugruppe. Sie sollte wie in Bild 6.40 aussehen (die Transparenz des Gehäuses ist wieder auf 0 gesetzt).

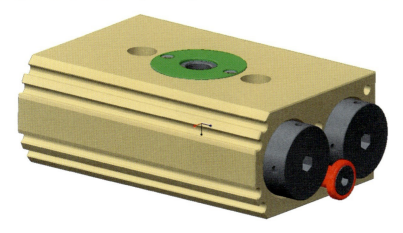

Bild 6.40
Fertige Schwenkeinheit

6.6 Explosionsdarstellung

Für technische Dokumentationen wie Bedienungsanleitungen oder Ersatzteiltafeln werden vielfach Explosionsdarstellungen benötigt. Nachfolgend werden die Schritte aufgezeigt, die bei Creo Parametric zur Erstellung solcher Darstellungen erforderlich sind.

Die Platzierung von Komponenten bei Explosionsdarstellungen und die Umschaltung zwischen explodierter und zusammengebauter Darstellung erfolgt über die Menügruppe *Modelldarstellung* in der Karte *Ansicht*.

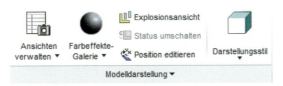

Bild 6.41
Gruppe
Modelldarstellung

Durch Aufruf des Menüpunktes **EXPLOSIONSANSICHT** wird die Baugruppe automatisch explodiert. Das kann, wie in Bild 6.42 zu sehen, durchaus befriedigende Ergebnisse bringen, aber nachfolgend soll aufgezeigt werden, wie Sie manuell die Ansicht nach Ihren Wünschen gestalten können.

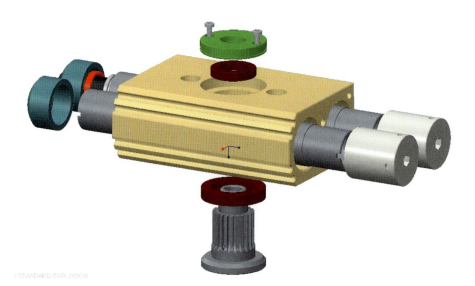

Bild 6.42
Standard-Explosion

Zunächst bauen Sie durch Deaktivieren des Buttons **EXPLOSIONSANSICHT** die Baugruppe wieder zusammen.

Dann rufen Sie mit nebenstehendem Button den Ansichtsmanager auf. Über den Ansichtsmanager können Sie unter anderem Explosionsansichten, 3D-Ansichten und Schnitte definieren und zwischen verschiedenen Ansichten hin- und herschalten. Wechseln Sie auf die Karte *Explodieren* und beginnen Sie mit dem **NEU**-Button eine neue Ansicht.

Nun können Sie ein Bauteil nach dem anderen anklicken und dann per Drag-and-Drop auf die gewünschte Position schieben. Nutzen Sie hierzu das Koordinatensystem, das in Bild 6.44 hervorgehoben ist. Wenn Sie z. B. auf die Achse klicken, die in Achsrichtung der Einbauteile liegt, können Sie den Anschlag entlang dieser Achse verschieben.

Bild 6.43 Ansichtsmanager

Bild 6.44
Bauteilposition editieren

Auf diese Weise können nun nach und nach alle Teile an die gewünschte Position verschoben werden. Das Ergebnis könnte wie in Bild 6.45 aussehen.

Bild 6.45
Explosionsansicht

Im oberen Teil ist wieder ein Schaltpult zu erkennen, über das unter anderem Funktionen wie *Verschieben*, *Rotieren* ausgewählt und Versatzlinien angelegt werden können.

Wenn Sie nach dem Bestätigen der Explosionsansicht noch etwas editieren möchten, können Sie das mit dem Button **POSITION EDITIEREN** machen, oder durch im Ansichtsmanager über der entsprechenden Ansicht (hier Exp0001) und **POSITION EDITIEREN**.

6.7 Stücklisten

Der vollständige Modellbaum der Schwenkeinheit sieht wie in Bild 6.46 aus.

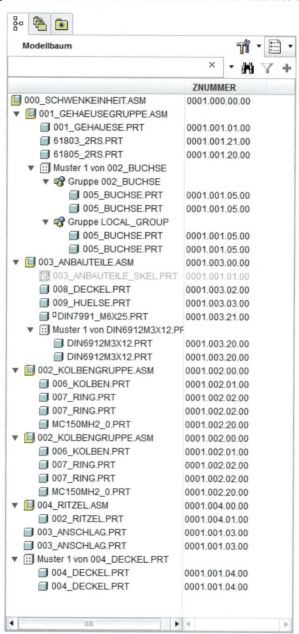

Bild 6.46
Modellbaum mit
Zeichnungsnummern

Um sich die Stückliste ansehen und sie ausgeben zu können, klicken Sie in der Karte *Werkzeuge* auf den nebenstehenden Button.

Stückliste

Sie haben die Möglichkeit, zu wählen, ob die Oberbaugruppe mit allen Komponenten oder eine Unterbaugruppe angezeigt werden soll.

Im integrierten Browser wird nun die Stückliste angezeigt. Zunächst die Unterbaugruppen, dann die Unterbaugruppen mit ihren Elementen und abschließend alle Elemente unabhängig von ihrer Zuordnung zu einer Baugruppe.

Man kann die Liste ausdrucken oder als HTML-Datei sichern. Unabhängig davon wird im Arbeitsverzeichnis eine Datei mit der Bezeichnung `000_schwenkeinheit.bom` angelegt. Die Endung `.bom` bedeutet *Bill of Material*.

Diese Datei kann mit einem beliebigen Editor geöffnet werden. Der Inhalt sieht in unserem Falle wie in Bild 6.47 aus.

```
Baugruppe 000_SCHWENKEINHEIT enthält:
    1   Unterbaugruppe   001_GEHAEUSEGRUPPE
    1   Unterbaugruppe   003_ANBAUTEILE
    2   Unterbaugruppe   002_KOLBENGRUPPE
    1   Unterbaugruppe   004_RITZEL
    2   Teil             003_ANSCHLAG
    2   Teil             004_DECKEL

Unterbaugruppe 001_GEHAEUSEGRUPPE enthält:
    1   Teil             001_GEHAEUSE
    1   Teil             61803_2RS
    1   Teil             61805_2RS
    4   Teil             005_BUCHSE

Unterbaugruppe 003_ANBAUTEILE enthält:
    1   Teil             008_DECKEL
    1   Teil             009_HUELSE
    1   Teil             DIN7991_M6X25
    2   Teil             DIN6912M3X12

Unterbaugruppe 002_KOLBENGRUPPE enthält:
    1   Teil             006_KOLBEN
    2   Teil             007_RING
    1   Teil             MC150MH2_0

Unterbaugruppe 004_RITZEL enthält:
    1   Teil             002_RITZEL

Übersicht der Teile der Baugruppe 000_SCHWENKEINHEIT:
    1   Teil             001_GEHAEUSE
    1   Teil             61803_2RS
    1   Teil             61805_2RS
    4   Teil             005_BUCHSE
    1   Teil             008_DECKEL
    1   Teil             009_HUELSE
    1   Teil             DIN7991_M6X25
    2   Teil             DIN6912M3X12
    2   Teil             006_KOLBEN
    4   Teil             007_RING
    2   Teil             MC150MH2_0
    1   Teil             002_RITZEL
    2   Teil             003_ANSCHLAG
    2   Teil             004_DECKEL
```

Bild 6.47
Stückliste, mit Text-Editor geöffnet

Ihre individuelle Installation von Creo Parametric beinhaltet eventuell Tools, die eine komfortable Übernahme der Daten in die Fertigungszeichnungen oder in ein eigenständiges Dokument erlauben.

7 Zeichnungserstellung

Im folgenden Kapitel wird in Grundzügen dargestellt, wie aus den bislang erzeugten Bauteil- und Baugruppendateien 2D-Fertigungszeichnungen erstellt werden. Es wird hierbei zunächst ein einfaches Beispielteil erzeugt, mit dem sich der Weg zu einer fertigungsgerechten Zeichnung anschaulich darstellen lässt.

Sie können das Bauteil gemäß der Skizze aus Bild 7.1 erzeugen oder es von der Download-Seite laden (konsole.prt).

■ 7.1 Beispielbauteil

Bei diesem Bauteil handelt es sich um einen einfachen Quader mit vier Durchgangsbohrungen mit Stirnsenkung, zwei Stufenbohrungen und einer Gewindedurchgangsbohrung. Der kleinere Durchmesser der Stufenbohrungen soll mit H7 toleriert sein. Die Vorgehensweise bei der Definition der Toleranz ist in Abschnitt 5.6.3 näher erläutert, wird nachfolgend aber auch noch einmal beschrieben.

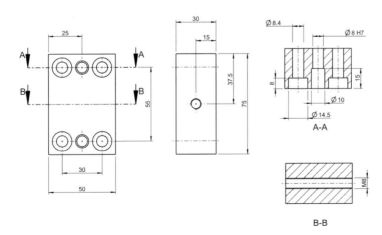

Bild 7.1
Skizze des Übungsteils

Zur Erinnerung: Um den Bohrungen mit dem Durchmesser 8 mm das Toleranzfeld H7 zuzuordnen, muss zunächst die entsprechende Toleranztabelle geladen werden:

- **DATEI → VORBEREITEN → MODELLEIGENSCHAFTEN**
- **ÄNDERN** in der Reihe *Toleranz* auswählen
- Wenn nicht schon passiert: **STANDARD → ISO/DIN**
- **TOLER TABELLE → AUFRUFEN**
- Laden Sie die Tabelle `hole_h.ttl`.

Führen Sie nun den Mauszeiger über die Bohrung, so dass sie cyanfarben vormarkiert ist, und führen Sie einen Doppelklick aus. Nun wird die Maßzahl markiert. Durch 🖱 und Halten der Maustaste wird das Kontextmenü geöffnet. Alternativ ist ein Doppelklick auf der Maßzahl durchzuführen. Wählen Sie nun den Menüpunkt **EIGENSCHAFTEN**.

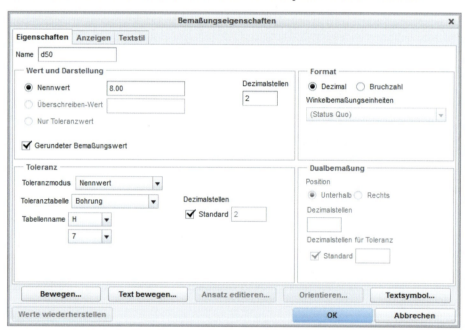

Bild 7.2 Toleranzangabe

Dort können die Angaben zum Toleranzfeld vorgenommen werden. Es wird nachfolgend auch noch aufgezeigt, wie man bei Bemaßungen in Fertigungszeichnungen manuell Vor- oder Nachsetzzeichen hinzufügen kann, aber solche Angaben wie das Toleranzfeld sollten in jedem Falle bereits im Bauteil selbst definiert werden.

Der Grund: In den meisten Unternehmen, die mit modernen CAD-Systemen arbeiten, werden entweder die 3D-Daten direkt in die Fertigung gegeben und dort weiterverarbeitet, oder es werden durch Zeichner die Fertigungsunterlagen erstellt. In jedem Falle müssen also alle relevanten Daten wie z. B. Maß-, Form- und Lagetoleranzen, Material usw. in der 3D-CAD-Datei enthalten sein!

7.1.1 Ansichtsmanager/Schnittdefinition

Wenn in der Zeichnung Schnittansichten erforderlich sind, so können diese sowohl im Zeichnungs- wie auch im Teilmodus definiert werden. Die Definition im Teilmodus ist aber etwas einfacher.

Im vorliegenden Beispiel sollen zwei Schnitte durch die Bohrungen erzeugt werden. Hierzu werden Bezugsebenen gemäß Bild 7.3 erzeugt, welche die Schnittebenen angeben.

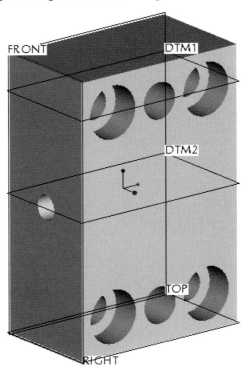

Bild 7.3
Bezugsebenen

 HINWEIS: Wenn Sie, wie in Bild 7.3 zu sehen, die Bezeichnungen von Ebenen sehen möchten, so können Sie die Anzeige über **DATEI → OPTIONEN → ELEMENTDARSTELLUNG → BEZUGSEBENEN-KENNZEICHEN ANZEIGEN** aktivieren.

Die Vorgehensweise bei der Erzeugung von Bezugsebenen ist im Abschnitt 3.3.1 beschrieben.

Nachdem die Ebenen erzeugt sind, werden nun Querschnitte definiert, die später im Zeichnungsmodus als Grundlage für die Schnitterstellung dienen.

Dies geschieht über den Ansichtsmanager, der über den Button in der Gruppe *Modelldarstellung* der Karte *Ansicht* aufgerufen wird. Den Ansichtsmanager haben Sie ja bereits im Kapitel über Explosionsdarstellungen kennengelernt.

Im Ansichtsmanager wechseln wir zur Registerkarte *QSchnitt* und definieren hier nun die Querschnitte. Betätigen Sie den Button **NEU** und vergeben Sie den Namen A. In unserem Fall kann das nächste Fenster mit **FERTIG** bestätigt werden. Nach Auswahl einer der neuen Bezugsebenen ist der Querschnitt bereits fertig definiert.

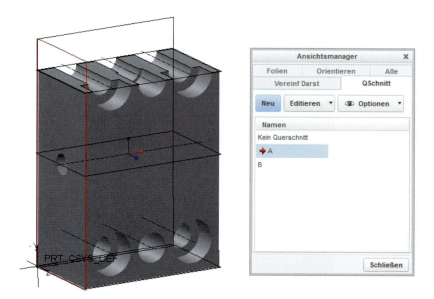

Bild 7.4
Schnittdarstellung

Durch Doppelklick der Ansicht im Ansichtsmanager wird sie aktiviert, erkennbar am roten Pfeil vor dem Namen. Erzeugen Sie auf die gleiche Weise noch einen Schnitt B durch die andere Bezugsebene.

Nun kann das Teil gespeichert und das Fenster geschlossen werden. Belassen Sie die Zeichnung aber im Hauptspeicher!

■ 7.2 Erste Schritte

Legen Sie eine neue Datei des Typs *Zeichnung* an. Bei dem sich nun öffnenden Fenster wählen Sie unter *Schablone angeben* die Option *Leer* und dann die Standardgröße A3.

Bild 7.5
Neues Objekt

 HINWEIS: Wenn zuvor bereits eine Bauteildatei geladen war und der Arbeitsspeicher nicht mit **DATEI → SITZUNG VERWALTEN → NICHT ANGEZEIGTE OBJEKTE LÖSCHEN** freigegeben wurde, ist jenes Bauteil unter Standardmodell vorausgewählt. Andernfalls, oder wenn eine Zeichnung eines anderen Bauteiles erstellt werden soll, ist dieses Bauteil an dieser Stelle auszuwählen.

7.2.1 Zeichnungsrahmen

Um einen Zeichnungsrahmen zu laden, ist wie folgt vorzugehen:

Klicken Sie auf den Button **BLATT EINRICHTEN** aus der Gruppe *Dokument* in der Karte *Layout*, oder führen Sie einen Doppelklick über der Bezeichnung A3 am unteren Rand des Grafikfensters aus.

Es öffnet sich ein Fenster, wie in Bild 7.6 zu sehen. Mit **DURCHSUCHEN...** kann ein passender Rahmen ausgewählt werden. Je nach Art Ihrer Installation von Creo Parametric und dem Vorhandensein spezieller Bibliotheken kann ein Rahmen im Format `*.frm` gewählt werden. Ein Beispielrahmen im Format A3 befindet sich auch auf der Download-Seite (`rahmen_a3.frm`). Wählen Sie diesen Rahmen aus.

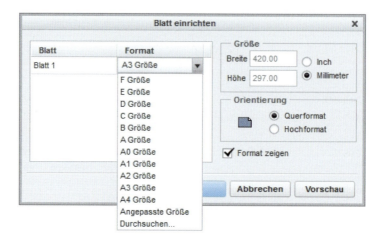

Bild 7.6
Blatt einrichten

Nach dem Aufruf des Rahmens werden die Inhalte der Textfelder abgefragt. Man kann die Daten gleich angeben oder auch zunächst alle Abfragen mit der Eingabe-Taste bestätigen und die Daten später hinzufügen.

7.2.2 Zeichnungsmaßstab

Den Maßstab ändert man durch Doppelklick auf die entsprechende Zahl unten links im Zeichnungsfenster. Sollte in Ihrem Fall dort nicht eine Angabe wie z. B. 1:1, sondern 1,000 stehen, so müssen Sie eine Änderung in einer Konfigurationsdatei mit der Endung .dtl im Unterordner *text* Ihrer Creo-Installation vornehmen. Der Eintrag view_scale_format muss den Wert ratio_colon haben. Eine Muster-Konfigurationsdatei (buch_std.dtl) finden Sie auf der Download-Seite.

Bild 7.7
Infos im unteren Teil des Grafikfensters

MASSSTAB :1:1   TYP :PART   NAME: KONSOLE   GRÖSSE:A3

7.3 Ansichten

Im nächsten Schritt werden nun die gewünschten Ansichten erzeugt und angeordnet. Bei Creo Parametric unterscheidet man zunächst zwischen Basis- und Projektionsansichten. Es wird eine Basisansicht gewählt, von der dann Projektionen definiert werden, gemäß der in der Konfiguration gewählten Projektionsart. Eine Zeichnung kann auch mehrere Basisansichten enthalten.

7.3.1 Basisansicht erstellen

Wählen Sie den entsprechenden Befehl aus der Gruppe *Modellansichten* in der Karte *Layout* aus.

Basisansicht

Platzieren Sie die Ansicht zunächst grob, und legen Sie sie mit ab. Die genaue Positionierung lässt sich nachträglich leicht vornehmen. Im sich nun öffnenden Zeichnungsansichtsfenster kann die Ansicht, z. B. *Front*, ausgewählt werden. Man sieht die entsprechende Ansicht nur, wenn der Button **ZUWEISEN** gedrückt wird.

Eine eventuelle Anfrage bezüglich des kombinierten Zustands können Sie mit **OK** beantworten.

Der Name der Ansicht sollte an dieser Stelle durch eine sinnvolle Bezeichnung, z. B. *Draufsicht*, ersetzt werden. Wenn die Ansicht wunschgemäß ist, sind noch zwei Änderungen im Untermenü *Ansichtsdarstellung* vorzunehmen. Die Ansichten sollten immer im Stil *Sichtbare Kanten* dargestellt werden und tangentiale Kanten sollten immer unsichtbar sein (siehe Bild 7.8).

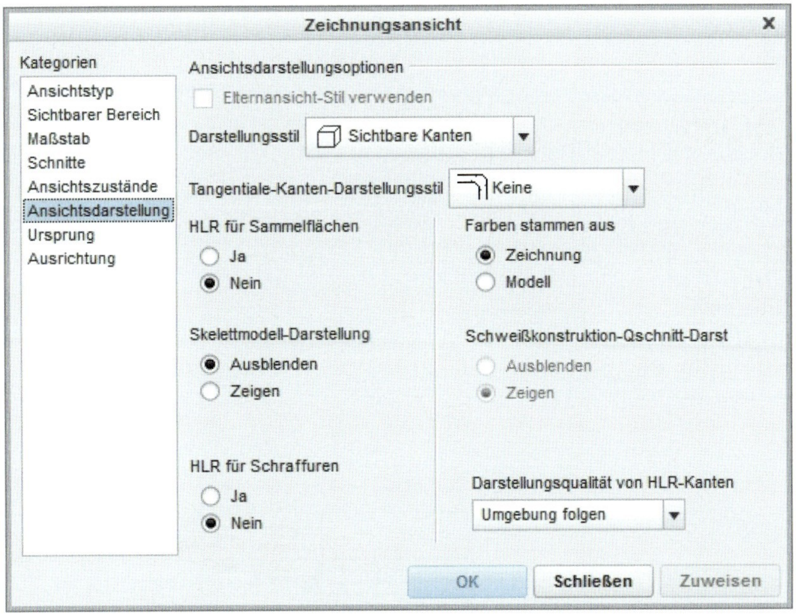

Bild 7.8 Ansichtsdarstellung

Nachdem diese Anpassungen vorgenommen wurden, kann der Dialog geschlossen werden.

Um die Ansichten ohne »Ballast« zu sehen, sollte die Darstellung der Bezüge abgeschaltet werden.

Bild 7.9 Ausblenden der Bezüge

Umgesetzt werden die Einstellungen immer erst nach einem Bildschirmneuaufbau. Das geschieht entweder über den Button in der Grafiksymbolleiste oder durch kurzes Rein- und Rauszoomen mit dem Scrollrad der Maus.

7.3.2 Projektionsansicht erstellen

Projektionsansicht

Im nächsten Schritt werden nun durch Auswahl des entsprechenden Buttons und Platzieren mit der Maus Projektionsansichten erzeugt. Beim Bewegen des Mauscursors im Bereich der Basisansicht wird gezeigt, welche Ansicht beim Ablegen mit ⊞ erzeugt wird.

Als Basis für die Projektionsansicht dient die markierte Ansicht. Im ersten Schritt kann es ja nur die Basisansicht sein, aber danach ist darauf zu achten, dass vor dem Aufruf der Ansichtserzeugung die Ansicht markiert ist, die als Basis für die Projektion dienen soll.

Alternativ kann auch nach dem Markieren der Basisansicht das dazugehörige Kontextmenü aufgerufen und darin der Befehl **PROJEKTIONSSICHT EINFÜGEN**... gewählt werden.

Erzeugen Sie insgesamt drei Ansichten gemäß Bild 7.10.

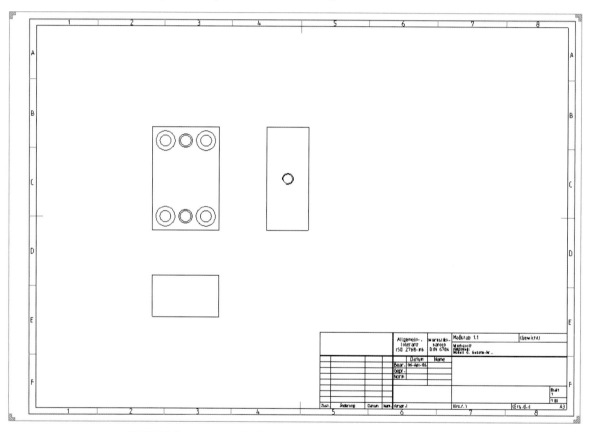

Bild 7.10 Anordnung der Ansichten

Bei den in Bild 7.10 zu sehenden Projektionsansichten sind bereits Anpassungen im Untermenü *Ansichtsdarstellung* analog zur Basisansicht vorgenommen worden (Darstellungsstil: *Sichtbare Kanten*/Tangentiale Kanten: *Keine*). Ändern Sie die Einstellungen auch entsprechend in Ihrer Zeichnung. Um in das Fenster *Zeichnungsansicht* zu gelangen, führen Sie einen Doppelklick über der gewünschten Ansicht durch.

7.3.3 Schnittansichten

Die in Abschnitt 7.1.1 definierten Schnitte sind an dieser Stelle sehr einfach einzufügen. Man kann auch aus dem Zeichnungsmodus heraus Schnitte definieren, aber es empfiehlt sich die hier beschriebene Vorgehensweise: Definition im Modell und Aufruf im Zeichnungsmodus.

Die in Bild 7.10 links unten zu sehende Ansicht soll den Schnitt A darstellen. Für den Schnitt B soll eine weitere Basisansicht, unabhängig von den bestehenden, eingefügt werden.

Platzieren Sie die Ansicht über dem Schriftfeld in Höhe der oberen Ansichten und wählen Sie im Dialog die Ansicht *Top* als Ansichtsorientierung. Nehmen Sie außerdem die bekannten Einstellungen im Untermenü *Ansichtsdarstellung* vor. Das Fenster *Zeichnungsansicht* wird noch nicht geschlossen.

Basisansicht

Um nun den Schnitt anzuzeigen, gehen Sie wie folgt vor:

- Wechseln Sie in das Untermenü *Schnitte*.
- unter Schnittoptionen *2D-Querschnitt* wählen
- in der Tabelle unter *Name* den Eintrag *B* anklicken
- ganz rechts in der Spalte, in das Feld unter *Pfeilanzeige*
- die rechte Projektionsansicht anklicken

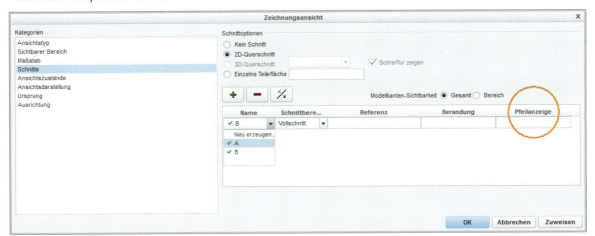

Bild 7.11 Schnittanzeige

Jetzt kann der Dialog geschlossen werden. Nach einem Doppelklick auf die linke, untere Ansicht kann noch einmal der gleiche Vorgang durchgeführt werden, mit dem Unterschied, dass nun der Schnitt A auszuwählen ist und die Basisansicht als Ansicht für die Pfeilanzeige.

In Bild 7.11 kann man vor den Schnitten A und B einen grünen Haken sehen. Das bedeutet, dass die Schnitte in der gewählten Ansicht darstellbar sind. Wenn eine Ansicht gewählt wird, die nicht parallel zur Schnittebene liegt, so wird der Schnitt im Menü auch nicht angeboten und es ist stattdessen ein rotes Kreuz zu sehen.

Ansichtbewegung sperren

Die Bezeichnungen für die Ansichten können bei Bedarf per Drag-and-Drop verschoben werden. Das gilt auch für die Ansichten selbst. Wenn man eine Basisansicht verschiebt, so werden die Projektionen automatisch mit bewegt.

Diese Art des Verschiebens von Ansichten kann mit dem nebenstehenden Button aus der Gruppe *Dokument* verhindert werden.

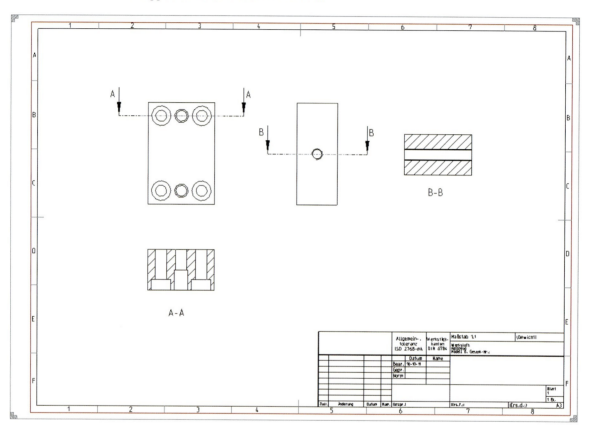

Bild 7.12 Ansichten mit Schnitten

■ 7.4 Details ein-/ausblenden

Modellanmerkungen zeigen

Details wie Achsen, Bemaßungen, Form- und Lagetoleranzen usw. lassen sich ein- und ausblenden. Zunächst sollen die Achsen eingeblendet werden.

Hierzu wählen Sie die Karte *Anmerkungen erstellen* und dort in der Gruppe *Anmerkungen* den nebenstehenden Button.

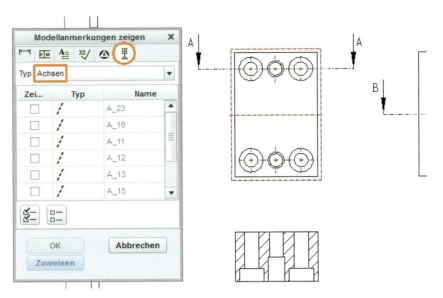

Bild 7.13
Achsen einblenden

Wie in Bild 7.13 zu sehen, müssen Sie zunächst den Typ *Achsen* in der rechten Karte wählen, und dann eine Ansicht markieren. Achten Sie darauf, dass beim Bewegen des Cursors über den Rand einer Ansicht ein strichpunktierter Rahmen, wie im Bild zu erkennen, sichtbar wird. Wenn das der Fall ist, markieren Sie die Ansicht mit .

Achsen können jetzt einzeln oder komplett ein- und ausgeblendet werden. In der Regel sollte man Elemente nach und nach einblenden, aber bei den Achsen machen wir eine Ausnahme und wählen mit dem linken, unteren Button mit den grünen Haken alle aus. Dann können alle weiteren Ansichten schrittweise markiert und die Achsen eingeblendet werden. Bei den Schnittansichten sind nur die zu selektieren, die dort auch direkt sichtbar sind (siehe Bild 7.14).

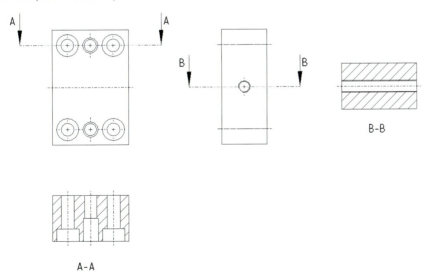

Bild 7.14
Ansichten mit
eingeblendeten Achsen

Im nächsten Schritt sollen Bemaßungen hinzugefügt werden. Im Fenster *Modellanmerkungen zeigen* wählen Sie dazu die linke Karte mit dem Bemaßungssymbol.

> **HINWEIS:** Man kann Bemaßungen über *Modellanmerkungen zeigen* hinzufügen. Die Bemaßungen basieren auf den bei der Bauteilerstellung im Skizzierer definierten Bemaßungen. Die Erfordernisse beim Skizzieren sind aber völlig andere als beim fertigungsgerechten Bemaßen. Dadurch ist der Korrekturaufwand so hoch, dass es oftmals sinnvoller erscheint, die Bemaßungen gleich manuell zu erstellen.

Wir werden die Bemaßungen zu Demonstrationszwecken trotzdem zunächst einblenden und dann manuell anpassen und ergänzen.

Beim Einblenden von Bemaßungen sollte in jedem Fall schrittweise vorgegangen werden, d. h., es sollten immer nur die Elemente einzelner KEs bzw. Ansichten eingeblendet werden.

Elemente können aber auch nachträglich weggenommen werden. Hierzu markiert man das Element, z. B. die Bemaßung, so dass über der Maßzahl ein Vierfach-Pfeil erscheint, und ruft durch Halten der das Kontextmenü auf.

Bei kleinen Maßen ist es evtl. erforderlich, die Maßpfeile umzuschalten. Dies geschieht ebenfalls über das Kontextmenü.

Wie an anderer Stelle bereits erwähnt, lassen sich die Eigenschaften auch auf diesem Wege einsehen und anpassen. So können z. B. Prä- und Suffixe hinzugefügt werden, wie z. B. »M« bei Gewindebohrungen.

Toleranzfelder wie H7 sollten aber, wie beschrieben, bereits im Modell definiert werden.

Die eingeblendeten Bemaßungen lassen sich, wie aus dem Skizzierer bekannt, per Drag-and-Drop an die gewünschte Position bewegen. Oftmals sind die Ansätze der Maßhilfslinien nicht an der Stelle, wo sie sein sollten. Dann kann man sie über die markierten Griffe ebenfalls einzeln verschieben.

```
Weiter
Zurück
Aus Liste wählen
Löschen
Löschen
Maßhilfslinie clippen
Element in Ansicht bewegen
Nennwert ändern
Ordinaten/Linear umschalten
Pfeile umschalten
Eigenschaften
```

Bild 7.15 Kontextmenü einer Bemaßung

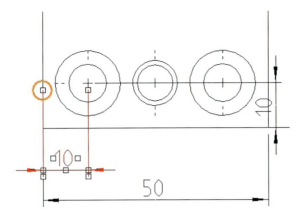

Bild 7.16
Markierte Bemaßung
mit Maßhilfslinien

7.5 Manuelles Bemaßen

In der Regel ist es am sinnvollsten, die Bemaßungen manuell vorzunehmen. Man kann ähnlich der Vorgehensweise im Skizzierer Bemaßungen erzeugen. Bei Gewindebohrungen sind das »M« und gegebenenfalls die Steigung als Prä- bzw. Suffixe über den Menüeintrag *Eigenschaften* im Kontextmenü der Maßzahl einzugeben.

Wenn Bohrungen im Schnitt bemaßt werden, ist gegebenenfalls das Durchmesser-Symbol hinzuzufügen (Bild 7.17). Mit dem Befehl **TEXTSYMBOL** hat man Zugriff auf eine Vielzahl von Symbolen. Manuell hinzugefügte Bemaßungen können einfach mit der [Entf]-Taste gelöscht werden.

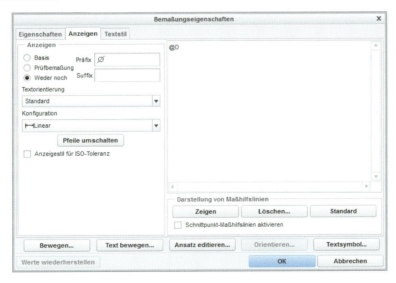

Bild 7.17
Bemaßungseigenschaften

> **HINWEIS:** Die automatisch erzeugten, d. h. eingeblendeten, Bemaßungen sind in beide Richtungen parametrisch. Wenn also ein Maß im ursprünglichen Teil geändert wird, so hat das auch Auswirkungen auf die Zeichnungsdatei und umgekehrt. Bei manuell erzeugten Bemaßungen ist dies nur bei Änderungen im Teil, nicht aber bei Änderungen in der Zeichnung, der Fall! Änderungen sollten allerdings *grundsätzlich* nur im Teil erfolgen.

■ 7.6 Anordnen von Bemaßungen

 Bemaßungen ordnen

Die Anordnung von Bemaßungen kann komfortabel über den Kontextmenü-Eintrag **BEMASSUNGEN ORDNEN** oder den nebenstehenden Button geschehen. Hierzu markiert man zunächst alle gewünschten Bemaßungen einer oder mehrerer Ansichten (sinnvollerweise geht man ansichtsweise vor) durch Mehrfachauswahl mit der [Strg]-Taste oder durch Ziehen eines Auswahlrahmens. Dann wird das Kontextmenü aufgerufen oder der Button gewählt.

Angezeigte Fanglinien werden nicht mit ausgedruckt. Sie können auch für nachträglich erzeugte Bemaßungen als Einrastlinien dienen. Die Zeichnung sollte jetzt in etwa so aussehen wie in Bild 7.19.

Bild 7.18 Bemaßungen ordnen

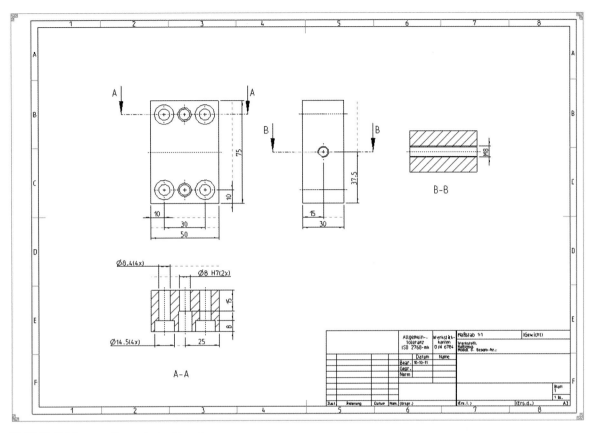

Bild 7.19 Zeichnung mit geordneten Bemaßungen

7.7 Ausgabe von Zeichnungen

Zur Ausgabe von Zeichnungen steht zum einen eine normale Druckfunktion, zum anderen eine Ausgabe im PDF-Format zur Verfügung. Dazu rufen Sie im Dateimenü den Schnellexport auf.

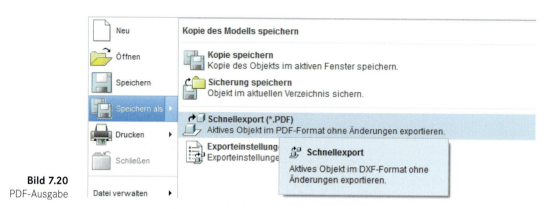

Bild 7.20 PDF-Ausgabe

Es empfiehlt sich, zuvor unter den Exporteinstellungen für PDF die einfarbige Darstellung zu aktivieren. Die generierte Zeichnung hat automatisch angepasste Linienstärken. Das Ergebnis im Falle der Konsole ist in Bild 7.21 zu sehen.

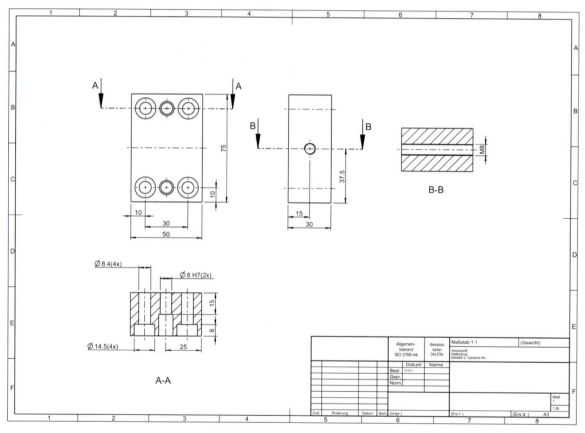

Bild 7.21 Zeichnung als PDF

8 Schnittstellen

8.1 Allgemeines

Schnittstellen (*engl.* interfaces) sind die »Türen«, durch die Daten zwischen dem CAD-System und seiner Umwelt ausgetauscht werden. Deshalb spricht man auch von der Benutzerschnittstelle, wenn beschrieben wird, wie der Benutzer mit dem System kommuniziert, also z. B. Befehle oder Daten eingibt oder Informationen des Systems entgegennimmt. Genau genommen haben Sie in den vorangegangenen Kapiteln des Buches die Benutzerschnittstelle von Creo Parametric kennengelernt.

Ein modernes CAD-System braucht aber noch andere Möglichkeiten des Datenaustausches. Viele Unternehmen arbeiten heute weltweit mit Zulieferern, Dienstleistern oder Kooperationspartnern zusammen. In den einzelnen Firmen, bei großen Unternehmen z. T. auch in den verschiedenen Abteilungen, kommen unterschiedliche CAD-Systeme, aber auch Softwaresysteme für verschiedene CAE-Arbeitsaufgaben (Simulation, Berechnung, Versuchsauswertung ...) zum Einsatz. Eine rationale Arbeitsweise erfordert es, die Daten direkt elektronisch zwischen den Systemen auszutauschen. Das Problem: Jedes System speichert die Daten intern in einer speziellen Datenbasis, d. h. in einer speziellen Art und Weise, auf welche die Verarbeitungsalgorithmen der Programme optimal abgestimmt sind. Die Datenbasen der einzelnen Systeme sind vollkommen unterschiedlich, ihr Aufbau und ihr Inhalt hängen natürlich auch von den Modellierungs- und Verarbeitungsmöglichkeiten der einzelnen Programme ab. Die externen Dateien zur Speicherung der Modelle, also z. B. die .prt-Dateien von Creo Parametric, sind praktisch Auszüge aus der internen Datenbasis.

Direktschnittstellen und neutrale Schnittstellen

Ein Datenaustausch zwischen verschiedenen Systemen ist auf zwei verschiedene Arten möglich:

a) Ein spezielles Programm formt die Daten eines Quellsystems in die Daten eines Zielsystems exakt so um, als ob die Daten im Zielsystem selbst entstanden wären. Man spricht dann von einer Direktschnittstelle. Creo Parametric besitzt solche Direktschnittstellen, z. B. zum CAD-System CATIA. Diese Art des Datenaustauschs besitzt folgende Vor- und Nachteile:

- Wenn die Modellierungsmöglichkeiten von Quell- und Zielsystem etwa übereinstimmen, ist ein verlustarmer und sicherer Datenaustausch möglich.
- Mittels eines Übertragungsprogramms erfolgt die Datenübertragung – allerdings nur in eine Richtung: von einem speziellen Quell- in ein spezielles Zielsystem.
- Bei Veränderungen (Weiterentwicklungen), insbesondere am Quellsystem, ist ein neues Übertragungsprogramm notwendig.

Bild 8.1 Direktschnittstelle

b) Es wird ein neutrales Format vereinbart, über das beliebige Systeme ihre Daten miteinander austauschen können. D.h., dass jedes System, das sich am Datenaustausch beteiligen will, in der Lage sein muss, seine Daten in das neutrale Format zu schreiben bzw. Daten im neutralen Format lesen zu können und in sein internes Format zu transferieren.

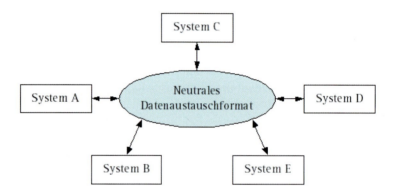

Bild 8.2 Neutrale Datenschnittstelle

Die Eigenschaften dieser Form des Datenaustauschs sind:

- Alle beteiligten Systeme können in jeder Richtung ihre Daten miteinander austauschen.
- Das neutrale Datenaustauschformat muss sehr umfassend sein, um den Anforderungen und Möglichkeiten aller Systeme entsprechen zu können.

Vor allem die zweite Eigenschaft macht das Problem in der Praxis schwierig.

Die Notwendigkeit, neutrale Schnittstellen zu schaffen, wurde bereits frühzeitig erkannt, und erste Lösungen wurden entwickelt.

Zur Übertragung dreidimensionaler Modelldaten wurden mehrere Schnittstellen entwickelt. Einige, die auch Creo Parametric anbietet, sollen im Folgenden kurz erwähnt werden.

IGES

IGES steht für Initial Graphics Exchange Specification. 1981 wurde IGES in der Version 1.0 vom U.S. National Bureau of Standards als standardisierte, systemunabhängige Schnittstelle für den Austausch produktdefinierender Daten zwischen verschiedenen CAD-Systemen in Kraft gesetzt. Die Entwicklung wurde bis zur Version 5.3 fortgesetzt, die von 1996 bis zum Jahr 2006 amerikanischer Standard war. Seitdem wird IGES nicht mehr weiterentwickelt. Die meisten CAD-Systeme sind heute mit IGES-Schnittstellen ausgestattet.

VDA

Die sogenannte VDA-Flächenschnittstelle (VDA-FS) wurde vom Verband der deutschen Automobilindustrie insbesondere zum Austausch von 3D-Flächenbeschreibungen, die z. B. für Karosseriedaten eine Rolle spielen, geschaffen. Im Prinzip handelt es sich um eine Untermenge der IGES-Spezifikation 5.1.

DXF

DXF ist ein früh von der Firma Autodesk spezifiziertes Datenformat, speziell für den Datenaustausch mit dem Programm AutoCAD. Obwohl heute auch Daten von Volumenelementen und Freiformflächen übertragen werden können, wird das Format meist für den Austausch (zweidimensionaler) Zeichnungsdaten zwischen verschiedenen CAD- oder Publishing-Systemen benutzt.

STEP (Standard of the Exchange of Product Model Data)

Aufgrund der bestehenden Mängel der bekannten Schnittstellenformate wurde 1984 auf der Ebene der Internationalen Standardisierungsorganisation (ISO) ein Komitee gegründet, das sich das Ziel stellte, einen einzigen, weltweit akzeptierten Standard für Produktmodelldaten zu schaffen. Darunter fallen nicht nur geometrische Daten, sondern alle zum Produktlebenszyklus gehörenden Daten.

STEP wurde 1993 internationale ISO-Norm und ist als Norm DIN ISO 10303 auch Bestandteil des deutschen Normenwerkes. STEP wird ständig weiterentwickelt und ist damit die gegenwärtig modernste und leistungsfähigste Schnittstelle.

8.2 Schnittstellen in Creo Parametric

Creo kann Daten in den oben genannten Formaten sowohl exportieren als auch importieren. Sollen die Daten eines Creo-Modells in einem neutralen Format ausgegeben werden, gelangt man über die Befehlsfolge DATEI∇ → SPEICHERN ALS → KOPIE SPEICHERN zum nachfolgenden Fenster.

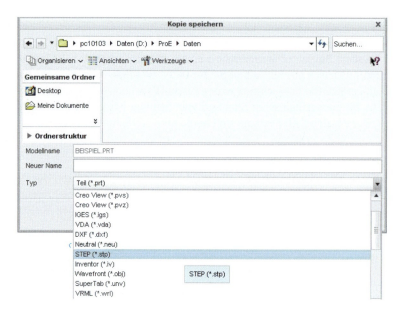

Bild 8.3 Export-Schnittstellen in Creo Parametric

In Bild 8.3 findet man u. a. die bereits beschriebenen Schnittstellen IGES, DXF, VDA und STEP. Bei den anderen Menüelementen handelt es sich vorwiegend um den Aufruf von Direktschnittstellen zu anderen CAD- oder FEM-Programmen.

Nach der Auswahl eines entsprechenden Menüelementes wird der Nutzer aufgefordert, den Namen der Schnittstellen-Datei einzugeben. Standard ist der Name des Creo Parametric-Modells, ergänzt um die Dateinamenserweiterung für die entsprechende Schnittstelle, also z. B. .stp für STEP oder .igs für IGES. Dann erscheint ein Fenster, in dem angegeben werden kann, welche Geometrieelemente übertragen und welches Koordinatensystem verwendet werden soll. In Bild 8.4 wird das Fenster für die STEP-Schnittstelle gezeigt, die Fenster der anderen genannten Schnittstellen sind sehr ähnlich.

Wurden die entsprechenden Einstellungen vorgenommen und **OK** gedrückt, wird sofort die Schnittstellen-Datei ins eingestellte Arbeitsverzeichnis geschrieben.

Bild 8.4 Unterfenster zur STEP-Exportschnittstelle

In der Regel handelt es sich bei den Schnittstellen-Dateien um Dateien im ASCII-Format, d. h. im Quelltext lesbare Dateien. Außerdem schreibt Creo Parametric eine sog. Log-Datei, in der vermerkt wird, mit welchem Ergebnis die Erzeugung des neutralen Datenformates durchgeführt wurde, z. B. wie viele Geometrieelemente der verschiedenen Arten übertragen wurden. Diese Datei kann dem erfahrenen Anwender in schwierigen Fällen Hinweise geben, wenn eine Datenübertragung nicht zufriedenstellend erfolgte.

Selbstverständlich bietet Creo Parametric auch die Möglichkeit, Daten aus einem neutralen Format oder über eine Direktschnittstelle aus einem anderen System zu importieren.

Mit dem Befehl **MODELL → DATEN ABRUFEN**▽ **→ IMPORTIEREN** wird ein Objekt aus einer Schnittstellen-Datei zu einem aktuell bearbeiteten Objekt hinzugefügt. Zur Auswahl stehen im Wesentlichen die Datenformate, die auch für den Export verwendet werden. Im Modellbaum erscheint das importierte Objekt als Konstruktionsfeature mit der Bezeichnung *Import-KE*.

Es besteht auch die Möglichkeit, über die Befehlsfolge **DATEI → ÖFFNEN** ein Objekt aus einer Schnittstellen-Datei in Creo zu importieren. Dabei ist der Typ des zu importierenden Objektes anzugeben, z. B. also *stp* für STEP. Nur Dateien, die diesem Typ entsprechen, werden anschließend im Auswahlfenster angezeigt. Nach der Bestätigung mit **OK** öffnet sich das Fenster aus Bild 8.5. Unter dem Eintrag *Name* kann eine Bezeichnung für das neue Creo-Modell angegeben werden. Standardmäßig würde die Datei `PRT0001.prt` heißen. Wie bereits mehrfach erwähnt, ist es sinnvoll, dem Modell einen »sprechenden« Namen zu geben, der das Wiederauffinden erleichtert.

Bild 8.5
Erzeugen eines neuen Creo-Modells durch Öffnen einer Schnittstellen-Datei

8.3 Die STL-Schnittstelle

Vornehmlich im Rapid-Prototyping-Bereich wird die STL-Schnittstelle (Standard Triangulation Language oder auch Surface Tesselation Language) genutzt. Voraussetzung ist das Vorhandensein eines 3D-Volumenmodells mit einer allseitig geschlossenen Oberfläche. In der STL-Schnittstelle wird diese Oberfläche und damit die Geometrie des Objektes durch ebene Dreiecke approximiert. Die Beschreibung ist damit unabhängig von der Konstruktionsgeschichte des Objektes und natürlich auch vom CAD-System, in dem es konstruiert wurde. Dadurch eignet sich die STL-Schnittstelle als neutrale Schnittstelle zwischen beliebigen CAD- und Rapid-Prototyping-Systemen.

Durch eine hinreichend feine Dreiecks-Unterteilung können auch gekrümmte Flächen gut angenähert werden.

Wählt man in Creo Parametric als Export-Format STL, erscheint das in Bild 8.6 wiedergegebene Fenster.

Mit *Sehnenhöhe* wird die Feinheit der Dreiecksvernetzung gesteuert. Je kleiner die Sehnenhöhe angegeben wird, desto geringer ist die Abweichung der dreieckvernetzten Oberfläche von der realen Bauteiloberfläche; desto größer ist aber auch die Anzahl der verwendeten Dreiecke und damit die Dateigröße. Die Angabe erfolgt in der Maßeinheit des Modells, also z. B. in mm. In Bild 8.7 wird der Einfluss des Parameters schematisch gezeigt. Vernetzt wird eine Kugel von 100 mm Durchmesser mit drei unterschiedlichen Einstellungen für die Sehnenhöhe.

Bild 8.6 Exportfenster der STL-Schnittstelle

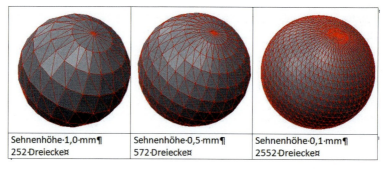

Bild 8.7 Einfluss des Parameters *Sehnenhöhe* auf die Vernetzung

Der Wert für *Winkelsteuerung* hat folgende Bedeutung: Wenn in Ihrem Modell neben »normalen« Rundungen auch solche mit vergleichsweise kleinen Radien vorkommen, dann würden diese, entsprechend der eingegebenen Sehnenhöhe, sehr grob approximiert. Ausschlaggebend ist ein Wert, der in Creo Parametric als *Partsize* (Bauteilgröße) bezeichnet wird. Das ist die Diagonale eines gedachten Quaders, der das Bauteil umschreibt. *Winkelsteuerung* wird auf Abrundungen mit einem Radius r angewandt, der kleiner als *Partsize*/10 ist:

$$r < \frac{\text{partsize}}{10} = r_0 \tag{8.1}$$

Die zulässige *Sehnenhöhe* wird für solche Kurven um den Faktor

$$\left(\frac{r}{r_0}\right)^{\text{Winkelsteuerung}} \tag{8.2}$$

verringert.

Winkelsteuerung kann im Bereich von 0 bis 1,0 liegen; bei 0 ergibt sich keine Verbesserung, der Faktor nach Gl. (8.2) wird 1.

9 Überblick über Creo Simulate

An technische Konstruktionen werden heute hohe Anforderungen gestellt. Maschinen werden immer leistungsfähiger, gleichzeitig sind ökonomische und ökologische Aspekte zu berücksichtigen. Das bedingt, dass Material sparsam eingesetzt wird. Sparsamer Materialeinsatz und damit auch geringes Gewicht der bewegten Bauteile erlauben es, Maschinen energieeffizienter zu betreiben und knapper werdende Ressourcen zu schonen. Ebenso wichtig ist es, eine sichere Funktion zu gewährleisten. Sicherheit bedeutet in diesem Fall nicht nur, Schäden an Menschen oder Sachen zu verhindern, also Gefahrenfreiheit, sondern auch funktionale Sicherheit, also eine störungsfreie, zuverlässige Funktion zu gewährleisten.

All diese Aspekte zu berücksichtigen, ist für die Hersteller technischer Systeme ein wesentlicher Erfolgsfaktor. Es genügt nicht mehr, einfach zu konstruieren und sich darauf zu verlassen, dass die vorhandene Erfahrung schon ausreichen wird, dass das System alle Vorgaben erfüllt. Eine vorausschauende Analyse der mechanischen Eigenschaften der zu entwickelnden Systeme ist schon konstruktionsbegleitend notwendig. Einfache Konstruktionsregeln oder Handrechnungen reichen dazu bei anspruchsvollen Systemen nicht mehr aus. Sie können nur ein grobes, ungenaues Bild des Systemverhaltens unter realen Betriebsbedingungen vermitteln.

Aus diesem Grund wurden, ausgehend von Industriezweigen wie der Luft- und Raumfahrt oder dem Automobilbau, wo die oben genannten Anforderungen im besonderen Maße zu beachten sind, rechnergestützte Analysemethoden entwickelt und breit eingesetzt. Einhergehend mit der zunehmenden Leistungsfähigkeit des Computers wurden die physikalischen und mathematischen Grundlagen dieser Analysemethoden ständig weiterentwickelt und in anwendungsfähige Softwareprodukte umgesetzt.

Dabei wurden diese Produkte zwar immer leistungsfähiger, gleichzeitig aber setzte ihre Anwendung immer speziellere Fachkenntnisse voraus, so dass sie häufig nur durch Spezialisten erfolgen konnte. Die Folge ist eine Aufgabentrennung zwischen »Konstrukteur« und »Berechner«, der nach Vorgaben des Konstrukteurs einen virtuellen Prototypen, ein Berechnungsmodell, entwickelt und daran eine Simulation des mechanischen Verhaltens von Bauteilen oder Baugruppen vornimmt. Die Aufgabentrennung zwischen Konstrukteur und Berechner führt oft zu Verständigungsschwierigkeiten und zwangsläufig zu Zeitverzug, vor allem dann, wenn wiederholte Änderungen notwendig werden, um das Konstruktionsobjekt iterativ einem optimalen Entwurf anzunähern.

Daraus ergab sich die Forderung, Simulationssoftware zur Verfügung zu stellen, die es auch Konstrukteuren ohne Spezialkenntnisse der Mathematik und Mechanik ermöglicht, konstruktionsbegleitende Berechnungen durchzuführen, wenn notwendig schnell Änderungen vorzunehmen und die Auswirkungen dieser Veränderungen zu beurteilen. Der spezialisierte Berechnungsingenieur wird dadurch nicht überflüssig, denn ihm bleibt es vorbehalten, die wirklich »kniffligen« oder grundsätzlichen Probleme zu behandeln.

Eine Voraussetzung für die Entwicklung der beschriebenen Systeme, die unmittelbar im Konstruktionsprozess eingesetzt werden können, war das Aufkommen von 3D-CAD-Systemen. Eine Simulation kann man nur anhand eines Simulationsmodells durchführen. Dieses muss nach den Vorgaben des zu verwendenden Softwaresystems geschaffen und in den Computer eingegeben werden. Gerade dieser Schritt ist aufwändig und erfordert die o. g. Spezialkenntnisse des Berechnungsingenieurs. Die Überlegung ist einfach: wenn in einem 3D-CAD-System bereits eine komplette Beschreibung der Geometrie des Simulationsobjektes vorhanden ist, ist es für den Konstrukteur auf einfache Art möglich, computerunterstützt das Simulationsmodell zu erstellen. Die eigentliche Berechnung wird dann ohnehin von der Simulationssoftware erledigt. Nur die Ergebnisse sollten wieder auf möglichst einfache Art, ingenieurgemäß aufbereitet, bereitgestellt werden.

Das System Creo der Firma PTC bietet diese Möglichkeiten. Ausgehend von der 3D-CAD-Geometrie in Creo Parametric, deren Erstellung Sie in den vorhergehenden Kapiteln kennen gelernt haben, wird eine ganze Reihe von Zusatzlösungen für die Konstruktionssimulation bereitgestellt. Creo Simulate ist sowohl als eigenständige Lösung als auch als Erweiterung für Creo Parametric erhältlich.

Zurzeit gehören folgende Lösungen zum Funktionsumfang von Creo Simulate:

- Creo Simulation Extension
- Creo Advanced Simulation Extension
- Creo Mechanism Dynamics Extension
- Creo Tolerance Analysis Extension
- Creo Behavioral Modeling Extension
- Creo Manikin Analysis Extension
- Creo Spark Analysis Extension
- Creo Fatigue Advisor
- Creo Plastic Advisor

Die Beschreibung all dieser Softwarekomponenten würde den Rahmen dieses Buches sprengen. Vielmehr soll auf die ersten drei der oben genannten Komponenten eingegangen werden, die, zumindest teilweise, auch Bestandteil der Schulungsversion (Creo Parametric Education Edition) sind.

Creo Simulation Extension bzw. Creo Advanced Simulation Extension

Inhalte beider Module sind Bestandteil der Schulungsversion von Creo. Aus dem Hauptmenü von Creo Parametric gelangt man über die Befehlsfolge **APPLIKATIONEN → SIMULIEREN** auf die Startseite von *Simulate*.

Bild 9.1
Aufruf von Simulate

Hier kann entweder der Modus *Structure* oder der Modus *Thermal* gewählt werden. Das Bild 9.1 zeigt das Menü im Modus *Structure*.

Der Modus Structure

STRUCTURE deutet darauf hin: Hier geht es um Strukturanalysen. Die Bezeichnung Strukturanalyse hat sich für die Berechnung tragender Bauteile bzw. Baugruppen mit Hilfe bestimmter Näherungsverfahren eingebürgert, bei denen das reale Bauteil durch eine Struktur vereinfachter Elemente ersetzt wird. Das bekannteste Verfahren zur Strukturanalyse ist die Methode der finiten Elemente, die mit dem in Creo Simulate verwendeten Verfahren große Gemeinsamkeiten hat.

Im Folgenden soll ein kurzer Überblick gegeben werden, welche Berechnungen man mit *STRUCTURE* ausführen kann, und welche Fragen diese Berechnungen beantworten.

Statische Analysen

Mit Hilfe einer statischen Analyse kann der Ingenieur grundlegenden Fragen beantworten, z. B.

- Wie verformt sich mein Bauteil unter einer vorgegebenen Belastung?
- Wo befindet sich die Stelle, an der die höchsten Spannungen auftreten, und wie groß sind diese?
- Wie hoch darf die Belastung des Teils sein, bevor die für das verwendete Material maximal zulässigen Spannungen erreicht werden?

Als Belastungen treten hier zeitlich konstante, von außen auf das Bauteil einwirkende Kräfte und Momente, aber auch Belastungen durch das Eigengewicht des Bauteiles oder durch Fliehkräfte, z. B. bei einer Rotation des Teiles, auf.

Bestandteil einer statischen Analyse kann auch eine Kontaktanalyse sein, bei der die sich ergebende Kraftwirkung zwischen zwei im Kraftfluss befindlichen Bauteilen einer Baugruppe berechnet wird.

Modal- und Schwingungsanalysen

Jedes reale Bauteil ist zu Schwingungen fähig. Diese Tatsache spielt insbesondere dann eine Rolle, wenn das Bauteil im normalen Betrieb zum Schwingen angeregt wird, wie z. B. die Bestandteile eines Automobils durch die ständigen Erschütterungen im Fahrbetrieb oder eine Maschine durch periodisch wiederkehrende Bearbeitungskräfte.

Durch eine Modalanalyse können die Eigenfrequenzen eines schwingungsfähigen Systems berechnet werden. Die Kenntnis der Eigenfrequenzen ist deshalb wichtig, weil das System dann, wenn die Frequenz der Schwingungsanregung etwa mit einer Eigenfrequenz übereinstimmt, in Resonanz gerät. Es schwingt dann besonders intensiv, was zu unzulässig großen Schwingungsausschlägen, Dauerbrüchen oder zumindest unangenehmen Geräuschen führen kann.

Mit einer Schwingungsanalyse kann außerdem z. B. die Frage beantwortet werden, mit welcher Amplitude das System schwingt, wenn es durch eine zeitabhängige Erregerkraft angeregt wird. Stark beeinflusst wird das Schwingungsverhalten durch die Dämpfungseigenschaften des Systems, die i. A. schwierig zu bestimmen sind. Um Schwingungsanalysen durchführen zu können, muss man vertiefte Kenntnisse der Schwingungstechnik bzw. der Maschinendynamik besitzen. In diesem Buch wird deshalb nur auf Modalanalysen eingegangen.

Der Modus Thermal

THERMAL ist für Wärmeanalysen verantwortlich. *STRUCTURE* und *THERMAL* sind eng miteinander verbunden, denn sie verwenden das gleiche geometrische Modell, nur die von außen auf das Bauteil einwirkenden Einflüsse sind andere. Während es sich bei *STRUCTURE* i. A. um mechanische Lasten handelt, sind es bei *THERMAL* Wärmelasten, die Spannungen und Deformationen im Bauteil hervorrufen. Außerdem ist es mit *THERMAL* möglich, die Temperaturverteilung und den Wärmefluss im Bauteil zu berechnen, und zwar sowohl stationär, d. h. unabhängig von der Zeit, als auch transient, d. h., hier wird der zeitliche Verlauf dieser Größen betrachtet.

Die Möglichkeit von Wärmeanalysen soll hier ebenfalls nur angedeutet werden. Auch darauf werden wir in den weiteren Ausführungen nicht weiter eingehen.

Creo Mechanism Dynamics Extension

Zu diesem Modul gelangt man über das Mechanismus-Icon im Applikationen Menü.

Bild 9.2 Aufruf des Mechanismus-Moduls

Ein Mechanismus (Getriebe) dient zum Übertragen oder Umformen von Bewegungen und Kräften oder zum Führen von Punkten eines Körpers auf bestimmten Bahnen. Aus Sicht von Creo handelt es sich dabei um eine Baugruppe aus beweglich miteinander verbundenen Teilen, deren Bewegungsmöglichkeiten durch die Art ihrer Verbindungen (Gelenke) bestimmt werden. Die Komponente *Creo Mechanism Dynamics Extension* bietet die Möglichkeit, kinematische Analysen durchzuführen, aber auch die Kinetik, d. h. das Gleichgewicht von Kräften und Momenten am bewegten System zu berechnen. Die vielfältigen Bewegungen an Mechanismen jeglicher Art können damit analysiert werden.

Der Konstrukteur kann sich mit Hilfe einer kinematischen Analyse vergewissern, ob sich die Glieder des Mechanismus kollisionsfrei auf vorgeschriebener Bahn bewegen. Die kinetische Analyse beantwortet z. B. die Frage, welche Kräfte oder Momente notwendig sind, um den Mechanismus mit vorgegebener Beschleunigung oder Geschwindigkeit zu bewegen, oder umgekehrt, welcher Bewegungszustand sich unter der Wirkung vorhandener Kräfte bzw. Momente einstellt.

Creo Mechanism Dynamics Extension wird im folgenden Kapitel 10 näher behandelt, die Kapitel 11 bis 16 werden sich mit dem Modus *Structure* von Creo Simulate beschäftigen.

Wie Sie sehen, werden wir uns nur mit einem relativ kleinen Teil aller Berechnungsmöglichkeiten befassen, die Creo Simulate bietet, nämlich denen, welche die Berechnung mechanisch beanspruchter Konstruktionsbauteile betreffen.

Selbst das ist ein umfangreiches und anspruchsvolles Gebiet, in das wir nur einführen können. Aber da bekanntlich der erste Schritt immer der schwerste ist, sollen die folgenden Ausführungen und Beispiele Sie dabei unterstützen, diesen Schritt zu gehen. Es wird Ihnen dann leichter fallen, sich bei Notwendigkeit und Bedarf selbstständig in weitere, speziellere Inhalte einzuarbeiten.

10 Einführung in das Modul Creo Mechanism Dynamics Extension

Im folgenden Abschnitt wird das Programmmodul *Creo Mechanism Dynamics Extension* vorgestellt. Es dient dazu, Bewegungsabläufe von Mechanismen zu analysieren und darzustellen.

 Definition Mechanismus: Ein Mechanismus (Getriebe) ist eine mechanische Einrichtung zum Übertragen (Wandeln oder Umformen) von Bewegungen und Kräften oder zum Führen von Punkten eines Körpers auf bestimmten Bahnen. Er besteht aus beweglich miteinander verbundenen Teilen (Gliedern), wobei deren gegenseitige Bewegungsmöglichkeiten durch die Art der Verbindungen (Gelenke) bestimmt sind. Ein Glied ist stets ortsfester Bezugskörper (Gestell).

Es lassen sich Verbindungen zwischen Bauteilen bzw. Baugruppen mit den jeweils gewünschten Freiheitsgraden erzeugen. So kann man z. B. Dreh- oder Schubgelenke modellieren. Die Mechanismen können von »Motoren« mit einer Vielzahl unterschiedlicher Kennlinien angetrieben werden. Des Weiteren stehen als Modellierungselemente auch Federn und Dämpfer sowie Kraft-/Momentbelastungen zur Verfügung. Reibung und Gravitation können berücksichtigt werden.

So definierte Mechanismen lassen sich dann z. B. hinsichtlich der auftretenden inneren und äußeren Belastungen, Beschleunigungen und Geschwindigkeiten analysieren, wobei die Ergebnisse grafisch dargestellt werden können.

Es lassen sich auch komplette Bewegungsabläufe animiert darstellen und als `.mpg`-Film exportieren.

10.1 Modellierung eines Mechanismus in Creo Parametric

Als Einführungsbeispiel wird eine stark vereinfacht gezeichnete Hebeeinrichtung analysiert. Sie besteht aus einer Grundplatte, einem Pneumatikzylinder (der wiederum aus einem Zylinder und einer Kolbenstange zusammengesetzt ist), zwei Armen und einer Plattform mit einer Last.

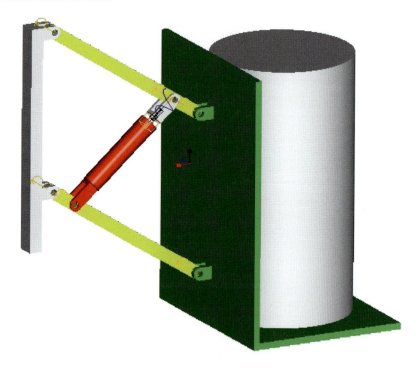

Bild 10.1 Hebeeinrichtung

Zunächst werden die Einzelteile, die auf der Download-Seite gefunden werden können (`21_gestell`, `22_arm`, `23_plattform`, `24_zylinder`, `25_kolben`), zu einer Baugruppe (`20_mechanismus`) zusammengefügt. Beim Einbau der Komponenten ist die Vorgehensweise aber schon anders als gewohnt. Im Regelfall wird die Einbauposition eines Teils bzw. einer Unterbaugruppe über die Komponentenplatzierung definiert, d. h. nur über Beziehungen wie Gegenrichten, Ausrichten usw. Im Falle einer Baugruppe, die im Programmmodul *Mechanismus* analysiert werden soll, gilt dies nur für die erste, ortsfeste Komponente, also im vorliegenden Beispiel das Gestell.

Bild 10.2 Platzierung der ersten Komponente (Gestell)

Fortgesetzt wird mit dem Einbau der Arme. Dies kann zunächst auf die gewohnte Weise, durch Ausrichten der beiden entsprechenden Bohrungsachsen und durch Gegenrichten zweier Flächen, geschehen. Danach muss diese Platzierung jedoch in eine gelenkige Verbindung (siehe Kapitel 6.4.1) umgewandelt werden.

Dies erfolgt durch den nebenstehenden Button. Wenn Platzierungsbedingungen gegeben sind, die eine eindeutige Verbindungsart darstellen, so wird diese automatisch erzeugt. Eine Rückumwandlung in Platzierungsbedingungen ist mit dem gleichen Button möglich. Die Umwandlung von Platzierungsbedingungen in Gelenke und umgekehrt ist nur möglich, wenn das Auswahlfeld *Annahmen zulassen* deaktiviert ist. Das Auswahlfeld ist in Bild 10.3 nicht sichtbar, da der -Button hier schon gewählt wurde. Wenn sichtbar, erscheint es rechts unten im Platzierungsfenster unter *Status*.

In unserem Fall würde automatisch ein Drehgelenk erzeugt werden. Eine Platzierung ohne das Gegenrichten hätte z. B. ein Zylindergelenk definiert, das als zusätzlichen Freiheitsgrad eine Verschiebung in Axialrichtung zulässt.

Diese Vorgehensweise funktioniert allerdings nicht immer wie gewünscht. Wenn die Teile bereits platziert sind, ist es vielfach einfacher, die Platzierung zu löschen und durch eine Gelenkdefinition zu ersetzen. Das Bauteil bleibt hierbei trotz Löschen an der zuvor definierten Position.

 TIPP: Sinnvoller ist es, anstelle einer starren Verbindung die Option *Drehgelenk* aufzurufen und direkt Gelenke zu definieren. Diese Vorgehensweise sollte bei Baugruppen, die von vornherein zur Analyse mit Creo *Mechanismus* vorgesehen sind, die Regel sein.

Im nächsten Schritt sollen deshalb die Arme unter Verwendung von Drehgelenken eingebaut werden. Hierbei ist auf die Position der Anschlüsse für den Zylinder (Bild 10.1) zu achten. Zur Vorgehensweise: Bei der Definition von Drehgelenken müssen zwei Festlegungen vorgenommen werden. Es müssen zwei Achsen sowie ein Versatz in axialer Richtung definiert werden.

In unserem Fall wählt man im ersten Schritt die entsprechenden Achsen des Armes und des Gestells bzw. die zylindrischen Flächen in den Bohrungen aus und im zweiten Schritt zwei gegenzurichtende Flächen (siehe Bild 10.3).

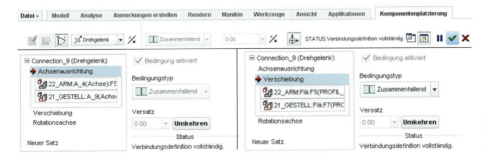

Bild 10.3
Platzierung des ersten Armes

Die Arme sollten schon mehr oder weniger wie gewünscht ausgerichtet sein. Hierzu müssen sie eventuell manuell rotiert werden. Dies geschieht nach der Definition der Drehgelenke über die Registerkarte *Bewegen* und den Menüpunkt *Rotieren*. Wenn man die Komponente mit anklickt, »hängt« sie an der Maus und kann rotiert werden. In der gewünschten Position wird sie dann durch abgelegt. Alternativ kann das Bewegen mit abgebrochen werden.

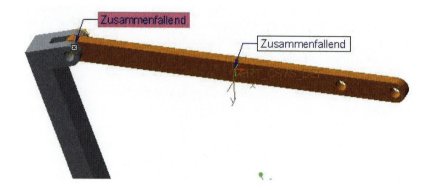

Bild 10.4
Oberer Arm eingebaut

TIPP: Die Bezeichnungen der Achsen sollten »sprechende« Namen sein, um sie bei späteren Modifikationen am Modell eindeutig identifizieren zu können.

Bild 10.5
Das Gelenk »Connection_9« (Bild 10.3) wird umbenannt in »Gestell_Arm_oben«

Hierzu gibt man den Namen unter *Satzname* ein und beendet die Eingabe mit der Eingabetaste (bzw. Enter- oder Return-Taste).

Nach den Armen folgt der Einbau der Plattform mittels zweier Drehgelenke. Das Ergebnis sollte wie in Bild 10.6 aussehen.

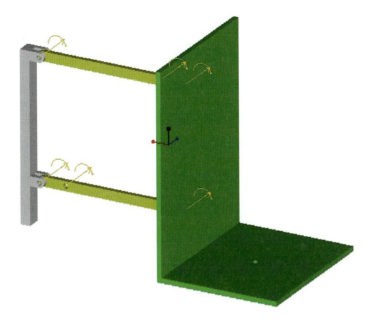

Bild 10.6
Zwischenergebnis nach Einbau zweier Arme und der Plattform

Nun fehlen noch die Kolbenstange, die Last und der Zylinder. Zylinder und Kolben werden zunächst ebenfalls über Drehgelenke mit den Armen verbunden.

Als Letztes muss nun noch die Verbindung zwischen dem Zylinder und der Kolbenstange hergestellt werden. Hierfür wird ein Schubgelenk definiert. Zur *Achsenausrichtung* werden die Achsen des Kolbens und des Zylinders ausgewählt. Um die Flansche von Zylinder und Kolben parallel auszurichten, wird bei der zweiten Platzierungsbedingung unter *Rotation* je eine Flanschfläche von Kolben und Zylinder als *Zusammenfallend* definiert. Zuvor sollten der Kolben und der Zylinder, wie zuvor bereits beschrieben, grob in die gewünschte Position bewegt werden.

Insgesamt gibt es nunmehr folgende Verbindungen:

- Gestell: Komponente an Standardposition eingebaut
- Oberer Arm: *Drehgelenk Gestell_Arm_oben*
- Unterer Arm: *Drehgelenk Gestell_Arm_unten*
- Plattform: *Drehgelenk Plattform_Arm_oben* und *Drehgelenk Plattform_Arm_unten*
- Gewicht: Starr eingebaut durch Gegenrichten zweier Flächen und Ausrichten der zylindrischen Außenfläche des Gewichtes und der kleinen Bohrung in der Plattform
- Zylinder: *Drehgelenk Zylinder_Arm_unten*
- Kolben: *Drehgelenk Kolben_Arm_oben* und *Schubgelenk Kolben_Zylinder*

10.2 Ziehen

Mit der Funktion *Ziehen* kann zunächst die Kinematik überprüft werden. Hierzu klickt man mit der linken Maustaste auf eine zu ziehende Komponente, z. B. die Plattform. Nun kann man die Komponente durch Mausbewegung ziehen. Dabei bewegen sich alle Glieder des Mechanismus im Rahmen der durch die Gelenke vorgegebenen Freiheitsgrade.

Als störend erweist sich der Umstand, dass der Zylinder keine Wegbegrenzung hat und demzufolge unrealistische Bewegungen möglich sind. Außerdem werden Durchdringungen ignoriert. Diesen Mangel werden wir im folgenden Abschnitt beheben.

Komponenten ziehen

Das Ziehen wird mit dem nebenstehenden Button aktiviert. Gleichzeitig öffnet sich das in Bild 10.7 gezeigte Fenster.

Durch Mausklick auf das Kamerasymbol oben links kann ein *Schnappschuss* erzeugt werden. Dieser bezieht sich auf die aktuelle Stellung der Gelenkachsen und nicht auf die Ansicht auf dem Bildschirm. Solche Schnappschüsse sind bei der, im weiteren Verlauf noch erwähnten, Definition von Anfangsbedingungen von Bedeutung. Schnappschüsse erhalten standardmäßig die Bezeichnungen *Snapshot1* usw. Wie bereits dargelegt, ist es zweckmäßig, solche durch Creo automatisch vergebene Namen durch sprechende zu ersetzen, um im weiteren Verlauf der Arbeit am Modell stets den notwendigen Überblick zu behalten. In Bild 10.7 wird gerade der markierte Name *Snapshot1* durch *oben* ersetzt. Nach Drücken der

Bild 10.7 Menü Ziehen mit geöffnetem Untermenü *Schnappschüsse*

Enter-Taste wird die Bezeichnung überschrieben. Durch Doppelklick auf einen der in der Liste enthaltenen Schnappschüsse springt der Mechanismus in die dadurch bezeichnete Lage.

Mit ⊞ beendet man das *Ziehen*. Alternativ kann man es auch mit ⊞ abbrechen oder mit ⊞ abbrechen und gleichzeitig das Tool *Ziehen* beenden.

10.3 Gelenkachs-Einstellungen

Die Gelenkachs-Einstellungen innerhalb der Verbindungsdefinition bieten die Möglichkeit, die Endlagen von Bewegungen zu definieren. Im vorliegenden Beispiel soll der Zylinder einen Hub von 100 mm haben.

Hierzu werden entweder schon bei der Definition des Schubgelenkes oder durch späteres Editieren folgende Einstellungen festgelegt (Bild 10.8).

Bild 10.8
Gelenkachs-Einstellungen

Im Unterpunkt *Translationsachse* werden zunächst Referenzflächen angegeben. Im vorliegenden Fall sind dies die Stirnflächen des Kolbens und des Zylinders. Im ausgefahrenen Zustand soll der Abstand 0 betragen und im eingefahrenen demzufolge –100 mm. Diese Werte sind als Grenzwerte einzugeben.

Mit dem Button **DYNAMISCHE EIGENSCHAFTEN** öffnet sich ein Untermenü, über das man zusätzlich noch Reibung definieren und den *Restitutionskoeffizienten* angeben kann.

 DEFINITION RESTITUTIONSKOEFFIZIENT

Der Restitutionskoeffizient, auch Stoßzahl genannt, gibt das Verhältnis der Geschwindigkeiten nach und vor einem Stoß an. Er kann zwischen 0 und 1 liegen. Der Standardwert in Creo ist Null.

Wenn man nun nochmals den Menüpunkt *Ziehen* aufruft und die Kolbenstange bewegt, so ist die Bewegung nur noch in den nunmehr definierten Grenzen möglich. Damit ist die Geometrie unserer Mechanismus-Baugruppe vollständig definiert.

10.4 Erste Schritte im Modul Mechanismus

Nachdem im Modul *Standard* die Verbindungen definiert wurden, kann man nun über den Menüpunkt *Applikationen* in das Modul *Mechanismus* wechseln. Ein nachträgliches Modifizieren einer bestehenden Baugruppe nach dem vorangehend erklärten Muster ist jederzeit möglich. Eine Analyse der Kinematik ist also auch bei solchen Baugruppen, die in der Vergangenheit ohne Berücksichtigung der Anforderungen des *Mechanismus*-Moduls erstellt wurden, möglich.

Nach Aufruf des Moduls (vgl. auch Bild 9.2) stehen im Hauptmenü folgende Einträge zur Verfügung.

Bild 10.9 Mechanismus-Hauptmenü

Die meisten der gezeigten Buttons sind bereits durch eine Wortangabe bezeichnet. Auf ihre Verwendung wird im Folgenden eingegangen.

Neben dem in Bild 10.9 gezeigten *Mechanismus*-Hauptmenü findet sich nach Aufruf des *Mechanismus*-Moduls als wesentliches Element am linken Bildschirmrand der in Bild 10.10 dargestellte »*Mechanism Baum*«.

Die mit ▸-Symbol gekennzeichneten Einträge enthalten Untereinträge, die durch Anklicken des Symbols sichtbar werden. Nach 🖱 auf den jeweiligen Eintrag öffnet sich das im Bild 10.10 ebenfalls sichtbare Kontextmenü. In dem im Bild dargestellten Beispiel wäre es z. B. möglich, die Gelenkachs-Einstellungen des Schubgelenkes »Kolben_Zylinder« zu editieren oder der Achse eines der genannten Elemente *Servomotor*, *Linearmotor*, *Feder* oder *Dämpfer* zuzuordnen. Auf diese Elemente wird im nächsten Kapitel näher eingegangen.

Nach Auswahl des Menüpunktes *Definition editieren* gelangt man zu einem Fenster, das inhaltlich dem in Bild 10.8 gezeigten entspricht.

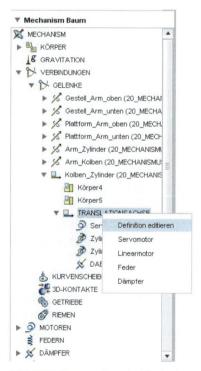

Bild 10.10 Baumstruktur der Mechanismus-Elemente

10.5 Antriebe definieren

Wir erinnern uns, dass sich hinter dem *Mechanismus*-Modul die Komponente *Creo Mechanism Dynamics Extension* verbirgt. Sinn dieser Komponente ist es, die Dynamik von Mechanismen zu untersuchen, also den Zusammenhang zwischen dem Bewegungsverhalten und den auf den Mechanismus einwirkenden Kräften und Momenten. In der Regel werden Antriebe zur Verursachung einer Bewegung eingesetzt.

Im Modul *Mechanismus* stehen zwei Antriebsarten zur Verfügung: Servomotoren und Linearmotoren. Die Bezeichnungen sind aber nicht mit den in der Technik gebräuchlichen (Definitionen siehe Hinweiskästen) identisch!

Definition Servomotor: Unter einem Servomotor versteht man eigentlich einen Elektromotor, der mit einer Einrichtung versehen ist, die eine Bestimmung der aktuellen Position ermöglicht und der in einem geschlossenen Regelkreis betrieben wird.

Definition Linearmotor: Ein Linearmotor ist ebenfalls ein elektrischer Antrieb, der allerdings nur translatorische Bewegungen ausführen kann. Ein Beispiel hierfür ist der Transrapid-Antrieb.

Die Terminologie im Modul *Mechanismus* weicht von diesen Definitionen ab:

Hier können sowohl Servo- als auch Linearmotoren translatorische und rotatorische Achsen antreiben, und es kann sich selbstverständlich auch um hydraulische oder pneumatische Antriebe handeln und nicht nur um elektrische.

Die Unterschiede zwischen Servo- und Linearmotoren im *Mechanismus*-Modul werden im Folgenden aufgezeigt.

10.5.1 Servomotoren

Nachdem die Gelenkachse, also im vorliegenden Beispiel die Schubachse, gewählt wurde, und man in die Registerkarte *Profil* gewechselt ist, kann man entweder die Position, die Geschwindigkeit oder die Beschleunigung der Antriebsbewegung vorgeben.

Servomotoren

Hierbei kann es sich um einen konstanten Wert oder um das Ergebnis einer Funktion (z. B. linear, Kosinus, Polynom) handeln. Ebenso ist eine Wertetabelle definierbar.

Mit solchen Servomotoren können ideale Bewegungsabläufe erzeugt werden, ohne Berücksichtigung der zur Realisierung erforderlichen Kräfte bzw. Momente.

Diese erforderlichen Kräfte bzw. Momente können mithilfe einer dynamischen Analyse ermittelt werden, indem man an einem entsprechenden Gelenk eine Lastreaktion ermittelt. Die Vorgehensweise wird im Verlauf der Einführung aufgezeigt.

Bild 10.11 Servomotoren-Typ

Im Beispiel soll die Ausfahrbewegung in 5 Sekunden durchgeführt werden, also mit einer konstanten Geschwindigkeit von 20 mm/s.

Bild 10.12 Servomotoren-Profil

 TIPP: Um nachträglich Werte bzw. Einstellungen zu ändern, kann im Mechanismus-Baum unten links der Kontextmenüeintrag *Definition editieren* beim gewünschten Motor gewählt werden.

10.5.2 Linearmotoren

Wie bereits erwähnt, können Linearmotoren im *Mechanismus*-Modul sowohl translatorische als auch rotatorische Bewegungen ausführen. Der Unterschied zu Servomotoren besteht darin, dass hier die Kraft bzw. das Drehmoment als Konstante oder als Ergebnis einer Funktion angegeben werden. Creo erkennt aus der Auswahl der Achse, ob der Antrieb durch eine Kraft oder ein Moment erfolgt. Hiermit lässt sich dann z. B. prüfen, ob ein gewählter Antrieb mit einer bestimmten Kraft ausreichend dimensioniert ist, um den geforderten Bewegungszustand zu erreichen.

Definieren Sie einen Linearantrieb mit den Daten aus Bild 10.13 und einen weiteren mit der Bezeichnung *Zylinder_einfahren* und dem Wert A = 1300.

Bild 10.13
Definition eines Linearmotors

■ 10.6 Anfangsbedingungen festlegen

Bei der Durchführung von Analysen ist es sehr hilfreich, wenn man zuvor Anfangsbedingungen definiert hat. Anfangsbedingungen ermöglichen es, wiederholte Analysen auszuführen und dabei von identischen Anfangszuständen, d. h. gleicher Lage und gleichem Bewegungszustand des Mechanismus, auszugehen. Die Ergebnisse mehrerer durchgeführter Analysen werden erst so voll vergleichbar.

Wenn man z. B. das Ausfahren des Zylinders analysieren möchte, ist es sinnvoll, den eingefahrenen Zustand als Anfangsbedingung festzulegen, um den Mechanismus nicht nach jedem Analysedurchlauf durch Ziehen in die Ausgangslage zurückbewegen zu müssen.

Bei der Definition kann ein zuvor erstellter Schnappschuss gewählt werden.

Darüber hinaus können hier auch Anfangsgeschwindigkeiten auf verschiedene Weise angegeben werden.

Definieren Sie eine Anfangsbedingung gemäß Bild 10.14 (nur Ausgangslage, ohne Geschwindigkeiten).

Bild 10.14 Anfangsbedingungen festlegen

10.7 Informationen zu Mechanismus-Elementen anzeigen

Im *Mechanismus*-Hauptmenü sind unter den ganz links befindlichen Icons (in Bild 10.15 rot markiert) Informationen zum Mechanismus abrufbar, wie z. B. die Massenwerte der einzelnen Körper. Dies kann sehr hilfreich sein, um vor Durchführung einer Analyse noch einmal die Korrektheit und Vollständigkeit der Angaben zu kontrollieren. Bei dynamischen Untersuchungen ist die Masse eines Körpers natürlich von entscheidender Bedeutung. Sollten einem Körper keine Materialeigenschaften zugeordnet sein, so wird dies hier sichtbar.

Bild 10.15 Informationen zu Mechanismus anzeigen

Die ausführlichsten Informationen erhält man über das im markierten Feld rechts unten gezeigte Listen-Icon *Detaillierte Info zu Mechanism-Elementen anzeigen*.

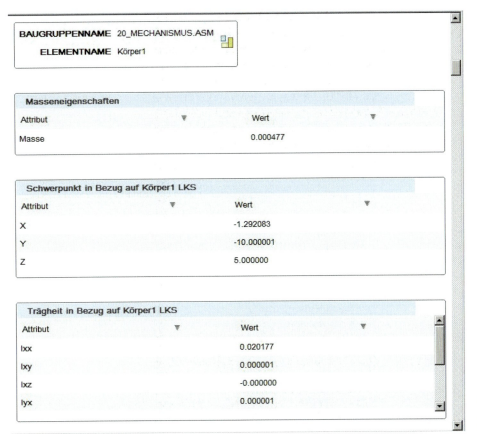

Bild 10.16
Auszug aus der Detailanzeige

Hier erhält man eine Zusammenfassung der vollständigen Informationen über die Baugruppe, so z. B. für jedes verwendete Bauteil nicht nur die Masse oder die Schwerpunktlage, sondern auch den kompletten Trägheitstensor. Bild 10.16 zeigt nur einen Ausschnitt. Über die Schieberegler an der rechten Bildseite sind weitere Informationen einsehbar. Die Informationen können auch permanent in einer `.html`-Datei abgespeichert werden.

■ 10.8 Masseneigenschaften definieren

Sollten den einzelnen Körpern nicht bereits innerhalb des Moduls *Standard* die richtigen Materialeigenschaften zugeordnet worden sein, so ist dies auch nachträglich im Modul *Mechanismus* möglich.

Man kann hier einzelnen Teilen, Körpern oder ganzen Baugruppen Eigenschaften wie Dichte oder Masse zuordnen.

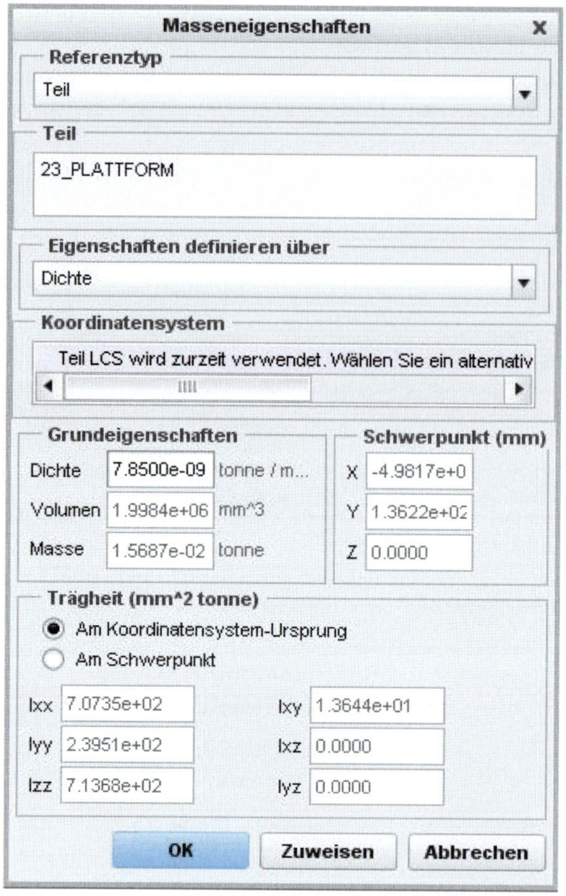

Bild 10.17
Masseneigenschaften

Wenn man eine Baugruppe auswählt und dieser z. B. eine Dichte zuordnet, obwohl einzelnen oder allen Körpern bereits Materialeigenschaften zugeordnet sind, so kann man wählen, ob diese überschrieben werden sollen, oder ob nur den Körpern Eigenschaften zugewiesen werden, denen noch kein Material zugeordnet ist.

Bild 10.18
Anfrage bei Änderung der Masseneigenschaften

Wenn man z. B. eine Baugruppe analysiert, die im Wesentlichen aus Stahl besteht, und bei der nur einzelne Elemente aus anderen Materialien bestehen, so ist es möglich, ausgewählte Elemente im Vorfeld mit Materialeigenschaften zu versehen, und allen anderen Elementen im Modul *Mechanismus* sehr schnell und einfach die Dichte von Stahl zuzuweisen.

■ 10.9 Gravitation definieren

Mit der Funktion *Gravitation definieren* kann man den durch die Gravitation verursachten Beschleunigungsvektor festlegen.

Wichtig ist hierbei die Richtung: Abhängig von der Lage der Baugruppe im Raum muss an der richtigen Stelle eine 1 bzw. −1 gesetzt werden. Im Beispiel wirkt die Erdbeschleunigung in negativer y-Richtung.

Bei der Analysedefinition kann gewählt werden, ob die Gravitation, also das Eigengewicht der Glieder, berücksichtigt werden soll oder nicht.

Bild 10.19
Festlegen der Richtung des Gravitationsvektors

■ 10.10 Definition und Ausführung einer Analyse

Um nun einen Bewegungsablauf simulieren zu können, muss eine Analyse definiert werden.

Im Beispiel sollen zunächst die Lastreaktionen durch einen idealisierten Servomotor ermittelt werden. Als Typ wird also *Dynamisch* gewählt und als Anfangszustand die zuvor definierte Endlage mit eingefahrenem Zylinder.

Da die Geschwindigkeit beim Servomotor so gewählt war, dass ein vollständiger Hub in fünf Sekunden erfolgt, wird dies als Dauer eingegeben.

Unter der Registerkarte *Motoren* kann nun ein Antrieb, im vorliegenden Beispiel zunächst ein Servomotor, gewählt werden (linkes Fenster in Bild 10.21). Als externe Last wird nun noch die Gravitation gewählt (rechtes Fenster in Bild 10.21).

Bild 10.20
Einrichten einer dynamischen Analyse – Voreinstellungen

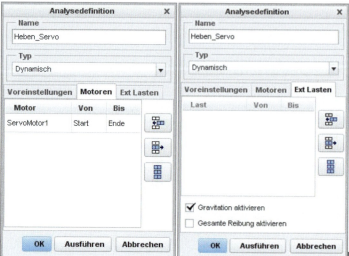

Bild 10.21
Analysedefinition – Motoren und externe Lasten

Es ist auch möglich, einzelne Elemente zu sperren. Wenn man z. B. mehrere angetriebene Gelenkachsen hat, die sich evtl. gegenseitig beeinflussen können, kann man zunächst einzelne alleine betrachten und andere sperren.

Mit den angegebenen Daten kann die Analyse nun ausgeführt werden.

10.11 Messergebnisse der Analysen generieren

Wie bereits erwähnt, kann man sich die Lastreaktionen ausgeben lassen, um z. B. die für einen Antrieb erforderlichen Kräfte oder Momente zu ermitteln.

Dazu öffnen Sie zunächst das Fenster *Messungsergebnisse* (Bild 10.22) mithilfe des nebenstehenden Buttons.

Die am Rand stehenden Symbole haben von oben nach unten folgende Bedeutung:

- Neue Messgröße erzeugen
- Messgröße editieren
- Messgröße kopieren
- Messgröße löschen

Bild 10.22 Verwaltung von Messgrößen

Wird der Button ▢ gedrückt, hat man die Möglichkeit eine neue Messgröße zu definieren.

Im vorliegenden Beispiel kann die auf den Hydraulikkolben wirkende Kraft als resultierende Radialkraft am Verbindungsgelenk zwischen Kolbenstange und oberem Arm gemessen werden.

Damit eine definierte Messgröße auch wirklich berechnet wird, muss die Analyse gestartet werden.

Bild 10.23 Definition einer Messgröße

 Wenn man danach bei den *Messungsergebnissen* (vgl. Bild 10.22) die Messgröße *Zylinderkraft* und den Ergebnissatz *Heben_Servo* markiert (Bild 10.24), kann man sich durch Mausklick auf den Button oben links die Messergebnisse grafisch darstellen lassen.

Bild 10.24 Auswahl einer Messgröße und des Ergebnissatzes einer Analyse

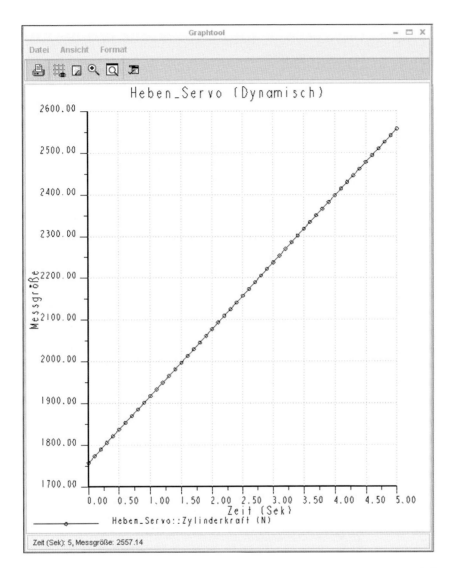

Bild 10.25
Berechneter Verlauf der Zylinderkraft

Praktisch bedeutet das, dass man bei der Konstruktion der Hubvorrichtung die Hydraulikanlage so auslegen muss, dass eine Hubkraft des Zylinders von mindestens 2600 N aufgebracht werden kann. Anderenfalls ist eine vollständige Hubbewegung in 5 Sekunden nicht erreichbar.

10.12 Ergebnisse an das Simulationsmodul übertragen

Die so ermittelten Ergebnisse können auch an den Modus *Structure* des Simulationsmoduls übertragen werden. Näheres zu *Structure* finden Sie in Kapitel 11. Hier wird zunächst gezeigt, wie die Daten gesichert werden können. In Kapitel 16.10 werden dann der Import und die weitere Vorgehensweise geschildert.

Wenn man zuvor eine Analyse durchgeführt hat, in unserem Fall *Heben_Servo*, dann geschieht der Export wie folgt:

Wählen Sie im *Mechanismus*-Hauptmenü (vgl. auch Bild 10.9) unter **ANALYSE** den Menüpunkt **IN STRUKTUR VERWENDEN** aus.

Im Beispiel gehen wir davon aus, dass am oberen Arm später mit *Structure* die Verformung und die auftretenden mechanischen Spannungen berechnet werden sollen (infolge der an den drei Gelenkpunkten während des Hebevorgangs angreifenden Kräfte).

Wir wählen dazu den oberen Arm sowohl als *Körper* als auch als *Komponente* aus.

Unter **BERECHNEN BEI** wählen wir die Option *Max. für alle Lasten* und deaktivieren alle Werte außer den Kräften.

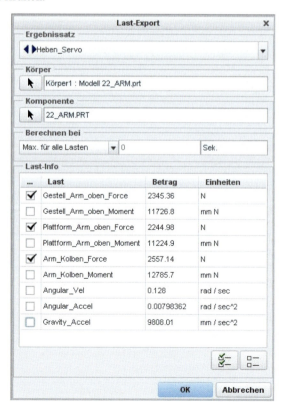

Bild 10.26 Übertragen von Ergebnissen an *Structure*

Mit **OK** werden nun die Daten in der Bauteildatei gesichert und stehen bei einer späteren Analyse mit *Structure* zur Verfügung.

10.13 Vollständiger Bewegungsablauf mit Linearmotoren

Ausgehend von den bereits ermittelten Kräften können auch Linearmotoren definiert werden. Im Anschluss kann der vollständige Bewegungsablauf, also Anheben und Absenken, simuliert werden. Der vollständige Ablauf soll 10 s dauern.

Mit den Zylinderkräften 2600N (`zylinder_ausfahren`), 1300N (`zylinder_einfahren`) und einem Dämpfer gemäß Bild 10.27 sollte ein harmonischer Bewegungsablauf das Ergebnis sein.

Bild 10.27 Definition eines Dämpfers

In Bild 10.27 wurde eine Dämpfungskonstante von 10 N*s/mm eingegeben. Bei der angenommenen geschwindigkeitsproportionalen Dämpfung würde durch diesen Dämpfer bei der Durchschnittsgeschwindigkeit von 20 mm/s (100 mm in 5 s) eine Dämpfungskraft von 200 N erzeugt. Selbstverständlich hängt der wahre Wert der Dämpfungskraft immer von der Augenblicksgeschwindigkeit ab.

Bild 10.29 zeigt eine Gegenüberstellung der Ergebnisse für die Position des Zylinders und der Zylinderkraft. Die Auswertung zeigt, dass der Hubvorgang nach ca. 3,6 s abgeschlossen ist. Dann wird der Zylinder in seiner Lage gehalten, um danach innerhalb von ca. 1,3 s wieder einzufahren. Der nichtlineare Verlauf der auf den Zylinder wirkenden Kraft (rechts) ergibt sich aus der Kraft des Hydraulikzylinders (2600N beim Ausfahren, 1300N beim Einfahren), der geschwindigkeitsabhängigen Dämpferkraft und den Trägheitskräften der beschleunigten Getriebeglieder.

Bild 10.28 Analysedefinition für den vollständigen Bewegungsablauf

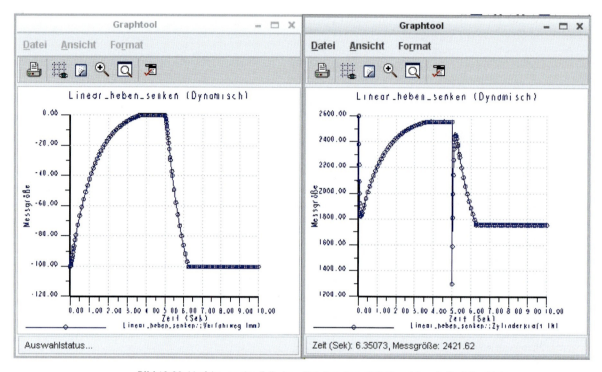

Bild 10.29 Verfahrweg des Zylinders (links) und am Zylinder wirkende Kraft (rechts)

■ 10.14 Speichern und Abspielen einer Animation

Jedes Mal, wenn eine Analyse berechnet wird, speichert Creo eine Animation der Mechanismus-Bewegung intern ab. Dieser zunächst intern gespeicherte Bewegungsablauf kann permanent in eine Datei geschrieben werden und steht somit auch in späteren Sitzungen wieder zur Verfügung. Noch interessanter ist aber die Möglichkeit, die Animation als .avi- oder .mpg-Datei zu speichern. Eine Datei dieses Formates kann, z. B. mittels des Windows Media Players, auf beinahe jedem Computer wiedergegeben werden. So ist es möglich, Ergebnisse in anschaulicher Form zu präsentieren, ohne dass Creo selbst zur Verfügung stehen muss.

Sobald eine Analyse ausgeführt wurde, erscheint am unteren Ende des Mechanismus-Baumes das Symbol für eine intern gespeicherte Wiedergabe der Analyse. Mit ⊞ öffnet sich das Kontextmenü.

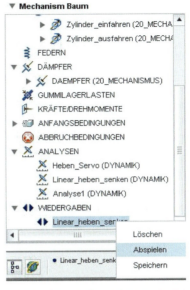

Bild 10.30
Gespeicherte Bewegungsanimation abspielen

Mit dem Menüelement **SPEICHERN** würde die Animation in einem Creo-internen Format gespeichert werden. Wird dagegen **ABSPIELEN** gewählt, öffnet sich das im nachfolgenden Bild gezeigte Fenster.

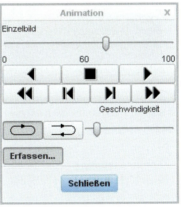

Bild 10.31
Player zum Abspielen der Animation

In diesem Player können Sie die Animation mit einstellbarer Geschwindigkeit, ggf. in Endlosschleife (im Bild gewählt), abspielen. Wichtiger ist jedoch der Button **ERFASSEN**. Hier eröffnet sich die Möglichkeit, die Animation als .mpg-Datei zu speichern.

Mit der Schaltfläche **DURCHSUCHEN...** wählt man den Pfad für die zu speichernde Datei. Markiert man die Schaltfläche **PHOTORENDER-EINZELBILDER**, erhält man sogar eine fotorealistische Darstellung des bewegten Mechanismus mit Lichtreflexen und Schattenwurf. Die Erstellung der Datei dauert jedoch deutlich länger.

Bild 10.32
Abspeichern einer Animation in einer .mpg-Datei

■ 10.15 Übung: Zentrische Schubkurbel

Im letzten Abschnitt zum *Mechanismus*-Modul soll ein weiteres Beispiel vorgestellt werden, dessen Daten Sie ebenfalls auf der Download-Seite finden können. Es handelt sich um eine zentrische Schubkurbel, einen häufig vorkommenden Mechanismus, der in dieser oder ähnlicher Form z. B. bei Motoren, Pumpen, aber auch bei Transportvorrichtungen u. a. zum Einsatz kommt.

Der Mechanismus wandelt eine kontinuierliche Rotationsbewegung der Kurbel (rot, hier über eine Zahnradstufe angetrieben) in eine hin und her gehende Bewegung des Kolbens (blau) um.

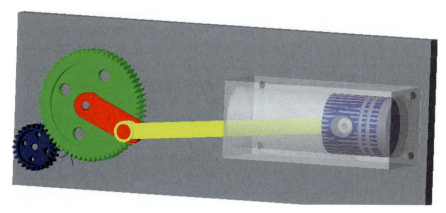

Bild 10.33
Zentrische Schubkurbel

Es soll eine dynamische Analyse durchgeführt werden, wobei von folgenden Voraussetzungen ausgegangen wird:

- Der am kleineren Zahnrad wirkende Antriebsmotor soll angenähert eine linear fallende Kennlinie mit $M_0 = 12{,}5$ Nm und $n_0 = 1000$ 1/min besitzen.
  Reale Motoren besitzen fallende Kennlinien, da bei einem konstanten Moment die Drehzahl des Mechanismus immer weiter ansteigen würde.

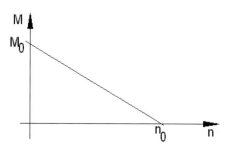

Bild 10.34
Motorkennlinie

- Am Kolben soll in Achsrichtung eine Widerstandskraft von 250 N wirken, aber nur während der Bewegung des Kolbens nach rechts. Während des Leerhubs nach links wirkt keine Kraft auf den Kolben.
- Die Masse der Getriebeglieder und ihre Trägheit sollen berücksichtigt werden.

Durch die periodisch wirkende Widerstandskraft, das veränderliche Motormoment und die Trägheitskräfte z. B. des hin und her gehenden Kolbens wird sich ein ungleichmäßiger Lauf des Mechanismus ergeben.

Nach dem Zusammenbau des Mechanismus sind folgende Schritte wichtig:

- Definieren einer Anfangsbedingung
  Legen Sie als Anfangsbedingung eine Getriebestellung fest, die in etwa der in Bild 10.33 entspricht. Dies ist wichtig, damit der Mechanismus beim Anlauf zunächst den Leerhub ausführt, und nicht sofort gegen die Widerstandskraft anlaufen muss.
- Definition von Messergebnissen
  Welche Ergebnisse erwarten wir von der Berechnung? Im Beispiel sollen die Größe des wirkenden Antriebsmomentes, die Antriebswinkelgeschwindigkeit und die Bahngeschwindigkeit des Kolbens berechnet werden. Selbstverständlich können Sie weitere Messgrößen definieren.

Bild 10.35 Definition der drei Messgrößen (man beachte die Einheiten)

- Definition des Antriebsmotors
  Zunächst soll der Antriebsmotor mit einer Kennlinie gemäß Bild 10.34 definiert werden. Die Kennlinie lässt sich mathematisch mit folgender Formel beschreiben:

$$M = M_0 \cdot \left(1 - \frac{n}{n_0}\right) \tag{10.1}$$

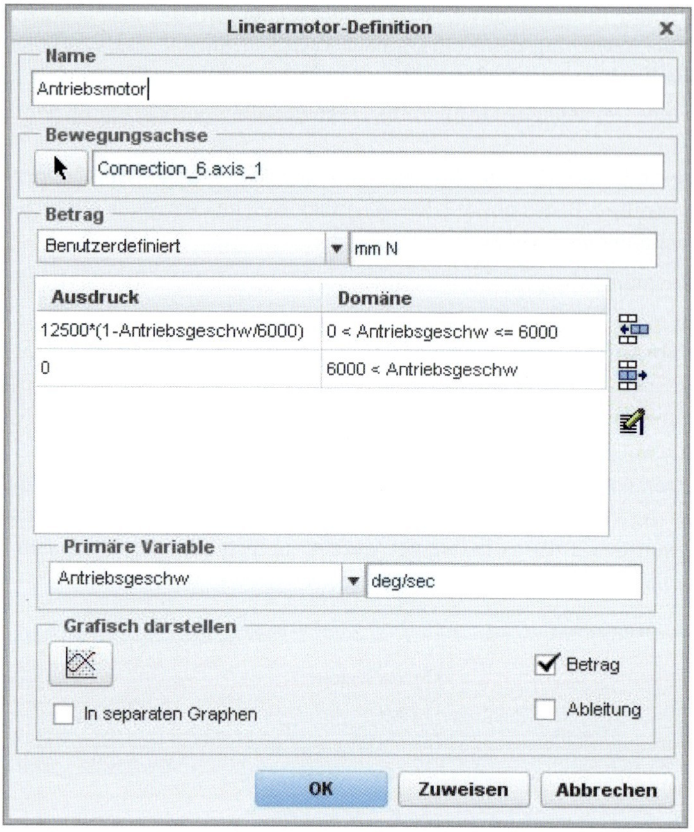

Bild 10.36
Definition des Antriebsmotors

Unter Betrag wird *Benutzerdefiniert* gewählt und im Feld *Ausdruck* die o. g. Formel eingetragen. Wie man sieht, ist der Ausdruck von der bereits eingeführten Messgröße *Antriebsgeschw* abhängig. Gemäß Bild 10.35 ist die Einheit dieser Größe Grad/Sekunde. Folglich ist auch n_0 in derselben Einheit anzugeben. Wie man leicht nachrechnen kann, entsprechen 6000 Grad/Sekunde genau einer Drehzahl von 1000 Umdrehungen pro Minute. Das Moment des Antriebsmotors ist in mm*N anzugeben, also werden aus 12,5 Nm nun 12 500 Nmm. Das Moment soll so lange wirken, bis die Grenzdrehzahl von 6000 Grad/Sekunde erreicht ist. Steigt die Drehzahl weiter an, soll das Antriebsmoment zu Null werden. Das wird mit dem zweiten Ausdruck erreicht.

- Definition der Widerstandskraft
  Prinzipiell könnte die am Kolben wirkende Widerstandskraft über den Button (*Kraft/Drehmoment*) definiert werden. Unter diesem Menüelement gibt es allerdings nur eingeschränkte Auswahlmöglichkeiten. Es wird deshalb von der Möglichkeit Gebrauch gemacht, die Widerstandskraft ebenfalls als einen Linearmotor zu definieren.

TIPP: In Creo wird der Motoren-Begriff weit gefasst. Sämtliche von außen an einem Mechanismus angreifenden Kräfte oder Momente können als Linearmotoren beschrieben werden.

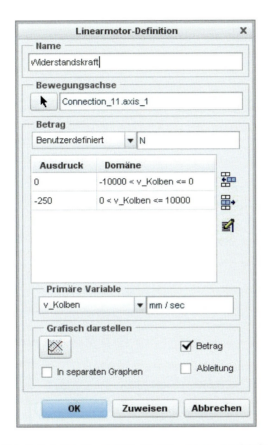

Bild 10.37
Beschreibung der Widerstandskraft als Linearmotor

Auch hier wird *Benutzerdefiniert* gewählt. Zur Steuerung der Wirkung der Kraft wird die Messgröße *v_Kolben* herangezogen. Ist *v_Kolben* negativ, bewegt sich der Kolben nach links (Leerhub) und die Kraft verschwindet. Bei positiver Bewegungsrichtung des Kolbens wirkt eine Kraft vom Betrag 250 N entgegen der positiven Bewegungsrichtung.

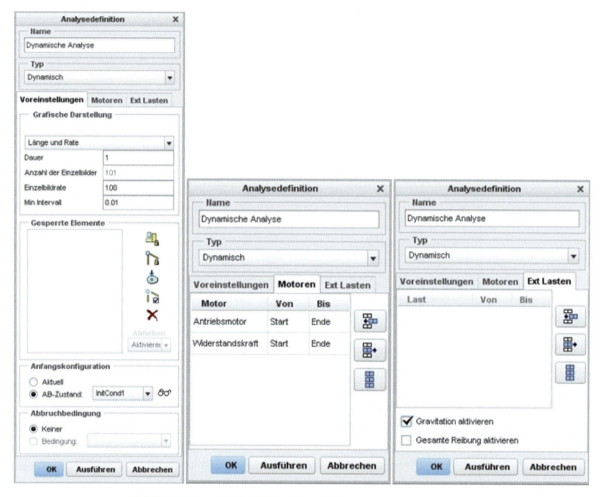

Bild 10.38 Parameter für die dynamische Analyse

- Definition und Ausführung der Analyse
Im letzten Schritt kann nun eine dynamische Analyse entsprechend Bild 10.38 definiert werden.

Mit dem Button **AUSFÜHREN** wird die Analyse gestartet. Nach der Berechnung erfolgt die Auswertung der Ergebnisse durch Aufruf des Fensters aus Bild 10.39.

Die Anzeige der markierten Größe erfolgt über den Button ⊠. In Bild 10.40 wurden die zeitlichen Verläufe der drei berechneten Größen über einen Zeitraum von 1 Sekunde nebeneinander dargestellt.

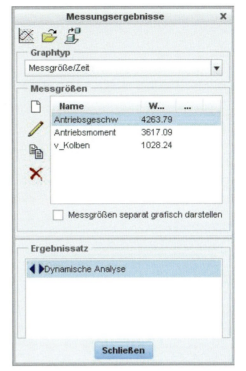

Messgrößen

Bild 10.39
Auswahl der anzuzeigenden Berechnungsergebnisse

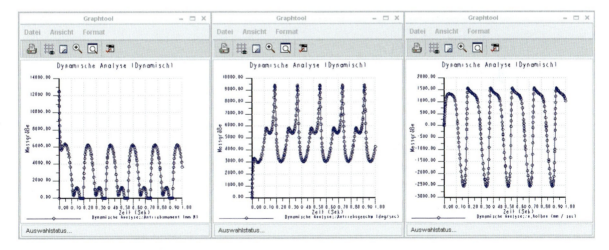

Bild 10.40 Berechnungsergebnisse

Das linke und das mittlere Fenster sind über die Motorkennlinie (Bild 10.34) miteinander verbunden. Steigt die Drehzahl (Mitte), verringert sich das Antriebsmoment und umgekehrt. Der Kolben erreicht in der Bewegung nach rechts (gegen den Widerstand) eine Maximalgeschwindigkeit von ca. 1,5 m/s, im Rücklauf etwa 2,5 m/s.

11 Grundlagen von Creo Simulate Structure

11.1 Geometric Element Analysis und FEM

Creo Simulate Structure basiert auf einer Berechnungsmethode, die von den Entwicklern des Systems GEA (Geometric Element Analysis) genannt wird. Diese Methode hat weitgehende Ähnlichkeit mit der bekannten Finite-Elemente-Methode (FEM).

Um einigermaßen verstehen zu können, was bei einer Strukturanalyse mit Creo Simulate Structure geschieht, ist es notwendig, sich mit den Grundlagen beider Methoden vertraut zu machen. Dies soll, im Sinne einer anwenderorientierten Herangehensweise, (fast) ganz ohne Formeln geschehen.

Betrachten wir einen realen, statisch bestimmt gelagerten, elastischen Körper, der durch äußere (eingeprägte) Kräfte und/oder Momente belastet wird, so geschieht mit diesem Körper zweierlei:

- er verformt sich, und
- im Körper bilden sich mechanische Spannungen aus.

Je nach Form des Körpers und der im konkreten Fall vorhandenen Belastung und Lagerung können sich Verformungen und Spannungen im Körper kontinuierlich von Punkt zu Punkt ändern, d.h. eine andere Größe und Richtung haben. Man spricht deshalb von einem Verformungs- bzw. Spannungsfeld.

Für eine einwandfreie Funktion des mechanischen Bauteiles ist es entscheidend, dass die Verformungen und Spannungen eine bestimmte Größe nicht überschreiten.

Die Verformungen von Teilen im Maschinenbau sind im Allgemeinen sehr klein, so dass man sie nicht mit bloßem Auge sehen kann. Sie sind aber sehr wohl messbar. Die Spannungen kann man nicht sehen und auch nicht direkt messen, es wurden jedoch Verfahren entwickelt, um sie indirekt zu ermitteln, z.B. über die Messung von Dehnungen mithilfe von Dehnmessstreifen oder mittels laseroptischer Methoden.

Um Messungen durchführen zu können, muss das Bauteil aber erst physisch vorhanden sein. Die Herstellung des Bauteils und die Durchführung der Messungen sind mit hohem Aufwand verbunden. Deshalb entstand früh das Verlangen, Verformungen und Spannungen der Teile schon im Konstruktionsstadium durch Berechnung zu ermitteln. Die klassische Elastizitätstheorie hat für einfache Geometrien und Belastungsfälle Lösungen ermittelt: Der Zug-Druck-Stab, der Biegebalken, rechteckige und kreisförmige Platten und Scheiben oder die Torsion des prismatischen Stabes sind jedem Ingenieurstudenten vertraut. Das Problem ist: Die Realität, d. h. die in der praktischen Ingenieurtätigkeit zu berechnenden Bauteile, hat im Normalfall wenig Ähnlichkeit mit den einfachen Fällen, für die eine Lösung bekannt ist.

Genau hier setzen Näherungsverfahren wie die Methode der finiten Elemente an. Für ein geometrisch einfach berandetes Element, wie z. B. ein Dreieck konstanter Dicke, lässt sich der Verschiebungszustand im Inneren durch einen einfachen Ansatz beschreiben, bei dem sich die Verschiebungen an den Rändern linear ändern. Über die Verzerrungen und mithilfe des Hookeschen Gesetzes lassen sich auch die Spannungen und Schnittkräfte im Inneren und am Elementrand ermitteln.

Wenn man nun die komplizierte Geometrie eines realen Bauteils mit einer Vielzahl der beschriebenen, einfachen Elemente nachbildet, die an bestimmten Punkten, den Knoten, miteinander verbunden sind und dort mit den benachbarten Elementen im Gleichgewicht stehen, ist es möglich, eine Aussage über die Verschiebungen und die (inneren) Kräfte an den Knotenpunkten zu erhalten. Da die Elemente klein sind und damit die Knoten hinreichend dicht liegen, erhält man einen ausreichenden Überblick über das Verformungs- und Spannungsfeld des Bauteils. Außerdem kann man über die Ansatzfunktionen ja auch in das Innere der Elemente zurückrechnen.

Dies war eine äußerst knapp gefasste Erläuterung der FEM. Wer sich intensiver mit den mechanischen Grundlagen der Methode der finiten Elemente beschäftigen möchte, dem steht eine Vielzahl von Büchern zur Verfügung.

Was ist nun der Inhalt der Geometric Element Analysis (GEA) bzw. worin besteht die Verwandtschaft beider Methoden?

Dazu müssen wir noch einmal auf die finiten Elemente zurückkommen. Wir haben gesehen, dass die komplizierte Geometrie realer Bauteile bei der FEM durch eine Vielzahl endlich kleiner (finiter), geometrisch einfacher Elemente nachgebildet wird. Das Ziel besteht darin, die Geometrie des Bauteils (und natürlich auch dessen Belastung und Lagerung) hinreichend genau zu beschreiben. Hierzu soll ein etwas trivialer Vergleich herangezogen werden.

Jeder hat sicher schon einmal ein Kind beobachtet, das aus den Bausteinen eines Baukastens ein Objekt der realen Welt, etwa ein Haus oder einen Traktor, modelliert. Wenn ihm nur wenige, einfache und relativ große Bausteine zur Verfügung stehen, benötigt man viel Fantasie, um in dem Gebilde das gewünschte Objekt zu erkennen.

Mit besserem Erfolg kann modelliert werden, wenn mehr und dafür kleinere, einfache Bausteine verwendet werden. Ein anderer Weg, genauer zu modellieren, besteht darin, wenige, dafür aber besser an die gewünschte Geometrie angepasste Bausteine zu verwenden.

Genau darin besteht das Wesen der beiden Versionen der Finite-Elemente-Methode.

Die so genannte h-Version baut darauf, das Problem durch eine große Anzahl sehr einfacher Elemente, d. h. Elemente mit einfachen Berandungen und Verschiebungsansätzen, zu lösen. Problematisch dabei ist, dass in Zonen des Bauteils, wo nur geringe Spannungen bzw. Spannungsänderungen vorhanden sind, eigentlich keine so feine Modellierung notwendig wäre. Dort allerdings, wo starke Spannungsgradienten auftreten, ist es notwendig, sehr fein zu vernetzen. Da man das Ergebnis aber erst nach der Berechnung kennt, ist oft eine aufwendige Anpassung des Finite-Elemente-Netzes notwendig.

Den umgekehrten Weg verfolgt die sog. p-Version, die die Verschiebungen im Inneren des Elementes approximiert, indem Ansatzfunktionen (Polynome) höherer Ordnung verwendet werden. Auf diese Weise kann ein einzelnes Element eine komplexere Geometrie und einen komplizierteren Verschiebungszustand widerspiegeln als ein herkömmliches finites Element. Der verwendete Polynomgrad kann nun schrittweise erhöht werden, bis die Ergebnisse sich von Berechnungsschritt zu Berechnungsschritt nur noch wenig ändern, also gegen einen Wert konvergieren. Das ursprüngliche Elemente-Netz wird dabei nicht mehr verändert.

Die in Creo Simulate Structure verwendete Methode der geometrischen Elemente ist nichts anderes als die p-Version der Finite-Elemente-Methode.

Der Unterschied zwischen GEA und FEM besteht darin, dass die Finite-Elemente-Methode zur Modellierung eines Bauteiles viele kleine und einfach berandete Elemente verwendet, während die geometrischen Elemente, wie sie in der GEA verwendet werden, größer und komplizierter berandet sind, was zur Folge hat, dass zur Modellierung eines Bauteils generell weniger Elemente benötigt werden.

Damit haben wir die Gemeinsamkeiten zwischen der FEM und der GEA herausgearbeitet. Die meisten der folgenden Ausführungen sind sowohl für die FEM als auch für die GEA zutreffend, so dass vereinfachend meist vom FEM-Modell gesprochen wird.

Für den Anwender von Creo Simulate Structure ist es allerdings weniger wichtig zu wissen, wie sich die verwendete Methode nennt, als vielmehr die Vorteile zu kennen, die sie ihm bringt.

Der wichtigste Vorteil ist, dass die Modellierung der Geometrie des Bauteils weitestgehend automatisch erfolgt, er sich also im Gegensatz zur FEM wenig Gedanken über die verwendeten Elemente machen muss.

Da in einem Modell unmöglich alle Eigenschaften der Realität erfasst werden können, sind Vereinfachungen und Idealisierungen unumgänglich. Je realitätsnäher ein Modell ist, desto komplizierter und aufwendiger ist es im Allgemeinen auch. Andererseits liefert es auch die besseren, d. h. der Realität näheren, Resultate.

Derjenige, der das Modell erarbeitet und anwendet, steht also immer vor der Entscheidung, welche Vereinfachungen seines Modells zulässig sind, um den Aufwand in Grenzen zu halten, gleichzeitig aber auch verlässliche Resultate der Berechnung zu erhalten. In der Vergangenheit, als viele Schritte der Modellierung und Berechnung noch ausschließlich »von Hand« ausgeführt werden mussten, war diese Entscheidung oft ausschlaggebend dafür, ob überhaupt eine Berechnung durchgeführt werden konnte. Die Kompliziertheit der auszuführenden Schritte und der zu treffenden Entscheidungen hat bewirkt, dass die FEM bis heute als eine Methode gilt, deren Anwendung speziell qualifizierten und erfahrenen Anwendern vorbehalten ist. Demgegenüber steht das Bedürfnis des Konstrukteurs, möglichst schnell und unkompliziert eine Aussage über grundlegende mechanische Eigenschaften »seines« Bauteiles, wie Spannungsverteilung, Verformungsverhalten oder evtl. Eigenfrequenzen, zu erhalten.

Mit der zunehmenden Leistungsfähigkeit von Computern und Software ist die Frage nach dem Berechnungsaufwand in den Hintergrund getreten. Modelle, zu deren Berechnung ein Großcomputer vor Jahren noch Stunden benötigt hätte, können heutzutage von einem leistungsfähigen PC in Sekunden- oder Minutenschnelle berechnet werden.

FEM- bzw. Berechnungsprogramme, die heute auf dem Markt sind, unterscheiden sich lediglich dadurch, wie kompliziert die Modellelemente sein dürfen bzw. welchen Aufwand der Anwender bei der Eingabe der Daten in den Computer hat und wie bedienerfreundlich das Programm ist.

Wie wir sehen werden, schließt Creo Simulate Structure die Lücke zwischen Konstrukteur und FEM-Programm, indem es die Berechnung mit Creo Parametric konstruierter Bauteile oder Baugruppen ermöglicht und den Anwender weitgehend bei der Erarbeitung des Berechnungsmodells unterstützt. Einige Grundkenntnisse der Technischen Mechanik sollten allerdings vorhanden sein, um die Ergebnisse der Berechnung richtig interpretieren zu können.

■ 11.2 Bestandteile eines FEM- bzw. GEA-Modells

Jedes FEM-Modell eines realen Bauteils besteht i. A. aus vier Bestandteilen:
- der Nachbildung der Geometrie
- den Materialeigenschaften
- der Modellierung der Lagerungen (Rand- und Übergangsbedingungen)
- dem Modell der auf das Bauteil einwirkenden äußeren Belastungen

Diese sollen im Folgenden näher betrachtet werden. Außerdem wird in diesem Abschnitt auf die Verwendung alternativer Koordinatensysteme sowie die Möglichkeit der Festlegung von Bereichen eingegangen. Beides erleichtert die Definition von Randbedingungen und Belastungen.

11.2.1 Geometrisches Modell

Basis des Berechnungsmodells ist die Modellierung der Geometrie der zu berechnenden Bauteile. Sowohl bei herkömmlichen FEM-Programmen als auch bei Creo Simulate Structure wird die Geometrie der zu berechnenden Bauteile mit Hilfe der vom Programm bereitgestellten Elemente nachgebildet. Typische »konventionelle« Elemente können z. B. sein: Balkenelemente, drei- bzw. viereckige, dünnwandige Schalenelemente oder Volumenelemente in Quader-, Keil- oder Tetraederform. Für spezielle mechanische Probleme werden darüber hinaus Elemente mit Spezialeigenschaften verwendet.

Wie bereits in Abschnitt 11.1 geschildert, verwendet Creo Simulate Structure die komplexeren geometrischen Elemente zur Modellierung und ist damit theoretisch in der Lage, das geometrische Modell vollautomatisch aus einer Creo Parametric-Geometrie zu erzeugen.

Da jedes reale Teil ein Volumenkörper ist, verwendet Creo Simulate Structure von Haus aus Volumenelemente für die Modellierung. Dies ist allerdings nicht immer die günstigste Variante, ein Bauteil zu modellieren, weil die Berechnung eines Volumenmodells um ein Vielfaches aufwändiger ist als z. B. die eines Schalenmodells, ohne in jedem Fall auch genauere Ergebnisse zu liefern.

Es ist deshalb empfehlenswert, sich etwas genauer mit dem geometrischen Modell zu beschäftigen und alternative Möglichkeiten der Modellierung zu betrachten. Vor allem dann, wenn Optimierungsrechnungen (Konstruktionsstudien) durchgeführt werden sollen.

Den Zusammenhang zwischen externem Modellierungsaufwand durch den Nutzer und internem Berechnungsaufwand durch das Programm kann man – qualitativ – in Bild 11.1 sichtbar machen.

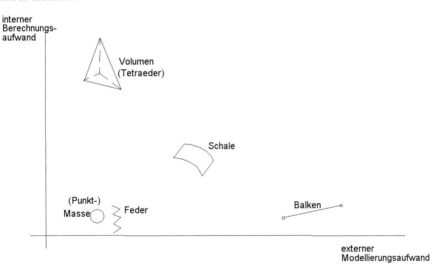

Bild 11.1
Modellierungsaufwand für verschiedene Elementtypen

Bei der Wahl der Modellierungsart ist die Bauteilform zu berücksichtigen.

Es erscheint einleuchtend, dass für massive oder dickwandige Teile Volumenelemente besser geeignet sind, während dünnwandige Bauteile (z. B. aus Blech) vorteilhaft mittels Schalenelementen modelliert werden können. Balkenelemente wiederum kommen zum Einsatz, wenn das Originalbauteil in seiner Längenabmessung groß gegenüber den anderen beiden Abmessungen (Querschnitt) ist, zum Beispiel dann, wenn Normprofile aus Walzstahl eingesetzt werden.

Schalenelemente sollten eingesetzt werden, wenn eine stückweise konstante Wanddicke des Bauteiles vorhanden ist und für diese Bereiche ein Verhältnis Abmessung (Länge, Breite)/Dicke > 10 gilt. Gekrümmte Schalen sind erlaubt. Hier sollte der Krümmungsradius r > 2/3 der Schalendicke sein.

Grundsätzlich gilt, dass finite Elemente ein ausgewogenes Verhältnis ihrer Kantenlängen haben sollten. Ganz spitze »Nadeln« bringen z. B. oft numerische Probleme mit sich, was sich in »schlechten« Ergebnissen bzw. langsamer Konvergenz der Lösung niederschlägt. Bei einem typischen Blechteil (große Fläche, geringe Dicke) ist die Kantenlänge evtl. verwendeter Volumenelemente in Dickenrichtung durch die Bauteildicke begrenzt. Creo Simulate Structure wäre dann gezwungen, bei der Vernetzung sehr viele Volumenelemente zu verwenden, um auch in Richtung der Fläche ein vorgegebenes Kantenverhältnis nicht zu überschreiten (vgl. dazu Kapitel 12). Deshalb empfiehlt es sich, in solchen Fällen mit einem Schalenmodell zu arbeiten.

Der Einsatz von Volumenelementen ist dann notwendig, wenn die genannten Voraussetzungen für Schalenelemente nicht erfüllt sind, also insbesondere dann, wenn die Wanddicke nicht konstant ist bzw. nicht als konstant angenommen werden kann und wenn die Dicke die Größenordnung der Längenabmessungen erreicht.

Tabelle 11.1 Elementarten

Volumenelement
Anwendung: voluminöse bzw. dickwandige Bauteile oder Regionen eines Bauteils
Vorteile: kein Aufwand für den Nutzer bei der Modellierung, keine Kennwerte zu bestimmen
Nachteile: Bei einigermaßen komplexer Bauteilgeometrie entstehen schnell rechenzeitintensive und speicherplatzfressende Modelle.
Nicht geeignet für dünnwandige und balkenförmige Bauteile

Schalenelement
Anwendung: dünnwandige Bauteile oder Regionen eines Bauteils, häufig Blech- oder Kunststoffteile, eben oder gekrümmt; Dicke muss abschnittsweise konstant sein
Vorteile: ergibt Modelle mit günstigen Rechenzeiten und geringeren Speicheranforderungen
Nachteil: etwas höherer Modellierungsaufwand als bei Volumenelementen, Nutzer muss die Erzeugung der Schalenelemente anfordern

Balkenelement
Anwendung: Balken- oder stabförmige Teile, häufig Normprofile (I, T, L, U ...), eben oder plan gekrümmt, konstanter Querschnitt
Vorteile: stellt an Rechenzeit und Speicher noch geringere Anforderungen als Schale; enthält keine Näherungslösung, sondern liefert die »exakte« Lösung der Elastizitätstheorie
Nachteil: Nutzer muss Querschnittskennwerte der Balkenelemente (Fläche, Schwerpunktlage, Flächenträgheitsmomente, Torsionsträgheitsmoment, Schubmittelpunkt ...) kennen oder näherungsweise vom Programm berechnen lassen; nur für einfache Querschnitte exakt zu ermitteln

Feder ▼ Masse ▼

Federelement, Masseelement
Anwendung: zur näherungsweisen Modellierung spezieller mechanischer Eigenschaften
Vorteile: erweitern das Einsatzspektrum von Creo Simulate Structure
Nachteile: Angabe von Kennwerten notwendig, die oft nicht bekannt oder schwer zu ermitteln sind; falsche Werte können das gesamte Berechnungsergebnis wertlos machen

Die Elementarten Feder- und Masseelement kommen zur Modellierung spezieller mechanischer Sachverhalte zum Einsatz. So kann ein (masseloses) Federelement z. B. dann eingesetzt werden, wenn ein Bauteil modelliert werden soll, das sich tatsächlich über Federn abstützt, oder wenn eine Fuge zwischen zwei Bauteilen vorhanden ist, die näherungsweise wie eine Feder zwischen diesen wirkt. Häufig besteht das Problem dann allerdings darin, die richtigen Kennwerte, in diesem Fall Federsteifigkeiten, festzulegen.

Das Masseelement dient dazu, Masseanhäufungen im Modell zu berücksichtigen, deren elastische Eigenschaften vernachlässigt werden können, die aber Trägheiten in das System einbringen. Wenn z. B. ein relativ schwerer und starrer Körper auf einem elastischen Gestell schwingt, kann dies mit einem Masseelement nachgebildet werden.

Abschließend ist zu erwähnen, dass alle genannten Elementtypen in Creo Simulate Structure in einem Modell miteinander kombiniert werden können.

Tabelle 11.1 gibt einen zusammenfassenden Überblick über die verschiedenen Elementarten sowie ihre Vor- und Nachteile.

Soll nicht nur ein Einzelteil berechnet werden, sondern eine Baugruppe, kommt es natürlich darauf an, wie die einzelnen Teile der Baugruppe miteinander verbunden sind. Hierzu bietet Creo Simulate Structure eine Auswahl spezieller Modellierungsmöglichkeiten an:

- starre Verbindung
- gewichtete Verbindung
- Schweißnaht
- Schnittstellen (frei oder haftend)
- Verbindungselement (Schraube, Bolzen)
- Kontakte

Auf einige dieser Modellierungsmöglichkeiten wird in den Berechnungsbeispielen in Kapitel 16 eingegangen.

11.2.2 Einheitensystem

Da Creo Parametric bzw. Creo Simulate Structure aus den Vereinigten Staaten stammen ist zu beachten, dass dort mit anderen Maßeinheiten als in Europa gearbeitet wird.

Standardmäßig verwendet Creo das angloamerikanische Einheitensystem *Inch lbm second* (Zoll Pfund Sekunde). Diese Einstellung kann über den Befehl **DATEI – VORBEREITEN – MODELLEIGENSCHAFTEN** kontrolliert und ggf. verändert werden.

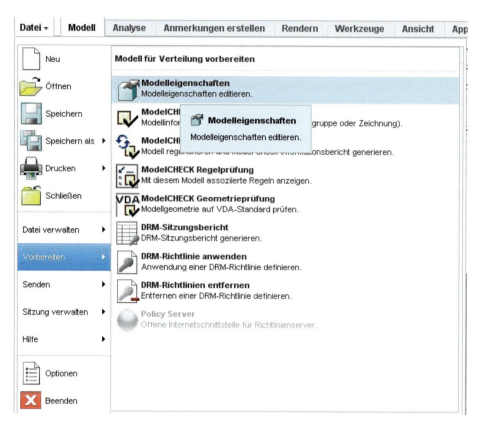

Bild 11.2
Kontrolle und Einstellung des Einheitensystems

Falls nicht schon als Standardeinstellung vereinbart (meist hat nur der Systemadministrator das Recht, die Standardeinstellungen zu verändern), kann man hier sinnvollerweise das System *millimeter Newton Second* auswählen. Es gelten dann für die einzugebenden und vom System berechneten Größen die angegebenen und alle aus ihnen abgeleiteten Einheiten (siehe Tabelle 11.2).

Man sollte unbedingt darauf achten, dass schon bei der Modellierung in Creo Parametric das richtige Einheitensystem eingestellt ist. In Creo Parametric spielt das eigentlich noch keine große Rolle, da die Abmessungen der Teile in Längeneinheiten gemessen werden – egal ob man die Längeneinheit einen Millimeter oder ein Zoll nennt. Beim Übergang zu Creo Simulate Structure spielen die Einheiten dann plötzlich eine große Rolle, weil ein Maß »100« von Creo Simulate Structure als 100 Zoll = 2540 mm interpretiert wird, wenn das falsche Einheitensystem vereinbart ist. Wird mithilfe dieses Maßes dann z. B. eine Masse berechnet, ist der berechnete Wert natürlich ein anderer als erwartet.

Wenn man in ein anderes Einheitensystem wechselt, fragt Creo Parametric, ob die vorhandenen Werte (Bemaßungen) konvertiert oder interpretiert werden sollen. In Bild 11.3 ist die Möglichkeit *Bemaßungen interpretieren* ausgewählt. D. h., dass vorhandene Bemaßungswerte nun als »mm« interpretiert werden, falls die Bauteilmodellierung (irrtümlicherweise) unter der Einstellung »Zoll« erfolgte. Es erfolgt keine Umrechnung von Zoll in Millimeter, was der Fall wäre, wenn *Bemaßungen konvertieren* ausgewählt worden wäre.

Bild 11.3 Auswahl des Einheitensystems

Um alle Schwierigkeiten und jede Konfrontation mit dem für uns äußerst ungewohnten angloamerikanischen Einheitensystem zu vermeiden, sollte man also gleich zu Beginn der Arbeit das korrekte System wählen.

Tabelle 11.2 Verwendetes Einheitensystem in Creo Simulate Structure

Physikalische Größe	Einheit
Länge	mm
Kraft	N (kgms^{-2})
Masse	t (10^3 kg)
Zeit	s
Temperatur	°C
Fläche	mm^2
Volumen	mm^3
Geschwindigkeit	mm/s
Beschleunigung	mm/s^2
Winkelgeschwindigkeit	rad/s
Frequenz	1/s (Hz)
Dichte	t/mm^3
Moment	Nmm
Mechanische Spannung	N/mm^2
Verschiebung	mm
E-Modul	N/mm^2 (MPa)
Wärmedehnung	1/°C
Flächenträgheitsmoment	mm^4
Massenträgheitsmoment	t*mm^2

Es ist zu beachten, dass für alle Größen konsistente Maßeinheiten verwendet werden. Dies bewirkt, dass Creo Simulate Structure intern z. B. für die Dichte die ungewöhnliche Maßeinheit t/mm³ verwendet. Bei der Ausgabe der Ergebnisse in der Statusdatei (vgl. Kapitel 14) wird der Wert für die Masse (total mass) folgerichtig in Tonnen angegeben.

Andere Größen, wie z. B. die Spannungen, werden in der gewohnten Einheit – N/mm² – ausgegeben.

11.2.3 Materialeigenschaften

Um eine Berechnung durchführen zu können, müssen dem Bauteil Materialkennwerte zugewiesen werden. Dabei ist als Erstes festzulegen, ob das Material isotrope, orthotrope oder transversal-orthotrope Materialeigenschaften besitzen soll. Auf die genaue Erklärung dieser Begriffe wird hier verzichtet, da in den weiteren Ausführungen isotropes Materialverhalten vorausgesetzt wird. D. h., dass die Materialkennwerte nicht richtungsabhängig sind. Für alle metallischen Werkstoffe, Glas, Keramik und viele Kunststoffe trifft dies zu. Beispiele für Materialien mit orthotropem Materialverhalten sind Holz, faserverstärkte Kunststoffe, Laminate oder bewehrter Beton. Berechnungen mit solchen Materialien sind schon allein deshalb schwierig, weil die genauen Kennwerte für die verschiedenen Richtungen meist unbekannt bzw. schwer zu ermitteln sind.

Folgende Materialkennwerte werden bei isotropem Material benötigt:

- Dichte ρ (nur für dynamische Berechnungen und Lastfall Eigengewicht)
- Elastizitätsmodul E
- Querdehnzahl ν
- Wärmedehnungskoeffizient α (nur bei thermischen Belastungen)

Zur Berechnung der Schubbeanspruchung wird noch der sogenannte Schubmodul G benötigt, dieser wird aber intern aus E und ν berechnet.

Zwischen den drei Konstanten E, G und ν besteht folgender Zusammenhang:

$$G = \frac{E}{2 \cdot (1 + \nu)} \tag{11.1}$$

Creo Simulate Structure bietet für einige Werkstoffe Kennwerte an. Vor allem ist es aber möglich, selbst Kennwertsätze, d. h. eigene Werkstoffe, zu definieren und für die spätere Verwendung, z. B. im betrieblichen Rahmen, in einer Werkstoffbibliothek zu speichern.

Die Werte können einschlägigen Tabellenbüchern, Normen oder Herstellerangaben entnommen werden. Gerade für Kunststoffe sind Herstellerangaben wichtig, weil die Werte abhängig von der genauen Zusammensetzung und vom Herstellungsverfahren der Materialien variieren können.

Einige wichtige Werte sind in der folgenden Tabelle zusammengefasst:

Tabelle 11.3 Kennwerte einiger wichtiger Werkstoffe

Werkstoff	E-Modul (N/mm^2)	Querdehnzahl (-)	Dichte (g/cm^3)
Stahl (alle Sorten)	210 000	0,3	7,85
Gusseisen (GGG)	bis 180 000	0,2 … 0,25	7,2 … 7,4
Aluminium	70 000 … 72 000	0,34	2,7
Kunststoffe	150 … 15 000	0,35 … 0,5	0,9 … 1,5

Um dem Modell ein Material zuzuweisen, muss zunächst ein Material aus einer Bibliothek ins Modell übernommen werden. Durch Anklicken des nebenstehenden Icons gelangt man in das in Bild 11.4 gezeigte Fenster. Ein oder mehrere gespeicherte Materialien können ins Modell übernommen werden.

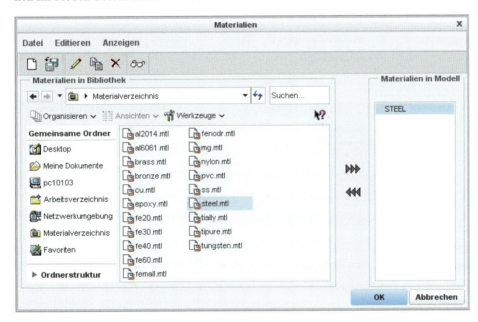

Bild 11.4 Auswahl eines Werkstoffes

Durch die Befehlsfolge **EDITIEREN – EIGENSCHAFTEN…** oder durch Doppelklick auf *STEEL* gelangt man in das in Bild 11.5 gezeigte Fenster.

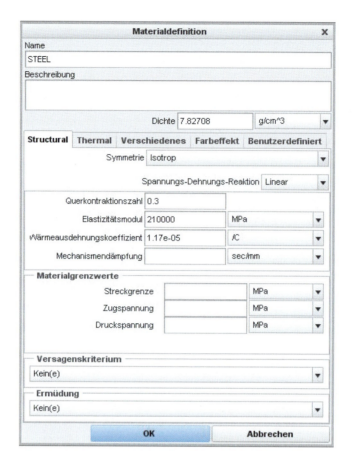

Bild 11.5
Editieren von
Werkstoffeigenschaften

Hier können die angegebenen Werkstoffeigenschaften – falls erforderlich – verändert werden.

Zum gleichen Fenster gelangt man auch durch die Befehlsfolge **DATEI** – **NEU** im Werkstoffauswahlfenster (Bild 11.4). Nur sind in diesem Fall alle Felder für die Werkstoffeigenschaften noch leer. Nach Eingabe von »neuen« Werkstoffeigenschaften kann das neue Material als »Materialdatei« `*.mtl` an beliebiger Stelle gespeichert werden.

Wie in Bild 11.4 gezeigt, stellt Creo Simulate Structure für einige Werkstoffe Materialkennwerte in einer Bibliothek bereit. Dazu gehören einige Sorten Aluminium, Stahl und Gusseisen sowie einige weitere Metalle und Kunststoffe, z. B. Polyamid 66 (Nylon) oder PVC. Die Werkstoffbezeichnungen erfolgen nach amerikanischer Norm, so dass der Anwender evtl. Schwierigkeiten hat, seinen konkreten Konstruktionswerkstoff einzuordnen. Deshalb sollte von der Möglichkeit Gebrauch gemacht werden, die Werkstoffbibliothek selbstständig zu erweitern, d. h., Werkstoffe mit ihren in Deutschland gebräuchlichen Bezeichnungen einzutragen und die zugehörigen Kennwerte aus einschlägigen Tabellenwerken zu entnehmen.

Vor der Durchführung einer Berechnung muss man eines der im Modell befindlichen Materialien dem Bauteil zuweisen. Dies geschieht mittels des nebenstehenden Icons.

11.2.4 Lagerung

Geometrische Randbedingungen werden durch die Lagerung des Modells vorgegeben.

Jedes zu berechnende Bauteil muss so gelagert sein, dass eine Starrkörperbewegung in jeder Koordinatenrichtung ausgeschlossen ist. Starrkörperbewegung bedeutet: Ist ein Bauteil in einer Koordinatenrichtung nicht fixiert, so könnte eine in dieser Richtung wirksame Belastung (Kraft oder Moment) das Bauteil »unendlich« weit als starren Körper verschieben. Es könnte sich kein Kräftegleichgewicht einstellen und demzufolge auch keine Verformung des Körpers ausbilden. Mathematisch bedeutet dies, dass das Gleichungssystem zur Berechnung des Verformungsfeldes des Körpers singulär wird, was zu keinen oder sinnlosen Berechnungsergebnissen führt. Es entspricht im Übrigen der Erfahrung, dass, Geometrie und Belastung als konstant vorausgesetzt, die Verformungen, Spannungen oder auch Eigenfrequenzen eines Bauteils von der Lagerung dieses Bauteils abhängen.

In der Realität gibt es unendlich viele Möglichkeiten, Bauteile zu lagern. Ein Teil kann angeschweißt, angeschraubt oder angeklemmt sein oder über spezielle Maschinenelemente (z. B. Wälzlager, Gleitlager, Federn …) mit einer als starr und unverschieblich angenommenen Umgebung verbunden sein. Eine ausreichend schwere Maschine oder ein Fahrzeug steht vielleicht nur auf dem Boden, wo sie bzw. es dank der auftretenden Reibkraft »unverschieblich« gelagert ist.

Bei herkömmlichen FEM-Programmen wird eine Lagerung modelliert, indem ein bzw. mehrere Knoten des FEM-Modells in den einzelnen Freiheitsgraden als verschieblich oder unverschieblich deklariert werden. In Creo Simulate Structure werden die vielfältigen Lagerungsmöglichkeiten im Modell erfasst, wobei eine Abstraktion auf eine Anzahl vorgegebener Modellelemente notwendig ist.

Bild 11.6 Modellierungsmöglichkeiten für Randbedingungen

Wie in Abschnitt 11.2.1 dargestellt, muss der Anwender von Creo Simulate Structure sich nicht um die Finite-Elemente-Modellierung, d. h. um die Einteilung des Bauteils in Elemente und Knoten, kümmern. Deshalb ist die Zuordnung von Randbedingungen in Creo Simulate Structure nicht zu Knoten, sondern zu geometrischen Elementen wie Punkten, Kanten oder Flächen möglich. Dabei kann es sich auch um beliebig im Raum liegende oder gekrümmte Kanten oder Flächen handeln. Wenn die Richtung dieser Elemente nicht mit dem in Creo Parametric verwendeten globalen Koordinatensystem übereinstimmt, können die Randbedingungen auch in speziellen Koordinatensystemen beschrieben werden.

Das folgende Beispiel zeigt die gelenkige Lagerung eines Hebels um einen starren Zapfen. Die Fläche, der hierbei die Randbedingung zuzuordnen ist, ist die Zylindermantelfläche der Lagerbohrung. Zur Beschreibung der Randbedingung ist folglich am besten ein Zylinderkoordinatensystem (R, T, Z) geeignet. R bezeichnet die radiale Richtung, T die tangentiale oder Theta-Richtung, und Z die Richtung der Zylinderachse.

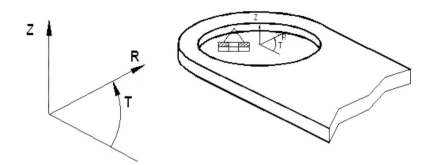

Bild 11.7 Beschreibung einer gelenkigen Lagerung in Zylinderkoordinaten

Im allgemeinen Fall wird das Fenster zur Definition der Randbedingungen mit dem nebenstehenden Icon aufgerufen (vgl. auch Bild 9.1).

Bild 11.8 Eingabefenster für Randbedingungen

Im Beispiel wurde die Lagerung in R- und Z-Richtung als »fest« angenommen, d. h., der Hebel ist gegen Verschieben in alle Richtungen gesichert. Möglich ist eine Rotation um die z-Achse, also in T-Richtung. Das in Bild 11.8 nicht markierte Icon wird gewählt, wenn einem Element (Fläche, Kante, Punkt) eine feste Verschiebung zugewiesen werden soll. In dem kleinen Fenster mit der Inschrift *Nicht zutreffend* erscheint dann die zugehörige Maßeinheit, also z. B. *mm*.

Die hier dargestellte Randbedingung ist für das Gesamtbauteil aber noch nicht ausreichend, da eine Starrkörperrotation des Hebels um den Bohrungsmittelpunkt noch möglich ist. Vor einer Berechnung müsste also mindestens noch eine weitere Randbedingung definiert werden, die diese Rotation des Körpers verhindert.

Die weitere Randbedingung kann an einer anderen Fläche oder Kante des Körpers definiert werden.

Alle zu einem Bauteil gehörenden Randbedingungen müssen zu einem Randbedingungssatz zusammengefasst werden. Zu einem Randbedingungssatz können mehrere Randbedingungen gehören, d. h., das betreffende Teil kann, wie in der Realität ebenfalls möglich, an mehreren Stellen gelagert sein. Bei einer Analyse eines Bauteils kann jeweils ein Randbedingungssatz angegeben werden.

Die übrigen in Bild 11.6 gezeigten Modellierungsmöglichkeiten für Randbedingungen lassen sich wie folgt erläutern:

Planar bzw. Kugel

Hier ist nur die Auswahl einer ebenen Fläche oder einer Kugeloberfläche bzw. Kugelkappe möglich. Die Randbedingung sperrt die Bewegungsmöglichkeit senkrecht zur gewählten Oberfläche. Technisch entspricht diese einer sog. Stützfläche bzw. dem Modell eines Kugelgelenks, das keine Verschiebung, aber eine Rotation um alle Achsen zulässt.

Stift

Ein Stift ist ein zylindrisches Gelenk, das nur eine Rotation um die Zylinderachse und eine Verschiebung in Achsrichtung ermöglicht. Im entsprechenden Auswahlfenster ist anzugeben, welche der beiden Bewegungsmöglichkeiten frei oder gesperrt ist.

Symmetrie

Ein räumliches Modell ist struktursymmetrisch, wenn bei Spiegelung an der Symmetrieebene ein Teil des Modells mit allen geometrischen und physikalischen Eigenschaften sowie den Belastungen in den dazu struktursymmetrischen Teil übergeht. Auf Grund der Struktursymmetrie gilt, dass alle Punkte, die sich auf der Symmetrieebene befinden, auch bei Belastung in dieser bleiben, weil sich in der Symmetrieebene alle Wirkungen der beiden symmetrischen Teilstrukturen »gegeneinander« aufheben. Man kann diese Tatsache ausnutzen, indem man bei struktursymmetrischen Problemen das Modell in der Symmetrieebene schneidet und nur eine Modellhälfte berechnet. Der Schnittfläche in der Symmetrieebene muss die o. g. Symmetrie-Randbedingung auferlegt werden.

11.2.5 Koordinatensysteme

In Abschnitt 11.2.4 wurde bereits auf die Bedeutung von Koordinatensystemen eingegangen. Creo Parametric arbeitet mit einem sog. globalen Koordinatensystem WCS (*engl.* World Coordinate System). Dieses kartesische System kann weder gelöscht noch in ein Zylinder- oder sphärisches Koordinatensystem umgewandelt werden. Solange keine weiteren Koordinatensysteme definiert sind, beziehen sich alle Randbedingungen und Lastdefinitionen in Creo Simulate Structure auf das WCS. Es gibt aber durchaus Fälle, wo Lastrichtungen oder Randbedingungen von den Richtungen des WCS abweichen. Hier ist es sinnvoll, spezielle lokale Koordinatensysteme (lokales Koordinatensystem LKS) zu definieren. Die in Abschnitt 11.2.4 besprochene gelenkige Lagerung eines Hebels ist ein Beispiel dafür.

Soll während der Arbeit am Simulationsmodell ein neues Koordinatensystem erzeugt werden, ist dies über das Fenster **MODELL VERFEINERN** möglich.

Bild 11.9 Erzeugen eines neuen Koordinatensystems (rot markiert)

Dies erfolgt nach den in Creo Parametric gültigen Regeln. Beim Erzeugen eines neuen Koordinatensystems ist zuerst der Typ des Koordinatensystems (kartesisch, zylindrisch, sphärisch) zu wählen. Danach stehen verschiedene Optionen zur Verfügung, z. B. das Koordinatensystem durch Schnitt dreier Ebenen oder durch Versatz (Offset) eines vorhandenen Koordinatensystems zu erzeugen.

11.2.6 Belastungen

Die in der Realität auf ein Bauteil einwirkenden Belastungen sind ebenfalls vielfältig und mit einfachen Mitteln oft qualitativ und quantitativ nicht erfassbar. So wie bei den Randbedingungen müssen deshalb Annahmen getroffen werden, wobei man auf eine gewisse Anzahl von Modellelementen, die vom Programm bereitgestellt werden, zurückgreifen kann.

Ähnlich wie bei den Randbedingungen können mehrere Lasten, die gleichzeitig (gemeinsam) am Bauteil angreifen, in einem Lastsatz zusammengefasst werden. Creo Simulate Structure berechnet das Bauteil unter der gleichzeitigen Wirkung aller zu einem Lastsatz gehörenden Lasten. Sind in einer Analyse mehrere Lastsätze markiert, werden die Ergebnisse für jeden in die Analyse eingebundenen Lastsatz gesondert berechnet. Bei der Definition einer statischen Analyse (siehe Abschnitt 13.1.1) gibt es auch die Option *Summierte Lastsätze*. Dabei wird angenommen, dass alle Lastsätze zugleich wirken.

Es werden die Ergebnisse für jeden Lastsatz ausgegeben. In der Ergebnisdarstellung gibt es zusätzlich die Möglichkeit, die Ergebnisse mehrerer einzelner Lastsätze zu überlagern.

Die folgenden Belastungsarten sind in Creo Simulate Structure vorgesehen und können nach Wahl des entsprechenden Icons definiert werden.

Kraft/Moment

Kräfte/Momente können an *Punkten*, *Kurven/Kanten* oder *Flächen* angreifen.

Kraft/ Moment

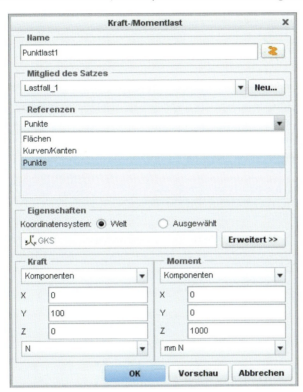

Bild 11.10
Eingabe einer Punktlast (100 N in y-Richtung, Moment von 1 Nm um z)

Es gibt alternativ die Möglichkeit, die Belastungsgrößen durch ihre Komponenten in den jeweiligen Koordinatenrichtungen oder durch Angabe des Betrags und eines Richtungsvektors einzugeben.

Eine punktförmig angreifende Kraft ist das einfachste Modell einer mechanischen Last, das so in der Realität nicht existiert. Da ein Punkt die Fläche »Null« hat, erzeugt eine auf einen Punkt wirkende Kraft an dieser Stelle gemäß

$$\sigma = \frac{F}{A}$$

eine unendlich große Normalspannung. In der Realität wird dagegen jede Kraftwirkung, z. B. durch zwei sich berührende Körper, über eine endliche Fläche übertragen. Man sollte deshalb Punktlasten mit Vorsicht verwenden und stattdessen lieber Linienlasten, besser aber Flächenlasten, verwenden. Vor allem wenn Optimierungsrechnungen durchgeführt werden sollen, bei denen die größte auftretende Spannung als Randbedingung verwendet wird, ergeben sich durch die lokal zu hoch berechneten Spannungen falsche Resultate. Weitere Aussagen zur Optimierung finden sich in Kapitel 15.

Wählt man in Bild 11.10 als Referenz *Kante/Kurve* wirken die Kräfte/Momente als Linienlast. Auch dies kommt in der Realität nicht vor. Die Fläche unter einer Linie ist ebenfalls »Null«, mithin gelten die Ausführungen, die bei den Punktlasten gemacht wurden. Ein empfehlenswerter Ausweg besteht immer darin, die Last an einer (kleinen) Fläche angreifen zu lassen, so wie es auch in der Realität der Fall ist.

Ein Unterschied zu den Punktlasten besteht darin, dass Linienlasten (und später auch Flächenlasten) örtlich nicht konstant zu sein brauchen, sondern als Funktion der Koordinaten definiert bzw. zwischen mehreren Punkten interpoliert sein können. Auf diese Weise kann man sehr einfach z. B. Dreiecks- oder Trapezlasten modellieren.

Werden zwei Punkte zur Interpolation angegeben, erfolgt eine lineare Interpolation, d. h., man erhält eine Dreiecks- oder Trapezlast. Bei drei Punkten wird quadratisch interpoliert, d. h., man erhält eine parabolische Lastverteilung.

Bild 11.11 zeigt eine symmetrische parabelförmige Linienlast.

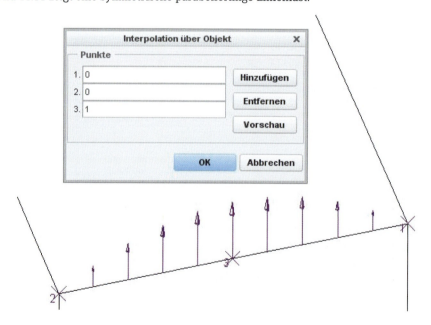

Bild 11.11
Parabelförmige Last, über Kante interpoliert

Eingeblendet ist das Fenster zur Definition der Interpolation. Die Punkte (hier 1, 2 und 3) werden automatisch nummeriert. Die in die Tabelle eingegebenen Werte (hier 0 und 1) sind die Faktoren, mit denen die eigentliche Last in den entsprechenden Punkten zu multiplizieren ist. Bild 11.12 zeigt das Fenster zur Definition der Last.

Bild 11.12
Definition der Gesamtlast über eine Kante interpoliert

Mithilfe des Befehls **LASTEN – GESAMTLAST ÜBERPRÜFEN…** kann die wirkende Gesamtlast überprüft werden. Da im vorliegenden Fall die Kraft schon als Gesamtlast definiert wurde, ergibt sich selbstverständlich 100 N als Resultierende in der senkrechten y-Richtung.

Als Bezugspunkt wurde bei dieser Abfrage der in der Mitte der Kante liegende Punkt *PNT0* gewählt, so dass sich die links- und rechtsdrehenden Momente der Linienlast bezüglich des Punktes aufheben (*PNT0* ist der Interpolationspunkt 3).

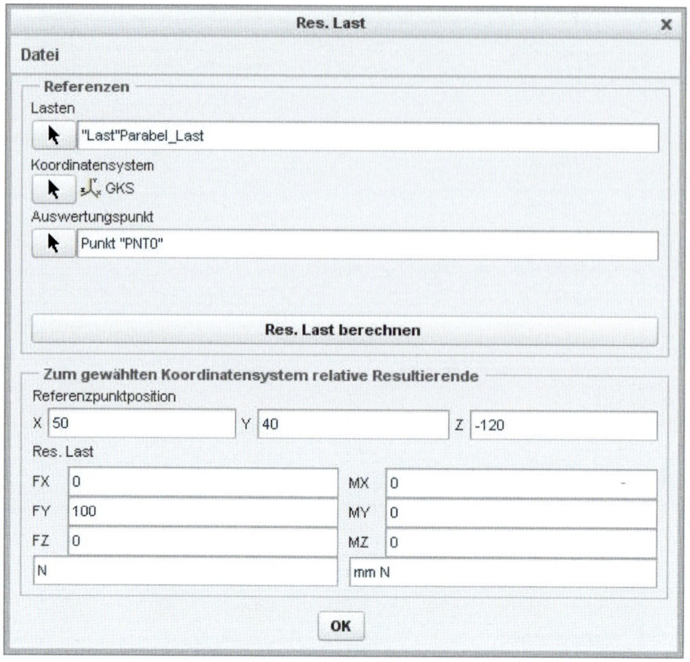

Bild 11.13
Prüfung der resultierenden Last

Etwas komplizierter wird es, wenn die Last als *Kraft pro Längeneinheit*, in gleicher Weise über das Objekt interpoliert, definiert wird.

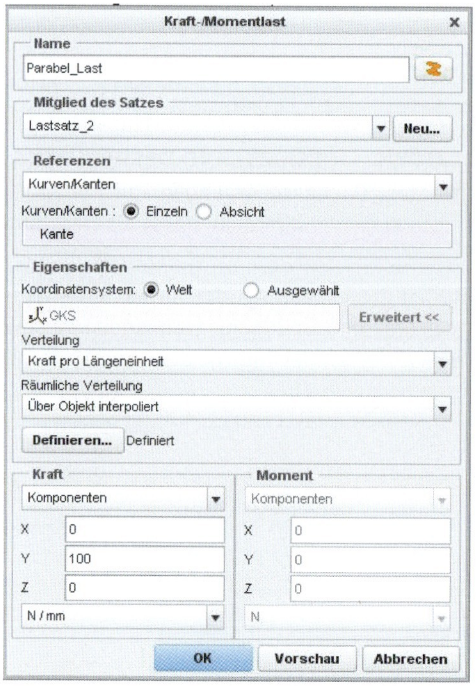

Bild 11.14
Angabe der Linienlast als *Kraft pro Längeneinheit*

Prüft man hier die Gesamtlast, erhält man das Resultat aus Bild 11.15.

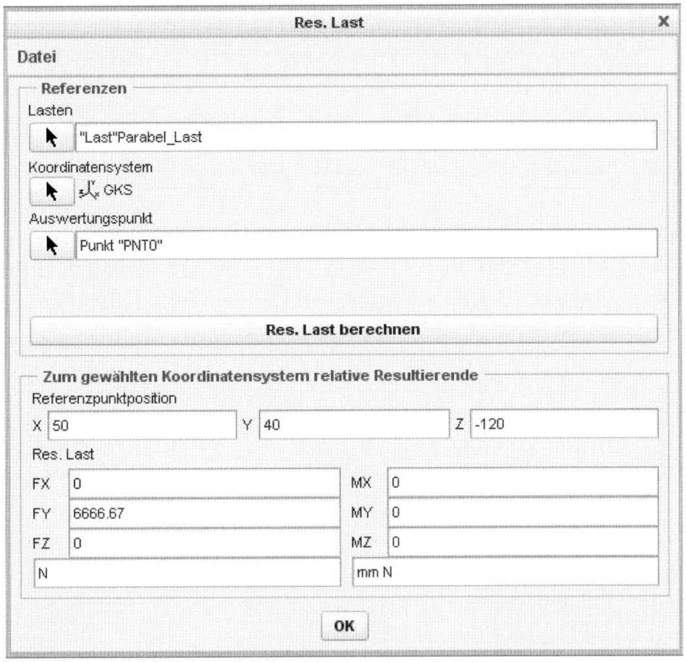

Bild 11.15
Resultierende Last bei Angabe als *Kraft pro Längeneinheit*

Die resultierende Last beträgt hier also rund 6667 N, ein Vielfaches des Wertes aus dem vorigen Beispiel!

Wie ist dies zu erklären?

Die Resultierende einer Linienlast entspricht dem Integral unter der Fläche des Graphen dieser Last, in unserem Fall also unter einer Parabel. Anhand der definierten Stützpunkte berechnet Creo Simulate Structure zuerst die Gleichung der Funktion. Die Kante, entlang welcher die Kraft wirkt, ist 100 mm lang, in der Mitte ist der Wert der Linienlast 100 N/mm, an den beiden Seiten ist er Null (Bild 11.16).

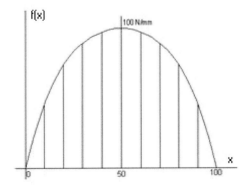

Bild 11.16
Fläche unter einer Parabel

Die Funktion der Parabel beträgt in diesem Fall $f(x) = -0{,}04x^2 + 4x$.

Die gesuchte Fläche ist das Integral über die Funktion im Bereich (0,100):

$$F_{res} = \int_0^{100} (-0{,}04x^2 + 4x)dx = \left[-0{,}04 \cdot \frac{x^3}{3} + 2x^2\right]_0^{100} \approx 6666{,}7$$

Das Beispiel zeigt, dass man bei der Verwendung von Linienlasten, und analog Flächenlasten, mit Bedacht zu Werke gehen muss bzw. die Funktion *Gesamtlast überprüfen* sinnvoll einsetzen kann.

Flächen: Kräfte/Momente wirken als Flächenlast. Es gilt prinzipiell das bereits bei Punkt- und Linienlasten Gesagte. Das folgende Bild zeigt eine auf einer Fläche interpolierte Gesamtlast. Es sind maximal vier Punkte für die Interpolation zulässig, die im Bild im Uhrzeigersinn umlaufend, beginnend mit PNT1 (links unten), angegeben wurden.

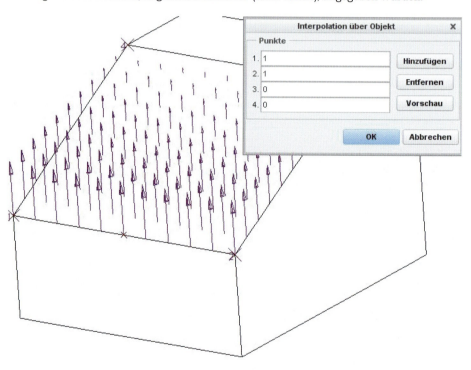

Bild 11.17
Interpolierte Flächenlast

Druck

Die Belastung erfolgt durch Druckwirkung. Im Allgemeinen wirkt die Druckbelastung auf eine ebene oder gekrümmte Fläche (Schalenfläche oder Oberfläche eines Volumenelementes). Der Unterschied zur Flächenlast besteht darin, dass bei einer Druckbelastung angenommen wird, dass der Druck immer senkrecht auf die Oberfläche wirkt. Deshalb entfällt bei der Druckbelastung die Angabe eines Richtungsvektors oder der Komponenten.

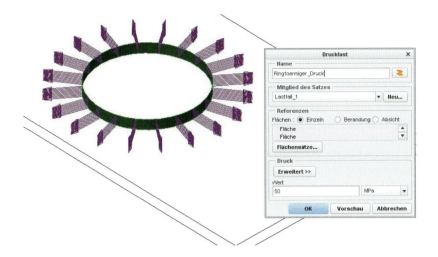

Bild 11.18
Einfügen einer
Druckbelastung

Lager

Hierbei handelt es sich um eine Belastung in Form einer Lochleibung (siehe Bild 11.19). Diese Lastart simuliert den Druck, den ein in einer Bohrung befindlicher starrer Bolzen (Achse, Niet, Stift…) auf die umgebende Zylinderfläche ausübt. Dabei wird angenommen, dass sich der Druck kosinusförmig auf die Zylindermantelfläche verteilt.

Es gibt drei Möglichkeiten, Größe und Richtung der Kraft zu definieren (siehe die Auswahl in Bild 11.19). Man kann die Kraftrichtung durch ihre Komponenten, durch Richtungsvektor und Betrag oder durch Anwahl zweier Punkte und Betrag vorgeben.

Die Angabe von Startpunkt/Endpunkt oder eines Richtungsvektors bestimmt nur die Richtung der Belastung. Die Größe der Lagerlast wird dabei durch den eingegebenen Betrag definiert.

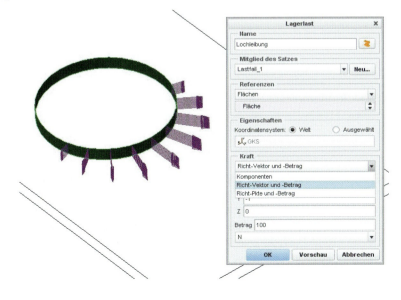

Bild 11.19
Definition einer
Lagerlast (Lochleibung)

Zentrifugal

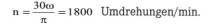

Hier entsteht die Belastung durch Zentrifugalkräfte, die durch die Rotation des Bauteils um eine definierte Achse mit einer bestimmten Winkelgeschwindigkeit hervorgerufen werden. Wie bereits bei der Beschreibung der Lagerlast erwähnt, gibt es auch für die Zentrifugallast mehrere Beschreibungsmöglichkeiten.

Bei der Option *Richt-Pkte&Größe* wird die Lage der Drehachse durch die Angabe zweier Punkte bestimmt, wobei der Abstand beider Punkte unerheblich ist. Die Drehachse hat eine positive Richtung von Punkt 1 zu Punkt 2, und wenn man mit dem Daumen der rechten Hand in diese Richtung zeigt, dann zeigen die Fingerspitzen der übrigen Finger dieser Hand in die positive Drehrichtung des Körpers. Durch Angabe einer negativen Winkelgeschwindigkeit kehrt sich die Drehrichtung natürlich wieder um. Bei den Optionen *Komponenten* und *Richtungsvektor&Betrag* schneidet die Drehachse den Ursprung des gewählten Koordinatensystems.

Zu beachten ist, dass pro Lastsatz nur eine Zentrifugallast definiert werden darf. Die Winkelgeschwindigkeit ist in rad/s anzugeben. Es gelten die bekannten Beziehungen zur Umrechnung von Drehzahl und Winkelgeschwindigkeit:

$\omega = 2\pi n$ n in 1/s
bzw.

$\omega = \dfrac{\pi n}{30}$ n in 1/min

Bild 11.20 Definition einer Zentrifugallast

Die in Bild 11.20 eingegebene Winkelgeschwindigkeit »188.5« bedeutet also 188,5 rad/s oder

$n = \dfrac{30\omega}{\pi} = 1800$ Umdrehungen/min.

Gravitation

Mit der Lastannahme *Gravitation* kann eine Belastung durch das Eigengewicht simuliert werden. Dies spielt z. B. dann eine Rolle, wenn bei einem auskragenden Maschinenteil schon durch das eigene Gewicht eine Belastung verursacht wird, die gegenüber der im Betrieb wirkenden Belastung nicht zu vernachlässigen ist. Eine andere Anwendung der Gravitationslast ist die Modellierung von Trägheitskräften, z. B. beim Start einer Rakete oder, umgekehrt, die Berücksichtigung von Trägheitskräften bei starker Verzögerung einer Bewegung, also z. B. beim Aufprall eines Körpers.

Auch bei Gravitationslasten gilt, dass pro Lastfall nur eine solche Last definiert werden darf. Im Definitionsfenster für die Gravitationsbelastung muss die wirkende Beschleunigung folglich in Komponenten bezüglich des gewählten Koordinatensystems eingegeben werden. Ist die »senkrechte« Richtung z. B. durch die +z-Achse beschrieben, muss, wie in Bild 11.21, die Erdbeschleunigung durch die Komponente Z = −9810 (mm/s²) angegeben werden.

Bild 11.21
Definition der Erdbeschleunigung zur Berücksichtigung des Eigengewichtes

Temperatur

Wie bereits in Kapitel 10 erwähnt, soll auf die Berechnung von Wärmelasten in diesem Buch nicht näher eingegangen werden. Bei Bedarf kann sich der Anwender mithilfe der Handbücher oder der Online-Hilfe über dieses Gebiet informieren.

Vorspannung

Vorspannung erzeugt eine negative innere Dehnung im Bauteil in einer vorzugebenden axialen Richtung. Dazu können entweder zwei parallele Flächen ausgewählt werden (Typ *Prismatisch*), denen eine Vorspannung (in N) auferlegt wird. Beim Typ *Allgemein* können beliebige Flächen verwendet werden. Hier ist außerdem eine *Richtungsreferenz* anzugeben.

11.2.7 Bereiche

In den vorangegangenen Abschnitten zu Randbedingungen und Lasten wurde bereits darauf hingewiesen, dass punkt- oder linienförmige Lasten oder Randbedingungen eigentlich in der Realität nicht vorkommen, da Lagerungen oder Lasteinleitungen immer über endliche Flächen erfolgen. Man erhält so realitätsnähere Berechnungsergebnisse, insbesondere treten keine unzutreffenden Spannungsspitzen auf.

Häufig ergibt sich dabei der Fall, dass Randbedingungen oder Lasten nur in Teilbereichen von existierenden Flächen eines Bauteils wirken sollen. Für diesen Fall ist in Creo Simulate Structure die Definition von Bereichen vorgesehen.

Bereiche lassen sich relativ einfach erzeugen. Das Icon zum Erzeugen von Flächen findet sich im Menü **MODELL VERFEINERN** (vgl. auch Bild 11.9).

Bei der Erzeugung eines Bereichs ist danach auszuwählen, ob eine Begrenzung für einen Flächenbereich skizziert (Skizze) oder eine vorhandene geschlossene Kurve als Begrenzung spezifiziert werden soll (Auswahl). Muss eine Berandung skizziert werden, kommen für das Skizzieren nur Ebenen in Betracht. Entweder wird also eine vorhandene Ebene (Bezugselement oder Körperfläche) als Skizzierebene ausgewählt, oder es muss temporär eine Bezugsebene erzeugt werden. Ist das erledigt, wechselt das Programm automatisch in den Skizziermodus, und die Berandung kann gezeichnet werden. Nach dem Verlassen des Skizzierers fordert Creo Simulate Structure Sie nun auf, eine oder mehrere Flächen zu wählen, auf denen der abzugrenzende Bereich liegen soll (ein Bereich kann sich über mehrere Ausgangsflächen erstrecken). Das kann z. B. die Oberfläche des Körpers sein, die selbst als Skizzierebene verwendet wurde. Auf andere, insbesondere gekrümmte, Flächen wird die Berandung projiziert.

Mit *Alle Simulations-KEs wurden in Modell … erfolgreich regeneriert* wird der Prozess abgeschlossen. Ein so erzeugter Bereich kann anschließend bei der Definition von Randbedingungen und Lasten als Flächenbereich ausgewählt werden. Das Bild 11.22 zeigt, wie auf eine Zylindermantelfläche ein kreisförmiger Bereich projiziert wurde, an dem eine Kraft in horizontaler Richtung wirkt.

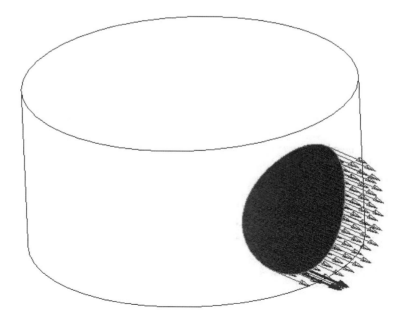

Bild 11.22
Kreisförmiger Bereich, auf eine Zylindermantelfläche projiziert

11.3 Der Modus Creo Simulate Lite

In den vorangegangenen Abschnitten haben Sie bereits Kenntnisse erworben, um erste, einfache Berechnungen vorzunehmen. Dies ist im Modus *Creo Simulate Lite* auf einfache Art möglich.

Wählen Sie dazu auf der Startseite von **STRUCTURE** das nebenstehende Icon. Nun öffnet sich das in Bild 11.23 gezeigte Fenster.

Wenn Sie die gezeigte Auswahl treffen, werden Sie anhand eines sog. »Prozesshandbuches« von der Erstellung eines gültigen Berechnungsmodells, über die Analyse bis zur Ergebnisdarstellung geleitet. Der Anwender hat in diesem Modus nur eingeschränkte Wahlmöglichkeiten. So arbeitet Creo Simulate z. B. immer mit Volumenelementen. Außerdem sind nur statische Analysen möglich.

Modell einrichten

Bild 11.23
Einrichten des Modus Simulate Lite

 HINWEIS: Die in Bild 11.23 gezeigte Auswahlmöglichkeit *FEM-Modus* dient dazu, ein Creo-CAD-Modell für die Analyse mit einem herkömmlichen FEM-Programm, wie ANSYS oder NASTRAN, vorzubereiten.

Wenn Sie weder den *Lite*-Modus noch den *FEM-Modus* verwenden wollen, muss das Fenster *Modell einrichten* gar nicht erst aufgerufen werden.

Indem Sie jeweils den Button **WEITER** betätigen, werden Sie Schritt für Schritt durch die Erstellung der notwendigen Modellelemente geführt:

- Material zuweisen (vgl. Kapitel 11.2.3)
- Festlegen von Randbedingungen (vgl. Kapitel 11.2.4). Es stehen nur einige der genannten Modellierungsmöglichkeiten zur Verfügung.
- Definieren von Belastungen (vgl. Kapitel 11.2.6). Auch hier steht nur eine Auswahl der unter 11.2.6 beschriebenen Modellierungsmöglichkeiten zur Verfügung.
- Eine statische Analyse durchführen: Die verschiedenen Analysearten werden in Kapitel 13 ausführlich beschrieben. Simulate Lite bietet nur die Möglichkeit einer statischen Analyse.

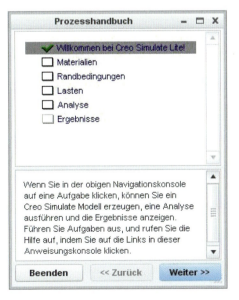

Bild 11.24
Prozesshandbuch Simulate Lite

- Ergebnisse anzeigen: Die Anzeige von Ergebnissen ist nach erfolgreicher Durchführung einer Analyse möglich. Es werden gleichzeitig drei vordefinierte Fenster mit den berechneten mechanischen Spannungen (von-Mises-Vergleichsspannung und maximale Hauptspannung) sowie den Deformationen angezeigt. Auf die Ergebnisauswertung wird ausführlich in Kapitel 14 eingegangen.

Sind alle Schritte erfolgreich »abgehakt«, kann der Modus beendet werden.

Bei wiederholtem Aufruf von Creo Simulate weist das Programm darauf hin, dass auch eine Umwandlung in ein Standard-Simulationsmodell möglich ist.

Bild 11.25 Creo Simulate Lite erfolgreich abgeschlossen

Bild 11.26 Möglichkeit der Transformation in ein Standardmodell

Wie aus Bild 11.26 zu entnehmen, ist dies nur bei Vorhandensein einer Creo Simulate-Lizenz möglich. In der Schulungsversion (Creo Parametric Education Edition) ist das der Fall. Der Lite-Modus bietet aber auch allen Anwendern, die nur über Creo Parametric verfügen, die Möglichkeit, einfache statische Berechnungen mit geringstem Aufwand durchzuführen und so erste Aussagen zum mechanischen Verhalten der konstruierten Bauteile zu gewinnen.

Anspruchsvollere Modellierungs- und Berechnungsmöglichkeiten werden in den Folgekapiteln beschrieben.

12 Fortgeschrittene Modellierungsmöglichkeiten in Creo Simulate Structure

12.1 Bauteile mit geometrischen Elementen modellieren

Wie bereits in Abschnitt 11.2.1 geschildert, können im integrierten Modus von Creo Simulate Structure folgende Elementtypen verwendet werden:

- Volumenelement
- 3D-Schalenelement
- Balkenelement
- Federelement
- Masseelement

Die in Creo Simulate verwendete Standardeinstellung für den Modelltyp ist »3D«, d. h., dass die entsprechenden Elemente Spannungen und Dehnungen in allen räumlichen Koordinatenrichtungen aufnehmen können. Dabei kann als Spezialfall jedes 3D-Schalenelement von der Geometrie her auch eben sein. Dies ist aber nicht zu verwechseln mit sog. 2D-Schalen-, Platten- oder Volumenelementen, mit deren Hilfe man den in der Elastizitätstheorie zur Vereinfachung eingeführten ebenen Spannungszustand und ebenen Dehnungszustand berechnen kann.

 HINWEIS: Der ebene Spannungszustand ist in guter Näherung in dünnen Blechen und Scheiben vorhanden, die nur in ihrer Ebene belastet sind. Der ebene Dehnungszustand tritt dagegen in dreiachsig beanspruchten, dickwandigen Bauteilen auf, bei denen die dritte Hauptspannung gerade so groß ist, dass sie die Querdehnung aufhebt, die durch die in den beiden anderen Achsrichtungen wirkenden Spannungen hervorgerufen wird. Wie es der Name besagt, ist im ebenen Spannungszustand eine der drei senkrecht aufeinander stehenden Hauptspannungen Null, beim ebenen Dehnungszustand eine der drei Dehnungen.

Mit derartig speziellen Modellen können besondere mechanische Probleme effizient untersucht werden. Die Herangehensweise in Creo ist jedoch, wie bereits geschildert, eine andere. Die optimale Unterstützung des Entwicklungsingenieurs, der kein Spezialist auf dem Gebiet FEM ist, erfordert eine weitgehend automatische Modellierung ohne Rücksicht auf mechanische Sonderfälle, deren Untersuchung dem Spezialisten vorbehalten bleiben wird. Aus diesem Grund beschränken sich die Ausführungen in diesem Buch auf die Annahme eines dreidimensionalen Modells. Die Vernetzung erfolgt weitestgehend automatisch. Creo Simulate übernimmt die Geometrie des vorher mit Creo Parametric konstruierten Bauteils und versucht, das Teil zu vernetzen. Dabei gilt der in Bild 12.1 dargestellte Zusammenhang zwischen den Creo Parametric-Modellelementen und den geometrischen Elementen von Creo Simulate.

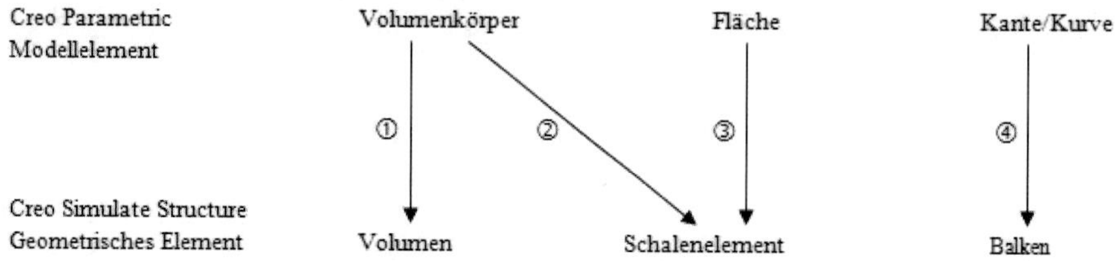

Bild 12.1 Zusammenhang zwischen den Elementen in Creo Parametric und Structure

Creo Parametric Modellelement	Volumenkörper	Fläche	Kante/Kurve
	① ②	③	④
Creo Simulate Structure Geometrisches Element	Volumen	Schalenelement	Balken

Im Folgenden soll geschildert werden, was der Anwender von Creo Simulate auf den von ① bis ④ bezeichneten Wegen tun muss, um vom CAD-Modell zum Berechnungsmodell zu kommen.

① Dies ist der einfachste Weg, ein gültiges Berechnungsmodell zu erhalten. Wenn das CAD-Modell in Creo Parametric nur aus Volumenkörper-Features besteht, kann Creo Simulate ein aus Volumenelementen (standardmäßig Tetraeder) bestehendes Berechnungsmodell ohne weiteres Zutun des Anwenders automatisch erstellen. Für sehr dünne Bauteile (Bleche, Kunststoff …) macht allerdings eine Modellierung mit Tetraedern wenig Sinn.

Schalenpaar

② Wenn das Bauteil, wie oben beschrieben, dünnwandig ist oder dünnwandige Bereiche enthält, aber in Creo Parametric mit Volumenkörper-Features modelliert wurde, ist dieser Weg der geeignete. Sollen aus Volumenkörpern Schalenmodelle erzeugt werden, sind zunächst Flächenpaare zu definieren. Dazu wählt man das nebenstehende Icon.

Zunächst müssen die beiden Flächen ausgewählt werden, zwischen denen das Schalenmodell erzeugt werden soll. Das hängt damit zusammen, dass das Schalenmodell in der Mittelfläche des dünnwandigen Bauteils liegt. Das bedeutet, dass Flächen immer paarweise vorhanden sein müssen, um eine Mittelfläche definieren zu können. Mithilfe der Option *Schalenpaare erkennen* ist es möglich, vorhandene äquidistante Flächen automatisch zu identifizieren, z. B. wenn in Creo Parametric »dünne« Konstruktionselemente wie die Option *Schale* verwendet wurden.

Der entsprechend behandelte Bereich des Bauteils ist nun für eine Vernetzung mit Schalenelementen vorbereitet. Selbstverständlich müssen die Flächen nicht eben sein.

Ein Problem entsteht, wenn zu einer Oberfläche kein Gegenstück vorhanden ist (Unopposed Surface). Bild 12.2 zeigt einen solchen Fall.

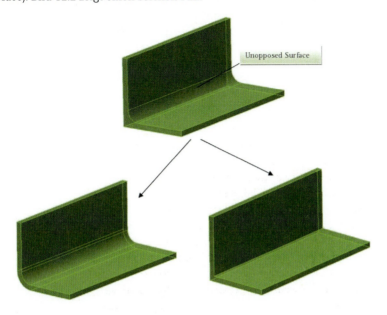

Bild 12.2
Fehlende Gegenfläche und Lösung

Das Problem kann nur auf folgende Art gelöst werden:

a) Das Bauteil muss anstelle von Schalenelementen mit Volumenelementen (Solids) modelliert und berechnet werden (Bild 12.3).

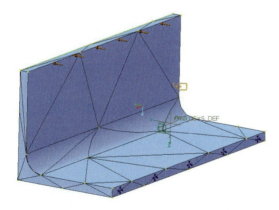

Bild 12.3
Modellierung mit Volumenelementen

b) Das geometrische Modell muss so abgewandelt werden, dass die »Unopposed Surface« verschwindet. Die beiden grundsätzlichen Möglichkeiten sind in Bild 12.2 dargestellt. Der Anwender muss entscheiden, ob eine solche Abwandlung seines Modells zulässig ist, wobei die Berechnung im dargestellten Fall »auf der sicheren Seite liegt«, da das Originalteil massiver als das Modell ist.

Ein weiteres Problem kann entstehen, wenn Bereiche mit unterschiedlicher Dicke vorhanden sind (siehe Bild 12.4).

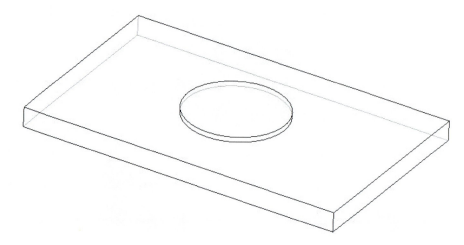

Bild 12.4
Bauteil mit Bereichen unterschiedlicher Dicke

Die beiden Mittelflächen wären voneinander isoliert, was zu keinem brauchbaren Berechnungsmodell führt. In diesem Fall kann man bei der Definition des Schalenpaares den Typ *Variabel* wählen. Als gemeinsame Mittenfläche wird dann die in Bild 12.5 hervorgehobene Ebene gewählt. Das Modell wird also etwas »zurechtgebogen«.

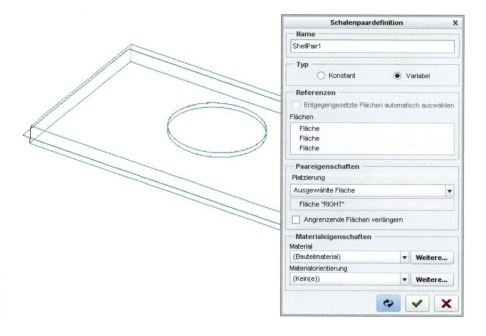

Bild 12.5
Erzeugen eines Schalenpaares mit variabler Dicke

Das Ergebnis der Vernetzung zeigt Bild 12.6. Alle Schalenelemente wurden in die festgelegte gemeinsame Ebene gelegt.

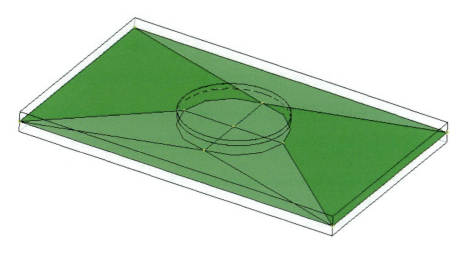

Bild 12.6
Vernetztes Bauteil mit Schalenelementen variabler Dicke

Ein anderer Ausweg besteht darin, ein Modell aus Volumen- **und** Schalenelementen zu verwenden oder ausschließlich mit Volumenelementen zu modellieren.

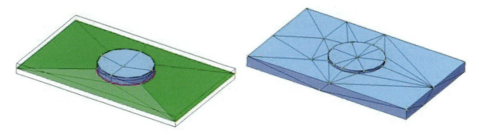

Bild 12.7
Modell mit Volumen- und Schalenelementen (links) bzw. Volumenelementen (rechts)

Wie gezeigt kann der Anwender bei der Vernetzung bestimmen, ob er ein ausschließlich aus Schalenelementen bestehendes Modell oder ein Modell aus Schalen- und Volumenelementen haben möchte.

Auf die Steuerung der Vernetzung durch den Anwender wird im nächsten Kapitel ausführlich eingegangen.

③ Der dritte Weg, vom Creo Parametric-Modell zum Berechnungsmodell zu kommen, ist dann sinnvoll, wenn in Creo Parametric Flächenfeatures verwendet wurden. Im vorliegenden Buch wurde diese Möglichkeit z. B. in Kapitel 16.8 im Beispiel 7 zur Modellierung der Helixfläche genutzt. Da hier bereits eine mit Schalenelementen vernetzbare Fläche vorliegt, muss der Fläche nur noch die Eigenschaft *Dicke* sowie ein Material zugewiesen werden. Dies erfolgt mittels des nebenstehenden Icons.

Schale

Im Dialogfenster, das in Bild 12.8 zu sehen ist, werden die gewünschte Dicke und das Material zugewiesen.

Bild 12.8
Zuweisen einer Schalendicke

④ Der vierte Weg ist gangbar, wenn sich im Bauteil balkenförmige Bereiche befinden. Balkenförmig bedeutet, dass ein konstanter Querschnitt vorliegt, dessen Abmessungen gegenüber der Länge des balkenförmigen Bereiches (≤ 1/10) klein sind. Balken können gerade oder gekrümmt sein, die Krümmung muss aber eine ebene Kurve sein.

Typische Einsatzgebiete von Balkenelementen sind z. B. dort, wo in einem Bauteil massive oder flächenhafte Bereiche mit Normprofilen verschweißt sind, oder wo flächige Kunststoffteile mit metallischen Stäben verstärkt werden. Da Balken natürlich auch immer Volumenkörper sind, könnte ein solcher Bereich prinzipiell auch mit Volumenelementen vernetzt werden. Man muss aber bedenken, dass Creo Simulate einen Balken mit konstantem Querschnitt als **ein** Balkenelement behandelt, der anderenfalls, abhängig von der Komplexität des Querschnittes, mit mehreren Dutzend oder gar Hunderten von – wesentlich aufwändigeren – Volumenelementen vernetzt würde. Wie bereits in Abschnitt 11.2.1 dargestellt wurde, ist die Beschreibung eines Balkenelements mit einem etwas höheren Aufwand verbunden, deshalb wird auf diese Problematik gesondert in Kapitel 12.3 eingegangen.

12.2 Steuerung der Vernetzung

Im vorigen Abschnitt wurde gezeigt, dass Creo Simulate entsprechend den Wegen ① bis ③ in der Lage ist, ausgehend von einem Volumenbereich oder Flächenbereich, diesen automatisch mittels Volumen- und/oder Schalenelementen zu vernetzen. Wir wollen jetzt kurz darauf eingehen, wie dies geschieht, und welche Möglichkeiten der Anwender hat, das Ergebnis der Vernetzung zu beeinflussen.

Das ist deshalb wichtig, weil die Anzahl der bei der Vernetzung entstehenden Elemente die Rechenzeit wesentlich beeinflusst, während die Form der Elemente unter Umständen entscheidend für die Qualität der Berechnungsergebnisse sein kann.

Die automatische Vernetzung wird von einem Creo Simulate-Modul durchgeführt, das *AutoGEM* heißt. Unter dem entsprechenden Icon (Bild 12.9) kann über den Befehl **EINSTELLUNGEN** ein Fenster (Bild 12.10) geöffnet werden, in dem wichtige Parameter für die Vernetzung festgelegt werden.

Bild 12.9
Aufruf der Vernetzungssteuerung

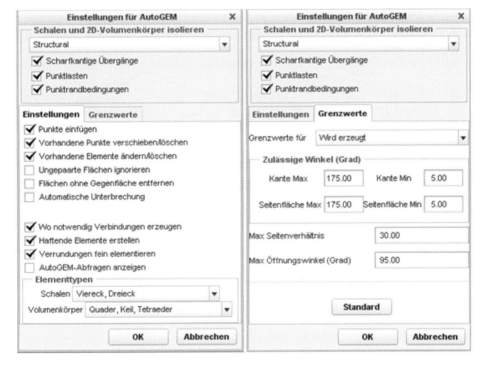

Bild 12.10
Einstellungen für AutoGEM

Im oberen Teil des Fensters werden drei Sachverhalte angezeigt, die bei Schalenmodellen unzuverlässige Berechnungsergebnisse in Form überhöhter Spannungen verursachen können. Dies sind, wie bereits in den Abschnitten 11.2.4 bzw. 11.2.6 ausgeführt, punktförmige Lasten oder Randbedingungen. Spannungsspitzen können außerdem an »scharfkantigen Übergängen« entstehen.

Wenn die Erkennung eingeschaltet ist (☑), führt Creo Simulate an solchen Stellen zusätzliche, kleine Elemente ein, die den kritischen Punkt praktisch vom übrigen Modell isolieren. Die zusätzlichen Elemente sollten bei der Berechnung der Konvergenz und der Ergebnisse ausgeschlossen werden.

Die Option *Haftende Elemente erstellen* wird aktiviert, um in einem Modell einer Baugruppe Schalenmodelle miteinander zu verbinden.

Im unteren Teil des in Bild 12.10 links gezeigten Fensters können die von Creo Simulate zu verwendenden Elementtypen eingestellt werden. Für Schalenelemente hat man die Auswahl zwischen Drei- und Viereckelementen (Standard) oder nur Dreieckelementen. Bei den Volumenelementen kann zwischen zwei Optionen gewählt werden: Quader, Keil, Tetraeder als Standard oder Keil, Tetraeder. Die Elementränder aller genannten Elemente und folglich auch die Elementflächen können gekrümmt sein.

Die Optionen dieser Registerkarte können und sollten so belassen werden, wie sie standardmäßig gesetzt sind.

Die Parameter der Registerkarte *Grenzwerte* (Bild 12.10 rechts) haben die folgende Bedeutung:

Zulässige Winkel (Grad): Zwei sich in einem Punkt schneidende Kanten eines Schalenelements bzw. zwei sich in einer Kante schneidende Begrenzungsflächen eines Volumenelements dürfen dies in einem Winkel tun, der mindestens 5° und höchstens 175° beträgt.

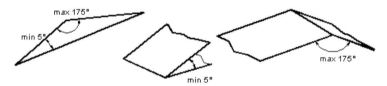

Bild 12.11 Definition der zulässigen Winkel

Max. Seitenverhältnis: legt fest, dass das Verhältnis zwischen der kürzesten und längsten Seite eines Elementes nicht größer als der angegebene Wert sein darf.

Max. Öffnungswinkel (Grad): Wird ein Element durch eine Kurve oder eine gekrümmte Fläche begrenzt, dann müssen die Knoten (Eckpunkte der Elemente) so erzeugt werden, dass die Normalen auf der Begrenzungskurve in zwei benachbarten Knoten einen Winkel einschließen, der nicht größer als, in diesem Fall, 95° ist.

Die Grenzwerte beeinflussen sich gegenseitig und sollen bewirken, dass keine »entarteten«, d. h. ganz spitze, nadelförmige Elemente, entstehen, weil in den spitzen Ecken die Spannungen nur ungenau berechnet werden können.

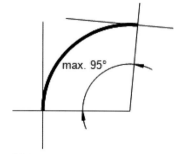

Bild 12.12 Maximal zulässiger Öffnungswinkel

Vom Ergebnis der Vernetzung kann man sich anhand der Statusdatei der Berechnung (vgl. auch Kapitel 13) überzeugen. Hier werden unter der Überschrift *AutoGEM-Status* Art und Anzahl der erzeugten Elemente angezeigt, und außerdem, wie die genannten Bedingungen eingehalten wurden.

Man kann sich aber auch schon vor der Durchführung einer Berechnung das entstehende Netz geometrischer Elemente ansehen und, falls notwendig, die erwähnten Parameter variieren. Zu diesem Dialog gelangt man über das Icon ▦ aus Bild 12.9. Durch Auswahl des entsprechenden Buttons kann man darüber hinaus festlegen, ob die Vernetzung nur mit Volumenelementen, nur mit Schalenelementen oder mit Volumen- **und** Schalenelementen durchgeführt werden soll. Die Optionen, die Schalenelemente beinhalten, sind nur wählbar, wenn vorher Mittenflächen definiert wurden (siehe Kapitel 12.1).

Bild 12.13
Vernetzung starten

Nun muss man in dem in Bild 12.13 gezeigten Fenster nur noch den Button **ERZEUGEN** drücken, um eine Vernetzung zu erhalten. Die Vernetzung wird grafisch dargestellt, und es wird ein Fenster eingeblendet, das die wichtigsten Informationen zum erzeugten Netz enthält.

Die folgenden Bilder zeigen an einem einfachen Beispiel, einer rechteckigen ebenen Platte mit einem Loch in der Mitte, den Einfluss der Vernetzungsparameter. Angegeben ist jeweils die grafische Darstellung des vernetzten Modells sowie das erwähnte Informationsfenster.

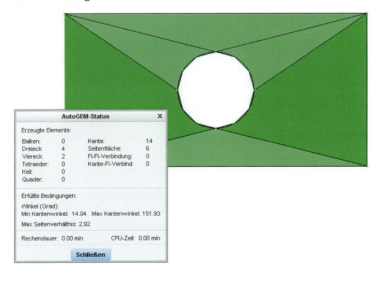

Bild 12.14
Ergebnis der Vernetzung mit den Voreinstellungen

In Bild 12.15 wurde der maximal zulässige Öffnungswinkel auf 75° verringert. Dies hat zur Folge, dass auf dem Rand des Lochs mehr Knoten (6 statt 4) erzeugt werden, um den kleineren erlaubten Öffnungswinkel einzuhalten.

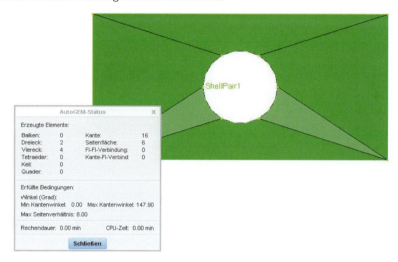

Bild 12.15
Ergebnis der Vernetzung mit verringertem zulässigen Öffnungswinkel

In Bild 12.16 wurde der zulässige minimale Winkel zwischen zwei Elementkanten von 5° auf 20° erhöht. Dies hat zur Folge, dass Elemente mit weniger spitzen Ecken entstehen. Allerdings werden dadurch auch mehr Elemente erzeugt. Im Beispiel erhöht sich die Elementanzahl z. B. von 6 auf 12.

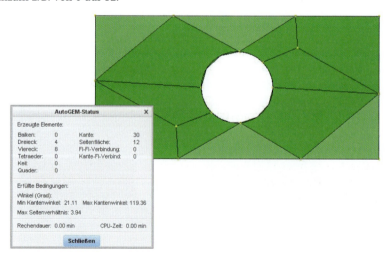

Bild 12.16
Ergebnis der Vernetzung mit minimalem Kantenwinkel von 20°

Bild 12.17 zeigt, was passiert, wenn in die bisherige Konstruktion als zusätzliches Konstruktionselement eine weitere, relativ kleine Bohrung eingefügt wird. Creo Simulate muss nun eine Vielzahl weiterer kleiner Elemente verwenden, um das zusätzliche Element bei der Vernetzung zu berücksichtigen. In der Praxis sollte deshalb überlegt werden, ob Konstruktionselemente, die voraussichtlich geringen Einfluss auf das Berechnungsergebnis haben, im Berechnungsmodell nicht weggelassen werden können. Diese Überlegung spielt vor allem bei sehr großen Modellen eine nicht unwichtige Rolle. Für die Vernetzungsparameter wurden in Bild 12.17 wieder die voreingestellten Werte (vgl. Bild 12.10) verwendet.

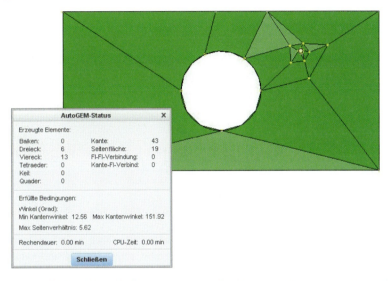

Bild 12.17
Vernetzung bei Hinzufügen einer kleinen Bohrung

In den meisten Fällen führt die Vernetzung mit den Voreinstellungen von Creo Simulate zu einem brauchbaren Ergebnis.

12.3 Balkenelemente verwenden

Bei der Verwendung von Volumenelementen muss der Anwender außer den Materialkennwerten zur Beschreibung des Bauteils keine weiteren Angaben machen. Werden Schalenelemente verwendet, muss dem Schalenelement, das geometrisch ja nur durch seine Mittelfläche beschrieben ist, noch eine Dicke zugeordnet sein. Vergegenwärtigt man sich nun, dass das Balkenelement von seiner geometrischen Beschreibung her nur ein Strich ist, wird klar, dass auch hier Kenngrößen benötigt werden, mit deren Hilfe Creo Simulate die Steifigkeits- und Trägheitseigenschaften des Balkenelementes berechnen kann.

Balkenelemente in Creo Simulate können gerade oder eben gekrümmt sein, sie haben an Anfang und Ende einen Knoten. Planar gekrümmte Balken dürfen einen Winkel von höchstens 90° überspannen. Ein einen Vollkreis überspannender Balken müsste folglich mit mindestens vier Balkenelementen modelliert werden.

Balkenelemente können eine Längskraft (Zug-Druck-Belastung), ein Torsionsmoment sowie Querkräfte und Biegemomente um die beiden Querschnittshauptachsen (hier y und z) aufnehmen.

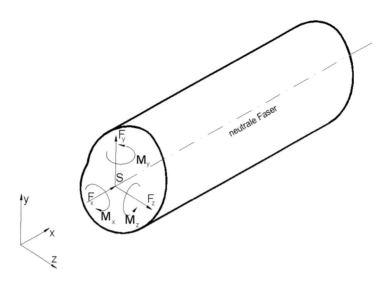

Bild 12.18
Belastungen am Balken

 HINWEIS: Haupträgheitsachsen eines Querschnittes sind die in der Querschnittsebene liegenden, sich im Schwerpunkt schneidenden und senkrecht aufeinander stehenden Achsen, bezüglich derer die Flächenträgheitsmomente des Querschnittes extremal werden. D. h. bezüglich einer der beiden Hauptachsen nimmt das Flächenträgheitsmoment den für den Querschnitt erreichbaren Maximalwert an, bezüglich der anderen den entsprechenden Minimalwert. Symmetrieachsen sind immer Hauptachsen.

Entscheidend dafür sind die Kennwerte des Querschnitts des Balkens:

- Lage des Schwerpunkts des Querschnitts (es wird vorausgesetzt, dass die Balkenlängsachse die Schwerpunkte verbindet)
- Querschnittsfläche A
- Haupträgheitsmoment I_y
- Haupträgheitsmoment I_z
- Torsionsträgheitsmoment I_t

Für die Berechnung der Schubbeanspruchung sind außerdem notwendig:

- Schubflächen
- Schubmittelpunktskoordinaten
- Schubverteilungszahlen.

Diese Größen sind in der Technischen Mechanik definiert. Die komplette Darlegung der Theorie würde ein ganzes Buch füllen und kann an dieser Stelle nicht gebracht werden. Stattdessen muss auf die Grundkenntnisse der Technischen Mechanik gesetzt werden, die der Anwender von Creo Simulate besitzen sollte. Es seien nur die wichtigsten Probleme genannt, die mit ihrer Ermittlung verbunden sind.

Es gibt keinen einheitlichen Berechnungsalgorithmus für jede der genannten Größen. Ihre Berechnung hängt vielmehr von der konkreten Querschnittsform ab. Für dünnwandige, offene Profile gilt z. B. hinsichtlich des Torsionsträgheitsmomentes eine vollkommen andere Theorie als für dünnwandig geschlossene oder für massive Querschnitte.

Geschlossene Formeln zur Berechnung einiger dieser Größen gibt es nur für einfache Querschnittsformen, z. B. Kreis, Rechteck, Ellipse usw. Für kompliziertere Querschnittsformen wurden numerische Näherungsverfahren entwickelt, die z. B. die Berandung des Querschnittes durch einen Polygonzug beschreiben und aus den Koordinaten der Eckpunkte des Polygons die Kenngrößen ermitteln.

Für Normprofile können einige (nicht alle!) der benötigten Werte aus DIN-Normen oder Datenblättern der Hersteller entnommen werden. Genannt seien z. B. die Normen DIN1025, DIN1026, EN10056-1 oder DIN EN10055 für warmgewalzte Träger unterschiedlicher Profile. Für andere Werte ist der Anwender auf eine Überschlagsrechnung angewiesen.

Daraus wird schon ersichtlich, dass die Modellierung mittels Balkenelementen einiges mehr an Überlegung erfordert als mittels Volumen- oder Schalenelementen.

Mit dem nebenstehenden Icon gelangt man zum Definitionsfenster für Balkenelemente.

Balken

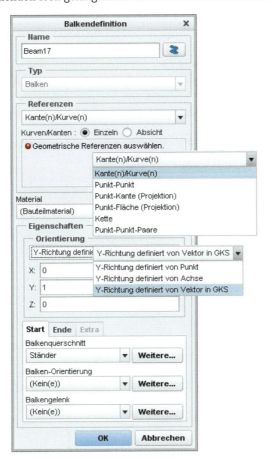

Bild 12.19
Definitionsfenster für Balken

Oben rechts wurden die sechs verschiedenen Optionen herausgezogen, die es gibt, um die Balkenlängsachse festzulegen und einen Balken mit bestehenden Modellelementen zu verbinden. Die gebräuchlichsten Optionen sind von *Punkt* zu *Punkt* oder längs einer *Kante/Kurve*. Ist die Balkenlängsachse bestimmt, muss man bedenken, dass der Balken gedanklich immer noch um seine Längsachse rotieren kann. Es muss also die richtige Einbaulage festgelegt werden. Dabei spielt es z. B. bei einem I-Profil sehr wohl eine Rolle, ob es »liegend« oder »stehend« eingebaut ist. Lediglich bei einem Kreisquerschnitt ist die Drehung um die Längsachse ohne Bedeutung. Zur Festlegung wird die y-Richtung des Balken-Querschnitts-Koordinatensystems (BQKS) genutzt. Zur Auswahl stehen drei verschiedene Möglichkeiten, die in Bild 12.19 ebenfalls herausgezogen wurden. Demnach kann die y-Achse des BQKS in Richtung eines Punktes oder einer vorhandenen Achse zeigen, oder sie kann durch Komponenten in Richtung der Achsen des globalen Koordinatensystems beschrieben werden (Option *Y-Richtung definiert von Vektor in GKS*).

Im unteren Teil des in Bild 12.19 gezeigten Fensters sind unter den Überschriften *Balkenquerschnitt*, *Balken-Orientierung* und *Balkengelenk* weitere Angaben zu machen. Unter *Balkenquerschnitt* ist ein (vorher) definierter und gespeicherter Balkenquerschnitt auszuwählen. Unter *Balken-Orientierung* hat man die Möglichkeit, am Anfangs- und Endpunkt des Balkens *Versätze* zu definieren oder die oben beschriebene Orientierung der y-Achse des BQKS durch die Eingabe eines Drehwinkels nochmals zu variieren. Unter Versatz versteht man eine starre Verbindung zwischen dem Anfangs- bzw. Endknoten des Balkens und dem Ursprung des BQKS (hier *Formursprung* genannt) bzw. dem *Schubmittelpunkt* des Querschnittes. Diese Angabe kann entfallen (*Kein(e)*). Unter *Balkengelenk* kann man einen gelenkigen Anschluss des Balkens am Anfangs- und/oder Endpunkt realisieren, wobei die Auswahl (*Kein(e)*) wieder den Verzicht auf diese Option bedeutet.

Bild 12.20 Dialogfenster für Balken-Orientierung (links) und Balkengelenk (rechts)

Auch die Angaben unter *Orientierung* oder *Gelenk* können unter einem Namen abgespeichert werden. Das hat den Vorteil, dass zutreffende, einmal gespeicherte Sätze bei der Definition weiterer Balkenelemente immer wieder verwendet werden können.

Während die beiden in Bild 12.20 gezeigten Optionen entfallen können, ist die Zuordnung eines Balkenquerschnitts zwingend notwendig.

Um den Anwender einigermaßen komfortable Arbeitsmöglichkeiten zu bieten, können bei der Eingabe der Querschnittskennwerte in Creo Simulate drei prinzipielle Vorgehensweisen unterschieden werden, die aus dem Dialogfenster zur Definition der Balken-Querschnittseigenschaften, das in Bild 12.21 zu sehen ist, hervorgehen.

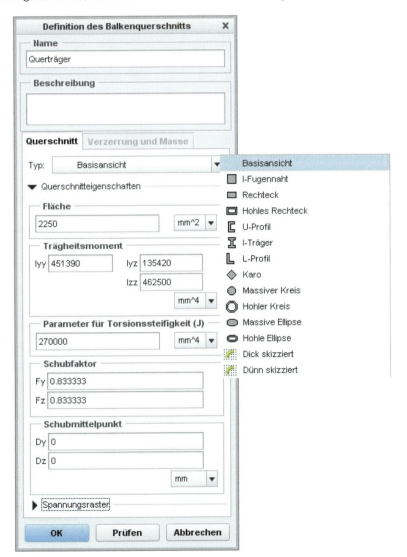

Bild 12.21
Optionen für den Querschnittstyp, ausgewählt wurde *Basisansicht*

Die drei Vorgehensweisen für die Eingabe der Querschnittskennwerte sind:

a) Wählt man unter Typ die *Basisansicht* aus, geht Creo Simulate davon aus, dass die Querschnittskennwerte direkt numerisch in die dafür vorgesehenen Felder des gezeigten Dialogfensters eingetragen werden. In diesem Fall hat sie der Anwender bereits mit einem separaten Programm oder durch Handrechnung ermittelt bzw. aus Tabellen übernommen.

b) Für die folgenden Querschnittstypen *I-Fugennaht* (Quadrat) bis *Hohle Ellipse* hat Creo Simulate die entsprechenden Berechnungsformeln bzw. -algorithmen gespeichert und berechnet die Querschnittskennwerte nach Eingabe der Abmessungen selbstständig. Für die vordefinierten Querschnitte werden Skizzen mit den einzugebenden Maßen angezeigt.

c) Im dritten Fall liegt ein komplexer, keinem der genannten Grundtypen zuzuordnender Querschnitt vor, für den noch keine Kennwerte ermittelt wurden. Hier hat der Anwender die Möglichkeit, mit Hilfe des Skizzierers von Creo Parametric den Querschnitt zu konstruieren. Creo Simulate berechnet dann die Querschnittskennwerte mithilfe eines numerischen Näherungsverfahrens. Wegen z. T. unterschiedlicher Theorien wird unterschieden, ob es sich um massive Vollquerschnitte (hier etwas irreführend als *Dick skizziert* bezeichnet) oder um dünnwandige Querschnitte (*Dünn skizziert*) handelt.

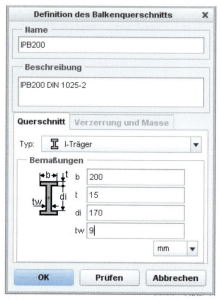

Bild 12.22 Definition eines Doppel-T-Querschnitts

Da es, wie bereits erwähnt, keine einheitliche Theorie zur Berechnung der Querschnittskennwerte gibt, blendet Creo bei der unter c) beschriebenen Auswahl das folgende Informationsfenster ein.

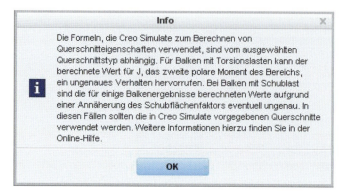

Bild 12.23 Informationsfenster für skizzierte Querschnitte

Für alle Querschnittstypen gilt: Drückt man den Button **PRÜFEN**, werden auf Basis der eingegebenen Daten die Querschnittskennwerte berechnet und am Bildschirm ausgegeben.

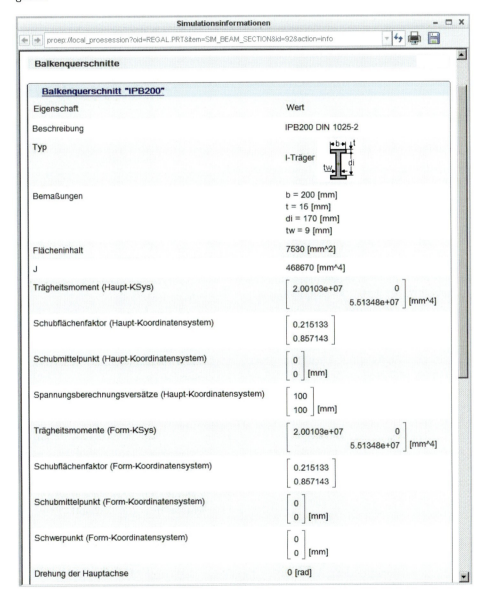

Bild 12.24
Ergebnisse der Querschnittsberechnung für den Querschnitt nach Bild 12.22

Wie in Bild 12.24 ersichtlich, werden auch der Verdrehwinkel des Hauptachsensystems und die Flächenträgheitsmomente bezüglich der Querschnittshauptachsen berechnet. J ist das Torsionsträgheitsmoment des Querschnitts (in der deutschsprachigen Literatur meist mit I_t bezeichnet), der Begriff *Form-Koordinatensystem* meint das Balkenquerschnitts-Koordinatensystem (BQKS).

12.4 Feder- und Massenelement

Wie bereits in Abschnitt 11.2.1 erwähnt, beinhaltet Creo Simulate einige Elementtypen, mit denen man spezielle mechanische Eigenschaften eines Modells simulieren kann, die über die Geometrie nicht oder nur sehr aufwändig nachzubilden wären. Diese sollen hier nur relativ kurz behandelt werden.

12.4.1 Federelement

Das *Federelement* wird eingesetzt, um eine Federwirkung zwischen zwei Punkten eines Modells oder zwischen einem Punkt und einer als unverschieblich angenommenen Umgebung zu simulieren. Ein Anwendungsgebiet ist die dynamische Berechnung von Maschinen, die auf einem elastischen Fundament aufgestellt sind. Die einfache Feder hat nur eine Längs- und/oder eine Torsionssteifigkeit (Bild 12.25). Diese beziehen sich logischerweise auf ihre Längsachse. Unter der Typ-Option *Erweitert* hat man die Möglichkeit, in einem speziellen Fenster Längs- und Torsionssteifigkeiten bezüglich dreier zueinander senkrechter Achsen zu definieren. Die Option *Zu Basis* bedeutet, dass die Feder an einem Ende fest eingespannt ist.

Bild 12.25 Definition eines einfachen Federelements

Unter *Eigenschaften* kann man statt einer konstanten Steifigkeit auch eine funktionale Abhängigkeit der Federkraft von der Federauslenkung definieren. Dafür stehen die in Bild 12.26 gezeigten Operatoren und Funktionen zur Verfügung (*deflection* ist die Federauslenkung).

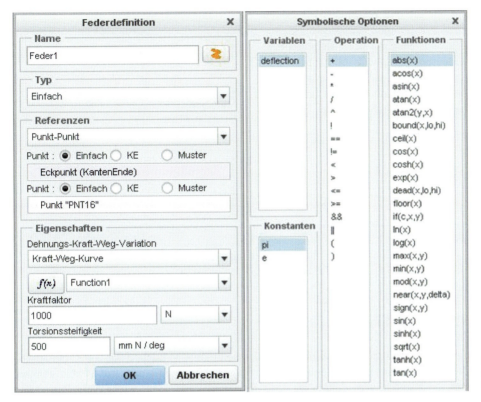

Bild 12.26 Definition einer Kraft-Weg-Funktion

12.4.2 Massenelement

Das *Massenelement* dient z. B. in dynamischen Berechnungen zur Modellierung mitschwingender Massen, deren elastische Eigenschaften nicht bekannt oder nicht von Interesse sind. Wenn z. B. die Eigenfrequenzen eines Gestells interessieren, wäre es sehr aufwändig, einen auf dem Gestell befindlichen Motor mit allen seinen geometrischen Details in Creo Parametric zu modellieren und in der Berechnung zu berücksichtigen. Stattdessen kann man die Trägheitseigenschaften besagten Motors aus Datenblättern entnehmen oder experimentell ermitteln und den gesamten Motor als ein Massenelement in die Berechnung einbeziehen.

Bei der im Bild gewählten Typ-Option *Einfach* ist nur eine Punktmasse einzugeben. Falls auch die Drehträgheiten eine Rolle spielen, können über die Option *Spezial* bis zu sechs Massenträgheitsmomente (drei axiale und drei Deviationsmomente) eingegeben werden.

Bild 12.27 Definition eines einfachen Masseelements

12.4.3 Verbindungen

Verbindungen sind keine geometrischen Elemente im eigentlichen Sinne. Es sind Modellierungselemente, die bei der Berechnung von Baugruppen eingesetzt werden können. Wie der Name besagt, dienen sie dazu, die Verbindung der Bauteile einer Baugruppe untereinander zu modellieren.

Schnittstellen

Wenn sich zwei Komponenten einer Baugruppe in der Realität berühren, kann in Normalenrichtung eine Druckbeanspruchung zwischen ihnen übertragen werden. Berührt eine gekrümmte Oberfläche eine Ebene oder eine andere gekrümmte Oberfläche, so findet, wenn man die Körper als starr betrachtet, eine Punktberührung (z. B. Kugel/Kugel) oder eine Linienberührung (z. B. Zylinder/Ebene) statt. Da die realen Körper aber elastisch sind, bildet sich eine Kontaktzone mit einer nicht konstanten Druckverteilung aus. Gleiches trifft auch auf die Berührung zweier ebener Flächen zu. In tangentialer Richtung kann eine Kraftübertragung zwischen den Komponenten nur durch Reibung erfolgen, wobei die Größe der Reibkraft durch $F_R \leq \mu \cdot F_N$ begrenzt ist.

Tritt dagegen eine Belastung auf, die ein Auseinanderziehen der Komponenten bewirkt, heben die Komponenten voneinander ab. Eine Zugbeanspruchung kann nicht übertragen werden. Auf Grund der fehlenden Normalkraft tritt hier natürlich auch keine Reibung auf.

In realen Konstruktionen treten die beschriebenen Effekte kombiniert auf: Je nach Art der wirkenden Belastung und der lokalen Verformung der Komponenten können die Bauteile teilweise abheben, teilweise werden sie gegeneinander gepresst. In den Berührungsflächen finden Druckübertragung und Reibung statt.

Creo Simulate bietet prinzipiell drei Möglichkeiten an, die Schnittstelle zwischen den Komponenten einer Baugruppe zu modellieren. Standardeinstellung ist *Haftend*. Die beteiligten Komponenten werden dabei so behandelt, als wären sie an ihren Berührungsstellen fest miteinander »verschweißt«. Sie bilden praktisch einen Körper, wobei die Materialeigenschaften jeder Komponente erhalten bleiben.

Das genaue Gegenteil ist die Deklaration der Schnittstelle als *Frei*. Die Komponenten sind hier vollkommen unabhängig voneinander. Sie können sich gegeneinander verschieben. Dabei kann auch eine Durchdringung von Körpern stattfinden.

Eine realitätsnahe Modellierung ist mithilfe des dritten Schnittstellentyps *Kontakt* möglich. Hier trifft das eingangs Gesagte zu, d. h., über eine nichtlineare Analyse berechnet Creo Simulate die sich tatsächlich ausbildende Kontaktzone und den Kontaktdruck zwischen den beteiligten Komponenten.

Creo Simulate Structure bietet über den Button **KONTAKTE ERKENNEN** die Möglichkeit, Kontakte automatisch zu erkennen.

Auf die unterschiedlichen Modellierungsmöglichkeiten wird in Kapitel 16.9 anhand von Beispielen noch eingegangen.

Bild 12.28
Definition eines Kontaktes durch Angabe zweier sich berührender Flächen

Schweißnaht

Schweißnähte in Creo Simulate sind nicht, wie es der Name suggeriert, dazu da, um geschweißte Konstruktionen zu berechnen. Sie werden vielmehr dazu verwendet, um Spalte zwischen Schalenmodellen zu schließen, die z. B. dadurch entstehen können, dass sich im Baugruppenmodus die Mittenflächen zweier Bauteile nicht berühren.

Starre Verbindung

Starre Verbindungen (Starrelemente) können z. B. dann verwendet werden, wenn Teile einer Struktur eine sehr hohe Steifigkeit gegenüber anderen Teilen besitzen und dieser Effekt im Modell explizit zum Ausdruck kommen soll. Die durch eine starre Verbindung verbundenen Modellelemente (z. B. Punkte oder Flächen) können sich dann nicht mehr relativ zueinander bewegen, sondern sie verhalten sich, als würden sie zu ein und demselben starren Körper gehören. Starre Verbindungen werden auch häufig in Verbindung mit Balkenelementen eingesetzt, z. B. um die elastischen Linien zweier parallel liegender Balken miteinander zu verbinden.

Gewichtete Verbindung

Eine gewichtete Verbindung wird eingesetzt, um Massen oder Lasten von einem Ursprungsknoten auf mehrere Zielknoten zu verteilen.

Verbindungselemente

Bolzen- oder Schraubenverbindungen zwischen zwei Baugruppenkomponenten können als Verbindungselemente modelliert werden. Verbindungselemente sind im Prinzip masselose Federn. Die Steifigkeit wird aus dem Durchmesser und dem E-Modul des Werkstoffs ermittelt. Mithilfe von Verbindungselementen kann der Kraftfluss in einer Baugruppe sowie der von jedem Bolzen bzw. jeder Schraube getragene Lastanteil ermittelt werden.

13 Durchführen von Analysen in Creo Simulate Structure

13.1 Definieren einer Analyse

Eine Analyse zu definieren bedeutet, Creo Simulate Structure zu sagen, was berechnet werden soll.

Wählt man auf der Startseite von Creo Simulate Structure den Punkt *Analysen und Studien* bzw. klickt das entsprechende Icon, so gelangt man zum Fenster aus Bild 13.1. Wurde noch keine Analyse definiert, kann man unter **DATEI** den Typ der Analyse aus sechs möglichen Typen auswählen. Unter **EDITIEREN** kann man wählen, ob eine vorhandene Analyse umdefiniert, kopiert oder gelöscht werden soll.

Analysen und Studien

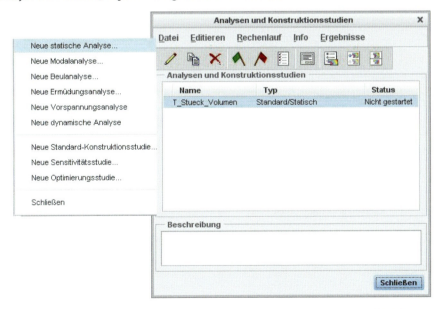

Bild 13.1 Startfenster zur Definition von Analysen

In diesem Buch werden wir uns nur mit den Typen *Statische Analyse* und *Modalanalyse* sowie in Kapitel 15 mit den weiter unten im Menü genannten *Optimierungsstudien* beschäftigen.

Der Zugriff auf eine Analyse erfolgt über einen Namen, der beim ersten Erzeugen einer Analyse vergeben werden kann. Standardmäßig wählt Creo Simulate Structure die Namen *Analysis1*, *Analysis2* usw. Man wählt jedoch besser einen »sprechenden« Namen, der einen Bezug zum Modell bzw. zum Inhalt der Analyse herstellt. In Bild 13.1 wurde der Analysename *T_Stueck_Volumen* gewählt.

Die nun folgenden Eingaben sind vom Typ der Analyse abhängig.

13.1.1 Statische Analyse

Eine statische Analyse durchzuführen bedeutet, ein gelagertes Bauteil unter der Wirkung statischer (d. h. zeitlich unveränderlicher) äußerer Belastungen zu berechnen. Berechnet werden können die statischen Verformungen, die Lagerreaktionen, die im Bauteil vorhandenen Spannungen u. a.

Bild 13.2 zeigt das Dialogfenster für die Definition einer statischen Analyse.

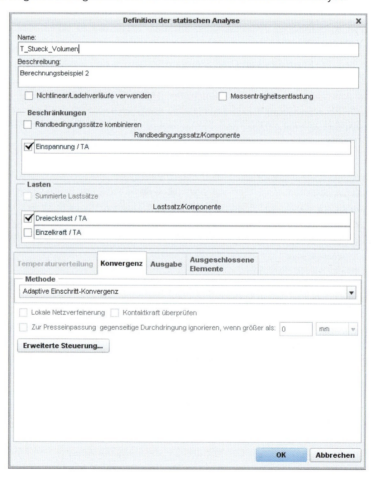

Bild 13.2
Definition einer
statischen Analyse

Um die Berechnung ausführen zu können, müssen dem Bauteil zunächst definierte Randbedingungen und Belastungen (siehe Abschnitt 11.2.4 und 11.2.6) zugewiesen werden. Diese sind in den Auswahlfenstern *Beschränkungen* und *Lasten* anzugeben. Falls vorhanden, können für eine Analyse mehrere Randbedingungssätze kombiniert werden. Alle markierten Lastsätze können einzeln nacheinander oder in ihrer summarischen Wirkung berechnet werden.

Wird das Kontrollkästchen *Massenträgheitsentlastung* markiert, kann das Modell auch ohne definierte Randbedingungen berechnet werden. Creo Simulate Structure legt stattdessen selbst Randbedingungen fest. In den meisten technischen Anwendungen dürfte es aber empfehlenswert sein, auf diese Option zu verzichten.

Weiterhin ist in diesem Dialogfenster die *Konvergenzmethode* einzustellen. Konvergenz heißt, dass Creo Simulate Structure Berechnungen mehrfach, mit steigendem Grad der Approximation der Elementränder (Polynomgrad), durchführt und jeweils prüft, wie sich bestimmte Fehlerkriterien dabei verändern. Liegt die Differenz zwischen dem Ergebnis des letzten und des vorletzten Schrittes unterhalb einer vom Nutzer vorgegebenen Schwelle, wird die Berechnung beendet. Creo Simulate Structure bietet drei Möglichkeiten zur Auswahl an.

Schnelldurchlauf

Mit der Option *Schnelldurchlauf* wird die Konvergenz nicht geprüft, es wird nur eine einmalige Berechnung mit Polynomgrad 3 durchgeführt. Dieses Vorgehen wird nur empfohlen, wenn getestet werden soll, ob das Berechnungsmodell überhaupt »durchläuft«, d. h., dass keine grundlegenden Fehler im Modell enthalten sind (z. B. keine ausreichende Lagerung des Modells).

Adaptive Einschritt-Konvergenz

Hier führt Creo Simulate Structure zwei Rechenläufe durch, geht also in einem Schritt vom ersten zum abschließenden Rechenlauf. Beim ersten Rechenlauf mit Polynomgrad 3 werden Spannungsfehler errechnet. Anhand dieser Fehler ermittelt Creo Simulate Structure eine neue Polynomgradverteilung und führt den abschließenden Rechenlauf durch.

Adaptive Mehrfach-Konvergenz

Bei dieser Option führt Creo Simulate Structure mehrere Rechenläufe durch und erhöht dabei jedes Mal den Polynomgrad. Die Analyse konvergiert, wenn die Ergebnisdifferenz der letzten beiden Rechenläufe innerhalb des angegebenen Prozentsatzes liegt. Die Berechnung ist dann abgeschlossen. Sie wird auch beendet, wenn der maximale Polynomgrad erreicht ist. Dieser ist einzugeben, wenn die adaptive Mehrfachkonvergenz ausgewählt wird und kann maximal 9 betragen.

 HINWEIS: In den meisten Fällen ist die Option *Adaptive Einschritt-Konvergenz* empfehlenswert.

Im Dialogfenster zur Analysedefinition findet sich außerdem die Registerkarte *Ausgabe*. Hier stellen Sie das *Plotraster* ein. Für Plotraster können Sie einen Wert zwischen 2 und

10 auswählen, voreingestellt ist der Wert 4. Dieser Wert gibt an, in wie viele Intervalle Creo Simulate Structure die Kante oder Fläche eines Elements für die Berechnung von Ergebnissen unterteilt. Höhere Werte ergeben ein feineres Plotraster, u. a., Creo Simulate Structure ermittelt Ergebnisse für mehr Stellen eines Elements. Bei niedrigen Werten benötigt Creo Simulate Structure weniger Zeit für die Ergebnisberechnung und weniger Speicherplatz für die Ergebnisdaten.

13.1.2 Modalanalyse

Bei einer Modalanalyse werden die Eigenfrequenzen eines gelagerten Bauteils berechnet. Ein massebehafteter, dreidimensionaler, elastischer Körper besitzt theoretisch unendlich viele Eigenfrequenzen, wobei i. A. nur die n unteren (n ≈ 3 … 10) von Interesse sind, weil diese im resonanzgefährdeten Bereich liegen und messbare Beiträge zur überlagerten Schwingung des Bauteiles liefern. Zu jeder Eigenfrequenz gehört eine charakteristische Eigenschwingform, d. h., wenn das Bauteil in der entsprechenden Eigenfrequenz angeregt wird, wird es in einer speziellen Art schwingen, z. B. Biegeschwingungen um eine bestimmte Achse oder Torsionsschwingungen um seine Längsachse ausführen. Diese charakteristische Schwingbewegung kann Creo Simulate Structure nach dem Ausführen der Analyse anhand des Bauteilmodells anzeigen (vgl. Kapitel 16).

Im Eingabefenster für die Modalanalyse (Bild 13.3) geben Sie, den obigen Ausführungen entsprechend, die Anzahl der zu berechnenden Eigenfrequenzen (Eigenmoden) an, hier z. B. 5.

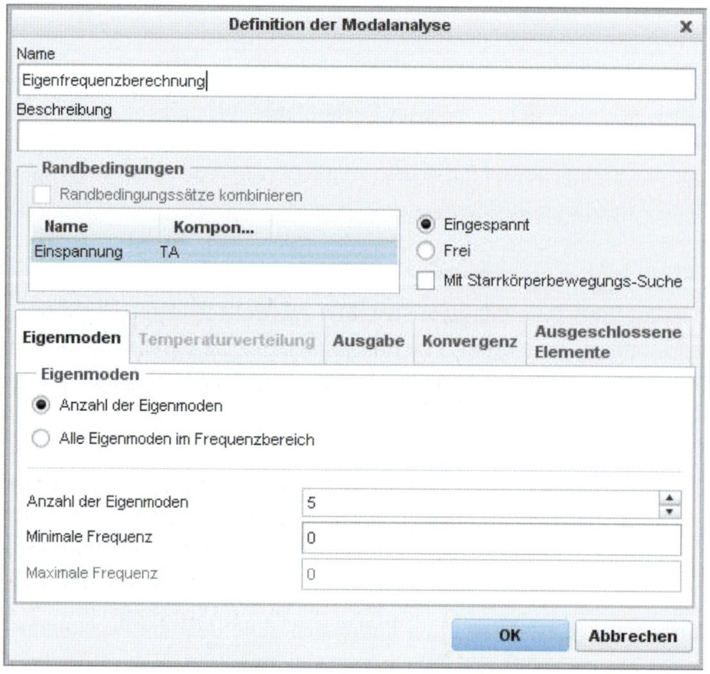

Bild 13.3 Definieren einer Modalanalyse

Die Bestimmung der Eigenfrequenzen kann auch durch Angabe einer minimalen und einer maximalen Frequenz (Bild 13.3) auf einen bestimmten Frequenzbereich eingegrenzt werden. Wählt man als minimalen Wert Null, erhält man die im Frequenzbereich liegenden unteren Eigenfrequenzen.

Wurden Randbedingungssätze definiert, wählen Sie das Auswahlfenster *Eingespannt*.

Für die Auswahl der Konvergenzmethode und des Plotrasters gilt das bei den statischen Analysen Gesagte. Lastfälle können für eine einfache Modalanalyse, im Gegensatz zur statischen Analyse, nicht angegeben werden. Eigenfrequenzen eines belasteten (vorgespannten) Teils könnten mit der Analyseart *Neue Vorspannungsanalyse → Modal* (vgl. Bild 13.1) berechnet werden. Diese Analyseart soll hier aber nicht besprochen werden.

Die Auswahlfenster für *Spannungen*, *Rotationen* und *Reaktionen* kann man i. A. belassen, wie sie sind.

13.1.3 Kontaktanalyse

Kontaktanalysen erweitern das Einsatzgebiet von Creo Simulate Structure auf nichtlineare Probleme.

In Abschnitt 12.4.3 wurde bereits auf die Anwendung von Kontaktanalysen eingegangen. Sie werden angewendet, wenn sich bei der Berührung zweier elastischer Körper eine Kontaktzone ausbildet. Die Kraftübertragung zwischen den sich berührenden Körpern erfolgt in Form eines über die Kontaktfläche nicht konstanten Kontaktdrucks.

Will man eine Kontaktanalyse mit Creo Simulate Structure durchführen, müssen zunächst Flächenpaare gewählt werden, zwischen denen sich der Kontakt einstellen soll. In Kapitel 16.9 werden Kontaktanalysen anhand zweier Beispiele ausführlich beschrieben.

Bei der Definition der Analyse ist der Typ *Statische Analyse* zu wählen. Wurden bereits Kontaktflächen definiert, nimmt Creo Simulate Structure an, dass eine Kontaktanalyse ausgeführt werden soll und die Option *Kontakte* unter *Nichtlineare Optionen* ist bereits aktiviert.

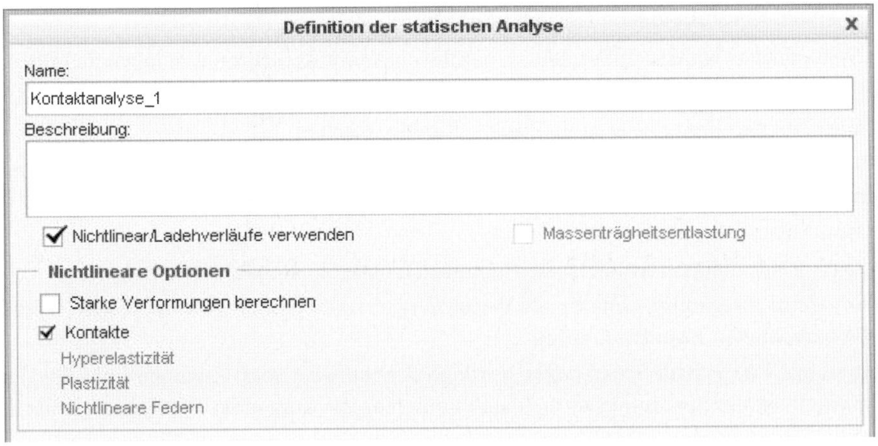

Bild 13.4 Voreingestellte Optionen bei einer Kontaktanalyse

Außerdem sollte die Option *Lokale Netzverfeinerung* auf der Registerkarte *Konvergenz* aktiviert werden. Bei kleinen Kontaktbereichen erhält man so genauere Ergebnisse.

■ 13.2 Ausführen der Berechnung

Nachdem, wie in Abschnitt 13.1 beschrieben, eine Analyse definiert wurde, kann nun der Rechenlauf erfolgen. Dazu genügt ein Klick auf die grüne Flagge.

In vielen Fällen wird man eine Analyse wiederholt ausführen, evtl. mit geänderten Parametern. In diesen Fällen fragt Creo Simulate, ob vorhandene Ergebnisdateien gelöscht werden dürfen. Diese Frage muss mit *Ja* beantwortet werden, falls die Analyse unter dem gleichen Namen ausgeführt werden soll. Die Frage »Interaktive Diagnose ausführen?« beantwortet man sinnvollerweise auch mit *Ja*.

Bild 13.5
Dialog bei Start einer Berechnung

Creo Simulate Structure beginnt nun mit der Berechnung, die je nach Größe und Kompliziertheit des Modells einige Sekunden bis zu einigen Stunden dauern kann. Die Rechenzeit kann selbstverständlich je nach Leistungsfähigkeit des verwendeten Computers erheblich variieren. Der Rechenlauf kann durch Klick auf die rote Flagge abgebrochen werden. Dann ist aber der bis dahin erreichte Berechnungsfortschritt verloren. Die Berechnung kann nicht einfach fortgesetzt, sondern muss komplett neu gestartet werden.

Den Fortgang der Berechnung kann man im Statusfenster verfolgen. Dieses öffnet sich nach einem Klick auf das nebenstehende Icon.

Im Statusfenster werden außer den ausgeführten Analyseschritten u. a. folgende Informationen angezeigt:

- Informationen über das Modell (Punkte, Kanten, Flächen)
- Ergebnisse der Vernetzung (Anzahl der verwendeten Volumen-, Schalen-, Balkenelemente …)
- Gesamtmasse des Modells
- Massenschwerpunkt und Massenträgheitsmomente um verschiedene Achsen
- Berechnungsergebnisse (maximale Verformungen und Spannungen, bei Modalanalysen die berechneten Eigenfrequenzen)
- unter der Überschrift *Schätzungen des RMS-Spannungsfehlers*: Angaben über die Unsicherheit lokaler Spannungswerte (damit kann man die Güte einer Berechnung einschätzen)

- Fehlermeldungen von Creo Simulate Structure, evtl. verbunden mit Hinweisen zu ihrer Behebung
- die benötigte Rechenzeit für die einzelnen Schritte

Das Statusfenster liefert dem Anwender während des Rechenlaufs und nach dessen Abschluss wichtige Informationen zum Modell, zu den Ergebnissen und zu möglichen Problemen und Fehlern des Berechnungsmodells. Es lohnt sich deshalb auf jeden Fall, diese Angaben eingehend zu betrachten. Auf die angezeigten Berechnungsergebnisse wird in Kapitel 14 noch genauer eingegangen.

Am Ende der Statusdatei erscheint die Meldung:

Rechenlauf abgeschlossen

Datum   Zeit

Dies ist das Zeichen dafür, dass Creo Simulate Structure die Analyse ohne Fehler abgeschlossen hat.

Abschließend möchten wir noch auf das Dialogfenster *Einstellungen* für den Rechenlauf eingehen, das sich nach Klick auf das nebenstehende Icon öffnet.

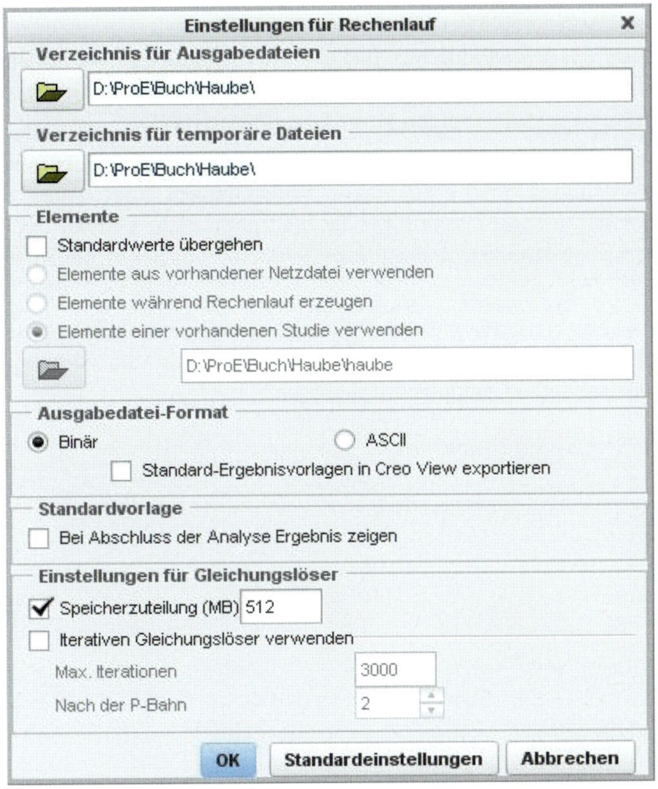

Bild 13.6 Einstellungen für den Rechenlauf

Für einfache Berechnungen sind hier keine Änderungen zu empfehlen. Eine Ausnahme besteht bei großen Modellen. Creo Simulate Structure verwendet als Standard für die

Lösung des Gleichungssystems einen 512 MB großen Bereich des Hauptspeichers. Dieser Wert kann bis ca. 50% des vorhandenen Hauptspeichers erhöht werden, was eine schnellere Berechnung großer Modelle bewirkt. Wird der Wert aber zu hoch eingestellt, verringert sich die Rechenleistung wieder, weil nicht mehr genügend Hauptspeicher für die anderen laufenden Prozesse zur Verfügung steht.

Die Speicherzuteilung kann über einen Eintrag in der `config.sys`-Datei dauerhaft angepasst werden.

Darüber hinaus kann man im gezeigten Dialogfenster das Verzeichnis für Ausgabedateien und temporäre Dateien einstellen. Standardmäßig wird hier das beim Start von Creo Parametric eingestellte Arbeitsverzeichnis angezeigt.

Ist das Auswahlfeld *Standardwerte übergehen* deaktiviert, hat das folgende Auswirkungen:

Bei einer erstmaligen Berechnung eines Modells wird eine Neuvernetzung entsprechend der Einstellungen in *AutoGEM* (siehe Kapitel 12.2) vorgenommen. Bei einer wiederholten Berechnung desselben Modells werden die Elemente des bereits bestehenden Modells übernommen. In der Statusdatei erscheint die Anzeige »Elemente wurden erfolgreich von einem bestehenden Studienmodell kopiert«. Diese Anzeige ist unter der Registerkarte *Protokoll* im Statusfenster sichtbar.

Ist *Standardwerte übergehen* aktiviert, hat man die Auswahl, entweder eine Neuvernetzung zu erzwingen (*Elemente während Rechenlauf erzeugen*) oder die Vernetzung eines ganz bestimmten, zu spezifizierenden Modells zu übernehmen.

Es empfiehlt sich, die Option *Iterativen Gleichungslöser verwenden* auszuprobieren, wenn einmal eine Berechnung ohne erkennbaren Fehler extrem lange dauert oder offenbar nicht zu verwertbaren Ergebnissen führt. Ist die Option nicht aktiviert, verwendet Creo Simulate Structure als Standard den sog. direkten Gleichungslöser, was meistens zum Ziel führt.

Wie bereits erwähnt, ist in den meisten Fällen die einzige empfehlenswerte Veränderung gegenüber den Standardvorgaben, die Speicherzuteilung an den vorhandenen Arbeitsspeicher des verwendeten Computers anzupassen.

14 Ergebnisse auswerten

14.1 Statusfenster

Nachdem eine Berechnung durchgeführt wurde, will der Anwender die Ergebnisse selbstverständlich auch in übersichtlicher und aussagefähiger Form präsentiert bekommen. Creo Simulate Structure bietet hier sehr komfortable Möglichkeiten an, die Ergebnisse anhand des Modells in grafischer Form darzustellen. Auf diese Möglichkeiten wird in Abschnitt 14.2 detailliert eingegangen.

Für einen Kurzüberblick über die Ergebnisse der Berechnung reicht es oft schon aus, Maximalwerte der Verformung oder der Spannung zu erfahren. Diese Werte können, wie schon in Kapitel 13.2 erwähnt, dem Statusfenster entnommen werden.

Im Statusfenster sind die drei Registerkarten *Übersicht*, *Protokoll* und *Prüfpunkte* wählbar. Die wesentlichen Ergebnisse der Berechnung können der Registerkarte *Übersicht* entnommen werden. Bild 14.1 zeigt exakt den Ausschnitt aus dieser Karte, der die Ergebnisse einer statischen Analyse enthält.

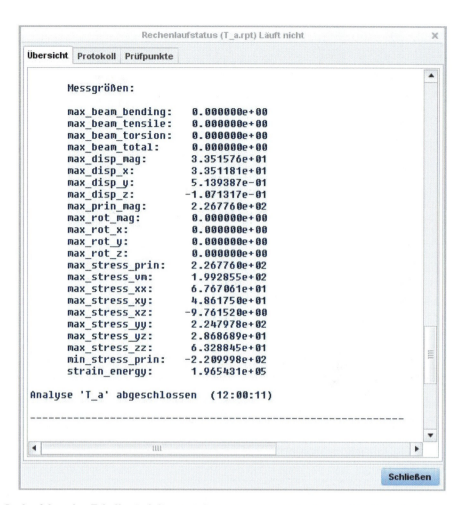

Bild 14.1
Anzeige der Ergebnisse einer statischen Analyse im Statusfenster

In der folgenden Tabelle sind die zunächst etwas unverständlichen Begriffe erläutert.

Tabelle 14.1 Ergebnisse einer statischen Berechnung

Name	Beschreibung
max_beam_bending	maximale Balkenbiegespannung im Modell
max_beam_tensile	maximale Balkenzugspannung im Modell
max_beam_torsion	maximale Balkentorsionsspannung im Modell
max_beam_total	Höchste Summe aus Balkenzugspannung und Balkenbiegespannung im Modell
max_disp_mag	maximale Verschiebung im Modell (Betrag)
max_disp_x	maximale Verschiebung im Modell in x-Richtung des GKS
max_disp_y	maximale Verschiebung im Modell in y-Richtung des GKS
max_disp_z	maximale Verschiebung im Modell in z-Richtung des GKS

Name	Beschreibung
max_prin_mag	maximaler Betrag der Hauptspannung im Modell
max_rot_mag	Betrag für maximale Drehung im Modell
max_rot_x	maximale Drehung im Modell um x-Achse des GKS
max_rot_y	maximale Drehung im Modell um y-Achse des GKS
max_rot_z	maximale Drehung im Modell um z-Achse des GKS
max_stress_prin	Höchste positive Hauptspannung im Modell
max_stress_vm	maximale von-Mises-Vergleichsspannung im Modell
max_stress_xx	maximale Normalspannung in x-Richtung des GKS
max_stress_xy	maximale xy-Schubspannung im Modell (im GKS)
max_stress_xz	maximale xz- Schubspannung im Modell (im GKS)
max_stress_yy	maximale Normalspannung in y-Richtung des GKS
max_stress_yz	maximale yz- Schubspannung im Modell (im GKS)
max_stress_zz	maximale Normalspannung in z-Richtung des GKS
min_stress_prin	niedrigste Hauptspannung im Modell
strain_energy	Gesamtdehnungsenergie des Modells

Beim Vergleich mit Bild 14.1 ist zu beachten, dass die zuerst angegebenen Berechnungsergebnisse für Balken natürlich nur dann verschieden von Null sind, wenn das Modell auch Balkenelemente enthält.

Hinsichtlich der Einheiten gelten die Angaben der Tabelle 11.2. D.h. alle Spannungen sind, bei Verwendung des mm-N-s-Einheitensystems, in Nmm^{-2}, die Verschiebungen in mm und die Rotationen in rad angegeben. Die Einheit der Dehnungsenergie ist Nmm.

Die mechanische Bedeutung der einzelnen Ergebnisse kann in diesem Buch nicht ausführlicher erläutert werden. Hier muss auf die Kenntnisse des Lesers aus der Festigkeitslehre bzw. auf entsprechende Lehrbücher verwiesen werden. Der Vollständigkeit halber sollen aber die wichtigsten Zusammenhänge kurz dargestellt werden.

Creo Simulate Structure behandelt (im Rahmen dieses Buches) den allgemeinen räumlichen Spannungszustand, der sich bei realen dreidimensionalen Körpern unter Belastung einstellt. An einem beliebigen Volumenelement eines solchen Körpers wirkt eine Spannung, die zweckmäßigerweise in Komponenten in Richtung des globalen Koordinatensystems zerlegt wird.

Auf diese Weise erhält man die drei Normalspannungen σ_{xx}, σ_{yy} und σ_{zz} sowie die sechs Schubspannungen τ_{xy}, τ_{xz}, τ_{yz}, τ_{yx}, τ_{zx} und τ_{zy}.

Aufgrund des Satzes von der Gleichheit der zugeordneten Schubspannungen verringert sich die Anzahl der zu bestimmenden Spannungsgrößen von neun auf sechs, denn es gilt:

$$\tau_{xy} = \tau_{yx} \quad \tau_{xz} = \tau_{zx} \quad \text{und} \quad \tau_{yz} = \tau_{zy}$$

Für jeden Punkt des Körpers gibt es drei zueinander senkrechte Schnittflächen, die schubspannungsfrei sind und gleichzeitig extreme Normalspannungen, die so genannten Hauptspannungen σ_I, σ_{II} und σ_{III}, aufweisen.

Die Hauptspannungen und die Spannungen in kartesischen Koordinaten sind über die drei Invarianten des räumlichen Spannungstensors miteinander verbunden:

$$\sigma_I + \sigma_{II} + \sigma_{III} = \sigma_{xx} + \sigma_{yy} + \sigma_{zz}$$

$$\sigma_I \sigma_{II} + \sigma_{II} \sigma_{III} + \sigma_{III} \sigma_I = \sigma_{xx}\sigma_{yy} + \sigma_{yy}\sigma_{zz} + \sigma_{zz}\sigma_{xx} - \tau_{xy}^2 - \tau_{yz}^2 - \tau_{zx}^2$$

$$\sigma_I \sigma_{II} \sigma_{III} = \begin{vmatrix} \sigma_{xx} & \tau_{yx} & \tau_{zx} \\ \tau_{xy} & \sigma_{yy} & \tau_{zy} \\ \tau_{xz} & \tau_{yz} & \sigma_{zz} \end{vmatrix}$$

Für die Beurteilung der Sicherheit des Bauteiles wünscht sich der Konstrukteur einen Wert, der die Wirkung aller Spannungskomponenten miteinander kombiniert. Dies ist i. A. die Vergleichsspannung nach von Mises:

$$\sigma_v = \frac{1}{\sqrt{2}} \cdot \sqrt{(\sigma_{xx} - \sigma_{yy})^2 + (\sigma_{yy} - \sigma_{zz})^2 + (\sigma_{zz} - \sigma_{xx})^2 + 6(\tau_{xy}^2 + \tau_{yz}^2 + \tau_{zx}^2)}$$

$$= \frac{1}{\sqrt{2}} \cdot \sqrt{(\sigma_I - \sigma_{II})^2 + (\sigma_{II} - \sigma_{III})^2 + (\sigma_{III} - \sigma_I)^2}$$

Wenn man in dieser Formel z. B. alle Werte, bei denen einer der Indizes »x« ist, weglässt, erhält man die bekannte Beziehung zur Berechnung der Vergleichsspannung nach der Gestaltänderungsenergiehypothese (GEH) beim ebenen Spannungszustand:

$$\sigma_v = \sqrt{\sigma_{yy}^2 + \sigma_{zz}^2 - \sigma_{yy}\sigma_{zz} + 3\tau_{yz}^2}$$

Um Missverständnissen vorzubeugen, soll noch auf folgenden Gesichtspunkt hingewiesen werden: Die in den vorangehenden Formeln angegebenen Beziehungen für den räumlichen Spannungszustand sind für jeden Punkt des Körpers erfüllt. Im Statusfenster werden aber Maximalwerte der jeweiligen Spannungsgröße angezeigt, die an ganz verschiedenen Punkten des Körpers auftreten können. Die oben angegebenen Gleichungen sind also nicht erfüllt, wenn man die Werte aus dem Statusfenster einsetzt. Sie gelten für jeden einzelnen Punkt, aber nicht global!

Die im Statusfenster angezeigten Werte ändern sich, wenn andere Analysearten als *Statik* durchgeführt werden (Bild 14.2).

```
Anzahl Eigenmoden: 5

  Eigenmode   Frequenz (Hz)
  ---------   -------------
       1      1.663396e+01
       2      4.161052e+01
       3      5.022656e+01
       4      8.124085e+01
       5      1.015667e+02

Analyse 'Analysis2' abgeschlossen   (15:58:45)
----------------------------------------------------
```

Bild 14.2
Ergebnisse einer Modalanalyse

14.2 Grafische Ergebnisdarstellung

Gegenüber der alphanumerischen Ausgabe einiger Maximalwerte von Spannungen und Deformationen, bietet die in diesem Abschnitt geschilderte Ergebnisdarstellung weit umfassendere und aussagekräftigere Möglichkeiten.

Das nebenstehende Icon aktiviert die grafische Ergebnisausgabe. Es kann direkt im Fenster *Analysen und Konstruktionsstudien* angewählt werden (vgl. Bild 13.1). Dann wird implizit vorausgesetzt, dass die Ergebnisse der markierten Analyse oder Konstruktionsstudie angezeigt werden sollen. Klickt man dagegen das -Icon auf der Startseite von Creo Simulate Structure an, öffnet sich zunächst ein leeres Ergebnisfenster und die entsprechende Analyse ist noch zu spezifizieren.

Nach Anklicken des nebenstehenden Icons öffnet sich im Fall einer statischen Analyse das im Bild 14.3 gezeigte Fenster.

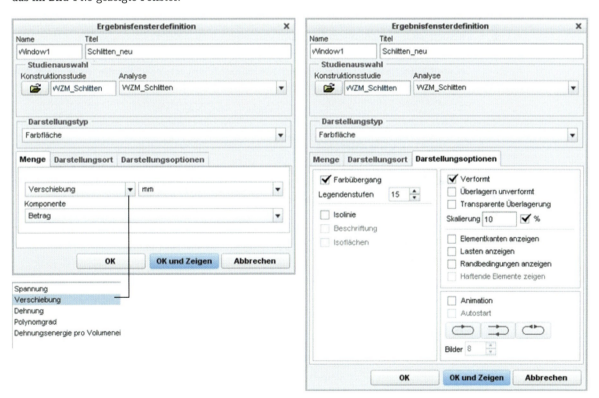

Bild 14.3 Auswahl der anzuzeigenden Ergebnisse (links) und einige Darstellungsoptionen (rechts)

Das Fenster enthält drei Registerkarten mit mehreren Auswahlmöglichkeiten.

Auf der Registerkarte *Menge* wird ausgewählt, was darzustellen ist. Meist interessieren die Spannungen und Verschiebungen, bei Kontaktanalysen außerdem der Kontaktdruck. Darüber hinaus können Sie den *Darstellungstyp* auswählen. *Farbfläche* bedeutet, dass die Ergebnisse anhand eines farbschattierten Modells gezeigt werden, was die am häufigsten gewählte Möglichkeit zur Darstellung der Ergebnisse einer Finite-Elemente-Analyse ist. Sie können auch einen *Titel* für das Fenster eingeben, der später mit dargestellt wird. Man könnte diesen auch als »Bildunterschrift« bezeichnen. Auf der in Bild 14.3 rechts gezeigten Registerkarte *Darstellungsoptionen* wird weiterhin bestimmt, dass die Darstellung in kontinuierlichen Farbverläufen erfolgen soll. Es wird eine Legende gezeigt, die in 15 Stufen (der maximal mögliche Wert) eingeteilt ist.

Für die Darstellung der Verformungen oder Spannungen empfiehlt es sich außerdem, das Kontrollkästchen *Verformt* zu aktivieren. Dies bewirkt, dass das Bauteil im verformten Zustand gezeigt wird, was sehr anschaulich für den Konstrukteur ist. Da die berechneten Verformungen, z. B. für Metallteile, im Vergleich zu den Abmessungen i. A. sehr klein sind, müssen die Verformungen überhöht dargestellt werden. Hierzu kann eine Prozentzahl der längsten Bemaßung im Gesamtmodell angegeben werden.

Ist das größte Maß am Modell z. B. 150 mm und werden 10% verlangt, wird die größte am Modell berechnete Verformung auf 10% von 150 mm, also auf 15 mm vergrößert. Alle anderen Verformungen werden dann um denselben Faktor erhöht.

$$\text{Faktor} = \frac{\text{Längste\_Abmessung} \cdot x\%}{v_{max}}$$

Ein Wert von x = 5...10% hat sich in vielen Fällen als brauchbar erwiesen.

Die Option *Animation* empfiehlt sich zur Darstellung der Schwingungsformen bei Modalanalysen. Alle übrigen Optionen des Fensters erklären sich von selbst. Mit **OK UND ZEIGEN** wird das Fenster verlassen und es erscheint das Ergebnisfenster mit den vorher definierten Inhalten.

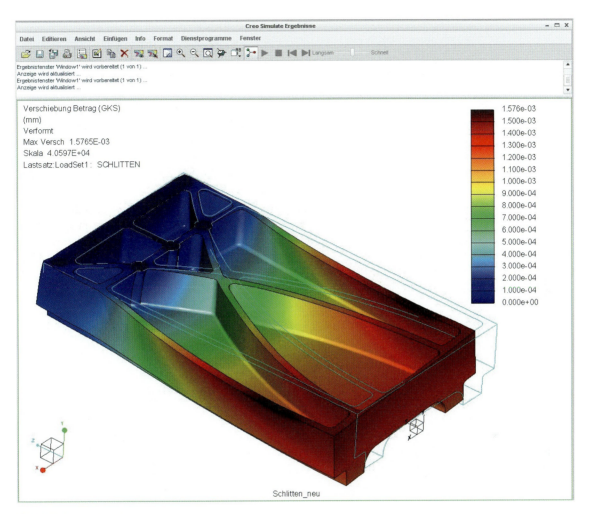

Bild 14.4 Ergebnisfenster

Nun sind verschiedene Möglichkeiten der Betrachtung und Auswertung möglich, von denen die folgenden beschrieben werden sollen:

Mit dem Pull-Down-Menü *Format → Ergebnisfenster…* hat man u. a. die Möglichkeit, die Hintergrundfarbe einzustellen. In Bild 14.4 wurde die Voreinstellung »Creo« belassen.

Will man die Werte der im Ergebnisfenster angezeigten Größen (z. B. Spannungen) an beliebigen Stellen des Modells erfahren, muss man den Befehl **DYNAMISCHE ABFRAGE** im Pull-Down-Menü *Info* wählen. Zur Erinnerung: Creo Simulate Structure gibt nur berechnete Größtwerte des Gesamtmodells in der Statusdatei aus. Bei **DYNAMISCHER ABFRAGE** wird der aktuelle Wert der jeweiligen Ergebnisgröße in einem separaten Fenster angezeigt, wenn man den Mauszeiger, ohne eine Maustaste zu drücken, über die Darstellung führt. Nach Drücken der linken Maustaste wird eine bleibende Markierung (Abfragemarke) gesetzt und der Wert ins Bild geschrieben.

Bei Auswahl eines der Befehle **MAX IN ANSICHT** usw. wird der Ort der gewählten Größe durch einen kleinen Pfeil und die Angabe des Wertes in der Ansicht kenntlich gemacht. Durch **ABFRAGEMARKEN BEREINIGEN** oder **ALLE ABFRAGEMARKEN BEREINIGEN** kann diese Darstellung wieder gelöscht werden.

Das Pull-Down-Menü *Einfügen* enthält einen weiteren interessanten Befehl, der die Ergebnisauswertung, insbesondere bei Volumenmodellen erleichtert.

Mit **SCHNITT-/ABDECKFLÄCHEN…** und der Option *Schnittfläche* wird eine Schnittfläche erzeugt, die die im Fenster dargestellten Ergebnisse (z. B. Spannungen) im Inneren des Teils zeigt. Man kann damit praktisch in das Innere des Teils hinein sehen, was bei Volumenmodellen dann erforderlich ist, wenn z. B. die Maximalwerte nicht an der Bauteiloberfläche liegen.

Eine ähnliche Wirkung hat die Option *Abdeckfläche*. Auch hier wird das Teil geschnitten. Der vor bzw. hinter der Schnittfläche liegende Körperteil bleibt aber erhalten. Bild 14.5 zeigt den Unterschied.

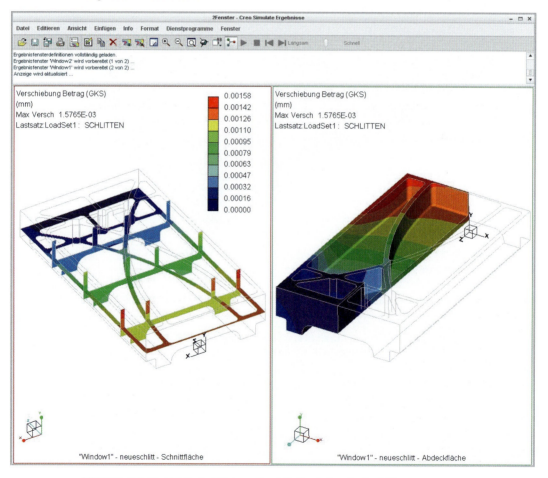

Bild 14.5 Schnitt- und Abdeckflächen zeigen die Ergebnisse im Bauteilinneren

Aktuell dargestellte Fenster können mit der Befehlsfolge **EDITIEREN → LÖSCHEN** oder mittels des ✕-Buttons entfernt werden. Im Pull-Down-Menü *Editieren* befinden sich u. a. die Befehle **ABDECKFLÄCHE LÖSCHEN** bzw. **SCHNITTFLÄCHE LÖSCHEN**.

Bei Auswahl des ☑-Buttons oder über den Befehl **EDITIEREN → ERGEBNISFENSTER...** gelangt man wieder in das in Bild 14.3 gezeigte Dialogfenster, wo man eine vollkommen neue Ergebnisdarstellung definieren kann. Wählt man den 📄-Button, wenn schon ein Ergebnisfenster angezeigt wird, öffnet sich ebenfalls das Dialogfenster aus Bild 14.3. Die Ergebnisse anhand der dort eingestellten Parameter werden in einem zweiten oder weiteren Ergebnisfenster(n) gezeigt, was es erlaubt, verschiedene Berechnungsergebnisse oder die Ergebnisse unterschiedlicher Berechnungsvarianten anschaulich gegenüber zu stellen (siehe dazu Bild 14.5).

Abschließend soll die Möglichkeit erwähnt werden, komplette Ergebnisfenster in einer Datei abzuspeichern und natürlich auch wieder aufzurufen. Man erspart es sich auf diese Weise, auch wenn die Berechnungsergebnisse prinzipiell vorhanden sind, die Ergebnisfenster immer wieder neu definieren zu müssen.

Das Speichern geschieht Windows-üblich über das Pull-Down-Menü *Datei* mittels der Befehle **SPEICHERN...** oder **SPEICHERN ALS...** Unter dem angegebenen Namen wird eine Datei *name.rwd* abgespeichert, die je nach Inhalt eine Größe von nur einigen kB hat. Dabei wird nicht etwa der Bildinhalt gespeichert (dann wäre die Datei wesentlich größer). Es handelt sich um eine ASCII-Datei, die die vom Nutzer festgelegten Daten zur Definition des jeweiligen Ergebnisfensters in einer speziellen Beschreibungssprache beinhaltet. Beim **ÖFFNEN...** eines Fensters werden die Daten eingelesen und das Fenster wird anhand dieser Daten wieder erzeugt und angezeigt.

■ 14.3 Ergebnisdateien von Creo Simulate Structure

Alle relevanten Daten von Creo Parametric und Creo Simulate Structure sind selbstverständlich auch in entsprechenden Dateien auf der Festplatte gespeichert. Ein Ingenieur, der die Daten in einem Bericht verwenden will, muss diese also nicht abschreiben, sondern kann Text und Grafik bequem in andere Anwendungen übertragen. Auch bei einer evtl. Fehlersuche kann es nützlich sein, einen Blick in diese Dateien zu werfen.

Wir gehen davon aus, dass der Anwender *Nutzer2* für die Untersuchung seines Bauteils mit dem Namen *hebel* ein Unterverzeichnis *Projekt2* angelegt und dieses nach dem Start von Creo Parametric als Arbeitsverzeichnis festgelegt hat. In *Projekt2* befindet sich auch die Datei `hebel.prt` des Teils. In Creo Simulate Structure hat der Anwender eine *Analyse* unter dem Namen *hebelanalyse* und eine *Optimierungsstudie* unter dem Namen *hebelopt* durchgeführt.

Optimierungsstudien werden in Kapitel 15 behandelt.

Schaut man sich danach mithilfe eines Dienstprogramms, z. B. mit dem Windows-Explorer, die Verzeichnisstruktur an, so entspricht diese der in Bild 14.6 gezeigten. Man erkennt, dass Creo Simulate Structure mehrere Verzeichnisse und in ihnen zahlreiche Dateien automatisch angelegt hat.

Die im Verzeichnis *Projekt2* auf gleicher Ebene stehenden Verzeichnisse *hebelanalyse* und *hebelopt* sind Konstruktionsstudien. Eine, unter dem Namen *hebelopt*, wurde vom Anwender, wie oben beschrieben, explizit angelegt. Die *hebelanalyse* hat Creo Simulate Structure als sog. Standard-Konstruktionsstudie unter dem gleichen Namen angelegt wie die entsprechende Analyse. Das zeigt: Auch wenn der Anwender nur eine Analyse definiert, ordnet Creo Simulate Structure diese Analyse immer einer Standard-Konstruktionsstudie zu, die unter dem gleichem Namen wie die entsprechende Analyse generiert wird.

Bild 14.6 Verzeichnisstruktur für Analysen und Optimierungsstudien

In den einzelnen Verzeichnissen finden sich, ohne Anspruch auf Vollständigkeit, folgende Dateien, wobei besonders auf die ASCII-Dateien eingegangen wird. ASCII-Dateien enthalten »Klartext«, können also mit einem üblichen Dateibetrachter eingesehen oder in ein Textverarbeitungssystem importiert und mit diesem weiter bearbeitet werden.

Tabelle 14.2 Übersicht über einige Creo-Ergebnisdateien

Dateiname	Beschreibung des Inhalts
hebel.prt.x	Creo Parametric-Teile-Datei, ist in mehreren Unterverzeichnissen gespeichert, binär, x ist die Variantennummer
gruppe.asm.x	Creo Parametric-Baugruppendatei, falls der Nutzer eine Baugruppe unter dem Namen *gruppe* erzeugt hat
hebelanalyse.mdb	Mechanical Database, Binärdatei zur Definition der Creo Simulate Structure-Daten
hebelanalyse.mcd	Mechanical Database, Binärdatei zur Definition der Creo Simulate Structure-Daten
hebelanalyse.xml	lesbare ASCII-Datei, enthält modellbeschreibende Daten in der Sprache XML (Extensible Markup Language); zur Interpretation der Daten werden spezielle Programme benötigt

Dateiname	Beschreibung des Inhalts
hebelanalyse.err	Fehlerdatei (ASCII), wichtig um aufgetretene Fehler analysieren zu können
hebelanalyse.rpt	Statusdatei, enthält die komplette Information, die während des Rechenlaufes in der Karte *Übersicht* des Statusfenster sichtbar ist, also auch die Berechnungsergebnisse im ASCII-Format
hebelanalyse.stt	Protokolldatei, enthält das Protokoll aller ausgeführten Berechnungsschritte und die dafür notwendigen Zeiten; Inhalt der Karte *Protokoll* des Statusfensters
hebelanalyse.pas	enthält Daten über die Lösung des Gleichungssystems und seine Größe; Inhalt der Karte *Prüfpunkte* des Statusfensters
hebelanalyse.cnv	Konvergenzdatei, enthält Angaben über die schrittweise Konvergenz der Berechnung
windowname.rwd	unter *windowname* gespeicherte Ergebnisfenster-Definition (vgl. Abschnitt 14.2)
hebelopt.*	Dateien mit ähnlichem Inhalt wie die entsprechenden Dateien hebelanalyse.*, allerdings auf die Optimierungsstudie bezogen
hebelopt.dpi hebelopt.hst	Optimierungshistorie, zwei ASCII-Dateien, die Informationen über die schrittweise Veränderung der Optimierungsvariablen während der Optimierung enthalten

Folgende Punkte sind für den Anwender wichtig:

- Richten Sie für die Untersuchung eines Objekts mit Creo Simulate Structure ein eigenes Projektverzeichnis ein, das Sie sofort nach dem Starten von Creo Parametric als das Arbeitsverzeichnis einstellen. In diesem Verzeichnis wird auch die Creo Parametric .prt-*Datei* abgespeichert.
- Vergewissern Sie sich, dass das richtige Einheitensystem (mmNs) eingestellt ist bzw. wählen Sie dieses aus.
- Löschen Sie von Creo Simulate Structure eingerichtete Dateien oder Verzeichnisse nicht bzw. verschieben Sie diese nicht, wenn Sie noch weitere Untersuchungen am Objekt durchführen wollen.
- Von Zeit zu Zeit sollten Sie Ihre Arbeitsergebnisse durch einfaches Betätigen des Icons **SPEICHERN** sichern. Dabei ist zu beachten, dass Creo Parametric bei jedem Speichervorgang die alte .prt-Datei nicht überschreibt, sondern eine neue mit erhöhter Zählnummer anlegt, also z. B. name.prt.1, name.prt.2 ... usw.
Das hat den Vorteil, dass man notfalls auch noch einmal einen älteren Bearbeitungsstand reaktivieren kann. Allerdings hat man nach einiger Zeit sehr viele Dateien im Arbeitsverzeichnis. Mithilfe der Befehlsfolge **DATEI → DATEI VERWALTEN → ALTE VERSIONEN LÖSCHEN** (vgl. auch Kapitel 2.3.1) kann man Abhilfe schaffen. Auch alte *trail-Dateien* (vgl. Kapitel 2.8) sollten von Zeit zu Zeit gelöscht werden, um unnötigen Ballast abzuwerfen.
- Sind Ihre Untersuchungen abgeschlossen, und wollen Sie zur Sicherheit eine Kopie Ihres Berechnungsmodells aufheben, so genügt es, die Datei name.prt zu sichern. Für die Wiederherstellung eines Baugruppenmodells werden die .asm-Datei und alle .prt-Dateien benötigt. Bei allen Dateien müssen Sie beachten, dass Sie die mit der höchsten Zählnummer auswählen. Sie können mit diesen Dateien zu jedem späteren Zeitpunkt

Ihr Berechnungsmodell wieder herstellen, frühere Berechnungen wiederholen oder neue durchführen. Auch die definierten Analysen und Studien sind mit gespeichert, nicht jedoch die Ergebnisse der Berechnungen. Da Creo mit früheren Pro/ENGINEER- und Pro/MECHANICA-Versionen aufwärtskompatibel ist, können auch künftige Programmversionen die Daten noch verarbeiten.

- Wollen Sie die Ergebnisse einer Berechnung sichern, kopieren Sie die betreffende .rpt-Datei unter einem von Ihnen gewählten Namen an einen separaten Platz. Wenn Sie Ihr Berechnungsmodell ändern (z.B. die Belastung) und eine Analyse unter demselben Namen erneut starten, werden die »alten« Ergebnisdateien ansonsten erbarmungslos überschrieben. Den Inhalt dieser ASCII-Datei können Sie für die Erstellung von Berichten o. ä. in Textverarbeitungssysteme übertragen.

- Zugehörige grafische Ergebnisdarstellungen können vom Ergebnisfenster aus unter **DATEI → EXPORTIEREN → BILD...** in verschiedenen Grafikformaten (z.B. .jpg oder .bmp) abgespeichert werden. Diese Dateien können für Dokumentationszwecke auch leicht in andere Anwendungen integriert werden.

15 Optimierung von Bauteilen

15.1 Grundlagen

Viele Konstruktionsrechnungen werden mit dem Ziel durchgeführt, das berechnete Bauteil bzw. eine Baugruppe optimal zu dimensionieren. Der Begriff »optimal« muss dabei immer im Hinblick auf das angestrebte Ziel gesehen werden. Häufig wird als Ziel eine minimale Masse des Bauteils angestrebt, andere Zielvorstellungen könnten maximale Steifigkeit, minimale Verformung des Bauteils oder Vermeidung bestimmter Resonanz-Frequenzbereiche sein. Bei herkömmlichen Berechnungen führt der Ingenieur die Optimierung gewissermaßen »von Hand« aus: Das Ergebnis einer Berechnung wird analysiert, erscheint es verbesserungswürdig, nimmt der Ingenieur eine konstruktive Veränderung vor, z. B. verändert er eine oder mehrere Abmessungen und rechnet erneut. Das Ergebnis wird analysiert, Maße werden geändert, es wird erneut gerechnet usw.

Aus Gründen der Zeit und des Aufwandes kann diese Schrittfolge in der Regel nur wenige Male durchlaufen werden. Die Wahrscheinlichkeit, wirklich die beste, d. h. die optimale Lösung zu finden, ist gering. Meist gibt man sich mit einer partiellen Verbesserung des Ergebnisses zufrieden.

Technische Sachverhalte werden oft durch sehr viele Parameter beschrieben (Abmessungen, Werkstoffparameter, sonstige Kennwerte). Die Wirkung der Veränderung jedes einzelnen Parameters auf die zu beachtenden Kriterien ist bei komplizierten Systemen oft nicht eindeutig vorhersehbar, so dass der Ingenieur aufs »Probieren« angewiesen ist.

Creo Simulate Structure bietet die Möglichkeit, eine Optimierung automatisiert durchzuführen.

Es handelt sich um eine rechnerunterstützte Parameter-Optimierung. Die Schritte Berechnung, Vergleich mit den vorgegebenen Kriterien und Parameterveränderung werden dabei dem Programm übertragen. Spezielle Optimierungsstrategien gewährleisten, dass die Parameter zielgerichtet so verändert werden, dass möglichst schnell und sicher eine wirklich günstige Lösung gefunden wird.

Mathematische Grundlagen der Optimierung

Das Ziel der Optimierung eines technischen Sachverhalts ist die Ermittlung einer optimalen Kombination der Werte der n verschiedenen Variablen $x_1, x_2, \ldots, x_n$, die den technischen Sachverhalt beschreiben. Diese Variablen können zu einem Vektor der Optimierungsvariablen

$$X^T = (x_1, x_2, \ldots x_n)$$

zusammengefasst werden.

In unserem Fall enthält der Variablenvektor Abmessungen des Bauteils. Da ein Bauteil meist durch sehr viele Abmessungen beschrieben wird, und der Aufwand für die Optimierung mit wachsender Parameteranzahl stark ansteigt, sollte die Anzahl der Optimierungsvariablen sinnvoll eingeschränkt werden.

Möglichkeiten dafür sind:

- Variablen ausschließen, die aus konstruktiven, funktionellen, Fertigungs- oder anderen Gründen nicht oder nur in sehr engen Grenzen veränderlich sind.
- Variablen ausschließen, die voraussichtlich nur geringen Einfluss auf das Ergebnis haben werden. Ob dies der Fall ist, kann ggf. durch eine Sensitivitätsstudie geklärt werden.

Selbstverständlich können auch die verbleibenden Optimierungsvariablen nicht jeden beliebigen Wert annehmen: Eine Wanddicke kann z. B. nicht negativ oder Null werden, evtl. fordert das Fertigungsverfahren (z. B. Gießen) eine Mindestwandstärke, oder aus funktionellen Gründen ist nur ein bestimmter Wertebereich für einzelne Parameter zulässig. Derartige Bedingungen werden durch die Angabe eines zulässigen Minimal- und Maximalwertes angegeben. Man nennt sie lineare Restriktionen.

Weitere Bedingungen müssen für jede Kombination der Variablen überprüft werden: Strebt man geringste Masse an, so liegt es nahe, die das Volumen bestimmenden Abmessungen bis zu ihrem Minimalwert zu verringern. Daraufhin muss geprüft werden, ob dadurch die im Bauteil auftretenden Spannungen oder Verformungen nicht zu groß werden.

Die Überprüfung dieser Bedingungen setzt eine komplette Analyse des Problems voraus. Man nennt sie nichtlineare Restriktionen.

Alle genannten Einschränkungen bilden die Gesamtheit der Restriktionen.

An dieser Stelle soll auf die Möglichkeit der Definition von Beziehungen in Creo Parametric hingewiesen werden. Beziehungen sind bei der Formulierung von Optimierungsproblemen oft notwendig, um ungewollte Ergebnisse zu vermeiden. Die Arbeit mit Beziehungen wurde in Kapitel 5.4 geschildert.

Die Bewertung der Lösung erfolgt anhand der Zielfunktion, an welche die Forderung

$$F(X) \rightarrow \text{Extremum}$$

gestellt wird.

Das angestrebte Optimum kann ein Minimum sein, wenn die Zielfunktion z. B. die Beanspruchung, die Masse oder die Verformung angibt, oder ein Maximum, wenn extreme Werte für die Tragfähigkeit, die Steifigkeit oder die Lebensdauer verlangt werden.

Die Zielfunktion drückt in analytischer Form den Einfluss der beteiligten Variablen auf das Ziel, das Beurteilungskriterium, aus. Bei der Parameteroptimierung mit Creo Simulate Structure ist zur Ermittlung des Zielfunktionswertes (oder zur Überprüfung der Restriktionen) jeweils eine komplette Analyse durchzuführen. Die Rechenzeit für die Durchführung einer Optimierungsrechnung vervielfacht sich deshalb gegenüber der einer einfachen Analyse.

Im dreidimensionalen Raum, d. h. bei zwei Optimierungsvariablen, kann man sich die Zielfunktion wie ein Gebirge mit Bergen und Tälern vorstellen, das sich in der dritten Dimension über der durch die Optimierungsvariablen x_1, x_2 aufgespannten Ebene erhebt. Bei n Optimierungsvariablen muss man gedanklich den Übergang vom drei- zum (n+1)-dimensionalen Raum vollziehen.

Um eine optimale Lösung zu finden, d. h. Werte der Optimierungsvariablen, die einen Extremwert der Zielfunktion ergeben, werden mathematische Verfahren der nichtlinearen Optimierung eingesetzt. Es gibt eine ganze Anzahl derartiger Verfahren, bzw. Kombinationen dieser Verfahren, auf die hier nicht näher eingegangen werden soll. Keines der bekannten Verfahren findet aber das globale Optimum, d. h. den wirklich kleinsten oder größten Wert der Zielfunktion im zulässigen Bereich der Optimierungsvariablen, mit absoluter Sicherheit.

Zur gründlichen Durchdringung eines Optimierungsproblems sind deshalb wiederholte Optimierungsläufe mit Unterschieden in der Anzahl und Auswahl der Optimierungsvariablen sowie anderen Startwerten für diese bzw. geänderten Restriktionen empfehlenswert. Creo Simulate Structure bietet darüber hinaus die Möglichkeit, Sensitivitätsstudien auszuführen. Sensitivitätsstudien geben Auskunft darüber, in welcher Weise die Berechnungsergebnisse von den einzelnen Optimierungsvariablen beeinflusst werden. Daraus können Sie Rückschlüsse ziehen, welche Parameter den größten Einfluss auf das Ergebnis der Optimierung haben und deshalb vorrangig als Optimierungsparameter berücksichtigt werden müssen.

Die Optimierung liefert i. A. »krumme« Werte für die Optimierungsvariablen. Es ist deshalb üblich, die Werte nach Abschluss der Optimierung auf technisch sinnvolle (z. B. ganzzahlige) Werte zu runden und durch eine abschließende »normale« Analyse alles nochmals zu überprüfen.

15.2 Definition von Optimierungsstudien

Creo Simulate Structure verwendet für ein Optimierungsproblem die Bezeichnung Optimierungsstudie.

Wie bereits in Abschnitt 15.1 beschrieben, ist es notwendig, die Zielfunktion zu definieren, die Optimierungsvariablen auszuwählen, zulässige Minimal- und Maximalwerte für diese festzulegen und die weiter einzuhaltenden nichtlinearen Restriktionen zu benennen.

Über diese Sachverhalte sollte man sich bereits vor Durchführung einer Konstruktionsstudie im Klaren sein, weil evtl. schon bei der Konstruktion des Teils in Creo Parametric über das mögliche Ergebnis der Optimierung entschieden wird.

Bild 15.1 zeigt dazu ein einfaches, aber anschauliches Beispiel. Es wird angenommen, die Länge l sei eine Optimierungsvariable innerhalb des zulässigen Bereiches (l_{min}, l_{max}). Die Bohrung ist einmal mit dem Maß a von der linken Bezugskante aus bemaßt (linkes Bild). Im anderen Fall ist die Bohrung mit dem Maß b von der gegenüberliegenden Kante aus bemaßt (rechtes Bild). Die Maße a und b sind fest, d. h. keine Optimierungsvariablen. Wenn nun die Länge l im Laufe der Optimierung ihren Kleinst- bzw. Größtwert annimmt, ergeben sich in beiden Fällen unterschiedliche Auswirkungen auf das Modell, die im Bild dargestellt sind.

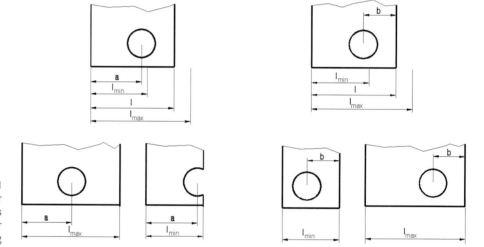

Bild 15.1 Auswirkung der Modellierung auf das Ergebnis der Optimierung

In Creo Simulate Structure werden zur Bezeichnung der Optimierungsvariablen die von Creo Parametric vorgegebenen Symbole (z. B. d1, d2, …, Rd15) verwendet. Es ist aber zu empfehlen, diese Symbole durch »sprechende« Namen zu ersetzen, z. B. »gesamtlaenge«, »absatzbreite« oder Ähnliches.

Möchte man sich alternativ die Bemaßung mit Werten oder Symbolen anschauen, wählt man **WERKZEUGE → SYMBOLE UMSCHALTEN** aus.

Das Ersetzen des symbolischen Namens durch einen »sprechenden« Namen in Creo Parametric wurde bereits in Kapitel 5.3 beschrieben.

Wurde in Creo Parametric kein Gebrauch davon gemacht, kann man in Creo Simulate Structure beim Definieren des Designparameters im entsprechenden Dialogfenster (vgl. Bild 15.2) den Namen des Parameters einfach überschreiben. Das erwähnte Fenster öffnet sich nach Auswahl des Elements **NEUE OPTIMIERUNGSSTUDIE...** im Dialogfenster *Analysen und Konstruktionsstudien* (vgl. Bild 13.1).

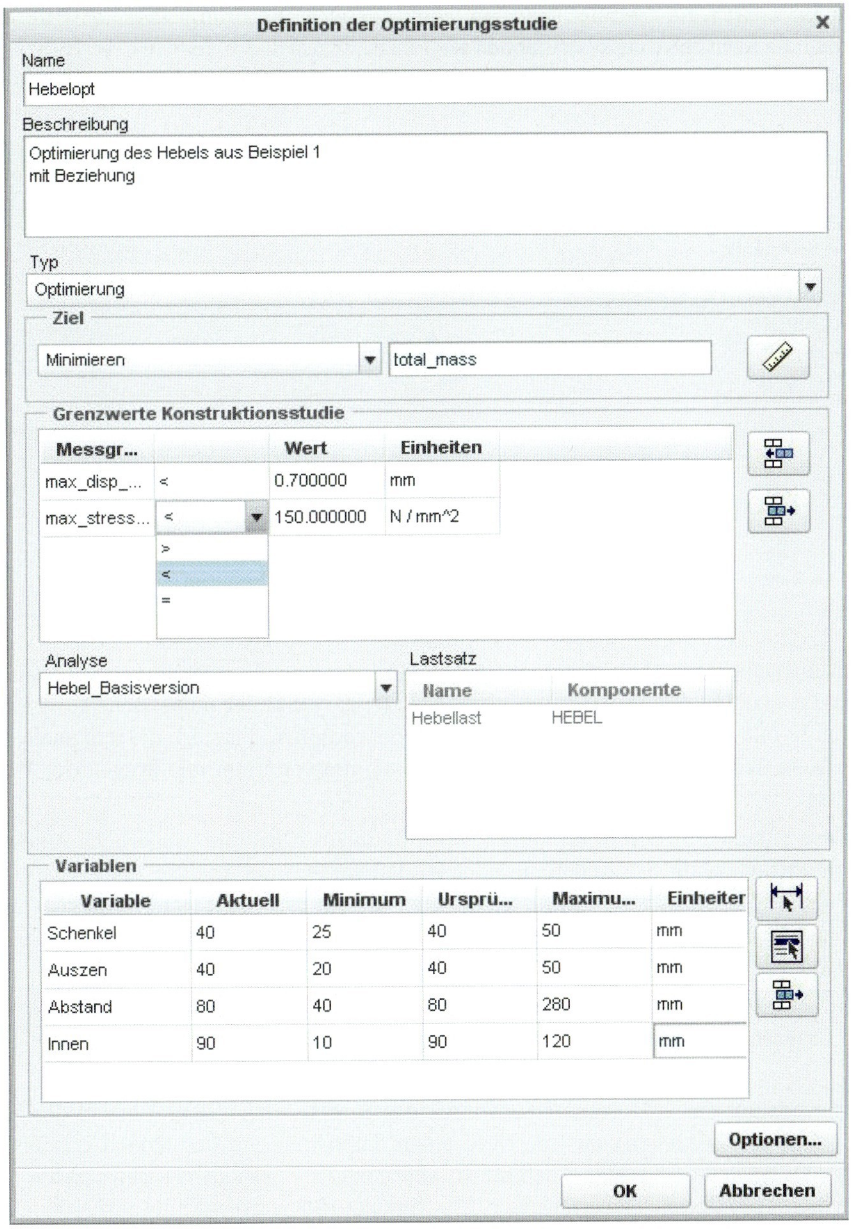

Bild 15.2 Dialogfenster zur Definition einer Optimierungsstudie

In diesem Fenster werden die in Abschnitt 15.1 beschriebenen Elemente einer Optimierungsstudie definiert: Zielfunktion, nichtlineare Restriktionen und die Optimierungsvariablen mit ihren linearen Restriktionen.

In Bild 15.2 ist als Zielfunktion die Minimierung der Gesamtmasse vorgegeben. Da dies das häufigste Ziel einer Optimierung ist, erscheint diese Angabe als Standard. Man kann jedoch mithilfe des nebenstehenden Icons auch andere Elemente (Messgrößen) als Zielfunktion wählen. Im darunterliegenden Eingabebereich *Grenzwerte Konstruktionsstudie* werden die nichtlinearen Restriktionen festgelegt.

 Nach Anklicken des nebenstehenden Icons öffnet sich das Fenster aus Bild 15.3.

Bild 15.3
Auswahlliste vordefinierter Messgrößen zur Festlegung von Zielfunktion und nichtlinearen Restriktionen

Nach Auswahl einer Messgröße, hier der größte Betrag der Verschiebung im Modell, ist noch das mathematische Verknüpfungszeichen (>, <, =) und der numerische Wert einzugeben. In Bild 15.2 wurden zwei nichtlineare Restriktionen definiert: die maximale Verschiebung und die maximale Vergleichsspannung müssen unterhalb festgelegter Werte bleiben.

Da Creo Simulate Structure im Verlauf einer Optimierungsstudie wiederholte Analysen durchführt, muss für das zu optimierende Bauteil vorher eine Analyse, mittels derer die als Zielfunktion oder Restriktionen festgelegten Größen berechnet werden, definiert worden sein. Sind mehrere Analysen definiert, kann mithilfe des Auswahlknopfes eine davon aktiviert werden.

Im unteren Teil des Dialogfensters (Bild 15.2) werden nun die Optimierungsvariablen und ihre Grenzen festgelegt. Bei einer neuen Optimierungsstudie ist dieses Teilfenster noch leer.

Nach Klick auf das -Icon verschwindet das Fenster zunächst und macht den Bildschirm für die Modellansicht frei. Nach einem Linksklick auf das Modell werden die Maße des Modells angezeigt. Nach einem abermaligen Klick auf das gewünschte Maß wird dieses zur Optimierungsvariablen. Creo Simulate Structure schaltet zurück zum Dialogfenster und das Maß ist mit seiner symbolischen Bezeichnung und seinem aktuellen Wert eingetragen. Wie bereits beschrieben, kann man in diesem Dialogfeld die symbolische Bezeichnung, z. B. Rd7, durch einen neuen, sprechenden Namen überschreiben. Dies macht es wesentlich einfacher, die Ergebnisse der Optimierungsrechnung zu interpretieren. Schließlich müssen in die entsprechenden Spalten noch die zulässigen Minimal- und Maximalwerte, welche die Optimierungsvariable annehmen darf, eingetragen werden. Die Spalte *Ursprünglich* ist mit dem aktuellen Wert der Variablen belegt. Hier kann ein davon abweichender Startwert eingetragen werden, mit dem bei der Optimierung begonnen werden soll.

Drückt man den Button **OPTIONEN…** erscheint das in Bild 15.4 gezeigte Fenster. Hier können die Grenzen festgelegt werden, bei denen die Optimierung gestoppt werden soll. Dies erfolgt im Beispiel dann, wenn sich das Optimierungsergebnis nicht mehr als 1% verbessert, oder wenn 20 Optimierungsiterationen ausgeführt wurden. Die gezeigten Einstellungen haben sich bewährt.

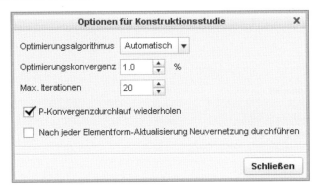

Bild 15.4
Optionen für die Optimierungsstudie

15.3 Sensitivitätsstudien

Um beurteilen zu können, welche Auswirkungen die Veränderung einer Optimierungsvariablen auf das Ergebnis der Optimierung haben wird, bietet Creo Simulate Structure die Möglichkeit, Sensitivitätsstudien durchzuführen. Wählen Sie dazu im Fenster zur Definition von Analysen und Konstruktionsstudien (Bild 13.1) **DATEI → NEUE SENSITIVITAETSSTUDIE…** aus. Das sich nun öffnende Fenster ist dem in Bild 15.2 gezeigten sehr ähnlich. Bei *Typ* können Sie zwischen *Globale Sensitivitaet* und *Lokale Sensitivitaet* wählen. Während bei einer globalen Sensitivitätsstudie, wie in Bild 15.5 zu sehen, der gesamte Wertebereich eines Parameters zwischen einem Start- und einem Endwert in der angegebenen Zahl von gleich verteilten Schritten (hier: 10) durchsucht wird, wird bei einer lokalen Sensitivitätsstudie nur der Anstieg (sozusagen die »Ableitung«) der Messgröße für den aktuellen Parameterwert berechnet. Im Ergebnis einer globalen Sensitivitätsstudie wird der Verlauf einer Messgröße, z.B. der Gesamtmasse oder der maximalen Vergleichsspannung (Bild 15.7 und Bild 15.8), in Abhängigkeit von einem der Parameter gezeigt. Dasselbe Ergebnis könnte der Nutzer erreichen, wenn er wiederholt »von Hand« das entsprechende Maß ändern und eine Berechnung durchführen würde.

Nicht berücksichtigt wird die evtl. gegenseitige Beeinflussung mehrerer Parameter. Es wird jeweils nur der Einfluss der Veränderung eines Parameters auf die Messgröße ermittelt.

Wird der Button **OPTIONEN** gedrückt, erscheint das in Bild 15.4 gezeigte Fenster, das nun zusätzlich mit einem Button **FORMANIMATION DES MODELLS** versehen ist. Bei Auswahl dieser Option wird die schrittweise Veränderung der Geometrie des Modells in Abhängigkeit von den Optimierungsvariablen gezeigt.

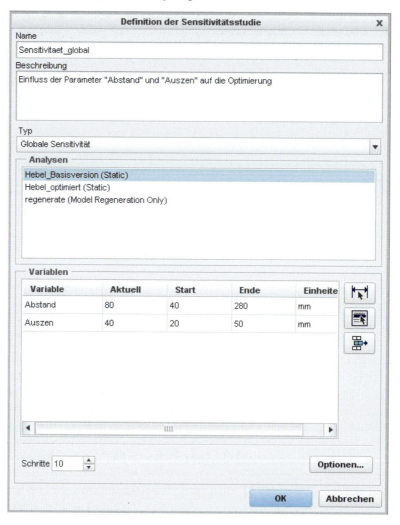

Bild 15.5
Definition einer globalen Sensitivitätsstudie

Man kann auf diese Weise unzulässige bzw. unbeabsichtigte Geometrien (vgl. auch Bild 15.1) frühzeitig erkennen.

Die grafische Darstellung des Ergebnisses der Sensitivitätsstudie wird in Bild 15.8 gezeigt.

15.4 Anzeigen der Ergebnisse von Optimierungsstudien

Wichtigstes Ergebnis der Konstruktionsstudie sind die optimierten Werte für die festgelegten Optimierungsvariablen. Diese können am besten aus der Statusdatei (siehe Kapitel 14.1) entnommen werden.

Dort sind für jeden Optimierungsschritt die Werte der Optimierungsvariablen sowie der berechnete Wert für die Zielfunktion und für die nichtlinearen Restriktionen zu finden. Es wird angegeben, ob die Restriktionen erfüllt oder verletzt wurden.

Die in Abschnitt 14.2 geschilderten grafischen Ausgabemöglichkeiten existieren selbstverständlich auch für optimierte Bauteile. Darüber hinaus soll auf zwei speziell mit der Optimierung verbundene Darstellungsmöglichkeiten eingegangen werden.

Anzeige der im Verlauf der Optimierung veränderten Geometrie des Bauteils

Dies geschieht mittels der Befehlsfolge INFO → VERLAUF OPTIMIEREN im Fenster zur Definition von Analysen und Konstruktionsstudien (vgl. Bild 13.1).

Im Hauptfenster erscheint nun die Ausgangsgeometrie des optimierten Bauteils und die Frage »Wollen Sie die nächste Form überprüfen?« Wird dies mit JA bestätigt, erscheint die im ersten Optimierungsschritt veränderte Geometrie des Teils sowie die gleich lautende Frage erneut. Durch wiederholtes Bestätigen mit JA wird Schritt für Schritt die sich im Laufe der Optimierung verändernde Geometrie des Bauteils angezeigt.

Ist der letzte Optimierungsschritt erreicht, fragt Creo Simulate Structure: »Modell in optimierter Form belassen?« Wird auch dies bejaht, wird die Bemaßung des Bauteils mit den optimierten Werten aktualisiert.

In Creo Parametric kann die Bemaßung selbstverständlich manuell weiter verändert werden, z. B. um »krumme«, optimierte Werte auf herstellbare Maße zu ändern.

Anzeige der Veränderung der Zielfunktion oder der Restriktionen im Optimierungsverlauf

Hierzu wählen Sie im Dialogfenster *Ergebnisfensterdefinition* (vgl. auch Bild 14.3) den *Darstellungstyp Graph* und als darzustellende Größe *Messgröße* aus.

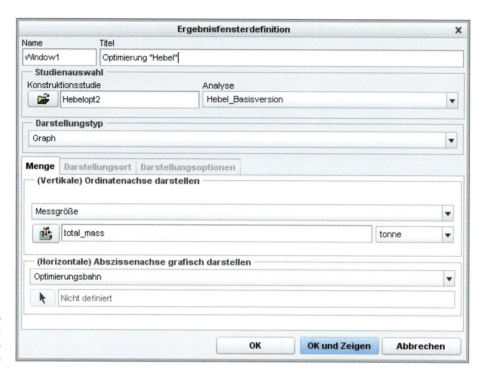

Bild 15.6
Ergebnisfensterdefinition zur Darstellung eines grafischen Verlaufs

 Mithilfe des nebenstehenden Icons kann eine Messgröße aus einem Auswahlfenster, ähnlich dem in Bild 15.3 gezeigten, gewählt werden. Angezeigt wird immer der Verlauf der gewählten Messgröße über den durchgeführten Optimierungsschritten. In Bild 15.7 wird der sich mit den Optimierungsschritten verändernde Wert der Zielfunktion (Gesamtmasse) dargestellt.

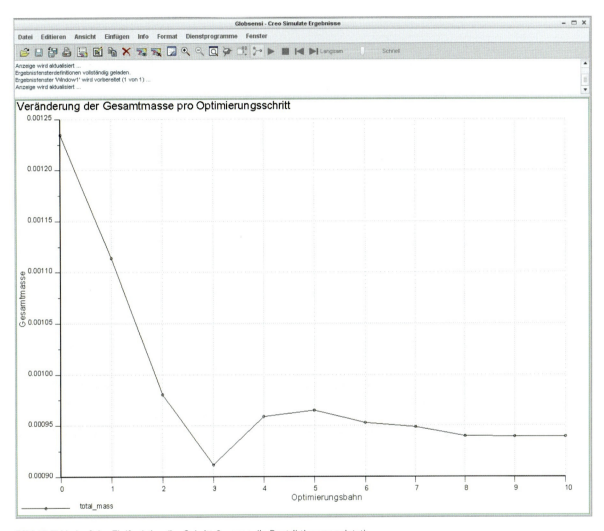

Bild 15.7 Verlauf der Zielfunktion (im Schritt 3 waren die Restriktionen verletzt)

In Bild 15.8 wird das Ergebnis der globalen Sensitivitätsstudie, die in Bild 15.5 definiert wurde, gezeigt.

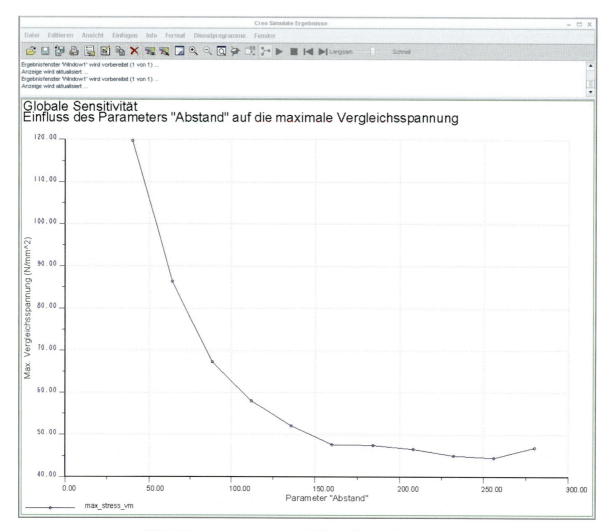

Bild 15.8 Ergebnis der globalen Sensitivitätsstudie nach Bild 15.5

Man erkennt, dass der verwendete Parameter »Abstand« die maximale Vergleichsspannung im Wertebereich von 40 mm bis ca. 130 mm stark beeinflusst. Bei weiterer Erhöhung des Wertes wird der Einfluss geringer.

Die in diesem Kapitel zur Erläuterung verwendeten Fenster beziehen sich auf das Beispiel »Optimierung des Winkelhebels«, das in Kapitel 16.11 ausführlich besprochen wird.

16 Berechnungsbeispiele

16.1 Allgemeine Hinweise

In diesem Kapitel finden Sie insgesamt elf Berechnungsbeispiele. Diese wurden so ausgewählt, dass sich die in den vorherigen Kapiteln beschriebenen Schwerpunkte darin wieder finden. Deshalb enthält jedes Beispiel neue Komponenten, an denen Sie die verschiedenen Modellelemente üben und erproben können. Es wurden bewusst einfache Beispiele gewählt, um die Ergebnisse überschau- und vergleichbar zu machen. Die Creo Parametric-Modelle zu diesen Beispielen sind auf der Download-Seite zu finden. Sie sollten aber versuchen, die Beispiele selbst zu modellieren. Zu jedem Beispiel sind auch die wichtigsten Ergebnisse der Berechnung angegeben. Vollkommen identische Ergebnisse können Sie nur erwarten, wenn Sie die mitgelieferten Modelle verwenden. Ansonsten werden Ihre Ergebnisse geringfügig von den angegebenen abweichen, weil die Vorgehensweise bei der Modellierung Einfluss auf die Vernetzung hat, was wiederum kleine Abweichungen in den Ergebnissen verursacht.

Wenn Sie alles richtig gemacht haben, sollten die Abweichungen aber kleiner als 5% sein. Zum Vergleich ist auch immer die berechnete Masse des Bauteils angegeben. Wenn sich bei Ihren Modellen hier schon größere Abweichungen ergeben, so haben Sie entweder bei der Modellierung in Creo Parametric geometrische Fehler gemacht, oder es ist ein Fehler bei der Zuweisung des Materials passiert (vielleicht wurde das falsche Einheitensystem verwendet). Stimmt die Masse, aber die berechneten Spannungen und Verformungen weichen ab, dann liegt der Fehler höchstwahrscheinlich bei den Randbedingungen oder Belastungen. Überprüfen Sie, ob Sie alle Randbedingungen und Belastungen nach Art, Richtung und Größe richtig angegeben haben.

Haben Sie die richtigen Ergebnisse erhalten, können Sie die Modelle abwandeln und untersuchen, wie sich die Berechnungsergebnisse dabei verändern. So werden Sie viel über das mechanische Verhalten der untersuchten Bauteile und die verschiedenen Modellierungsmöglichkeiten von Creo Simulate Structure lernen.

16.2 Beispiel 1: Winkelhebel

Dieses Beispiel ist zur Einführung gedacht. Eigentlich ist hier nur ein ebener Spannungszustand vorhanden, wir rechnen das Beispiel aber trotzdem dreidimensional, was ohnehin notwendig wäre, sobald eine Belastung außerhalb der Bauteilebene auftreten würde. Trotz der einfachen Geometrie sind in diesem Beispiel schon einige Besonderheiten zu beachten: Verwendung unterschiedlicher Randbedingungen, einer Lagerlast und die Definition eines Flächenbereiches.

Die Geometrie des Beispiels 1 wird noch einmal im Beispiel 11 bei einer Konstruktionsstudie (Optimierungsrechnung) verwendet.

Wir berechnen einen Winkelhebel aus 3 mm starkem Stahlblech entsprechend der Zeichnung aus Bild 16.1.

Der Hebel ist in der Bohrung (Ø 30 mm) in der Ecke drehbar gelagert. In der linken unteren Bohrung (ebenfalls Ø 30) wird über einen Bolzen eine Kraft von maximal 200 N eingeleitet, die senkrecht zur Mittellinie des Winkelschenkels wirkt. Am oberen vorderen Teil des rechten Winkelschenkels wird der Winkelhebel auf einer Länge von 30 mm gegen einen Widerstand gedrückt. Wir führen eine statische Analyse durch, wobei die auftretenden Verformungen und die Spannungen im Hebel zu berechnen sind.

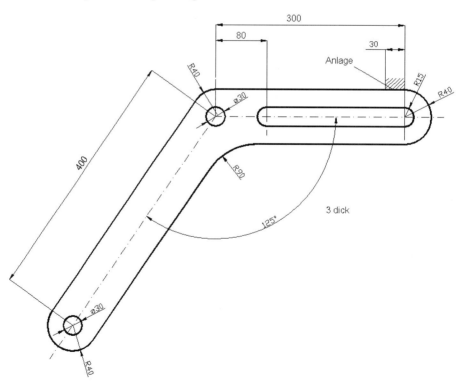

Bild 16.1
Zeichnung des Teils »Winkelhebel«

Das Bauteil ist dünn, deshalb ist die Modellierung als Schalenmodell sinnvoll.

Bei diesem ersten Beispiel werden die Lösungsschritte relativ ausführlich dargestellt.

1. Beginnen Sie ein neues Projekt.
   Startseite → **ARBEITSVERZEICHNIS AUSWÄHLEN** → *Pfad einstellen* → **ORGANISIEREN** → **NEUER ORDNER** → *Neues Verzeichnis: Hebel* → **OK**
   Datei → **NEU** → *Name: Hebel* → **OK**
   Stellen Sie das Einheitensystem *Millimeter-Newton-Sekunde* ein und weisen Sie dem Modell ein Material zu. Verwenden Sie **STEEL** mit den folgenden Werten:
   $\rho = 7{,}827 * 10^{-9}$ t/mm^3 (= 7,827 g/cm^3), E = 200000 MPa, ν = 0,3
   Datei → **VORBEREITEN** → **MODELLEIGENSCHAFTEN** → **EINHEITEN** *mmNs*
   Datei → **VORBEREITEN** → **MODELLEIGENSCHAFTEN** → **MATERIAL** *STEEL*
   SCHLIESSEN

2. Erzeugen Sie mit Creo Parametric die Geometrie des Bauteils gemäß Bild 16.1. Starten Sie Creo Simulate Structure.
   Applikationen → **SIMULIEREN**

3. Festlegen der Randbedingungen:
   Das Teil ist drehbar in der 30-mm-Bohrung gelagert und stützt sich außerdem gegen die Anlagefläche ab. Die Randbedingung in der Bohrung lässt sich durch den Typ *Stift* beschreiben. Stift
   Es erscheint das Fenster zur Definition der Randbedingungen (siehe Bild 16.2). Definieren Sie einen Randbedingungssatz, z. B. »Hebellager«, zu dem dann auch die zweite, noch festzulegende Randbedingung gehören wird. Der Randbedingung selbst geben Sie einen Namen, z. B. »Drehgelenk«. Wählen Sie die Zylindermantelfläche der Bohrung als *Referenz* aus und setzen Sie die in Bild 16.2 angegebenen *Eigenschaften*.
   Für die zweite Randbedingung wird ein Flächenbereich definiert. Die Erzeugung von Flächenbereichen wurde in Abschnitt 11.2.7 beschrieben. Das entsprechende Icon finden Sie auf der Registerkarte *Modell verfeinern*. Flächenbereich

Bild 16.2
Festlegung der ersten Randbedingung

   Als Skizzierfläche wählen Sie die schmale Oberseite des Hebels. Mit der Option *Rechteck* zeichnen Sie ein schmales Rechteck auf diese Fläche, das Sie an den Seitenkanten ausrichten. Stellen Sie die Maße für die Länge des Rechtecks und den Abstand von der Drehachse gemäß Bild 16.1 richtig ein.
   Nun können Sie die Randbedingung erzeugen. Der geeignete Typ ist hier *Planar*. Bei diesem Randbedingungstyp wird nur die Bewegungsmöglichkeit senkrecht zur gewählten Oberfläche gesperrt. Als *Referenz* wählen Sie Ihren soeben erzeugten Bereich aus. Der Name der Randbedingung könnte z. B. »Anschlag« sein. Sie gehört wie die erste Randbedingung zum Satz »Hebellager«. Planar

4. Antragen der Lasten:
   Die Belastung von 200 N wird in das Teil senkrecht zum Winkel über einen Bolzen eingeleitet, der in die 30 mm-Bohrung eingesetzt wird.

Die Belastung wirkt auf die Zylindermantelflächen der Bohrung als sog. Lochleibung (hier als *Lager* umschrieben). Die Richtung der Belastung kann durch Start- und Endpunkt eines Vektors beschrieben werden. Beide Punkte sollten vorher als Simulations-Konstruktionselemente erzeugt werden. Auf der Karte *Modell verfeinern* findet man das entsprechende Icon.

Startpunkt des Vektors ist der Mittelpunkt der Bohrung. Als Endpunkt des Vektors kann der Punkt dienen, an dem der Radius R40 der Flächenberandung in die Gerade übergeht. Über das Icon *Lager* wird das Fenster zur Definition der Lagerlast geöffnet (vgl. Bild 11.19). Als Name kann z. B. »Lochleibung« gewählt werden, als Bezeichnung des Lastsatzes »Hebellast«. Bei der Auswahl der Lagerbohrung ist die Berandungskurve der Bohrung in der Bauteilseitenfläche zu wählen. Der Grund dafür ist, dass die Zylindermantelfläche der Bohrung bei der Komprimierung zum Schalenmodell verschwindet. Als Option für die Eingabe der Kraft wird *Richt-Pkte und Betrag* ausgewählt, für die Vorgabe der Richtung »pickt« man die beiden soeben erzeugten Punkte. Die Höhe der Belastung wird ausschließlich durch den einzugebenden Betrag von 200 N bestimmt.

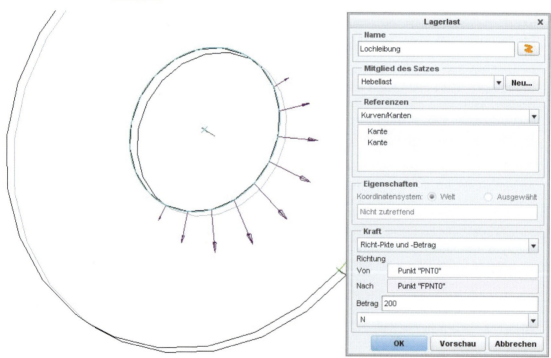

Bild 16.3 Bestimmung der Richtung der Lagerlast durch zwei Punkte

Man kann sich die Erzeugung der Punkte sparen und stattdessen die Lagerlast komponentenweise oder als Richtungsvektor und Betrag eingeben. Die horizontale Komponente beträgt 163,83 N, die vertikale −114,72 N. Der Richtungsvektor ergibt sich aus dem Kosinus (horizontal) bzw. Sinus (vertikal) des Winkels von 325°, unter dem die Kraft auf den Hebel wirkt.

5. Definieren als Schalenmodell:
Da es sich um ein ebenes, dünnes Teil handelt, ist die Behandlung als Schalenmodell hier angebracht.

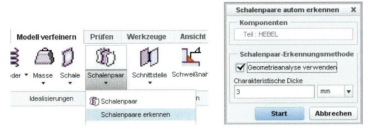

Bild 16.4 Schalenpaare automatisch erkennen

Bild 16.4 verdeutlicht die Vorgehensweise. Im vorliegenden einfachen Fall eines dünnen, planaren Teils konstanter Dicke kann Creo Simulate Structure das Schalenpaar problemlos automatisch erkennen.
Damit ist das Berechnungsmodell in Creo Simulate Structure definiert.

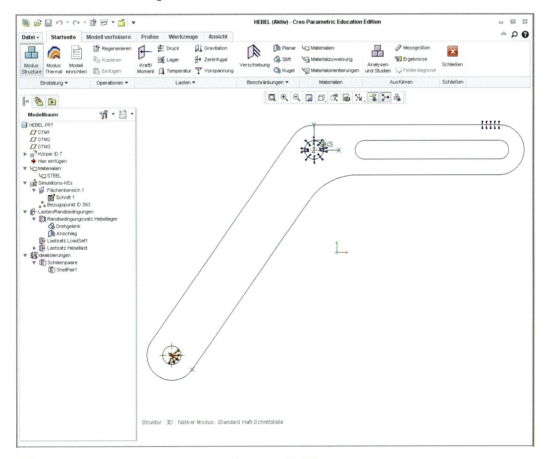

Bild 16.5 Winkelhebel mit Randbedingungen und Last sowie Modellbaum

Analysen und Studien

6. Analyse definieren:
   Klicken Sie auf das Analyse-Icon und wählen Sie im Fenster *Analysen und Konstruktionsstudien* (vgl. Bild 13.1) **DATEI → NEUE STATISCHE ANALYSE…** aus.
   Legen Sie einen geeigneten Namen für die Analyse fest, z. B. *Hebel*.
   Im sich öffnenden Eingabefenster (vgl. Bild 13.2) müssen Sie sonst nichts ändern. In den Feldern *Randbedingungen* und *Lasten* finden sie die unter 4. und 5. festgelegten Randbedingungs- bzw. Lastsätze wieder.

7. Berechnung ausführen:
   Beantworten Sie die Frage »Interaktive Diagnose ausführen?« mit **JA**. Öffnen Sie das Statusfenster und verfolgen Sie den Ablauf der Berechnung. Die Berechnung ist beendet, wenn im Statusfenster die Meldung *Rechenlauf abgeschlossen* erscheint.

8. Ergebnisse:
   Entnehmen Sie dem Statusfenster die Werte für die Spannungen und Verformungen und vergleichen Sie diese mit der Tabelle 16.1. Definieren Sie Ergebnisfenster, in denen die Von-MISES-Spannungen am verformten Bauteil als Farbflächendarstellung und die Verformungen als Isolinien-Darstellung enthalten sind. Lassen Sie sich diese Fenster anzeigen.
   Untersuchen Sie mittels der Option *Dynamische Abfrage* die Werte an verschiedenen Stellen des Modells. Vergleichswerte finden Sie in der folgenden Tabelle:

Tabelle 16.1 Vergleichsergebnisse für Beispiel 1

Masse in kg	1,2344
Anzahl der Elemente	26 Shells
Max. Vergleichsspannung in N/mm²	72,97
Max. Deformation in mm	0,646

Bild 16.6 zeigt die Ergebnisse in grafischer Form.

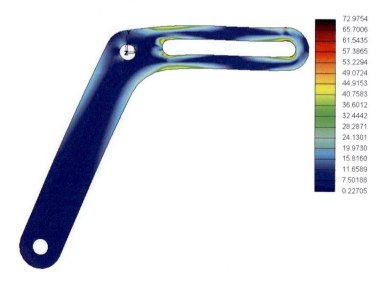

Bild 16.6 Von-MISES-Vergleichsspannung am verformten Bauteil

16.3 Beispiel 2: T-Stück

Dieses Beispiel wurde gewählt, um die Ergebnisse zu vergleichen, die sich bei demselben Bauteil ergeben, wenn mit Volumen- oder Schalenelementen modelliert wird.

Es soll ein T-Stück aus Stahl (siehe Bild 16.7) berechnet werden. Das Teil ist an seinen beiden Längsseiten angeschweißt (feste Einspannung) und wird an der oberen Kante des Steges durch eine seitlich wirkende Dreieckslast von max. 25 N/mm belastet (Gesamtlast: 12,5 kN). Wir ermitteln die maximalen Spannungen und die größte Verformung.

Zum Vergleich berechnen wir drei verschiedene Varianten:

a) Das Teil wie in Bild 16.7 dargestellt (die Verrundung mit einem Radius von 40 mm erfordert die Verwendung von Volumenelementen)
b) Das Teil ohne Verrundung (scharfkantiger Anschluss des Steges), ebenfalls unter Verwendung von Volumenelementen
c) Das Teil ohne Verrundung, unter Verwendung von Schalenelementen

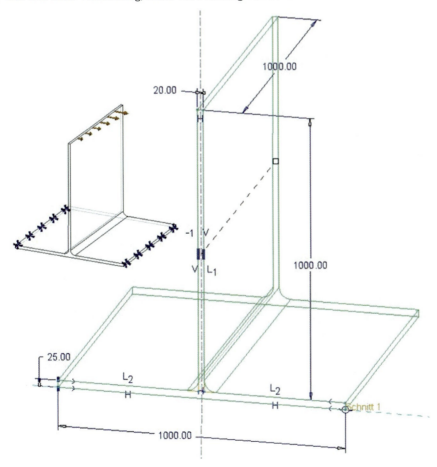

Bild 16.7
Konstruktionsskizze T-Stück

Im kleinen Bild werden die Randbedingung und die Belastungen symbolisch angezeigt. Als Randbedingung wurde *Verschiebung* (siehe Kapitel 11.2.4) gewählt, wobei die Verschiebung der gewählten Flächen in allen Koordinatenrichtungen gesperrt ist.

Einige Ergebnisse der drei Berechnungsvarianten wurden in der folgenden Tabelle gegenübergestellt.

Tabelle 16.2 Vergleichsergebnisse für Beispiel 2

	Variante a)	Variante b)	Variante c)
Masse in kg	357,6	352,2	354,2
Anzahl der Elemente	409 solids	318 solids	15 Schalen
Größte Verformung in mm	33,4	36,4	37,4
Größte Vergleichsspannung in N/mm^2	191,2	192,2	204,2

Variante a) hat im Vergleich zu Variante b) eine etwas größere Masse, aber geringere Verformungen. Dies ist durch die bei a) vorhandene Ausrundung von 40 mm leicht zu erklären. Variante c) entspricht von der Geometrie her der Variante b) (ohne Ausrundung), verwendet aber vollkommen andere Elemente. Die Ergebnisse aller drei Varianten sind qualitativ und quantitativ durchaus vergleichbar.

In Bild 16.8 sind die Spannungen der drei Varianten im Vergleich dargestellt.

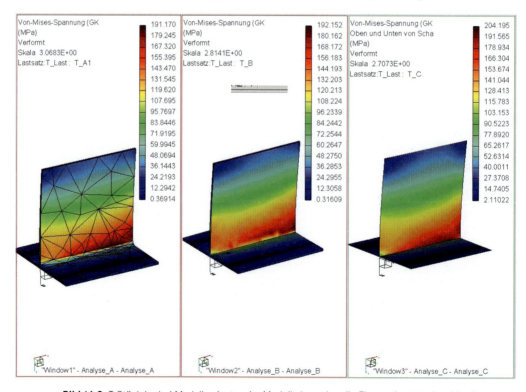

Bild 16.8 T-Stück in drei Modellvarianten, im Modell a) wurden die Elementkanten eingeblendet

16.4 Beispiel 3: Druckbehälter

Bei zylindrischen Druckbehältern treten besonders hohe Spannungen am Übergang zwischen dem zylindrischen Mantel und dem Behälterboden auf. Ebene Böden würden außerdem unter der Wirkung des Drucks ausbeulen. Aus diesem Grund werden die Böden von Druckbehältern häufig nach einer besonderen Geometrie, als sog. Klöpperböden ausgeführt. Diese Ausführung ist in DIN 28011 »Gewölbte Böden; Klöpperform« standardisiert.

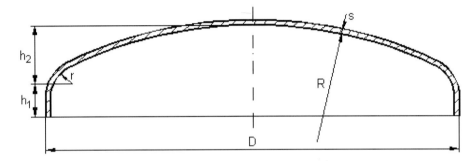

Bild 16.9
Klöpperboden nach DIN 28011

In diesem Beispiel untersuchen wir die Spannungen in einem Klöpperboden mit dem Außendurchmesser D = 400 mm unter einem Innendruck von 14 bar.

Entsprechend der o.g. Norm betragen die Maße

D = 400 mm; s = 3 mm; R = 400 mm; r = 40 mm; h_1 ≥ 10,5 mm; h_2 = 76 mm

Das Material ist Stahl (E = 2 * 10^5 N/mm²; ν = 0,3).

Weil die wesentlichen Spannungen nur im Bereich des Bodens erwartet werden, ist es ausreichend, nur diesen und ein Stück der zylindrischen Behälterwand zu modellieren. Dazu wird das Maß h_1 (»Bordhöhe«), das ohnehin nur ein Mindestmaß darstellt, so erhöht, dass die gesamte Behälterlänge 400 mm wird. An der entstehenden Kante wird der Behälter fest eingespannt. Damit wird der Tatsache Rechnung getragen, dass das zu berechnende Teil statisch bestimmt gelagert sein muss (vgl. Abschnitt 11.2.4). Die durch die Einspannung hervorgerufene Störung des Spannungsfeldes des durch Innendruck beanspruchten Behälters klingt schnell ab und beeinflusst den Bereich des Bodens nicht.

Modellieren Sie die Außenkontur in Creo Parametric zunächst als vollen Rotationskörper. Dabei ist zu beachten, dass R, r und h_1 jeweils um die Wanddicke s zu vergrößern sind. Wenden Sie nun den Befehl **SCHALE** an. In Creo Simulate Structure können Sie dann bei der Definition der Flächenpaare mit der Option *Schalenpaare entdecken* arbeiten, weil das Teil auf Grund seiner Modellierung als »dünn« erkannt wird.

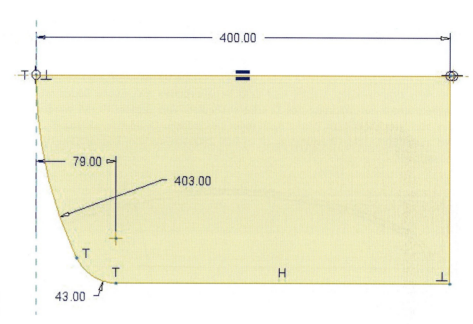

Bild 16.10
Skizze des Druckbehälters

Die wichtigsten Ergebnisse der Berechnung zeigt die nachfolgende Tabelle.

Tabelle 16.3 Vergleichsergebnisse für Beispiel 3

Masse in kg	13,08
Anzahl der Elemente	22 Schalen
Max. Vergleichsspannung in N/mm²	337,8
Max. Vergleichsspannung (nur Membranspannungsanteil) in N/mm²	204,95
Max. Vergleichsspannung (nur Biegespannungsanteil) in N/mm²	183,6
Max. Deformation in mm	0,58

In Bild 16.11 werden die Ergebnisse der Spannungsberechnung gezeigt.

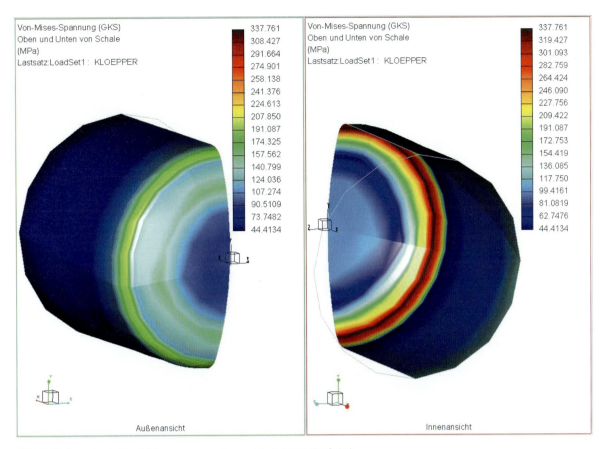

Bild 16.11 Berechnete Vergleichsspannung außen und im Inneren der Schale

Die Spannungsunterschiede zwischen außen und innen erklären sich so: Während der Membranspannungsanteil über die Schalendicke konstant ist, besteht ein Unterschied in der Größe des Biegespannungsanteils. Innen überlagern sich die positiven Membranspannungen mit den ebenfalls positiven Biegespannungen. Außen vermindern die negativen Biegespannungen die vorhandenen Normalspannungen. Der Schubspannungsanteil ist vernachlässigbar klein.

■ 16.5 Beispiel 4: Modalanalyse

Das Gehäuse einer Ablufthaube aus Polypropylen (PP) soll auf Eigenschwingungen untersucht werden, um störende Geräusche durch Resonanzen während des Betriebes zu vermeiden.

Die Materialkennwerte für Polypropylen sind:

Dichte: 0,9 g/cm³; E-Modul: 1200 N/mm²; Querkontraktion: $\nu = 0{,}4$

Es handelt sich um ein 5 mm starkes Pressteil mit den angegebenen Abmessungen. Das Teil ist an der hinteren, geraden Kante unverschieblich gelagert (feste Einspannung).

Modellieren Sie das Teil in Creo Parametric zunächst als Vollkörper (einschließlich Verrundungen). Wenden Sie dann den Befehl **SCHALE** an. In Creo Simulate Structure können Sie dann bei der Definition der Flächenpaare mit der Option *Schalenpaare entdecken* arbeiten, weil das Teil auf Grund seiner Modellierung als »dünn« erkannt wird.

Führen Sie eine Modalanalyse durch und ermitteln Sie die unteren fünf Eigenfrequenzen sowie die zugehörigen Schwingungsformen (Eigenmodi) durch Animation im Ergebnisfenster. Die Angabe statischer Belastungen ist bei einer Modalanalyse nicht notwendig.

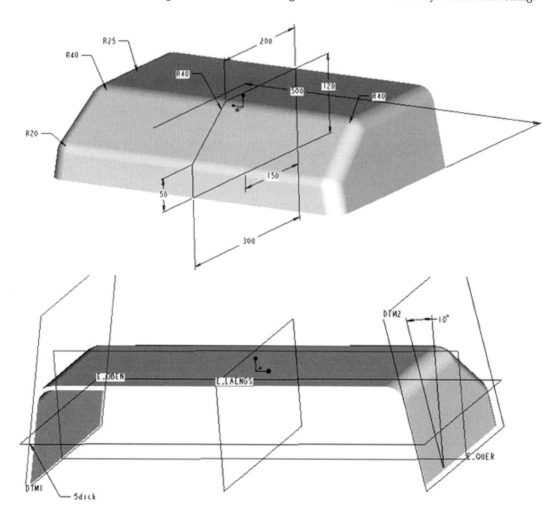

Bild 16.12 Konstruktionsskizze der Ablufthaube

Die Werte für die berechneten fünf Eigenfrequenzen können der Statusdatei entnommen werden. Die dazugehörigen Schwingungsformen erkennt man am besten, wenn ein animiertes Ergebnisfenster angezeigt wird. Creo Simulate Structure stellt dann das schwingende Teil in Bewegung dar, sodass man die Schwingungsform sehr gut erkennen kann. In Bild 16.13 sind die ersten beiden Eigenschwingungsformen dargestellt.

Tabelle 16.4 Eigenfrequenzen und weitere Ergebnisse der Ablufthaube

Berechnete Eigenfrequenzen		
Nr.	Wert (Hz)	Zugehörige Eigenschwingungsform
1.	10,4	»Nicken« (kein Schwingungsknoten)
2.	13,2	»seitliches Kippen« (ein Schwingungsknoten)
3.	59,8	Gegenläufiges Schwingen der hinteren Ecken
4.	61,3	Gleichsinniges Schwingen der hinteren Ecken
5.	93,3	Auf und ab in der Bauteilmitte
Elementanzahl		82 Schalen
Gesamtmasse (kg)		1,025

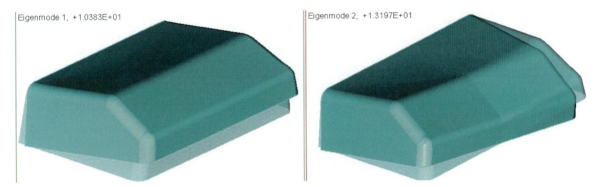

Bild 16.13 Erste (links) und zweite (rechts) Eigenschwingungsform

 HINWEIS: Hat man im Ergebnis-Definitionsfenster (Bild 14.3) *Animation* gewählt, kann die Animation im aktiven Ergebnisfenster mit den nachfolgend gezeigten Icons gesteuert werden.

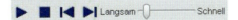

16.6 Beispiel 5: Modell mit Balkenelementen

In diesem Beispiel lernen Sie die Arbeit mit Balkenelementen kennen. Als Beispiel wurde dazu ein einfaches Haushaltsregal ausgewählt, wie man es in jedem Baumarkt kaufen kann. Das Regal besteht aus vier gleichschenkligen Winkelprofilen aus Stahlblech (Länge 1500 mm, 30 mm Kantenlänge, mit einer Dicke von 0,8 mm). Mit diesen senkrecht stehenden Profilen werden vier Blechböden verschraubt. Diese bestehen ebenfalls aus Stahlblech (Dicke 0,6 mm) und sind an den Seiten abgekantet, um eine höhere Stabilität zu erreichen. Die Böden haben die Abmessungen 750 x 300 mm, die Abkantung ist 30 mm breit. Die Böden werden mit einem Abstand von jeweils 350 mm eingebaut.

Bild 16.14
Skizze des Regals

Bei diesem Beispiel bietet es sich an, die senkrecht stehenden Winkelprofile als Balken zu modellieren. Die Blechböden, einschließlich der Abkantungen, können zunächst als Flächen modelliert werden, denen dann als Schaleneigenschaft eine Dicke von 0,6 mm zugeordnet wird.

Bei der Definition der Balken empfiehlt sich folgende Vorgehensweise: In Creo Parametric werden die Ständer des Regals zunächst mittels Kurven modelliert. Auf diesen werden Bezugspunkte festgelegt, und zwar am späteren Aufstellpunkt (unten) und an den Verbindungspunkten, an denen die waagerechten Flächen der Regalböden angeschlossen werden. Diese Punkte werden wir in Creo Simulate Structure nutzen, um die Balken zu definieren (vgl. auch Bild 16.15). Vorher müssen noch die Querschnitte der Balken festgelegt werden.

Mit Hilfe des nebenstehenden Icons gelangt man ins Fenster für die Balkendefinition.

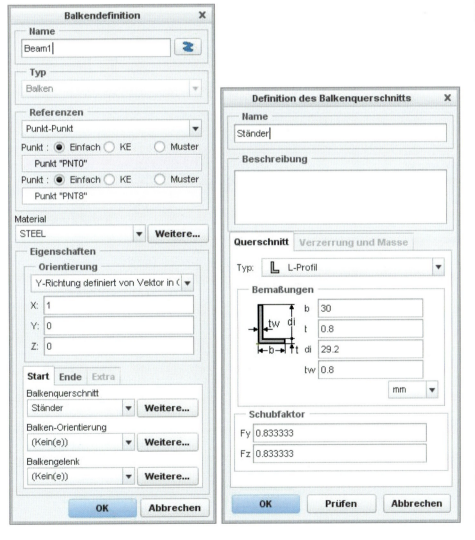

Bild 16.15
Eingabefenster für Balken (links) und Festlegen des Balkenquerschnitts (rechts)

In unserem Fall wurden insgesamt 16 Balkenelemente (in jedem Regalständer vier) verwendet, und zwar jeweils zwischen den Aufstellpunkten bzw. den Oberkanten der Regalböden. Jeder Balken wird durch Angabe eines Anfangs- und eines Endpunktes beschrieben, der Balken »Beam1« durch die Punkte PNT0 und PNT8, die in Creo Parametric vorher an den richtigen Stellen erzeugt wurden. Damit ist die Balkenlängsachse fixiert. Nun muss noch der Balkenquerschnitt und seine richtige Drehlage um die Balkenlängsachse festgelegt werden. Das Feld *Balkenquerschnitt* ist nach erstmaligem Öffnen des Fensters noch leer. Nachdem man auf WEITERE... und anschließend auf NEU... geklickt hat, kommt man zum Fenster *Definition des Balkenquerschnitts* (Bild 16.15 rechts). Als Typ ist selbstverständlich *L-Profil* zu wählen.

Die eingetragenen Werte entsprechen unserem Beispiel. Drückt man den Button PRÜFEN, erhält man die Querschnittskennwerte dieses Profils angezeigt.

Balkenquerschnitt "Ständer"

Eigenschaft	Wert
Typ	L-Profil 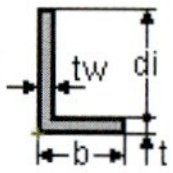
Bemaßungen	b = 30 [mm] t = 0.8 [mm] di = 29.2 [mm] tw = 0.8 [mm]
Flächeninhalt	47.36 [mm^2]
J	9.93143 [mm^4]
Trägheitsmoment (Haupt-KSys)	$\begin{bmatrix} 1732.11 & 0 \\ & 6917.09 \end{bmatrix}$ [mm^4]
Schubflächenfaktor (Haupt-Koordinatensystem)	$\begin{bmatrix} 0.833333 \\ 0.833333 \end{bmatrix}$
Schubmittelpunkt (Haupt-Koordinatensystem)	$\begin{bmatrix} -10.4633 \\ 5.55112e\text{-}17 \end{bmatrix}$ [mm]
Spannungsberechnungsversätze (Haupt-Koordinatensystem)	$\begin{bmatrix} 10.7499 \\ 21.2132 \end{bmatrix}$ [mm]
Trägheitsmomente (Form-KSys)	$\begin{bmatrix} 4324.6 & -2592.49 \\ & 4324.6 \end{bmatrix}$ [mm^4]
Schubflächenfaktor (Form-Koordinatensystem)	$\begin{bmatrix} 0.833333 \\ 0.833333 \end{bmatrix}$
Schubmittelpunkt (Form-Koordinatensystem)	$\begin{bmatrix} 0.4 \\ 0.4 \end{bmatrix}$ [mm]
Schwerpunkt (Form-Koordinatensystem)	$\begin{bmatrix} 7.79865 \\ 7.79865 \end{bmatrix}$ [mm]
Drehung der Hauptachse	0.785398 [rad]

Bild 16.16 Berechnete Querschnitteigenschaften

Die weiter oben angeführten Flächenträgheitsmomente des Querschnitts bezüglich der Hauptachsen (Haupt-KSys) unterscheiden sich von den etwas weiter unten genannten Trägheitsmomenten (Form-KSys), womit die Flächenträgheitsmomente bezüglich des Balkenquerschnitt-Koordinatensystems (BQKS) gemeint sind. Das Hauptachsensystem ist beim nicht symmetrischen L-Querschnitt gegenüber den Achsen y, z des Balkenquerschnitt-Koordinatensystems um einen Winkel von 45° (0,785398 rad) verdreht, wie im Fenster richtig angezeigt wird.

Nun muss noch die richtige Drehlage des Balkens um seine Längsachse festgelegt werden.

Dazu dienen die Angaben unter *Orientierung*. Gemeint ist die y-Richtung des Balken-Querschnitts-Koordinatensystems (BQKS). Es stehen verschiedene Möglichkeiten zur Auswahl. In Bild 16.15 wurde die Option *Y-Richtung definiert von Vektor in GKS* gewählt. In Bild 16.17 wird die Definition des BQKS für das L-Profil gezeigt. In unserem Beispiel fällt die y-Achse des BQKS mit der x-Achse des GKS zusammen.

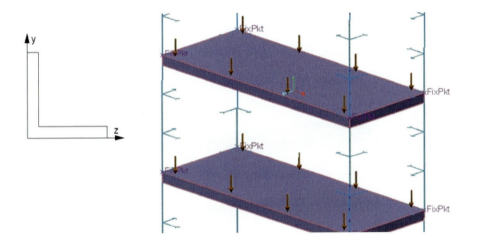

Bild 16.17
BQKS des L-Profils (links); Anzeige der richtigen Balkenorientierung (rechts)

Die richtige Orientierung kann man anhand der gezeigten grafischen Symbole in Bild 16.17 kontrollieren.

Im unteren Teil des Fensters (Bild 16.15) wird unter der Überschrift *Balkenquerschnitt* der vorher definierte Querschnitt »Ständer« dem Balken zugeordnet. Die Optionen *Balken-Orientierung* und *Balkengelenk* bieten weiterführende Modellierungsmöglichkeiten, die in unserem Beispiel nicht benötigt werden. Bei der Nichtanwendung einer Balkenorientierung fällt das Balkenquerschnitts-Koordinatensystem (BQKS) mit dem Balkenangriffspunkt-Koordinatensystem (BAKS) zusammen.

Damit ist die Geometrie des Berechnungsmodells bestimmt.

Für die Randbedingungen gilt folgende Überlegung: Das Regal steht mit seinen 4 Füßen auf dem Boden. Die Randbedingungen sind somit an den 4 unteren Endpunkten der Balken anzutragen. Für alle vier Füße gilt, dass die Verschiebung in der senkrechten (y-) Richtung des GKS verhindert ist. Damit sind gleichzeitig auch die Starrkörper-Verdrehungen des Gesamtsystems um die x- und die z-Achse ausgeschlossen. Wenn an den beiden hinteren Füßen auch noch die Verschiebungen in der x-z-Ebene ausgeschlossen werden, ist das Modell ausreichend gelagert.

Als Belastung soll in unserem Fall eine gleichmäßig verteilte Druckbelastung auf alle vier Regalböden von insgesamt 400 N angenommen werden. Da sich diese Last auf eine Fläche von 900 000 mm^2 verteilt, ist im entsprechenden Dialogfenster *Druck* ein Betrag von 0.00044444 (N/mm^2) einzugeben.

Die Vergleichswerte für die wichtigsten Berechnungsergebnisse sind:

Tabelle 16.5 Ergebnisse des Modells „Regal" entsprechend Statusdatei

Masse (kg)	7,634
Maximale Verformung (mm)	9,5
Maximale Vergleichsspannung (N/mm^2)	62,5
Elemente	16 Balken, 20 Schalen

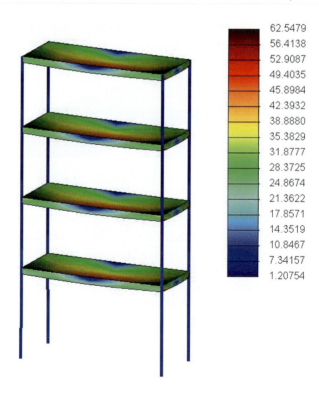

Bild 16.18
Ergebnisdarstellung:
Von-MISES-Spannung,
verformtes Modell

16.7 Beispiel 6: Schlitten einer Werkzeugmaschine (Ausnutzung von Struktursymmetrie)

Das folgende Beispiel stammt aus der Gießerei Heidenreich & Harbeck, Mölln. Es handelt sich um einen Hochgeschwindigkeitsschlitten aus Gusseisen mit Kugelgraphit (EN-GJS-400-18), der einer Querbeschleunigung in Höhe der doppelten Erdbeschleunigung ausgesetzt ist. Die konventionelle Verrippung des Schlittens wurde im Ergebnis einer konstruktiven Optimierung durch eine Verrippung gemäß Bild 16.20 ersetzt. Dadurch konnten ca. 12% der Masse eingespart werden. Die Verformungen reduzierten sich um ca. 38%.

Auf Grund der vorhandenen Geometrie muss dieses Bauteil unbedingt mit Volumenelementen berechnet werden. Dabei entsteht ein relativ großes Berechnungsmodell mit entsprechendem Bedarf an Speicher und Rechenzeit. Deshalb liegt der Gedanke nahe, die beim Schlitten vorliegende Symmetrie auszunutzen, um das Modell zu verkleinern. Dazu wird das Modell an der Symmetrieebene geschnitten und die Berechnung nur noch anhand des halbierten Modells durchgeführt. Bei doppeltsymmetrischen Strukturen kann man sogar mit einem Viertel des Modells arbeiten.

Voraussetzung für dieses Vorgehen ist aber, dass das zu berechnende Bauteil nicht nur geometrische Symmetrie aufweist, sondern dass auch Symmetrie hinsichtlich der Randbedingungen und der Belastungen vorhanden ist. Man spricht dann von Struktursymmetrie.

HINWEIS: Ein räumliches Modell ist struktursymmetrisch, wenn bei Spiegelung an der Symmetrieebene ein Teil des Modells mit allen geometrischen und physikalischen Eigenschaften sowie Belastungen in den dazu struktursymmetrischen Teil übergeht.

Natürlich kann man nicht einfach einen Teil des Modells weglassen und erwarten, dennoch gültige Ergebnisse bei der Berechnung zu erhalten. Die Wirkung bzw. der Einfluss des »abgeschnittenen« Teils muss durch Randbedingungen ersetzt werden, die der Symmetrieebene aufgegeben werden.

Auf Grund der Struktursymmetrie gilt am ungeschnittenen Bauteil, dass alle Punkte, die sich auf der Symmetrieebene befinden, auch bei Belastung in dieser verbleiben, weil sich in der Symmetrieebene alle Wirkungen der beiden symmetrischen Teilstrukturen gerade »gegeneinander« aufheben. Diese Wirkung muss durch Randbedingungen nachvollzogen werden, die bewirken, dass die Punkte auf der Symmetrieebene am geschnittenen Teil ebenfalls in dieser verbleiben. Dazu ist es notwendig, die Verschiebung in z-Richtung sowie die Verdrehungen um die x- und die y-Achse zu verhindern. Die angegebenen Koordinatenrichtungen gelten für das Beispiel aus Bild 16.19.

In Creo Simulate Structure kann man nach Klick auf das nebenstehende Icon eine Symmetrie-Randbedingung zuweisen.

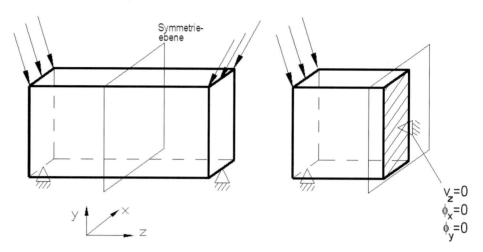

Bild 16.19
Randbedingungen bei Struktursymmetrie

Der zu berechnende Schlitten ist in seiner Geometrie doppelt symmetrisch, hinsichtlich der Belastung (2 g) liegt aber nur Symmetrie bezüglich einer Ebene vor. Es reicht daher aus, den halben Schlitten, d. h. einen Körper, der entlang der Symmetrieebene geschnitten ist, zu berechnen. Die wegfallende Hälfte des Körpers muss durch entsprechende Randbedingungen ersetzt werden.

Die Bilder 16.20 und 16.21 zeigen die optimierte Geometrie des Schlittens. In Bild 16.22 werden anhand des in der Symmetrieebene geschnittenen Berechnungsmodells die Randbedingungen und die Belastung in Form einer Querbeschleunigung dargestellt. Der Schlitten ist an acht Punkten mit einem weiteren Teil verschraubt. Diese Punkte werden als feste Einspannungen betrachtet. Die Symmetrie-Randbedingung entspricht der in Bild 16.19 gezeigten.

Die Materialkennwerte des verwendeten Materials sind:

E = 169000 N/mm², ν = 0,25; ρ = 7,4 g/cm³

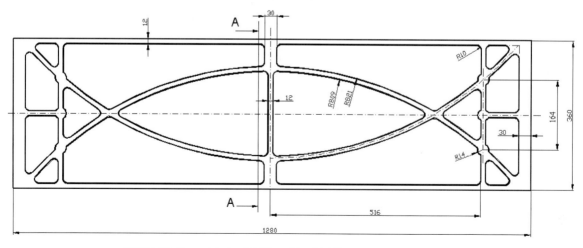

Bild 16.20 Geometrie des Schlittens (Draufsicht)

16.7 Beispiel 6: Schlitten einer Werkzeugmaschine (Ausnutzung von Struktursymmetrie)

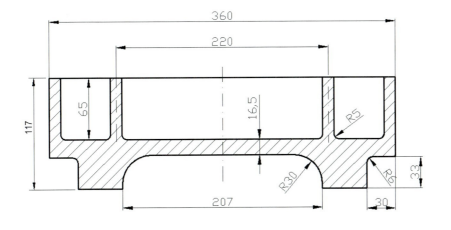

Bild 16.21
Geometrie des Schlittens (Schnitt A-A)

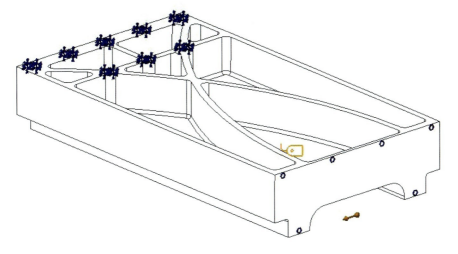

Bild 16.22
Randbedingungen und Belastungen des Schlittens; an der Schnittfläche (rechts) die Symbole für die Symmetrierandbedingung und die Gravitationsbelastung

In der nachfolgenden Tabelle sind die wichtigsten Berechnungsergebnisse zum Vergleich zusammengefasst.

Tabelle 16.6 Ergebnisse des Modells »Schlitten«

Masse des Modells (halber Schlitten) in kg	71,124
Elemente	4779
Maximale Verformung (µm)	1,58
Maximale Vergleichsspannung in N/mm^2	5,4

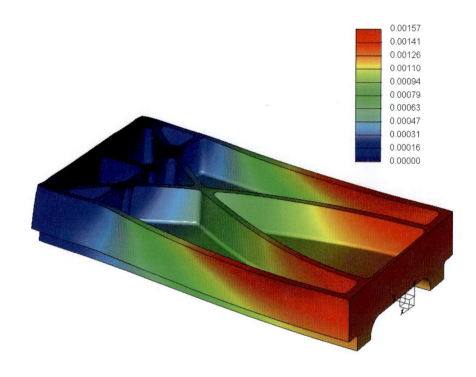

Bild 16.23
Grafische Darstellung
der Verformung

16.8 Beispiel 7: Helix

Das folgende Beispiel entstammt der Zusammenarbeit mit Herrn Prof. Rüdiger Hartwig, Bad Bentheim. Herr Prof. Hartwig ist Inhaber mehrerer Patente zu dreidimensionalen Displays (u. a. »Vorrichtung und Verfahren zur Erzeugung von Bildpunkten im Raum«, DE 100 47 695 C2). Kernstück eines solchen Displays ist eine schnell rotierende Schraubfläche (Helix). Wird auf diese Schraubfläche mittels eines in der x-y-Ebene abgelenkten Laserstrahls ein Lichtimpuls gegeben, sieht man einen leuchtenden Punkt, dessen Lage im Raum von der aktuellen Winkelstellung der rotierenden Helix abhängt. Tausende solcher Lichtpunkte erzeugen ein echtes Raumbild, das von allen Seiten und ohne Hilfsmittel betrachtet werden kann. Die Helix selbst ist aufgrund ihrer schnellen Rotation unsichtbar.

Interessant an diesem Beispiel ist die Verwendung einer geometrisch relativ komplexen Fläche und die Belastung durch Zentrifugalkräfte.

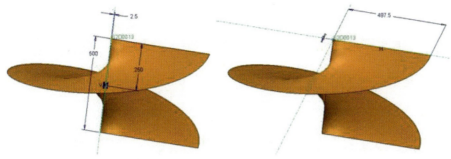

Bild 16.24
Abmessungen der Helixfläche (links Leitkurve, rechts Zugschnitt)

Die Helix wird zunächst als Fläche in Creo Parametric modelliert. Dazu wählen Sie das Element *Spiralförmiges Zug-KE* aus.

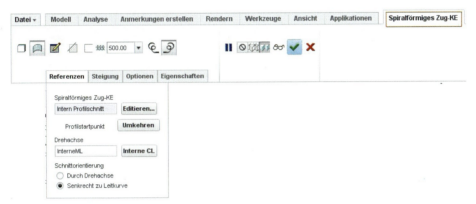

Bild 16.25
Erzeugen der Helixfläche

Die Angaben in Bild 16.25 besagen, dass Sie eine spiralförmige Fläche, rechtsdrehend mit konstanter Steigung und senkrecht zu einer Leitkurve (Zugprofil), konstruieren wollen. Wenn wir davon ausgehen, dass die Helix um die z-Achse rotieren soll, dann ist die Leitkurve nichts anderes als eine 500 mm lange Gerade, die in einem Abstand von 2,5 mm parallel zur z-Achse verläuft. Die 2,5 mm Abstand erklären sich dadurch, dass die Helix an einer starren Drehachse von 5 mm Durchmesser befestigt ist. Für die Steigung geben Sie ebenfalls 500 mm ein, da die Helix genau eine Umdrehung besitzen soll. Senkrecht zur Leitkurve steht der Schnitt, der die Helixfläche erzeugt. Dieser Schnitt besteht nur aus einer Geraden von 497,5 mm Länge. Zusammen mit den 2,5 mm Abstand zur Drehachse ergibt dies einen Helixradius von 500 mm bzw. einen Helixdurchmesser von 1m.

Nun wechseln Sie zu Creo Simulate Structure und weisen der Schale auf der Registerkarte *Modell verfeinern* mithilfe des nebenstehenden Icons die *Dicke* 1 mm und ein *Material* zu.

Bild 16.26
Aus der Helixfläche wird eine Schale von 1 mm Dicke

Als Material verwenden Sie einen Kunststoff mit den Eigenschaften:

Elastizitätsmodul E = 3000 N/mm²

Querdehnzahl ν = 0,4

Dichte ρ = 1 g/cm³

Die Belastung der rotierenden Helix besteht hauptsächlich aus den Fliehkräften, die bei der schnellen Rotation entstehen und die in Creo Simulate Structure sehr gut über die Lastannahme *Zentrifugal* simuliert werden können. Das Modell selbst rotiert natürlich nicht, es greifen aber am Modell dieselben Lasten an, die bei einer schnellen Rotation auftreten würden. Deshalb ist es auch möglich, die Helix statisch bestimmt zu lagern, indem der »innere« Rand entlang der Drehachse fest eingespannt wird. Die Drehzahl beträgt 1800 min⁻¹, als Rotationsachse wird in unserem Fall die z-Achse definiert.

Die folgende Tabelle zeigt wieder einige Ergebnisse zum Vergleich.

Tabelle 16.7 Ergebnisse des Modells Helix

Gesamtmasse des Modells in g	844
Anzahl der Elemente	11 Schalen
Größte Verformung in mm	14,5
Größte Vergleichsspannung in N/mm²	47,4

Bild 16.27 zeigt die Verformung der Helix im Vergleich zum unverformten Modell. Gewählt wurde der Darstellungstyp *Vektoren*.

Wie man auch aus dem Ergebnisfenster entnehmen kann, verformen sich die beiden äußeren Ecken der Helix stark (ca. 14 mm) aufeinander zu, so dass diese Ausführung ohne Verstärkung für den angegebenen Zweck eines 3D-Displays nicht stabil genug ist.

Die größten Spannungen treten erwartungsgemäß am inneren Rand der Helixfläche, d. h. an der Einspannung, auf.

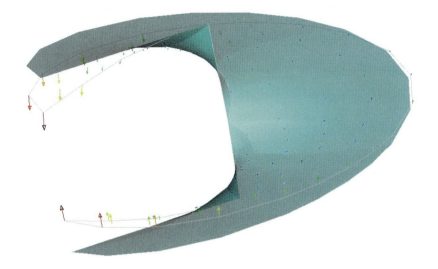

Bild 16.27
Verformung der Helix

16.9 Berechnung von Baugruppen – Kontaktanalyse

In den Abschnitten 12.4.3 und 13.1.3 wurden die Verbindungen bzw. die Kontaktanalyse bereits erläutert. Verbindungen spielen bei der Berechnung von Baugruppen eine Rolle. An zwei einfachen Beispielen soll die Wirkung der wichtigsten dieser Modellelemente demonstriert werden.

16.9.1 Beispiel 8: Baugruppe Gelenk

Die erste Kontaktanalyse soll an einer realistischen Baugruppe, einem Gelenk, durchgeführt werden. Die Baugruppe besteht aus drei Teilen: Grundkörper, Bolzen und Hebel.

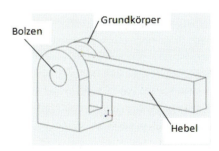

Bild 16.28
Gelenk-Baugruppe

Bild 16.29 zeigt die Definition des Grundkörpers.

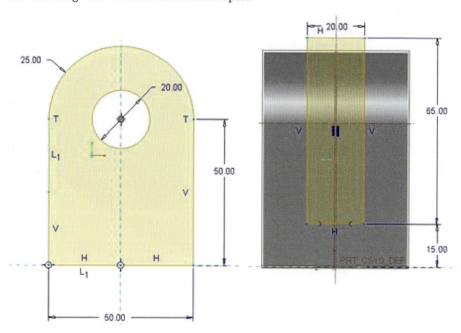

Bild 16.29
Erzeugung des Grundkörpers mittels eines Profilkörpers und eines Materialschnittes (rechts)

Der Hebel hat eine Dicke von 19 mm und wird mittig in den 20 mm breiten Schlitz eingesetzt.

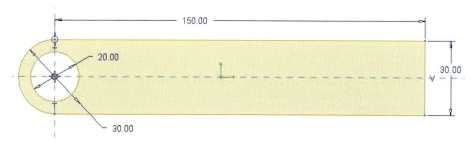

Bild 16.30
Hebel

Beim Bolzen handelt es sich um einen einfachen Zylinder (Ø 20 mm, Länge 50 mm). Eine Skizze erübrigt sich hier.

Die Grundfläche des Grundkörpers wurde fest eingespannt. An der Vorderfläche des Hebels wurde eine flächenhaft wirkende Belastung von 1000 N nach vorn und 1000 N nach links eingegeben. Es wurden Kontakte zwischen Bolzen und Bohrung des Grundkörpers sowie zwischen der sichtbaren Seitenfläche des Hebels und der dieser Fläche entgegen gerichteten Fläche des Grundkörpers definiert.

Achten Sie bei der Definition der Analyse darauf, dass die Schaltflächen *Kontakte*, *Lokale Netzverfeinerung* und *Kontaktkraft überprüfen* aktiviert sind.

Wie sind die Berechnungsergebnisse zu interpretieren?

Da beim Aufruf von Creo Simulate Structure die Standard-Schnittstelle *Haftend* nicht verändert wurde, werden alle Teile zunächst als miteinander verschmolzen betrachtet. Nachträglich wurde durch die Definition eines Kontaktes diese Festlegung für die Berührungsfläche zwischen Bolzen und Grundkörper aufgehoben. Durch die seitlich wirkende Kraft an der Vorderseite des Hebels wird nun der Hebel, der ja nach wie vor mit dem Bolzen verschmolzen ist, einschließlich des Bolzens nach links verschoben und zwar so weit, bis die Seitenfläche des Hebels am Grundkörper anstößt. Zusätzlich verformt sich der Hebel durch Biegung.

An der neu entstehenden Berührungsstelle zwischen Grundkörper und Hebel bildet sich der zweite Kontakt aus.

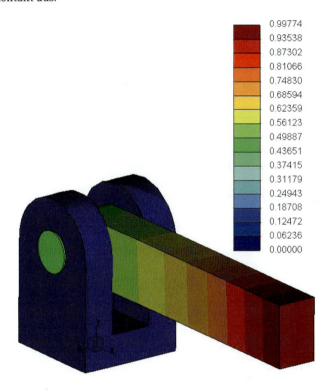

Bild 16.31
Verformung der Gelenkbaugruppe

Bild 16.31 zeigt dies sehr eindrucksvoll. Die Grünfärbung entspricht einer Verschiebung von 0,5 mm, genau die Größe des ursprünglichen Spaltes zwischen Hebel und Grundkörper. Der massive Grundkörper verformt sich praktisch nicht, was deutlich durch die Blaufärbung hervorgeht.

Bild 16.32 zeigt die Ergebnisse der Kontaktanalyse.

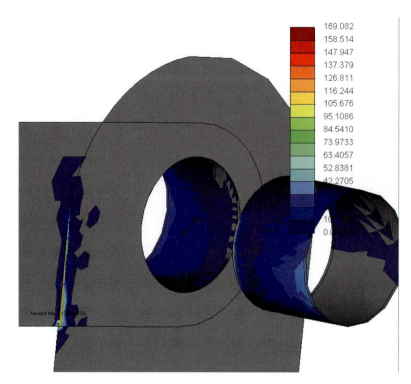

Bild 16.32
Darstellung der
Pressung an den
Kontaktflächen

Wie bereits geschildert, wird der Hebel mit seiner Seitenfläche gegen den Grundkörper gedrückt. An dieser Stelle tritt die größte Pressung von 169,1 N/mm² auf. An der Kontaktstelle zwischen Bolzen und Grundkörper beträgt die Pressung maximal nur ca. 56 N/mm². Die Kontaktzone ist hier 727,6 mm² groß, im Gegensatz zur ersten Kontaktfläche, die nur 13,3 mm² umfasst.

Tabelle 16.8 Zusammenfassung der Ergebnisse der Kontaktanalyse

Kontakte	Bolzen – Grundkörper	Hebel – Grundkörper
Maximaler Kontaktdruck (N/mm²)	56,1	169,1
Kontaktfläche (mm²)	727,6	13,34
Gesamtmasse des Modells (kg)	1,659	
Verwendete Elemente	Anfangs 498, durch Netzverfeinerung auf 730 erhöht	

16.9.2 Beispiel 9: Elastomerkupplung

In diesem Beispiel soll die Berechnung einer dreiteiligen Elastomerkupplung gezeigt werden. Sie besteht aus zwei identischen Nabenelementen aus Stahl (E-Modul 210 000 N/mm², $\nu = 0{,}3$) und einem Zwischenring (Stern) aus Polyamid, vereinfacht mit den Materialdaten $E = 2800$ N/mm², $\nu = 0{,}4$ und $\rho = 1{,}3$ g/cm³ versehen. Auf diese Kupplung soll ein Antriebsmoment von 100 Nm wirken. Die beiden Seiten sind exakt fluchtend eingebaut, also ohne Winkel- oder radiale Fluchtungsfehler.

Bild 16.33
Elastomerkupplung

Bild 16.34 zeigt die Skizzen zum Erzeugen der Einzelkomponenten. Die links dargestellte Nabe wird zunächst durch einen Hohlzylinder mit D_A = 66,5 mm, d_i = 19 mm und einer Höhe von 35 mm gebildet. Auf diese Nabe wird der Mitnehmer, wie im Bild dargestellt, ebenfalls als Profilkörper aufgesetzt und anschließend durch Musterung verdreifacht. Die Höhe der Mitnehmer ist 17,5 mm. Die Kanten am Übergang des Nabengrundkörpers zu den Mitnehmern (Bild 16.34 links) werden mit einem Radius von 1 mm verrundet, um die Kerbwirkung zu vermindern.

Der Stern (rechts) ist ein planares Teil mit einer Dicke von 15 mm und besteht aus einem Ring mit D_A = 36 mm und d_i = 30 mm, an den seitlich die Druckkörper angesetzt sind. Es wird nur ein Druckkörper modelliert. Durch Musterung wird die Anzahl anschließend auf sechs vervielfacht.

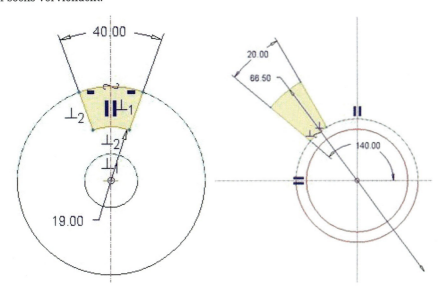

Bild 16.34
Skizze zum Erzeugen der Nabe (links) und des Sterns (rechts)

Folgende Belastungen und Randbedingungen wurden definiert:

- Antriebsmoment von 100 Nm, aufgegeben der Bohrungsfläche der ersten Nabe, um die Längsachse drehend
- Fixieren der Bohrungsfläche dieser Nabe in axialer Richtung (simuliert axialen Festsitz auf der Antriebswelle)
- Fixieren aller Freiheitsgrade der Bohrungsfläche der zweiten Nabe (simuliert Festsitz auf der Abtriebswelle und Arbeitswiderstand)
- Fixieren des Sterns in axialer Richtung
- Definition der Kontakte zwischen den Naben und dem Zwischenring (insgesamt 12 Kontaktflächen)

Die Berechnung wurde wie in Beispiel 8 unter Aktivierung der Schaltflächen *Kontakte*, *Lokale Netzverfeinerung* und *Kontaktkraft überprüfen* ausgeführt.

Die folgenden Ergebnisse wurden berechnet:

Tabelle 16.9 Ergebnisse der Baugruppe Elastomerkupplung

Maximaler Kontaktdruck (N/mm^2)	20,477
Gesamte Kontaktfläche (mm^2)	1192,3
Größte Verformung (mm)	0,245
Größte Vergleichsspannung (N/mm^2)	70,85
Gesamtmasse des Modells (kg)	1,9894
Elementanzahl	1339, durch Netzverfeinerung: 1907

Bild 16.35 zeigt die Ergebnisse in grafischer Form.

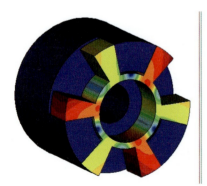
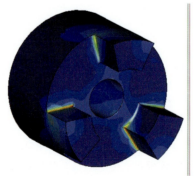
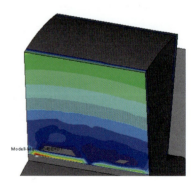

Bild 16.35 Links: Verschiebung, Mitte: Vergleichsspannung, Rechts: Flächenpressung am Stern

16.10 Beispiel 10: Übernahme von Daten aus dem Mechanismus-Modul

In Kapitel 10.12 wurde gezeigt, wie Belastungen der Getriebeglieder, die bei kinetischen Analysen mit dem *Mechanismus*-Modul ermittelt werden, so abgespeichert werden können, dass sie für eine statische Analyse in Creo Simulate Structure zur Verfügung stehen (vgl. Bild 10.26). Zur Erinnerung: In Kapitel 10 wurde eine Hubvorrichtung analysiert, deren oberer Arm nun mit Creo Simulate Structure auf Spannungen und Verformungen berechnet werden soll.

Die entsprechende PRT-Datei wird dazu ganz normal geöffnet. Nun wird **SIMULIEREN** aufgerufen. Wie man in Bild 16.36 erkennen kann, sind die bei der Mechanismus-Analyse ermittelten Gelenkkräfte sofort im Modell enthalten.

Bild 16.36 Arm mit den symbolisch dargestellten Kräften

Dem aufmerksamen Leser wird auffallen, dass keine Randbedingungen vorhanden sind. Ihre Festlegung ist im vorliegenden Fall auch nicht so einfach möglich. Zwar ist der Arm an der linken Seite gestellfest drehbar gelagert, aber da er Teil eines Mechanismus ist, kann er natürlich um eben diesen gestellfesten Punkt drehen. Creo Simulate Structure bietet für einen solchen Fall die Option *Massenträgheitsentlastung* (siehe Bild 16.37) an. Mithilfe dieser Option kann eine lineare statische Analyse auch ohne Angabe von Randbedingungen durchgeführt werden. Creo Simulate Structure analysiert das Modell dann so, als ob es sich ohne Randbedingungen frei im Raum bewegt, wobei die Lasten aber aufgebracht sind. Eventuell vorhandene Randbedingungssätze werden ignoriert.

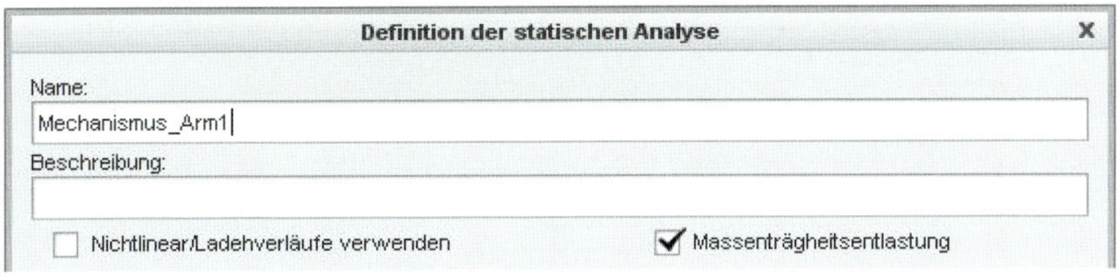

Bild 16.37 Die Option *Massenträgheitsentlastung* erlaubt die Berechnung ohne Randbedingungen

Bild 16.38 zeigt das Ergebnis der Berechnung mit Massenträgheitsentlastung. Es zeigt das verformte Modell im Vergleich zur transparent dargestellten, unverformten Struktur.

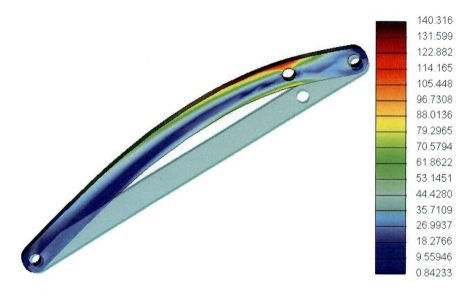

Bild 16.38
Berechnete Vergleichsspannung am Arm der Hubvorrichtung

Um die Qualität dieser Lösung zu vergleichen, wurde das Modell folgendermaßen verändert:

Die Lasten an den beiden äußeren Gelenken wurden gelöscht und dafür wurde jeweils eine Drehgelenkbedingung (**STIFT**) definiert.

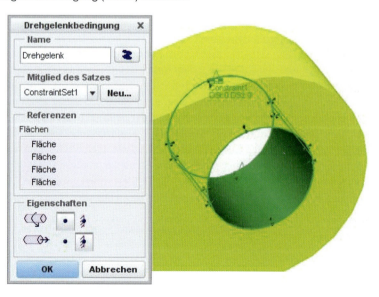

Bild 16.39
Nachträgliche Definition von Randbedingungen

Am Modell wirkt jetzt also nur noch die vom Hydraulikzylinder herrührende Kraft (*Arm_Kolben_Force*), die aus dem *Mechanismus*-Modul importiert wurde. Die Ergebnisse beider Modellvarianten zeigt die nachfolgende Tabelle.

Tabelle 16.10 Vergleich der beiden Modellierungsvarianten

	Modell mit Massenträgheitsentlastung	Modell mit Gelenk-Randbedingungen
Elemente	106 Solids	
Masse des Modells (g)	477,2	
Max. Vergleichsspannung (N/mm^2)	140,3	137,0
Maximale Deformation (mm)	0,38	0,40

Die Tabelle zeigt, dass die Option *Massenträgheitsentlastung* brauchbare Ergebnisse liefert, wenn, das Bauteil, wie in unserem Fall, mit zuverlässig berechneten Gelenkreaktionen aus dem *Mechanismus*-Modul beaufschlagt ist.

In der grafischen Ergebnisdarstellung (Bild 16.38) ist kein Unterschied zwischen beiden Varianten erkennbar.

16.11 Beispiel 11: Optimierungsrechnung

Das letzte Beispiel soll sich mit der Optimierung eines Bauteils befassen. Dabei wollen wir noch einmal auf den Winkelhebel aus Beispiel 1 zurückgreifen.

Kennzeichnend für Optimierungsrechnungen ist, dass man durch Variation der Auswahl und der Anzahl der Optimierungsvariablen sowie der Restriktionen immer wieder andere Optimierungsergebnisse erhält. Sie sollten dieses Beispiel deshalb nach Belieben variieren und die hier aufgezeigte Lösung nur als Anhaltspunkt nehmen. Es ist gut möglich, dass Sie nach einigem Probieren eine bessere Lösung als die hier vorgestellte erreichen.

Die Konstruktion des Teils »Winkelhebel« sowie die Belastungsannahme und die Randbedingungen wurden bereits im Beispiel 1 erläutert. Das Ziel der Optimierung soll nun darin bestehen, die Masse des in großen Stückzahlen hergestellten Teils zu minimieren, ohne dass dabei die Funktionsfähigkeit beeinträchtigt wird. Deshalb darf die maximal berechnete Verformung nicht größer als 0,7 mm werden. Als Obergrenze für die Vergleichsspannung wollen wir 150 N/mm^2 setzen.

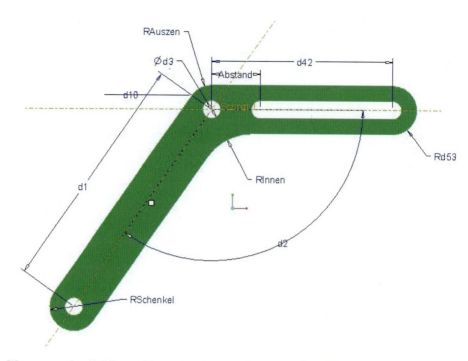

Bild 16.40 Winkelhebel mit 4 Optimierungsvariablen

Wenn man das Teil betrachtet, erkennt man, dass von allen Maßen eigentlich nur vier verändert werden können (siehe Bild 16.40). Die Maße (hier symbolisch) d1, d2, d3, d10 und d42 sind konstruktiv bedingt und deshalb nicht veränderbar. Die vier veränderbaren Maße wurden wie gezeigt umbenannt. Um zu erreichen, dass beide Schenkel des Hebels gleichermaßen verändert werden, wird eine *Beziehung* eingefügt.

Das nebenstehende Icon ist auf der Registerkarte **WERKZEUGE** zu finden.

Die einfache Beziehung lautet: d53 = Schenkel

Im nächsten Schritt sind Kleinst- und Größtwerte festzulegen, welche die Variablen im Optimierungsprozess annehmen können. So wurde für das Maß »Abstand« ein Minimum von 40 mm festgelegt. Zwischen Bohrung und Langloch verbliebe dann noch Material von 10 mm Breite. Als Maximalwert für »Abstand« sind 280 mm zulässig. Dann würde das Langloch bereits zur Bohrung von 30 mm Durchmesser »entarten«.

Die Tabelle 16.11 zeigt die festgelegten Werte für die vier Variablen.

Tabelle 16.11 Optimierungsvariablen und ihre Grenzen

	Minimum	Startwert	Maximum
Abstand	40	80	280
Innen	10	90	120
Schenkel	25	40	50
Auszen	20	40	50

Nach einer ersten Optimierung ergaben sich die in Tabelle 16.12 enthaltenen Ergebnisse.

Tabelle 16.12 Optimierungsergebnisse

Optimaler Wert für »Abstand«	251,35
Optimaler Wert für »Innen«	120,0
Optimaler Wert für »Schenkel«	28,53
Optimaler Wert für »Auszen«	20,0
Wert der Zielfunktion (Masse in g)	921,1
Max. Vergleichsspannung σ_v (N/mm²)	104,7
Max. Verformung (mm)	0,7

Die Werte der Variablen »Innen« und »Auszen« streben kontinuierlich nach den Grenzwerten 120 mm bzw. 20 mm und ändern sich dann nicht mehr.

Während der zulässige Wert für die maximale Verformung ausgeschöpft wurde, wurde der erlaubte Wert der größten Vergleichsspannung noch nicht erreicht.

Als letzter Schritt wurden die Werte der Optimierungsvariablen auf ganzzahlige Werte gerundet, d. h. »Abstand« = 250 mm, »Schenkel« = 28,5 mm, »Innen« = 120 mm und »Auszen« = 20 mm. Eine nochmalige Analyse des Teils mit den angegebenen Werten brachte die Ergebnisse aus Tabelle 16.13.

Tabelle 16.13 Berechnungsergebnisse mit gerundeten Maßen

Masse in g	919,2
Max. Vergleichsspannung σ_v (N/mm²)	104,8
Max. Verformung (mm)	0,69

Durch die Optimierung ist es gelungen, die Masse des Teils von ursprünglich 1234,4 g auf 919,2 g zu verringern, d. h. auf rund 74 %.

Bild 16.41 zeigt den Hebel in seiner optimierten Form (von MISES-Vergleichsspannung am verformten Modell).

Bild 16.41 Hebel – optimiert

Bild 16.42 zeigt, wie sich die Masse während der Optimierung verändert hat. Es lässt sich gut nachvollziehen, wie die Zielfunktion durch die Optimierung stetig minimiert wurde. Im Optimierungsschritt 3 war die Restriktion »max. Verformung ≤ 0,7 mm« verletzt, weshalb dieser Wert nicht die optimale Lösung darstellt. Zwischen dem neunten und zehnten Optimierungsschritt ist nur noch eine marginale Verbesserung des Zielfunktionswertes festzustellen, weshalb der Optimierungslauf vom Programm automatisch beendet wurde.

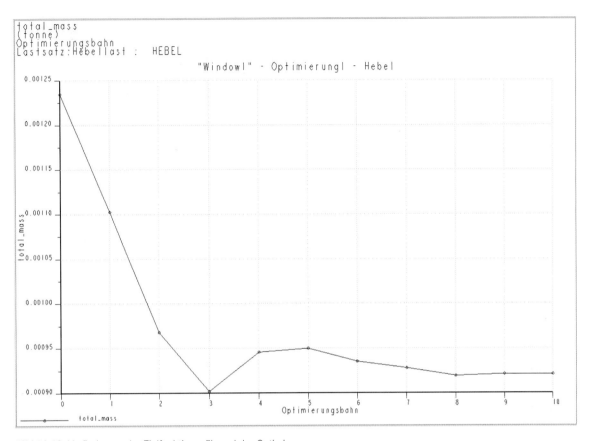

Bild 16.42 Veränderung der Zielfunktion während der Optimierung

Index

Symbole
2D-Fertigungszeichnungen 189

A
Abdeckfläche 312
Absichtsmanager 40
Adaptive Einschritt-Konvergenz 299
Adaptive Mehrfach-Konvergenz 299
Analyse
- kinematische 214
- kinetische 215
- statische 298
Anfangsbedingungen 227
Animation 238, 310
Anordnen von Bemaßungen 202
Ansichten 194
Ansichtsmanager 184, 191
ANSYS 273
ASCII-Datei 313
ASCII-Format 208
Ausblenden 177
Außengewinde 89
Automatisches Runden 81
avi-Datei 238

B
Balkenelement 285
Balkengelenk 288
Balkenquerschnitt 288
Balken-Querschnitts-Koordinatensystem 288
Basisansicht 195
Baugruppen 157
Bauteileigenschaften
- Toleranzen 135
Bauteilkanten fangen 33
Bedingungen
- Symmetrie 23
Bedingungen über Kontextmenü 31

Belastung 262
Bemaßung
- Durchmesser 25, 31, 34
- Eigenschaften 123
- Radius 25, 31
- Schwach 21
- Stark 21
- Symbolische Bemaßung 124
Bemaßungen 200
- editieren 20
- erstellen 31
Beziehungen 126
Bezugselemente
- Achsen 45
- Ebenen 42
- Erzeugen 42
- Punkte 45
Bill of Material 187
Bohrungen
- Gerade Bohrungen 63
- Platzierung 64
- Skizzierte Bohrungen 70
- Standardbohrungen 67

C
config.pro 12

D
Dämpfer 237
Dämpfungskonstante 237
Darstellungsoptionen 310
Dateimenü 6
Dateitypen 5
Dateiwiederherstellung 13
Datenschnittstelle
- neutrale 206
Datensicherung 166
Dehnungszustand
- ebener 275
Dichte 256

Direktschnittstelle 205
Drehachse zuweisen 29
Drehgelenk 163
Druck 268
DXF-Schnittstelle 207

E
Eigengewicht 270
Eigenmodi 340
Einbaubedingungen 161
Einblenden 177
Einheiten 131
Einheitensystem 254
Elastizitätsmodul 256
Ellipse 38
Eltern-Kind-Beziehungen 4
Endlage 223
Ergebnisfenster 310
Explosionsdarstellung 183
Extrusionskörper 17

F
Familientabellen 127
Farbe 136
Fase 38, 82
Feder 114
Federelement 253, 292
FEM-Modus 273
Finite-Elemente-Methode 247
Flächenbereich 272
Flächenlast 268
Formanimation 324
Fotorealistische Darstellung 239

G
Gelenk
- 6 FG 163
- Allgemein 163
- Drehgelenk 163

– Führung 163
– Kugel 163
– Lager 163
– Planar 163
– Schubgelenk 163
– Schweißverbindung 163
– Starr 163
Gelenkdefinition 163
Geometrievorschau 35
Gestaltänderungsenergie-
hypothese 308
Grafiksymbolleiste 9
Gravitation 231, 270

H

Hauptfenster 3
Hauptspannungen 307
Hauptträgheitsmoment 286
horizontal 20
h-Version 248

I

IGES 160, 207
Implizite Annahmen 40
Import einer Skizze 111
Interpolation 264
isotropes Materialverhalten 256

K

Kaufteile 159
KE 17
Kinetik 214
Klöpperboden 337
Knoten 248
Komponentenplatzierung 162
Konstruktionsbedingungen 22
Konstruktionselement 17
Konstruktionsmodus 37
Kontaktanalyse 301
Kontaktdruck 295
Konvergenzmethode 299
Kosmetik-Elemente
– Außengewinde 89
Kreis 25, 37
Kreisbogen 38
Kugel 163
Kugelgelenk 261

L

Lagerung 259
Lastsatz 262
Legende 310
Leitkurve 111
Lineares Mustern 73

Linearmotor 225
Linienkette 31, 37
Linienlast 264
Lochkreisdurchmesser 77
Lochleibung 269

M

Maße editieren 28
Maßeinheiten 253
Massenelement 293
Massenträgheitsentlastung 299,
359
Maßstab sperren 21
Materialdatei 258
Materialeigenschaften 229
Materialschnitt 18
Mausfunktionen 9
Mechanism Baum 224
Mechanismus 163, 214
Membranspannung 339
Messfunktionen 46
Messgröße 321
Messgröße erzeugen 233
Messungsergebnisse 233
Methode der finiten Elemente 213
Modalanalyse 300
Modellanmerkungen 198
Modellbaum 165, 186
Modellparameter 158
Modelltyp 275
mpg-Datei 238
Multifunktionsleiste 8
Muster 72
– Tabelle 96

N

NASTRAN 273
Normprofile 287
Normteile 159
Notizen 138

O

Oberflächengüte 139
Objekttypen 16
offener Schnitt 28
Optimierung
– nichtlineare 319
Optimierungsvariable 318
Ordinatenbemaßung 39

P

Palette 38
Parallelogramm 37
Parameteranzeige 165

Partsize 210
PDF-Export 203
Pick-and Place-Elemente 63
Platzierungsbedingungen
– Ausrichten 162
– Automatisch 162
– Einfügen 162
– Fest 162
– Gegenrichten 162
– KoordSys 162
– Standard 162
– Tangential 162
Polynomgrad 249
Präfix 200
Projektionsansicht 196
Projizieren 38
Prozesshandbuch 273
p-Version 249

Q

Querdehnzahl 256
Querschnitt 192
Querschnittshauptachsen 285

R

Radiales Mustern 77
Randbedingung 259
Randbedingungssatz 261
Rechteck 19, 37
Reibung 223
Rendern 141
Restitutionskoeffizient 223
Restriktionen 318
Rippe 85
Rotationskörper 29
Rundungen 80

S

Schale 83
Schalenmodell 276
Schalenpaare erkennen 276
Schnappschuss 222
Schnellzugriffsleiste 6
Schnittansicht 191, 197
Schnittdefinition 191
Schnittfläche 312
Schnittstelle
– in einer Baugruppe 294
Schnitt unvollständig 28
Schräge 88
Schrägen 102
Schubgelenk , 163
Schubmodul 256
Schweißnaht 295
Segment löschen 26

Sehnenhöhe 210
Sensitivitätsstudie 323
Servomotor 225
Skelettmodell 173
Skizze
- editieren 41
- ausrichten 19
- einrichten 36
- lösen 24, 35
Skizzieren
- Vorgehensweise 20
Skizzierer
- Funktionen 36
Spannungszustand
- ebener 275, 330
Speichern
- Ergebnisfenster 313
Spiegeln 60
Spiralförmiges Zug-KE 114
Spline-Kurve 38
Standardposition 162
Starrkörperbewegung 259
Startbezüge 16
Statusdatei 283
Statusfenster 302, 305
STEP 160, 172
STEP-Schnittstelle 207
STL-Schnittstelle 209
Struktursymmetrie 261, 347
Stücklisten 186

Stützfläche 261
Suffix 200
Systemfarben 11

T

Tastaturkürzel 10
Text 38
Tipps zum Skizzierer 41
Toleranzklassen 135
Toleranztabellen 135
Torsionsträgheitsmoment 286
Trail-Datei 14
Transparenz 137
Trimmen
- Aufteilen 27

U

Unopposed Surface 277

V

VDA-Schnittstelle 207
Verbindungen 294
- gewichtete 296
- starre 295
Verbindungselement 296
Vergleichsspannung
- von Mises 274, 308

Vernetzung 281
Versatz 38
vertikal 20
Vorspannung 271

W

Wärmeanalysen 214
Wärmedehnungskoeffizient 256
Wärmelast 271
Webbrowser 4
Werkstoffbibliothek 256
Winkelsteuerung 210

X

XML-Datei 314

Z

Zeichnungserstellung 189
Zeichnungsmaßstab 194
Zeichnungsnummer 158
Zeichnungsrahmen 193
Zentrifugallast 270
Ziehen 222
Zielfunktion 318
Zug-KE 109
Zug-Verbund-KE 118
Zylinderkoordinatensystem 259

Das Werkzeug des Konstrukteurs

Stephan Regele
**Auslegung von Maschinenelementen
Formeln, Einsatztipps,
Berechnungsprogramme**
400 Seiten. Mit CD-ROM
ISBN 978-3-446-43005-1

Dieses Praxisbuch hilft dem Konstrukteur bei der Auswahl und Auslegung von Maschinenelementen. Es ist in drei Themenbereiche gegliedert: Auslegung/Berechnung, Praxistipps und Berechnungstools. Die Berechnungsformeln werden in übersichtlicher Form zusammengestellt und mit über 100 Werkstofftabellen sowie über 400 Abbildungen kombiniert. Das kommt dem Konstrukteur entgegen, der zielgerichtet und schnell zu Ergebnissen kommen möchte.

In den Praxistipps wird auf Vor- und Nachteile bestimmter Lösungen eingegangen, um dem Anwender mehr Entscheidungssicherheit zu bieten. Die 28 mitgelieferten Excel-Berechnungstools verfügen über klar strukturierte Eingabe- und Ausgabemasken, graphische Darstellungen der Maschinenelemente und erweiterbare Werkstofftabellen.

Mehr Informationen unter www.hanser.de/technik